U0932466

高速铁路工程技术创新丛书

国家铁路局组织编写

高速铁路
基础设施健康监测与维护

赵维刚　朱永全　等编著

杜彦良　主　审

中国铁道出版社有限公司

2026年·北　京

内 容 简 介

本书是高速铁路工程技术创新丛书之一，由国家铁路局组织编写。书中全面系统介绍了高速铁路基础设施健康监测与维护的基本原则与方法。全书共分七章，包含高速铁路基础设施健康管理与维护现状，现代检测监测技术基本理论，高速铁路轨道、路基、桥梁、隧道、客站检测监测与维护技术等内容。

本书科学性强，工程实用价值高，适合大专院校的交通运输工程、安全科学与工程、土木工程等相关专业师生及科研一线的研究人员阅读参考，对高速铁路相关领域的设计、施工、维护技术人员也具有较大的指导意义。

图书在版编目(CIP)数据

高速铁路基础设施健康监测与维护/赵维刚等编著. —北京：中国铁道出版社有限公司，2021.6(2026.1 重印)

(高速铁路工程技术创新丛书)

ISBN 978-7-113-28035-2

Ⅰ.①高… Ⅱ.①赵… Ⅲ.①高速铁路-基础设施-监测 ②高速铁路-基础设施-维修 Ⅳ.U238

中国版本图书馆 CIP 数据核字(2021)第 112567 号

书　　名:高速铁路基础设施健康监测与维护

GAOSU TIELU JICHU SHESHI JIANKANG JIANCE YU WEIHU

作　　者:赵维刚　朱永全　等

策　　划:金　锋

责任编辑:王　健　尹　娜　　**编辑部电话:**(010)51873065

封面设计:高博越

责任校对:孙　玫

责任印制:樊启鹏

出版发行:中国铁道出版社有限公司(100054,北京市西城区右安门西街 8 号)

网　　址:http://www.tdpress.com

印　　刷:北京铭成印刷有限公司

版　　次:2021 年 6 月第 1 版　2026 年 1 月第 2 次印刷

开　　本:787 mm×1 092 mm 1/16　**印张:**19.5　**字数:**478 千

书　　号:ISBN 978-7-113-28035-2

定　　价:118.00 元

主要编著者简介

赵维刚，1973 年 6 月出生，2009 年北京航空航天大学博士毕业，石家庄铁道大学教授、博士生导师，大型结构健康诊断与控制研究所常务副所长，大型基础设施性能与安全省部共建协同创新中心副主任，线下基础设施安全与应急铁路行业重点实验室副主任。石家庄铁道大学省部共建交通工程结构力学行为与系统安全国家重点实验室桥梁方向带头人，科技部中青年创新领军人才，享受国务院“政府特殊津贴”，河北省“三三三人才工程”第一层次人选，河北省省管优秀专家。长期从事交通基础设施全生命周期数字化与智能化基础理论和关键技术方向的研究，先后承担国家高速铁路基础研究联合基金重点支持项目、国家自然科学基金、铁道部及国铁集团科技开发项目 10 余项，获得国家科学技术进步奖特等奖 1 项，省部级奖励 7 项，授权国家发明和实用新型专利 40 余项，软件著作权 10 余项。

朱永全，1960 年 3 月出生，1983 年石家庄铁道兵工程学院本科毕业，1987 年西南交通大学硕士毕业，1996 年北京交通大学博士毕业。石家庄铁道大学教授，《隧道工程》国家级精品课和共享课程主讲教师，“百千万人才工程”国家级人选，享受国务院“政府特殊津贴”。长期从事地下工程领域教学与研究工作。先后获得河北省教学成果一等奖、二等奖各 1 项，获国家科技进步二等奖 3 项、省部级科技进步奖多项，发表论文数十篇。曾获“河北省教学名师”“教书育人楷模”“省管优秀专家”“师德标兵”“全国五一劳动奖章”。

序

铁路是国民经济大动脉、关键基础设施和重大民生工程，是综合交通运输体系的骨干和主要交通方式之一，在我国经济社会发展中的地位和作用至关重要。高速铁路集聚了现代工业文明的丰硕成果，以其安全、便捷、舒适、环保等技术经济优势，显示出强大生命力。我国高度重视发展高速铁路，经过几代人的不懈努力，实现了从无到有、从探索到突破、从制造到创造，特别是党的十八大以来，我国高速铁路快速发展，已建成世界上最现代化的高铁网络，成为高铁运营里程最长、在建规模最大、高速列车数量最多、商业运营速度最高、高铁技术体系最全、运营场景和管理经验最丰富的国家。“复兴号奔驰在祖国广袤的大地上”。截至 2020 年底，我国高速铁路已达 3.8 万公里，占世界高铁总里程的三分之二以上。四通八达的高铁网，在服务国家重大战略、支撑经济社会发展、满足人民群众美好生活需要、助力“一带一路”建设、推动世界铁路发展等方面做出了巨大贡献。

我国高速铁路借鉴世界高铁发展的成功经验，通过原始创新、集成创新、引进消化吸收再创新，坚定不移地走出了一条符合国情路情、具有中国特色的自主创新道路。系统掌握了艰险山岭、风沙戈壁、黄土湿地、高寒酷热等各种复杂地质及气候条件下高速铁路建造成套技术，建成了一大批世界级标志性工程；创建了成套的高速铁路列车运行控制技术标准体系、认证体系和仿真平台，具备从列控系统设计、生产制造到工程实施的全过程能力；具有成熟的高速动车组设计、制造、测试技术，构建了科学的高速动车组技术标准体系，打造了规模强大的生产基地和完整的产业链；形成了适应复杂路网条件下长距离跨线运行的高铁运营管理成套技术，构建人防、物防、技防“三位一体”的高铁主动安全保障机制。我国高速铁路技术已经走在世界前列，成为推动世界高速铁路发展的重要力量。

习近平总书记指出：“我国自主创新的一个成功范例就是高铁，从无到有，从引进、消化、吸收再创新到自主创新，现在已经领跑世界。要总结经验，继续努力，争取在‘十四五’期间有更大发展。”今年，习近平总书记对发展职业教育做出重要指示。国家铁路局坚决贯彻习近平总书记重要指示精神，牵头组织铁路行业科研和工程技术人员编写了“高速铁路工程技术创新丛书”（以下简称“丛书”），旨在全面梳理创新成果，系统总结建设经验，进一步厚植技术优势，持续推进高质量发展；旨在集聚行业智慧，丰富教学载体，助力高铁专业人才培养；旨在分享我国高铁科技创新成果，促进各国铁路合作交流，服务“一带一路”建设。丛书共 31 册，涵盖高速铁路规划设计、土木建筑、装备制造、生态保护、运营管理、安全工程等高速铁路工程技术全产业链、全寿命周期。丛书力求全面反映我国高速铁路科技创新发展成就,体现铁路行业科技创新水平;阐述高铁工程基础理论、规律、机理,呈现技术、方法、路径,可验证,可复制,可传承;汇集专业积累和经验积淀,源于实践,指导实践;涵盖高铁主要工程技术领域,内在统一、自成体系。丛书坚持理论与实践、规范与实证、传承与创新相结合,着力构建“理论+技术+实践”三位一体的高铁工程技术框架,矢志推动建立反映时代特征、体现中国特色、具有世界高度的高铁工程技术创新体系。丛书得到了国家出版基金的大力支持,已列为2021年度资助项目。

我们深刻地认识到,我国高速铁路科技创新能够取得丰硕成果,是以习近平同志为核心的党中央坚强领导亲切关怀、铁路全行业攻坚克难实干奉献的结果,是集中力量办大事的社会主义制度优势的突出体现,是坚持改革开放强国之路的最好例证;得益于中央各部门和地方政府的协同奋战、通力合作,得益于广大人民群众的广泛参与、大力支持。丛书编著人员来自于我国高铁各领域一线,长期从事高铁技术研究与实践,具有深厚理论功底和丰富实践经验,是我国高速铁路建设发展的亲历者、见证人,是铁路各专业具有代表性和影响力的领军人物。丛书专家委员会由行业内具有崇高威望、为我国高速铁路发展做出重大贡献的资深权威专家组成,全程指导丛书编著,并进行审定把关。丛书既是高铁工作者的智慧和汗水的结晶,更是追逐梦想、奋发有为的写照。

当今世界正经历百年未有之大变局,我国正处于两个百年奋斗目标的历史交汇期,开启了全面建设社会主义现代化国家的新征程,立足新发展阶段,贯彻新发展理念,构建新发展格局,实现高质量发展,铁路面临新形势、新使命。我们必须坚决贯彻习近平新时代中国特色社会主义思想,全面落实《交通强国建设纲要》,不忘初心、牢记使命,传承守正、培元固本,继续推进高速铁路创新发展,高质量建设铁路强国,为全面建设社会主义现代化国家当好先行。

国家铁路局“高速铁路工程技术创新丛书”编委会

2021年6月

前　言

党的十八大以来，我国高速铁路快速发展，取得了举世瞩目的成就。为了全面梳理我国高铁工程技术创新成果、系统总结建设经验、推进高铁持续创新，国家铁路局组织一批具有深厚理论功底和丰富实践经验的科研和工程技术人员编写了“高速铁路工程技术创新丛书”，并请高铁工程领域资深权威专家全程指导、审定把关。丛书共31册，本书为丛书之一。

轨道、路基、桥梁、隧道及客站作为高速铁路的重要基础设施，其良好状态是实现列车高速度、高安全、高平稳运行的基础。我国铁路科技工作者和运维部门在多年实践中，以运维精准化、精细化为目标，以建立高效率、现代化、信息化和先进适用的检、养、修技术体系为目的，发展了众多高速铁路基础设施状态感知与运维新技术、新方法，也积累了许多成功的经验。本书结合国内外交通基础设施状态感知与运维技术发展和我国高速铁路发展实际，系统地梳理了基础设施现代化养修新理念、新理论与新方法，并重点介绍了基础设施运营实践中的一些重要设施和易发病害的检—监—养—修等内容。

全书共分7章。第1章是绪论，包括我国高速铁路基础设施运营维护技术发展、基础设施结构健康监测及现代化运维展望。第2章是高速铁路基础设施状态检测监测技术，包括基础设施状态感知与信息化技术、结构状态智能分析、评估与预警。第3章是高速铁路轨道检测监测与维护技术，包括轨道综合状态表征指标及测量技术、轨道质量状态综合评价、轨道维护及轨道健康监测案例。第4章是高速铁路路基检测监测与维护技术，包括高速铁路路基健康状态及典型病害、路基工程监测技术、典型病害监测及整治维护技术。第5章是高速铁路桥梁检测监测与维护技术，包括高速铁路桥梁结构形式及荷载、性能检定指标及检测技术、健康监测与系统、现代维护技术。第6章是高速铁路隧道检测测与维护技术，包括高速铁路隧道发展和运营维护现状、病害检测、评估及整治技术、隧道结构智能监测及管理系统。第7章是高速铁路客站检测监测与维护技术，包括高速铁路客站空间布局与结构形式、综合状态性能指标、健康监测技术、风险控制与维护技术、健康监测工程实例。

本书由石家庄铁道大学赵维刚、朱永全等共同编著而成，杜彦良院士主审，王平担任技术顾问。第1章由赵维刚、张浩、王保宪撰写，第2章由赵维刚、杨勇、张广远撰写，第3章由王平、肖杰灵、谢铠泽撰写，第4章由薛元、刘菀茹、张玉芝撰写，第5章由王新敏、李义强、赵维刚、刘华撰写，第6章由朱永全、李新志、张骞、孙明磊撰写，第7章由张鑫、闫凯、孙宝臣撰写。

本书编写过程中得到了国家铁路局的技术指导和大力支持，吴细水、杨怀志、吕关仁、顾湘生、宋杰、冯卫星、乔春生、罗强等铁路专家也为本书的编著提出了许多建设性意见，本书参考、引用了相关文献和论著，在此向国家铁路局、支持本书编写的各位专家及文献的作者们表示感谢！

我国高速铁路基础设施健康监测与维护技术仍在不断发展，受限于编著者水平和能力，书中难免存在疏漏和不妥之处，敬请广大读者批评指正。

编著者

2021年3月

目　录

1 绪 论

高速铁路是复杂的工程系统，其中轨道、路基、桥梁、隧道及站房等基础设施是列车高速、安全、平稳、可靠运行的基础。其具有长期露天服役、运营速度高、天窗时间短、受周期疲劳荷载作用等显著特点，如何保障高速铁路服役过程中乃至灾害条件下的运行安全是铁路运营管理部门一直面临的挑战。采用先进管理理念和技术手段加强其养护维修工作，科学准确掌握基础设施的运行状态，适时做出维修、加固等决策，消除潜在的危险，延长基础设施使用寿命，避免重大事故发生，确保长期安全稳定运营，充分发挥其基础性、先导性和服务性功能，对于支撑经济建设持续发展、保障人民生活安稳有序、助力国家安全和社会稳定，具有十分重大的战略意义。

我国高速铁路自运营以来，随着服役时间的增加，无砟轨道基础变形、轨道板上拱、隧道空洞掉块、钢轨折断、道岔转换故障、信号电路设计隐患、接触网零部件松脱等问题时有显现，养护维修工作量持续增长。高速铁路基础设施健康监测与维护工作是实现基础设施状态全面感知安全风险预警、设备状态准确评价、故障诊断预测、趋势变化分析，推进实施精准维修和预防性状态修，以及提高维修效率、降低维修成本的重要手段，因此系统总结和梳理高速铁路基础设施健康监测与维护工作的实施和进展情况，可进一步明确发展方向，为后续工作规划和部署提供参考。

近年来随着我国交通基础设施安全保障与维护工作的深入，基础设施结构全寿命及长寿命设计理念的不断深化，以及信息技术、通信技术、传感技术、智能化技术、新材料等迅猛发展，新信息技术与基础设施交叉融合不断加快，基础设施健康监测与维护逐渐成为科技研发与工程应用的重心。其主要内涵是以保障基础设施系统的日常安全及正常运营为目标，通过各类健康监测技术手段，全面把握各类基础设施结构在全寿命服役期内的性能状况，评估分析其演化过程和退化规律，进而科学合理地实施保养修复和加固改造等措施；同时通过科学的管理理念、方法及技术实现基础设施性能的保障与提升，从而构建高度可靠的基础设施长寿命安全保障及智慧运维体系。基础设施健康监测与维护的蓬勃发展，标志着基础设施运营维护技术的应用发展到了一个新的高度，已成为高速铁路领域极其重要的综合交叉性学科分支，如图 1.1 所示。

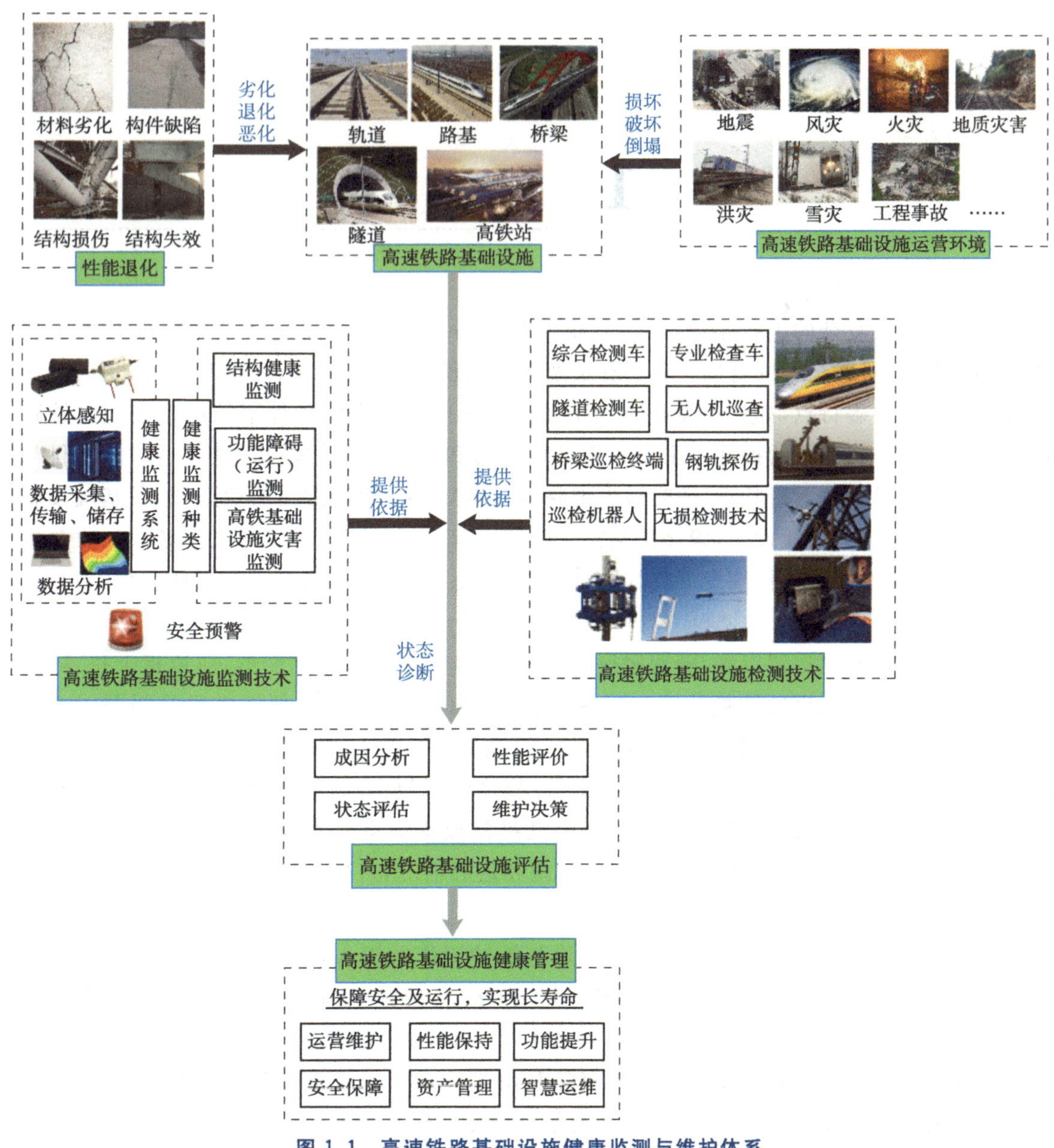

图 1.1　高速铁路基础设施健康监测与维护体系

1.1　我国高速铁路基础设施运营维护发展

与其他铁路大国相比，在最为复杂的运营场景和外部环境条件下，我国高速铁路实现了列车运行安全性、舒适性、准时性，达到了世界领先水平。

1.1.1　我国高速铁路的运营特点

我国高速铁路总体有以下运营特点[1]：

(1)路网规模大,加上我国幅员辽阔,沿线地理环境多变、气候条件复杂。不利的自然环境、气候因素会引发多种安全风险和结构病害,给基础设施的服役性能和列车运行安全带来不利影响。

(2)大运量、高速度、高密度、高负荷条件下的运输组织。一方面我国高速铁路最高运营速度已达到 350 km/h,是世界上高铁运营速度最高的国家。另一方面,为满足客流需要,我国高速铁路在客流密集地区和时段,大量开行不同速度等级的本线运行高速列车和跨线运行高速列车,始发站实现了 5 min 连发,区间实现了 3 min 追踪。

(3)列车运行的安全性、平稳性和旅客舒适性要求严格。我国制定的 300～350 km/h 轨道几何状态管理标准与自主研制的轨道几何不平顺动态检测系统,是目前国际同类技术中的最高水平,旅客舒适性也达到了国际公认的高标准。

(4)列车运行的准时性要求高。为保持列车高正点率,我国高速铁路采取多种技术手段,编制高弹性的列车运行图,为调度调整和维修创造条件。

1.1.2 高速铁路基础设施运营特点

与普速铁路相比,高速铁路基础设施的要求更高,标准更严,对基础设施的运营和维护提出了新的挑战。

1. 轨　　道

相较于其他轨道交通模式,高速铁路轨道结构的运营具有以下显著特点。

(1)高平顺性的轨道状态控制。高平顺性是确保高速列车实现高速度、高平稳和高安全行车的必然要求。为实现高平顺性的轨道运营与管理目标,我国从轨道结构选型、系统设计、结构建造、养护维修等方面做了大量的技术创新工作,代表性的有:以无砟轨道为主的高精度和高稳定性的轨道结构技术,基于 CPⅢ网的轨道工程精测技术与“三网合一”的轨道几何状态管理技术,高平顺性几何状态的粗调及精调技术等。目前,从轨面状态管理、轨道几何状态控制、轨道刚度均匀性管理、高速道岔及焊接接头等关键部位专项管理、轨道结构功能与安全管理等方面全面强化高速铁路轨道结构的平顺性管理。严格贯彻轨道高平顺性和高安全性管理标准,以动检为主、动检与静检结合的轨道平顺性检测和评估技术成为高速铁路轨道健康管理与维护的核心内容。

(2)高稳定性的轨道性能。我国高速铁路网地域跨度大,面临的气候环境和地理环境复杂多变,且必须长时间保持高精度、高质量的服役状态,对轨道结构在时、空维度上的稳定性提出了严苛的要求。空间上,要求轨道结构及其下部基础状态稳定,不出现大的变形和失稳,以免造成结构功能丧失,直接威胁行车安全。时间维度上,对轨道结构的材料力学性能、结构力学状态、接口及界面性能、轨道空间几何形位、轨面状态等随运量、气候、地质等因素作用时,整体性能基本保持稳定,以满足频密、高速的运营需求。从时空维度上研究和审视轨道结构及相关系统的演变规律,密切关注其与运量、环境等因素的相互作用,发展针对路桥、路隧、桥隧、路涵及有砟与无砟轨道等各类过渡段,区域沉降,轨面状态,无砟轨道结构,无缝线路,高速道岔和伸缩调节器区等关键结构状态的稳定性检测、监测理论与方法,是高速铁路轨道健康管理与维护的关键内容。

(3)高可靠性的轨道结构。高速铁路轨道结构主要分有砟轨道和无砟轨道两类,时速

250 km 以上的高速铁路以无砟轨道结构为主，其余为有砟轨道结构。轨道结构为典型的层状、带状的长大型结构物，具有组合性、散体性、材料多样性、部件规格型号多和接口复杂性等特点。在此基础上，轨道结构需要长期稳定地保持高精度、高可靠的运营状态，以保障高速列车的高速、安全运营。发展自动化巡检与人工巡检相结合的轨道部件及接口状态等检测技术，加强轨道结构的完整性检测与监测技术，严检慎修，确保高速、频密运营条件下轨道结构的高可靠性，是高速铁路轨道结构健康监测与维护的重要内容。

2. 路　　基

路基一般分为路堤和路堑，既包括路基本体，又包括路基防护和支挡工程，以及主体工程之外的附属工程。高速铁路路基运营主要表现为以下三个特点：

(1)高速铁路路基为多层次结构系统。高速铁路路基本体自上而下包括基床表层、基床底层、本体、地基。除了本体构造，路基的边坡防护、支挡工程对路基的运营安全也起到至关重要的作用。路基的附属工程包括排水沟、天沟、侧沟、盲沟、渗沟等完善的排水系统，以及铺设在路基上的电缆槽、集水井、过轨管线等相关工程，还包括路堑以外的落石防护网等安全防护工程。

对于附属工程，一般的巡检和维护可以确保构筑物的安全；对于路基本体，由于位于轨道结构之下，难以靠一般的巡检发现问题，一旦出现问题就会发生路基病害，因此该部分也是路基工程维护和监测的重点，后文将重点针对该部分做详细论述；对于支挡防护工程，多为钢筋混凝土或混凝土构件，由于高铁设计年限高，一般不需要进行日常巡检，但需要定期检查，也应结合路基病害进行监测或检测，以分析病害的发展程度、发生原因。

(2)控制变形是确保高速铁路安全舒适运营的关键。由散体材料组成的路基是整个线路结构中最薄弱、最不稳定的环节，是轨道变形的主要来源。路基沉降变形问题相当复杂，是一个世界性的难题。日本及欧洲部分国家虽然实现了高速，但都是通过采用高标准的线路结构强化和高质量的养护维修技术来弥补这方面的不足。采用各种不同路基结构形式的首要目的是给高速线路提供一个高平顺、均匀和稳定的轨下基础。沉降、上拱变形一旦发生，靠简单的维护很难根治，尤其是无砟轨道，只有结合监测、检测详细分析病害原因，采用针对性的整治措施才能保证高速铁路的安全平稳运营。

(3)路基风险源多。高速铁路列车运行速度快，一旦出现路基病害后果不堪设想，而我国各地区差异较大，不同的地区路基存在不同的安全风险，如西南地区的高烈度地震区、高陡边坡、危岩落石、岩溶塌陷、泥石流，西北地区的风沙、冻土、盐渍土、黄土，华东和华北地区的软土、区域沉降，东北地区的雪害和冻土，华南地区的台风、强降雨冲蚀，以及全国各地均有分布的膨胀性岩土体等特殊岩土和不良地质。我国幅员辽阔、地形地质条件极其复杂，针对不同地区有可能出现的灾害性的病害工点，高铁运营维护部门应建立风险工点档案，加强检查和维护，除了日常巡检之外，还应加强高风险工点的监测、评估和预警，以确保高速铁路的运营和设备安全。

3. 桥　　梁

高速铁路桥梁运营有以下特点[2]：

(1)桥梁结构的比例明显增多。在地质地形复杂区域，加大桥梁占比可有效保障轨道的高平顺性，近年来我国在桥型比选、高强材料、结构体系、分析理论、建运管理等方面做了大量的创新工作，大多数桥梁采用标准化设计、标准化施工的预应力混凝土简支梁；跨越线路或江河多采用大跨特殊结构桥梁，结构刚度大、设计标准高是保证建设质量和安全运营的关键。

(2)桥梁变形控制更加严格。桥上线路与路基上、隧道中的线路不同，除了基础沉降外，桥梁结构在列车活载通过时产生的变形和振动，强风、温度变化、日照、制动、混凝土徐变以及差异性沉降等因素作用下产生各种变形，会增加线路的不平顺性，影响高速列车行车安全。

(3)重视线桥相互作用。高速铁路修建时需一次铺设跨区间无缝线路，以保证轨道的平顺和稳定，而桥梁在列车荷载、制动和温度变化时要产生位移，当梁、轨体系产生相对位移时，桥上钢轨会产生附加应力。因此，高速铁路桥梁必须考虑梁轨共同作用，尽量减小桥梁的位移与变形，以限制桥上钢轨的附加应力，保证桥上无缝线路的稳定和行车安全。

从运营维护方面而言，大多数高速铁路桥梁存在养修人员配置少，检测、养修技术自动化程度低，天窗点内的养修作业时间严重不足，部分桥梁还存在检修通道设置不足等问题。必须在日常巡检基础上，加强桥梁结构的检测与监测，准确掌握桥梁性能与状态，确保高速、高频运营条件下的运营安全。

4. 隧　　道

高速铁路隧道与普速铁路或其他交通隧道相比，突出的特点如下：

(1)空气动力学效应明显。当列车高速进入隧道时，由于隧道边壁限制了隧道内空气侧向和向上流动，使列车前方空气受压导致气压升高，随着列车通过，气压随之降低，即隧道内某一点的空气会经历先压缩后膨胀的瞬变过程；另外车辆进入隧道口时会产生压力脉冲，使旅客的耳朵产生不适；微气压波也会产生空气动力学噪声，对附近建筑物产生影响。

(2)结构安全性要求高。高铁隧道运营速度快，行车阻力增大，考虑空气动力学效应，要求隧道开挖断面大，隧道衬砌结构受力复杂，特别是隧道底部结构要承受高速列车带来的附加动荷载，隧道底部结构的刚度及均匀性要求高，考虑到乘客的舒适性，对轨道不平顺要求高，隧道底部结构变形需控制在毫米级，隧道衬砌结构安全性要求高。

(3)运营维护困难。高铁线路采用直线或大半径曲线，特长隧道及隧道群多，绕避不良地质困难，导致运营期间隧道病害易发生，病害治理工作量大；列车运行速度快，隧道维修有一定的时间限制，维护时间短，运营安全要求高，对隧道的洞口段、横断面、隧道结构的耐久性，洞内设施等的检测、养护、维修都提出了较高的要求，短时间内质量缺陷维护整治困难。

5. 车站房建

高速铁路车站房建设施具有以下特点：

(1)由于客流较大的原因，高速铁路车站的站房屋架、雨棚普遍采用大跨度网架结构，而且随着现代城市的发展，大型铁路站房逐步向综合交通枢纽转变，结构体量更加庞大，体系更加复杂，运营风险及维护难度显著加大。

(2)高速铁路站房在设计时不仅要考虑结构的可靠性和耐久性，还要考虑舒适美观的效果，大量选用新型建筑材料和装饰形式，但由于检修通道限制，往往带来一定安全隐患。

(3)高速铁路的车站房建设备复杂多样，包括雨棚、站台帽、挡水板、吸音板、跨线天桥、跨线候车室及给排水、消防设备设施，均与行车紧密相关，直接影响高速列车运行安全。

1.1.3 高速铁路基础设施运营维护

受自然条件的影响和列车荷载的作用，基础设施设备的运行状态不断地发生变化，为适应高速运行和繁重运输任务，必须采用先进的检、养、修技术手段保证基础设施的质量和行车安全。

检、养、修指检测监测、日常养护、专业修理三种业务类型，基础设施检测系统负责高速铁路技术指标的检测工作，包括检测、监测类业务，要求全面检测、科学分析、超前研判、准确评价，具有及时性、全面性、准确性的特点，应用自动采集、传输的信息系统，例如采用综合维修车和专业检测车取代以前的人工检测方式，实现定期检测，对于部分重大结构则需建立结构健康监测系统。养护包括日常性检查保养、消除误差、缺陷排查及应急处置等，要求检查到位、养护精细、应急快速，具有综合性、精细化、快速化的特点。维修包括各专业的专项修、大修、更新改造等，要求差异化施修、专业化维修、集中化组织、机械化作业，具有精准专业、深入高效、规模庞大的特点。

高速铁路行车密度大，突发故障影响范围广、社会传播速度快，因此对基础设施故障安全保障水平和应急处置能力提出了更高要求，建立合理的基础设施健康监测及维护管理体系至关重要。2017 年，中国铁路总公司针对铁路基础设施维护管理及综合维修体系，从组织架构、维修组织方式、生产力布局、全面预算、检测维修装备配置、信息化等多方面进行研究，基本形成了以综合维修工区为生产组织单元试点，实践“资源综合、专业强化、集中管理”的综合维修模式，形成高效率、低成本、集成化、现代化、信息化、先进适用的综合维修管理模式，并贯彻“管理综合、专业强化；严检慎修、检重于修；养修分离、综合值守”的基本思想。2018 年 9 月，在科学研究、试点运行、广泛调研、经验积累的基础上，进一步提出按照“统一组织架构、统一天窗安排、统一生产计划、统一作业组织、统一应急处置、统一防护管理、统一生产平台、联合调度”的要求，构建“七统一、一联合”的高铁综合维修生产一体化管理模式[3-5]。

1.2 基础设施结构健康监测

人工与设备相结合进行结构巡查和定期检测是基础设施安全检查的传统手段，但检测目标多样、整体性差、操作费时费力，尤其是基础设施服役期性能退化是一个时变的过程，包含损伤的逐步累积与结构破坏的突然发生，因此传统的检测方法一方面无法快速有效地整合各方面测量结果进行自动化的结构安全测定与判定，另一方面无法实现工程结构的实时测试与自动化预警等功能。在此背景下，基础设施结构健康监测（Structural Health Monitoring，SHM）的概念在 20 世纪 80 年代开始被广泛研究应用。

1.2.1 结构健康监测与发展概况

1. 结构健康监测简介[6]

结构健康监测就是利用各类监测、检测和检查手段，获取反映环境作用、结构响应和工程功能等事项的有效数据，通过这些数据对基础设施的服役状况和性能变化进行分析和预测，从而对已发生和将要发生的异常进行预（报）警，并为后续的健康评估提供基本依据。一般来说，结构健康监测系统包括数据采集、数据传输与存储、结构状态参数与损伤识别以及结构性能评估子系统等几部分，如图 1.2 所示。

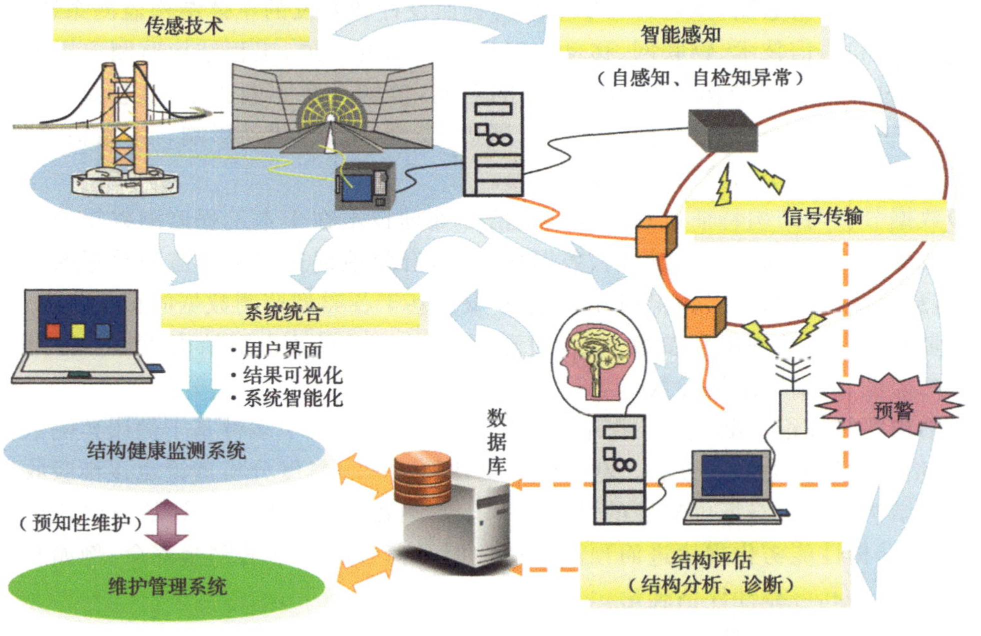

图 1.2 结构健康监测系统的构成

数据采集子系统是结构健康监测系统的基础部分，包含各类传感器及采集设备以采集结构的作用和响应数据。测试数据通过传输系统传输并存储到数据库。随后利用监测数据对结构进行分析和反演，基于结构分析和识别结果评价结构的性能，为结构的日常维护与管理决策提供依据。在整个结构健康监测系统中，数据采集子系统提供结构健康所需要的数据基础，是整个系统的硬件支撑。而数据分析和反演系统是整个系统的“核心”，对所收集的错综复杂信息进行梳理和分析，并结合结构自身特征以及各种结构识别理论建立对应的数据分析方法，对结构的健康状况进行分析和评价。结构的性能评估部分直接关联监测数据和工程应用，通过监测数据的分析与结构信息的反演达到结构的安全性能评估目的，为结构的管养和维护提供建议。

2. 发展概况

从 20 世纪 80 年代中后期开始，许多国家都在一些已建和在建的重大基础设施上进行了工程应用，取得了大量的研究成果。技术发展主要体现在以下方面[6,7]。

(1)结构传感技术日益丰富，数据采集等硬件设备日渐完善。结构健康监测中的传感技术从最初的电阻应变片与拉线式位移计测量，发展到了现在的多类型智能传感；数据采集等各类型硬件逐渐发展完善，抗电磁干扰、稳定性与耐久性等指标逐渐达到使用要求。

(2)现场检测、测试与监测手段多样化。电磁类、声发射类等各类型无损检测技术配合目视等常规检测手段可实现结构的一般性能调查，荷载试验可针对特殊需求如结构的承载能力评估进行具体的结构性能测试和评价。基于环境振动的实时和长期监测数据为评判结构的时变特性如劣化过程等提供了必要数据。冲击振动与基于移动车辆快速测试的方法在工程实际中也有一定的应用。

(3)监测系统架构更加多变

早期开展的结构监测，多是针对单个结构物而设计和开发的单体结构监测系统，随着监测对象的增多和通信技术、物联网、移动互联网等技术的发展，工程结构监测应用逐步由单个结构监测过渡到多个结构乃至结构集群的监测，监测对象不断扩展，从桥梁—边坡—隧道—路基—轨道，从构筑物自身到关注其对周边(安全、生态)扰动影响。不断构建行业性、区域性监测平台以及结构健康监测云平台等。

(4)数据分析与结构特征识别。各类型信号处理技术在土木工程监测数据处理中的应用，如小波理论、神经网络、模式识别、数据挖掘等，有效地促进了基于监测数据的结构参数识别与信息反演。在结构损伤识别方面，已开发出基于各类型监测数据的损伤指标，及损伤定位、定量方法。在结构识别参数方面，可通过数据分析有效识别结构模态参数(频率、振型、阻尼)、柔度、质量等结构参数。

(5)结构评估理论日渐成熟。在结构安全评估方面，开发了多种基于健康监测数据的结构性能评估与承载能力评定方法。基于概率统计的结构可靠度分析理论也逐渐吸收监测数据，实现了结构当前状态下可靠度的计算。基于监测数据的结构性能评估方法还可掌握随时间变化的结构性能劣化规律进而预测结构在服役荷载条件下的剩余寿命，例如基于监测数据的疲劳分析和可靠性评估理论。

(6)监测目标逐渐清晰

监测目标涉及结构健康监测、运营安全监测、病害跟踪监测、运营环境监测、建养一体化监测等，监测内容与监测目标不断丰富与清晰。

21 世纪以来，物联网、大数据、云计算和人工智能等新技术的出现，"空、天、地"的一体化信息网络的网络监测架构得到快速发展和应用，基于监测信息的各种系统识别方法、损伤识别方法、性能评估方法和预测预警方法也不断突破，这些技术的发展互相促进、互相支撑，整体推动了结构健康监测技术的进步。

3. 结构健康监测的规范化进程

随着结构健康监测技术的逐渐发展成熟，相关领域学者和工程技术人员逐渐认识到需要该领域相关的规范或技术指南来统一界定其在工程实践中的应用。目前国外一些国家和组织已经对结构监测系统设计标准进行探讨和尝试，并逐渐总结成指南或范例加以推广，国外主要监测指南和标准见表 1.1。

国内近年各行业及省市陆续推出一些技术标准，概括如下：

(1)《建筑与桥梁结构监测技术规范》(GB 50982—2014)为规范工程结构监测技术及相应的分析预警，制定了适用于高层与高耸、大跨空间、桥梁、隔震以及穿越施工的工程结构监测规范。

(2)《公路桥梁结构安全监测系统技术规程》(JT/T 1037—2016)针对桥梁主跨不小于 150 m 梁桥、200 m 拱桥、300 m 斜拉桥、500m 悬索桥等结构复杂和重要桥梁制定了安全结构监测标准，该标准涵盖了安全监测系统的总体设计、监测内容与测点选择、传感器模块、数据采集与传输模块、数据处理与管理模块、数据分析与安全预警及评估模块、系统集成与用户界面交互的技术要求。

表 1.1　国外主要结构健康监测指南和标准

内容	发布组织						
	ISIS (Intelligent Sensing for Innovative Structures)	ISO (International Organization for Standardization)	FHWA (Federal Highway Administration)	FIB (International Federation for Structural Concrete)	SAMCO (Structural Assessment, Monitoring and Control)	日本国土交通省国土技术政策综合研究所	ISHMII (International Society for Structural Health Monitoring of Intelligent Infrastructure)
	2001 年	2002 年	2002 年	2002 年	2006 年	2011 年	2016 年
标准名称	结构健康监测指南	基于动力试验和调查测量结果的桥梁力学振动评估	重要桥梁健康监测指南的范例研究	现有混凝土结构的监测和安全评估	结构健康监测指南 F08b	结构健康监测技术利用指南	健康监测技术标准
系统组成	传感器、数据采集、数据分析、网络互交、损伤识别和模型	振动测量、结构模型、振动识别、结构识别、动力分析和监测数据评估	试验技术、分析技术、传感器、数据采集、测量系统校核、数据处理和决策系统	传感器、数据采集、数据分析、网络互交、损伤识别和模型	传感器、数据采集、数据分析、网络互交、损伤识别和模型		
监测分类	静力现场测试、动力现场测试、周期性监测和连续监测	在建监测、在役监测、使用能力监测和基于环境振动监测	无损动力测试、无损评估、长期（全寿命）监测	验证荷载测试、诊断荷载测试、环境振动测试、激励测试和外观检查	荷载效应监测、条件监测、性能参数和阈值监测		
传感器类型或监测参数	箔式应变计、光纤应变计、线性可变分差传感器、加速度计和温度传感器等	频率和振型、阻尼、动力特性、发生射测量、交通荷载、风荷载等	电阻应变计、振弦式应变计、光纤应变计、线性可变分差传感器、温差电偶、压电加速度计、倾角测量仪、动态称重仪等	电子位移计、光纤应变计、电阻应变计、地秤和温度传感器等	光纤光栅应变计、压电应变计、倾角仪、GPS 静力水准仪、加速度计和温度传感器等		

(3)中国工程建设协会发布的《结构健康监测系统设计标准》(CECS333:2012)针对土木工程结构在施工及服役期间的问题建立了健康监测系统设计标准，指出结构健康监测系统宜包括传感器系统、数据的采集和处理系统、数据传输系统、数据存储和管理系统、结构状态识别和健康评估系统。

(4)《福建省城市桥梁健康监测系统设计标准》(DBJ/T 13-240—2016)针对福建省既有和新建的各类城市公路桥梁和服役期间的结构制定了健康监测系统设计标准，内容包括传感器的选择与布置、数据采集与处理、数据传输、数据存储与管理、结构状态识别与健康评估。

(5)《宁夏公路桥梁结构长期安全监测技术规程》(初稿)针对宁夏回族自治区既有和新建的各种公路桥梁结构制定了长期安全监测系统的建设标准，同时市政桥梁可参照执行，内容包括：传感器子系统设计要求、数据采集与传输子系统设计要求、结构评估与预警子系统要求、数据管理与系统集成、系统实施与验收、系统使用与维护。

(6)《建筑工程施工过程结构分析与监测技术规范》(JGJ/T 302—2013)针对建筑工程施工过程的特点制定了结构分析和监测标准，内容包括基本规定、施工过程结构分析、变形监测、结构应力监测、施工环境监测、资料管理。

(7)《建筑基坑工程监测技术规范》(GB 50497—2009)针对一般土及软土建筑基坑工程的特点，制定了相关监测技术标准，对监测点布置、监测方法与精度要求作出了规定，为信息化施工和优化设计提供依据。

(8)江苏省发布了地方标准《光纤传感式桥隧结构健康监测系统设计、施工及维护规范》(DB32/T 2880—2016)，标准涵盖了基于光纤传感的监测系统设计、光纤传感技术、传感器布设与优化、传感器安装与施工、数据采集与传输、结构状态参数与损伤识别、结构性能评估与预测、系统验收与维护等内容。

(9)上海市发布了上海市工程建设规范《桥梁结构监测系统技术规程》(DG/TJ 08-2194—2016)，规程内容包括监测系统设计、系统实施、系统管理与维护等内容，尤其针对结构预警和评估方面有较为深入的理论说明。

(10)重庆市发布了《桥梁结构健康监测系统实施和验收标准》(DBJ50T-304—2018)，包含桥梁结构健康监测系统的日常管理、定期检查与维护以及异常处置等方面内容。

(11)中国工程建设协会发布的《大跨度桥梁结构健康监测系统预警阈值标准》(T/CECS 529—2018)包含桥梁环境及荷载阈值、构件及整体阈值的确定。

(12)中国工程建设协会发布的《结构健康监测系统运行维护与管理标准》(T/CECS 652—2019)，主要内容包括结构健康监测系统的日常管理、定期检查与维护、异常处置。

1.2.2 高速铁路基础设施健康监测应用

1. 轨　　道

高速铁路轨道结构健康监测是高速铁路基础设施监测的重点内容之一，也是轨道理论研究与应用的重点、难点，是确保高速铁路轨道高平顺性、高稳定性和高可靠性的重要措施。高速铁路轨道结构健康监测贯彻着“以检为主、检监结合；动检为主、静检为辅；动、静结合”的理念。目前，主要的轨道检测及监测手段包括人工巡检、检测车巡检、特殊区段在线监测系统等。

高速铁路轨道结构健康监测包括轨道几何状态(即平顺性)检测、结构完整性检测、无缝线路等其他专项监测。高速铁路轨道几何状态检测主要采用周期性的轨检车动态检测与轨检小车等日常静态检测相结合,监测轨道的平顺性水平和平顺性相关病害,并将之作为评价轨道质量的主要依据,指导日常的保养与定期维护。高速铁路轨道结构完整性检测通过综合巡检系统与单项检测技术相结合,监测钢轨伤损、扣件缺失、轨枕裂损、道床破坏等,用以管控轨道结构部件的结构性病害,防止结构部件失效或功能缺失产生的行车安全事故。其他专项监测通过采用多物理量观测方法与技术,对无缝线路、高速道岔、伸缩调节器等专项技术或设备进行实时监测,确保高速铁路的关键技术环节的服役安全。

2. 路　　基

日前,路基监测按监测目的可分为控制稳定为目的的监测、控制变形为目的的监测和结合工程支挡防护结构服役状态的监测。

按监测对象可分为特殊土和高风险工点监测。特殊土路基分为软土路基、黄土路基、冻土路基、膨胀土路基等,主要对其进行地表监测包括水平位移、垂直变形、裂缝,除了地表还有地下位移监测、地下水位、地温、水分、压力以及气象资料的监测。路基高风险工点包括过渡段、高陡边坡地段以及地质灾害地段。对于过渡段监测方案其沉降观测应在过渡段范围内的路肩上沿纵向监测过渡段范围内的路基面沉降,另外布置 3～4 个沉降观测断面。高陡边坡地段铁路边坡的破坏形式主要有滑坡、错落和堆塌,崩塌和落石以及剥落,路堑边坡或滑坡监测主要监测地表水平位移垂直变形裂缝、地下位移和水位、孔隙水压力及支挡结构的变形和内力。高路堤边坡稳定和沉降观测方案主要监测地表水平位移及隆起量、地下土体分层水平位移、路堤顶沉降量;地质灾害地段监测方案监测地质灾害在时空域的变形破坏信息(包括变形、地球物理、化学场等)和诱发因素动态信息。运营期间,地质灾害主要是对设计的防治工程效果进行监测,对不宜处理或十分危险的灾害体,监测其动态,及时报警,防止造成人员伤亡和重大经济损失。

3. 桥　　梁

铁路中桥梁结构健康监测开展最早、研究成果最多、发展最成熟,大多数面向大跨桥梁,主要监测内容有结构的环境及荷载作用,如温度、风、地震、车辆荷载、外部撞击等;结构的整体响应如挠度、倾角、加速度、振幅、支座位移;局部响应指标如应变、索力、裂缝等。高铁桥梁由于保障高速列车行车安全,更多关注以下内容。

(1)桥梁整体变形监测,对结构变形要求更加严格,特别是结构刚度,抗震、抗风性能,车桥耦合振动等动力特性,测点着重布设在反映桥梁结构整体变形的关键部位。

(2)关键构件性能监测,目前我国高铁已经运营多年,大量实践表明,桥梁整体结构完好,但个别关键部位存在问题,如支座、梁端伸缩装置、吊杆等。监测局部构件性能是为了防止局部构件失效而造成的结构整体性能削弱,包括控制部位构件受力监测、重要特殊构件监测、关键部位监测。

(3)桥上轨道结构监测,桥梁轨道结构监测是为了保证桥上轨道的平顺性,轨道结构监测包括轨温、钢轨位移、轨道变形、温调器等。

表 1.2 为国内目前已建成大跨铁路桥梁监测系统汇总表[8]。

表 1.2 国内部分大跨度铁路桥梁健康监测系统监测内容汇总表

传感器	南京长江大桥	武汉长江大桥	芜湖长江大桥	钱塘江大桥	天兴洲长江大桥	南京大胜关长江大桥	郑新黄河大桥	京广线郑州黄河铁路大桥	沪苏通长江大桥主航道桥	五峰山长江大桥	平潭海峡公铁大桥
风速风向			2		1	2	1		3	3	5
大气温湿度	2	2	3		1	1	1	1	2	7	5
结构温湿度									11		56
雨量监测			1		1			1	1	1	
地震船撞			2						2	2	
水文监测								2			
应变监测	74	20	5	14	186	36	26		70	42	56
结构温度	42	8	12		114	44	30		61	48	
索力监测			24		36		4		60	32	60
螺杆力										16	
主梁挠度	17	10	12		14	9	8	4	22	26	34
位移监测	64	14	12		4	28	4		24	10	8
倾角监测	8					4			8	8	
空间变形									9	7	8
加速度	20	18	13	6		14	8	6	21	8	48
振幅监测	14	27		14		25	8	96	2	8	
车速、车轴	4	4		2	4	8	2	2	4	2	
车号识别					4			2		2	
梁缝间距						7					
轮轨力监测					8				4		
轨温监测		8								8	
轨枕位移									16	9	
钢轨位移										24	
混凝土腐蚀	5										
混凝土裂缝			22								
视频监测	6	4				16			24	10	8
合计	256	115	108	36	373	194	92	114	344	273	288

4. 隧 道

在隧道结构健康监测系统的研发和应用方面，目前应用研究较少。2005 年西南交通大学何川教授首次提到了隧道结构健康监测(Tunnel Structural Health Monitoring System，TSHMS)的理念。TSHMS 的基本原理为结合隧道区域的水文地质条件、施工质量等因素，选取一条长大隧道作为标识工程，将健康监测的结果推演到与标识工程类似的其他隧道，从而实现对整个区域健康状况的掌控，提出最优化的维修加固措施。近年来，国内外开展了复杂地质隧道结构安全监测无线数据采集系统研究、基于 WebGIS 的隧道施工安全监测系统的研究、软土隧道施工的自动监测数据动态分析与安全状态评估方法的研究及隧道施工与安全智能管理系统应用研究等隧道及地下工程施工监测信息系统研究，涉及的隧道及地下工程施工监测系统能够进行数据采集、存储、显示，以及无线传输、实现全方位监控及全天候预警报警功能、进行定时决策分析等功能，但都存在一定的缺陷，功能不够全面，未形成一套集现场数据采集及分析处理、远程监控于一体的信息系统，未形成施工与运营期相结合的全生命周期监测体系。

5. 大中型铁路车站

铁路客站结构健康监测开展较晚，首个完整的大型铁路客站结构健康监测系统开始于 2009 年，但近年来工程应用发展迅速，目前已有二十余座高铁车站陆续建立完整的结构健康监测系统，主要监测对象为站房大跨空间屋盖、桥建合一站房轨道层、无柱雨棚等主体结构及玻璃幕墙等易损附属构件等，主要监测内容为结构环境及荷载、结构位移、挠度、应变、加速度等响应参数。此外，部分车站针对其独特设计开展专项监测，如昆明南站对承台大体积混凝土的温度梯度以及随时间的变化情况进行监测。但高铁客站结构健康监测在结构参数识别、安全预警、状态评估等关键技术研究方面还不成熟，相关研究成果较少。

1.2.3 结构健康监测在高铁基础设施运维中发挥的作用

结构健康监测技术在保障运营安全与缩减结构全寿命周期内的管养费用等方面发挥着重要作用，主要体现在以下方面[6]：

(1)结构全寿命周期安全与成本最优

一般情况下结构寿命周期内其性能状态会随着服役时间的延长而出现退化。首先，结构健康监测技术可以作为定期和临时检查的辅助技术，来完成检测无法做到的结构安全评估任务。二是结构健康监测技术能够作为长期连续监测的工具来得出更为详尽的结构评估结构，从而为预防性管养提供更扎实的依据。三是在结构损伤发生后能够有效探明损伤发生原因，并进行结构承载能力和剩余寿命等方面的监测和评估。四是能够在结构维护管养后有效评价结构修复加固的效果。

(2)大型复杂结构的安全保障与新型设计方法验证

现代土木结构正在向大型化、复杂化方向发展。这类大型结构在复杂的运营环境中将受到各种突发性外在因素的影响而使结构的安全受到威胁。健康监测在验证新型结构体系的服役安全和性能验证方面发挥着不可或缺的作用，从而能够保证大型结构安全并对同类型结构的设计提供经验数据与指导意见。另外，结构的健康监测也能够为近年来兴起的基于性能的设计(performance-based design)提供支撑数据。

(3)结构管理维护的自动化和智能化

结构管理维护智能化的含义包含两个层次。第一层次是结构检测手段与管理的智能化，它通过对各种结构检测与无损检测手段进行自动化实施和管理，实现结构检测的快速与自动化。第二层次是指利用智能传感和健康监测技术使结构自身具有传感和感知功能，从而使结构自身具有智能化。随着健康监测技术的不断发展及其在工程实际中与检测手段的不断融合，上述智能化的两个层次也逐渐得以融合和统一。

（4）受灾结构的信息收集与快速评估

人为或自然灾害发生后，需要实时获取结构响应，并对结构实施快速评估或发出预警信息。结构本身安装的健康监测系统，以及灾后健康监测手段（如遥感监测）的使用，可大范围内快速评价地震等重大自然灾害的影响并提出有效应急方案，从而为灾后应急和重建工作提供保障。

1.3 高速铁路基础设施现代化运维展望

随着铁路基础设施的不断老化和性能的衰退，结构运营安全形势日趋严峻，养护任务日益艰巨，基础设施的养护管理和安全保障已逐渐成为铁路运营管理部门工作的重心，而且从长远看，基础设施的管理养护将形成由点到线、由线到片的发展趋势，铁路运营管理部门普遍认识到提高运维工作规模和效益的重要性，开展了大量研究以期提高管养工作的效率和水平。近年来，随着物联网、云计算、大数据、人工智能等现代信息技术的发展，交通基础设施运营维护“智慧化”成为新的发展方向。

1.3.1 高速铁路基础设施现代化运维需求

总的说来，高速铁路基础设施现代化运维与管养需求主要体现在以下方面[7,8]：

（1）多维泛在感知

高速铁路跨越地域大、结构类型及组合多样，环境、风险复杂多变，传统结构状态感知技术实现了重要结构、重点部位和关键指标的“监护”，然而基础设施发生劣化、损伤、灾害、事故在时间、空间上的随机性，结构及其物理特性的多样性以及基础设施养护维修的全局性决定了传统结构状态感知信息的不完备性，决定了现代化的结构监测体系必须以多维、泛在感知技术为依托，多种技术手段相结合，才能尽可能覆盖广域铁路基础设施时空多尺度的监测需求，为现代化的养修体系提供坚实的数据基础。

（2）异构数据处理

随着结构体规模越来越大、结构物数量越来越多以及运营时间的持续，实时传感网络采集、传输、存储的数据量趋近海量；再加上新兴机动检测（视觉、无损、非侵入式）方式的介入，立体感知技术不断成型，各时空维度数据与其他各类数据库（如 BIM、检测、管养等）的关联与融合，结构监测数据的类型不断丰富，随着大数据、智能化技术的发展，新信息化的结构监测必须具备实现海量多源异构信息存储和处理，数据特征挖掘、多源异构数据的融合，智能分析等方面需求的技术水平。

（3）实时快捷响应

交通基础设施发生的损伤、灾害、事故在时间、空间上的随机性，及其发生后的重大经济损失和恶劣社会影响，这就要求现代化结构监测体系在结构日常运营、灾后及特殊事件后能够实现实时在线的结构状态智能诊断和快速评定，在此基础上才能采取相应管控措施，实现科学、快捷响应。

(4)数据可靠保证

结构数据是后续所有工作的基础,失真的数据将会导致后续所有的工作和流程失去意义,数据可靠性保证包含两方面需求:一方面是数据从感知、传输、存储到处理完整性保障,尽可能保障监测系统生命期内信息的准确;另一方面是互联网时代的数据信息安全保证,避免恶意侵入、删改和毁坏数据信息。

1.3.2 结构信息系统

通过时空多尺度多源大数据的智能分析揭示交通基础设施服役性能演化规律,实现结构运行态势的可靠评价是结构健康监测的核心目标之一。将现代信息技术(物联网、数据库、云计算、大数据、人工智能技术)与基础设施在状态监测、性能评估、风险预警、养修决策等层面深度融合是结构健康监测发展的必然趋势,随着现代信息技术的不断发展,未来的结构健康监测系统将逐步向结构信息系统(Cyber-Structure System,CSS)转变[9]。

1. 系统框架

交通基础设施重大结构与新信息化的融合以数字化、网络化、智能化运维为主线,推动传统结构—数字结构—智慧结构的渐进演变,其核心就是通过利用互联网通信技术与信息结构系统相结合的手段,实现结构性能与控制全生命周期全方位的信息覆盖,将结构运营与维护向智能化转型。现代化的 CSS 体系将以结构运营安全与维护为服务对象,以结构物联网为感知基础,以现代监测全息、泛在、智能为要求,以提供专业化的海量数据计算服务云平台为目的,通过大数据分析技术使决策更加科学,完成数据向知识、应用的转化,系统基本框架如图 1.3 所示。

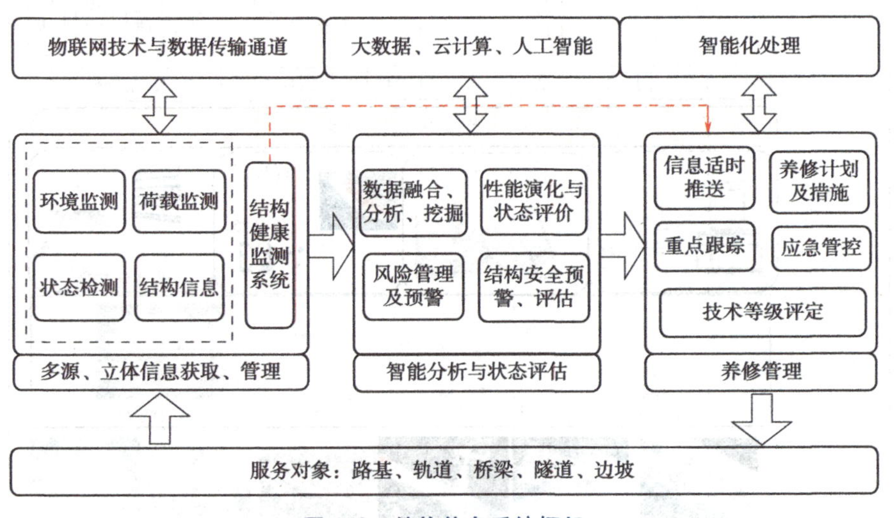

图 1.3 结构信息系统框架

(1)基于多种网络模式的架构

为符合多对象、多属性协同感知需求,首先利用物联网、移动互联网等各种有线和无线网络与互联网融合,将结构与环境的多源信息实时准确地传递出去。现场端智能设备采集、加工的大量信息在传输过程中,为了保障数据的正确性和及时性,须适应各种异构网络和协议。通过云计算与安全平台支持开放的第三方知识发现服务,并灵活支持发掘知识的多种预测、预警、决策应用的信息传输。

(2)面向运维和安全的闭环信息处理

目的是尽可能灵活地实现不同位置类型的结构现场监测终端、置于云端的结构信息(历史检查、三维模型、定期检测、专项测试等)、评估决策等算法服务之间的信息共享与流动。现场端采集和处理设备具备计算、通信、精确控制、远程协调和自治等功能,各个层级的组件与子系统都围绕数据融合(data fusion)向上提供服务,数据沿结构本身采集接口到终端用户的路径上不断提升加工,用户最终得到全面的、精确的事件信息和决策辅助,逐步实现广义下多方参与的监测—评估—控制—再监测的闭环信息反馈功能。

2. 物理架构

高速铁路基础设施主要包括轨道、路基、桥涵、隧道、接触网、车站、通信信号等基础设施本体及其附属物,根据检、监测对象的物理特性、变化规律、病害故障特点、安全预警和维修数据需求,高速铁路基础设施结构信息系统物理架构如图 1.4 所示。

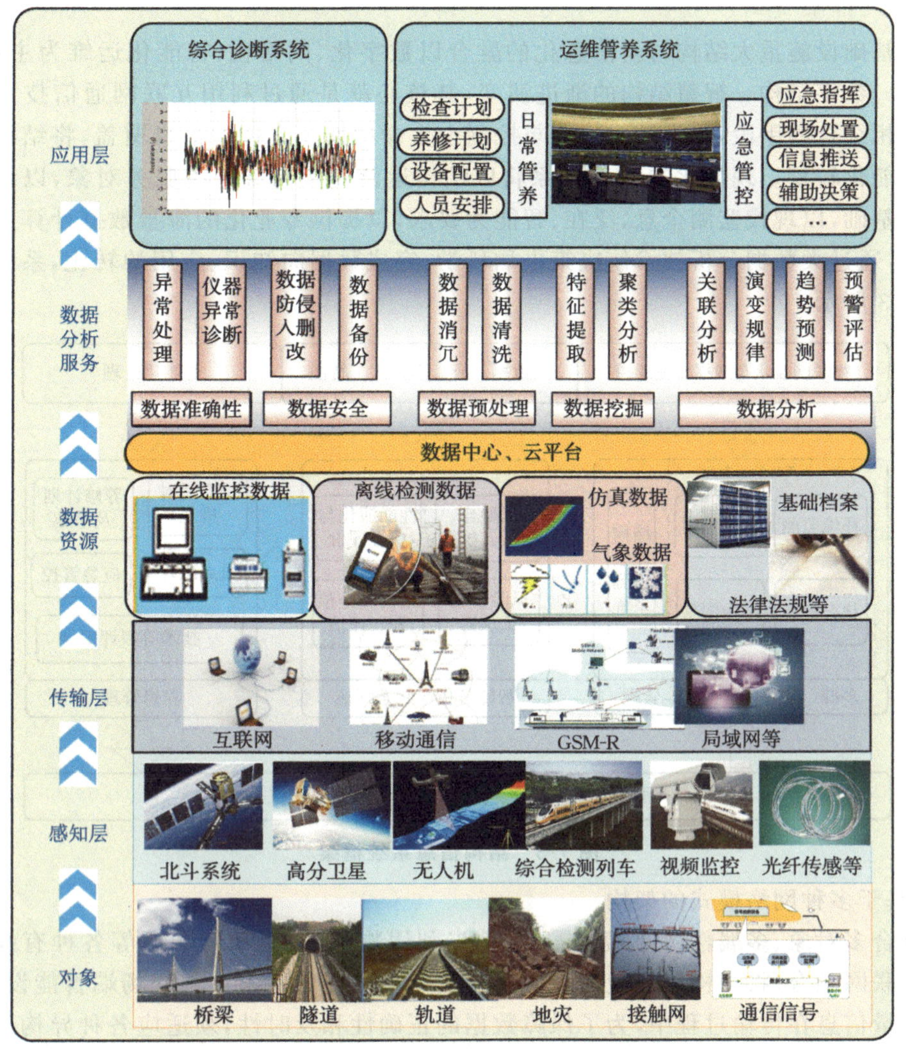

图 1.4 基础设施结构信息系统物理架构

(1)感知层

铁路基础设施由于列车动态往复荷载作用,以及严寒、风沙、雨雪、冻融、腐蚀等恶劣自然环境与复杂地质条件的共同作用,造成其运行状态不断发生变化。空天车地一体感知是实现基础设施泛在感知、实时诊断、智能分析、安全预警、精准研判的重要手段,主要功能是获取基础设施服役状态下实际物理参数(力、振动、电流、电压等)、几何尺寸和图像数据等。感知层按类型可分为移动检测、地面固定监测、空天遥测和人工检查四大类。

(2)传输层

传输层是连接感知层、数据资源层和大数据平台层的纽带,其功能是将感知层获取的数据信息,通过铁路专业通信网(GSM-R)、移动通信网(4G、5G)、卫星通信等无线和有线传输方式,及时安全传输至各业务数据管理系统,为大数据平台数据归集共享奠定基础。

(3)数据资源层

数据资源层主要归集、存储、管理时序数据、图像数据、结构化数据等,主要包括高速铁路各类检测监测数据和基础设施台账数据、病害样本数据、外部数据(维修、运输和环境数据等)等。通过传输层,将检测监测数据、业务信息数据和外部相关数据进行汇集、存储、治理和有效组织,为数据分析服务提供数据源。

(4)数据分析服务层

数据分析服务层实现数据共享、数据挖掘分析等功能,主要是将数据资源层中的多源数据通过统计查询和人工智能分析,将数据转化为知识,为维修决策提供支持。依托海量检测监测数据和大数据技术,建立机理模型、算法模型和机器学习、聚类分析等算法库,对检测监测数据进行对比分析、趋势分析、关联分析,将海量数据信息化、知识化、可视化,输出故障诊断、故障预测、健康评估和演变规律等客观准确的数据分析结果,为养护维修决策提供科学的数据支撑。

(5)应用层

应用层主要为基础设施安全评估和维修决策提供支持,包括安全预警、趋势分析、状态评价、维修决策等。应用层以提升基础设施养护维修效率效益为目的,充分运用检测、监测大数据分析,将检测、监测数据与结构状态、结构维护、结构管理充分关联起来,动态实时掌握各条高铁线路结构状态变化,掌握结构运行变化规律和未来健康状态,实现对基础设施隐患的精确定位及劣化趋势的超前预警,提高安全风险趋势预警能力,推进铁路基础设施全生命周期管理,切实发挥检测监测体系准确诊断故障、指导精准维修、服务高效的作用,为工电设备养护维修提供决策支持和数据支持。

(6)规范标准

监测规范标准是高质量开展监测工作的基础和保障,规范标准主要包括行业法规制度、基础设施设计标准、专业维修规则、基础设施状态评价标准、检测监测数据标准、数据归集管理及接口规范、检测监测设备技术标准、检测监测设备运用管理及评定管理办法。

1.3.3 现代维护管理理念

近年来,健康管理和资产管理理念被引入到交通基础设施的综合管理中,基础设施资产管理(asset management)将基础设施作为资产运营,客观精确地把握和评估其健全状况,预测其中长期资产状况,在预算制约的前提下实现优化管理。本小节重点介绍基础设施资产管理中健康管理(PHM)和以可靠性为中心的维修(RCM)等先进理念。

1. 健康管理[10]

PHM 按 IEEE Reliability Society(美国电气和电子工程师协会可靠性分会)的定义为“针对复杂工程系统的健康与状态的监测、预测和管理的系统工程技术”,简称“故障预测与健康管理技术”。最早由美国军方提出和发展起来,近年来在航空、机械、电子等领域已被广泛的研究与应用。

PHM 是一种全面故障检测、隔离、预测及健康管理的技术。PHM 不仅代表了技术的转变,更是维护策略和概念上的转变:即从传统基于传感器的诊断向基于智能系统预测的转变,为在准确的时间对准确的部位进行准确而主动维护的模式升级提供了基础。目前,我国高速铁路正引入 PHM 技术,借助于智能系统的诊断与预测,以指导高速铁路基础设施的养护维修。

(1)健康管理基本内容

PHM 是一种全面故障检测、隔离、预测及健康管理技术,它的引入不仅为了消除故障,更是为了了解和预测故障何时可能发生,使得系统在尚未完全故障之前就能依据系统的当前健康状况决定何时维修,从而实现自助式保障、降低使用和保障费用的目标。PHM 模型的体系架构如图 1.5 所示。

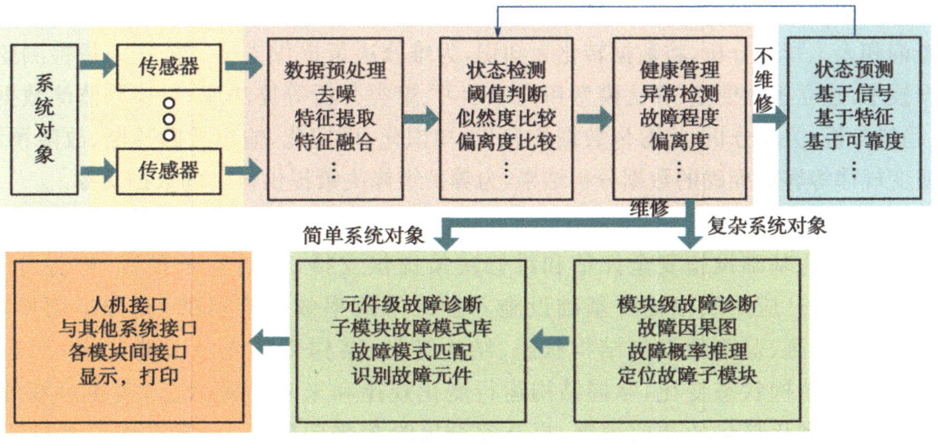

图 1.5　PHM 模型的体系架构

从图 1.5 可知,PHM 模型重点完成三件事情:

①确定“是否维修”。分析当前系统处于健康退化过程中的哪一种健康状况,是正常态、性能下降态或某一功能失效态,并估计当前的状态偏离正常态的程度大小。

②确定“故障是什么”。依据当前系统的健康状况决定是否维修,若维修则需判断系统是由于何种故障模式引起其健康水平的下降,并能对故障模块或元件尽早检测与识别,以避免系统完全故障。

③确定“何时会故障”。研究未来时间内,系统是否能正常地完成下一次任务,并根据过去和现有的状态预测出系统未来某时间的工作状态,提前预警。

(2)PHM 关键技术

①状态监测与健康管理技术。利用先进的传感器获得尽可能精确的系统对象运行状态

信息，通过设计更先进的数据分析技术获得对系统对象健康状况的精确估计。

②诊断技术。对系统维修时，如何定位出故障模块或元件是非常重要的。由于此时的故障程度还不足以使得系统完全失效，因此大多属于早期故障状态，设计先进的特征提取技术和具有良好性能的模式分类器就显得尤其重要。

③预测技术。当系统、分系统或部件可能出现小缺陷或早期故障，或逐渐降级到不能以最佳性能完成其功能的某一时刻点时，选取相关状态检测方式并设计预测系统来检测这些小缺陷、早期故障或降级，做到防患于未然。

④信息融合技术。多传感器数据融合是指对由两个或更多传感器组成的具有协同的、互补的和竞争性质的传感器阵列进行智能信息处理，其目的就是以高效率的诊断方法将各自的多传感信息综合起来，由此获得对系统对象更为准确的服役状态描述。

⑤人工智能技术。广泛地采用相关人工智能技术，包括基于模糊推理的专家系统、基于案例的推理、基于规则的推理、神经网络、模糊逻辑和遗传算法等，利用这些智能推理方法获得对系统状态的准确监控和故障诊断。

(3)PHM 技术在高铁基础设施中的应用

高铁基础设施 PHM 技术的研究在国内起步晚，近年来在桥梁、道岔和轨道电路等方面开展了相关技术的研究，并取得了一些可喜的成果。

①桥梁[11]

高速铁路桥梁 PHM 系统利用桥梁结构健康监测对结构的损伤位置和程度进行实时诊断，对桥梁的服役情况、可靠性、耐久性和承载能力进行智能评估，为大桥在特殊天气或桥梁运营状况严重异常时触发预警信号，为桥梁的维修、养护与管理决策提供依据和指导。高速铁路大型结构桥梁养护维修 PHM 系统借助 3S[客户端(C/S)、广域网(B/S)、移动互联网(M/S)]网络架构和 BIM 模型，基于车—线—桥—环境一体化监测和智能巡检，利用融合技术对多源数据开展历史趋势分析与相关性研究，实现桥梁病害的诊断与预测，对桥梁健康状态进行综合评估，通过实时监测进行 RAMS(可靠性、可用性、可维护性和安全性)高铁管理，其整体架构如图 1.6 所示。

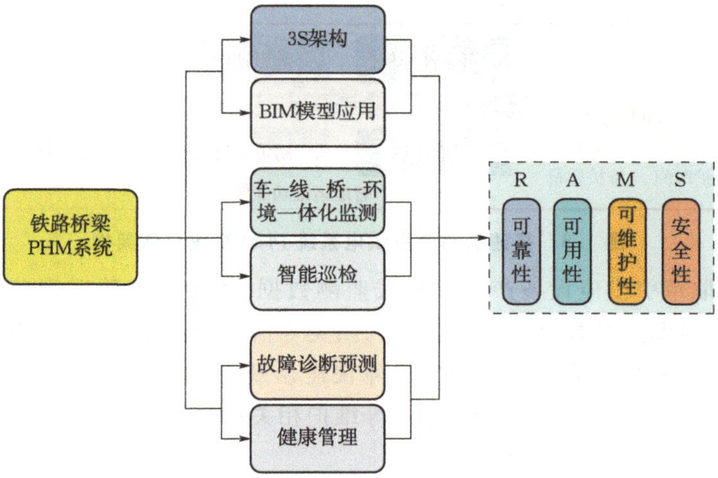

图 1.6 高速铁路桥梁 PHM 系统

②道岔[12]

提速道岔作为高速铁路信号系统设备的安全关键设备，其运行环境复杂，经常遭受外界环境干扰，一旦出现故障，将造成列车大面积晚点。因此，解决提速道岔运行状态健康管理关键技术，对于提升其预防和应对故障的能力，维修模式由状态修向预防修、针对修的转变，保障高速铁路的安全稳定运行具有重要的理论意义和实用价值。道岔 PHM 系统主要包含道岔运行数据采集、数据处理分析（预处理、特征分析、智能挖掘）、可视化界面呈现 3 大业务流程节点，如图 1.7 所示。

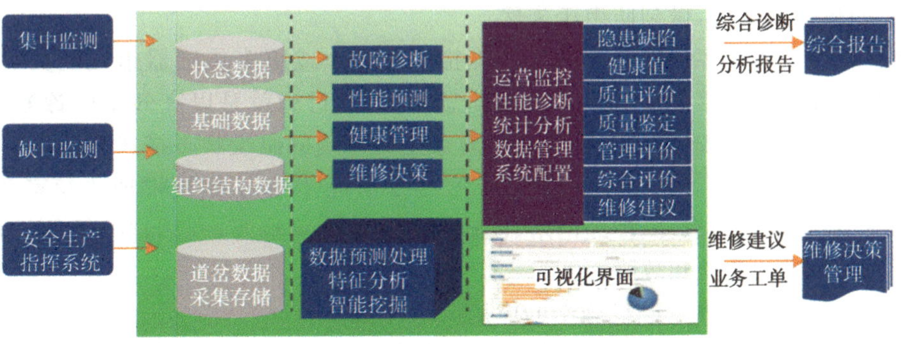

图 1.7 提速道岔 PHM 系统流程示意图

③牵引供电系统[13]

为了保障高速铁路牵引供电系统整体的安全可靠性，提升数据智能管理分析和辅助决策能力，构筑高速铁路牵引供电系统 PHM 系统总体架构，如图 1.8 所示。

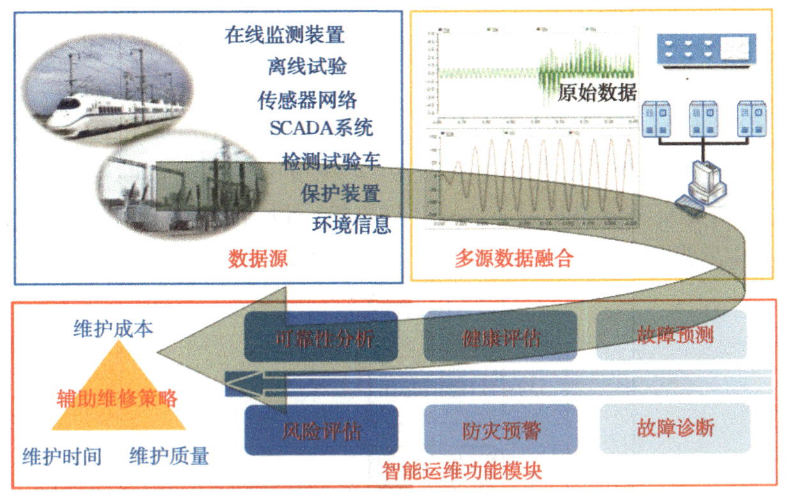

图 1.8 高速铁路牵引供电系统 PHM 系统总体架构

系统通过获取牵引供电设备产生的在线监测数据、离线试验数据等海量异构多态的数据，并存储于多信息源融合数据库，经过降噪、归类等信息处理手段，实现由短到长各时间尺度上的 PHM 功能，主要包括故障预警与故障快速诊断、健康评估与剩余寿命预测，以及可靠性分析和风险评估。最终结合成本、时间等维护相关信息，形成最优维护策略。

2. 以可靠性为中心的维修 RCM[14]

以可靠性为中心的维修（Reliability Centered Maintenance，RCM），是近二十年来从众

多的维修理论中脱颖而出，并逐步被广泛接受的一种维修方法。RCM 是建立在设备系统的设计特点、运行功能、失效模式和后果分析基础上的一种维修模型，其根本目的是最大限度地提高设备的使用可靠性。

(1)RCM 模型的基本概念

①产品的可靠性是由设计和制造所决定的

产品的可靠性是设计、制造所赋予的固有特性，有效的维修只能保持这种固有的特性，而不能提高它。近代出现的改进性维修也是通过采用新设计和改进制造工艺来提高产品的可靠性水平。

②复杂产品的故障率曲线绝大多数不是浴盆曲线

磨损性的机械产品故障率曲线一般是浴盆曲线，但对于复杂产品来说，只要其零部件随坏随修，其故障率曲线一般没有耗损故障期，也就是说，故障的发生并不随使用时间的延长而恶化，因此对复杂产品总体进行定时维修，不会有多大的效果，有时反而会引起早期故障。

③故障后果严重的产品才需要做预防性维修

产品故障的后果和影响是不同的，不应该采用单一的处理方法，而要采取不同的对策。对于维修来说，重要的是预防后果严重的故障。也就是说，故障后果的严重性是确定要不要做预防性维修工作的出发点。

④根据产品的故障特点选择合适的维修工作类型

产品的故障特点是指故障的严重级别、故障模式的影响、故障是否有功能隐患等。根据产品的故障特点来选择合适的预防性维修工作类型。不同维修工作类型所消耗的维修资源、维修费用和维修难度、深度是不一样的。应该根据不同产品的需要，在保证可靠性的前提下，本着节省资源和费用的整体原则，选择合适而有效的维修工作类型。

(2)RCM 模型的具体实施步骤

①RCM 模型分析所需信息

产品概况：例如产品的结构、功能(包括隐蔽功能)和余度等。

产品的故障信息：如故障模式、故障原因、故障后果、故障的明显性、故障率与时间的关系、预计的故障率、潜在故障判据、潜在故障发展到功能故障的时间等。

产品维修保障信息：例如维修方法，维修所需的人力、设备、工具、备件等。

产品费用信息：例如研制费用(购置费用)、维修费用(预防性维修费用和修复性维修费用)、保障费用等。

②RCM 分析基本步骤

确定重要功能产品：对系统和设备作粗略地划分，剔除明显不重要的产品，对于常见技术装备来说，表 1.3 给出了严重故障的等级划分。只要产品的故障后果符合表中所列严重程度的，都属于重要功能产品。

表 1.3 常见系统或装备的严重故障划分等级

严重程度	对人或环境产生的后果	对服务产生的后果
灾难性的	对环境造成的灾难和/或多重的严重毁坏和/或较大的系统丧失损害	系统丧失
危急的	环境引起的单一的灾难和/或严重损坏和	主要系统丧失

续上表

严重程度	对人或环境产生的后果	对服务产生的后果
临界的	对环境引起的次要毁坏和/或显著的威胁	严重的系统损害
轻微的	可能是轻微的损坏	较轻的系统损害

故障模式及影响分析：对于每个重要功能产品都要进行故障模式及影响分析（Failure Modes and Effects Analysis，FMEA），由此确定其所有的功能故障、故障模式和故障原因，以便为下一步选择维修工作类型提供所需的信息。

预防性维修工作类型的选择：应用逻辑决断图，按照研究对象所确定的每个功能故障模式和故障原因，对功能故障进行决断分析，选择适用而有效的预防性维修工作。对于找不到适用而又有效的维修工作产品，须按其故障后果的性质和/或严重程度确定其处理措施，例如采用事后维修或改进设计等。

确定维修工作间隔期：维修工作间隔期直接关系到维修工作的有效性。维修工作间隔期过长或过短，都会影响经济性。一般会根据类似产品的经验和制造方的建议，结合有经验维修人员的判断综合确定维修工作间隔期。

提出维修级别的建议：各个行业或各种系统装备维修级别的划分会有很大的差别，主要取决于任务和使用要求、各级维修的技术条件（如人员技能、设施、设备、备件储备等）和维修的经济性等，都与维修体制有关。一般而言，应将维修工作确定在耗费最低的维修级别上。

进行维修间隔期的探索：维修间隔期探索，即通过分析运用和维修数据、实验和技术资料提供的信息，确定产品的可靠性与使用时间（寿命单位）的关系，即故障率曲线。必要时可以调整其预防性维修工作类型和/或维修间隔期。在得到足够的信息后，就应重新进行分析，以确定需要增减的维修工作和调整维修工作的间隔期。

（3）RCM 在铁路中的应用

RCM 方法是一种先进的维修管理机制，实践表明 RCM 技术如能正确地被应用到现行的维护中，在保证生产安全性和设备可靠性的前提下，可将日常的维护工作量降低30%～60%。

①基于 RCM 的铁路机车维修[15]

机车是一种大型车辆，系统结构复杂，由许多零配件组成。在制订对机车的 RCM 维修方案时，需在保证机车和设备可靠性和安全性的前提下，使维修成本最低。为此，在考虑对机车的维修方案时，没有必要对所有零部件进行预防性维修，只需对发生故障产生严重后果的关键部件进行维修分析即可，RCM 基本维修分为定期测试、在线维修、计划性维修、状态维修、矫正性维修和重新设计 6 种。在对机车维修的实际运用中，先对设备关键部件的功能、功能故障进行模拟和影响分析，在此基础上，根据安全和经济性原则等，对发生故障的后果及影响程度进行综合分析和评价，确定合理的维修方案。

②基于 RCM 的接触网维修策略[16]

我国接触网的检修方式是按固定周期检测、按设备状态维修，这种维修体制存在诸多明显缺陷。基于 RCM 原理完成接触网系统的可靠性分析，结合牵引供电区段所提供接触网设备历史故障统计数据，建立接触网零部件的故障模型、剩余寿命模型，并由 RCM 逻辑决断分析来决定各设备的预防维修内容、维修模式，通过利用杂草算法对接触网预防性维修周期进行优化求解，得到部分设备的最佳维修周期并形成具体的维修计划，达到优化维修项目、节省维修成本，并使维修效率得到提升的最终目的。

③基于 RCM 的高铁道岔维修模式[17]

以高速铁路科吉富道岔为例，以 RCM 维修模式、熵权法为理论基础，利用故障模式与影响分析(FMEA)模型对高速铁路道岔故障模式、故障影响、故障原因、故障控制措施等方面进行分析；采用专家调查法对道岔故障严重程度、发生频率等级进行分析，按照风险矩阵，建立风险等级表。针对建立道岔各子系统的风险等级，利用专家调查法、层次分析法、风险矩阵法、熵权法等理论模型对其进行风险评估，给出更具有理论说服力的科学性的高速铁路道岔风险评估结果；再结合完成故障模式、故障影响、故障原因、故障风险等级等，编制 FMEA 分析表。对高速铁路道岔故障影响后果进行分类，结合现场道岔维修经验，依照 RCM 逻辑决断，按照安全性、经济性、隐蔽性、运行性影响因素，得出初步维修模式，采用层次分析法对初步维修方式进行定量分析、验证，重新对维修模式进行优化，提出高速铁路道岔维修模式优化建议。

参考文献

[1] 王保国，张可新，杨桉，等.高速铁路基础设施维护管理及综合维修体系研究[J].中国铁路，2019(3)：10-15.

[2] 许玉德.高速铁路基础设施综合维修管理[M].北京：中国铁道出版社，2005.

[3] 陈东生，曲建军，田新宇，等.中国高速铁路工务维修管理模式研究[J].铁道建筑，2012(5)：129-135.

[4] 万坚，段建国，陆中劢.高铁综合维修生产一体化管理的改革与实践[J].中国铁路，2019(3)：16-21.

[5] 程学庆，李月，舒继承，等.我国高速铁路固定设备维护体制模式研究[J].铁道科学与工程学报，2017，14(2)：214-220.

[6] 吴智深，张建.结构健康监测先进技术与理论[M].北京：科学出版社，2015.

[7] 石家庄铁道大学.综合重大交通基础设施运行安全监测监控发展与对策研究报告[R].石家庄：石家庄铁道大学，2017.

[8] 张贵忠，赵维刚，张浩.沪通长江大桥数字化运维系统的设计研发[J].铁道学报，2019，41(5)：16-26.

[9] 沪通长江大桥建设指挥部，中铁大桥院南京桥隧诊治公司.沪通长江大桥健康监测方案研究报告[R].南通：沪通长江大桥建设指挥部，中铁大桥院南京桥隧诊治公司，2016.

[10] 周林，赵杰，冯广飞.装备故障预测与健康管理技术[M].北京：国防工业出版社，2015.

[11] 卢春房.高速铁路桥隧工程养修模式与关键技术[J].中国铁路，2017(7)：1-8.

[12] 张昕.高速铁路提速道岔健康管理分析[J].铁路通信信号工程技术，2019，16(3)：80-83.

[13] 安英霞.高速铁路牵引供电系统 PHM 技术架构与方案研究[J].中国铁路，2018(4)：49-54.

[14] 董锡明.高速列车维修及其保障技术[M].北京：中国铁道出版社，2008.

[15] 吕荣华.基于 RCM 技术的机车维修优化方案[J].铁路工程技术与经济,2017,32(6):36-39.

[16] 李劲松.以可靠性为中心的接触网维修策略研究[D].成都:西南交通大学,2017.

[17] 刘娇.以可靠性为中心的维修在高速铁路道岔中运用研究[D].北京:中国铁道科学研究院,2014.

 高速铁路基础设施状态检测监测技术

状态感知、智能分析和智能评估是高速铁路基础设施状态监测的关键技术。其中，状态感知是结构健康监测的基础，是将表征结构状态的物理量通过传感器件转换成光、电、磁信号，经调理、放大、采集电路，实现结构状态数字化，并通过系统集成技术，优化监测系统构架，实现高速铁路结构状态数据合理组织、科学管理；结构状态智能分析是结构健康监测的关键，分析结构静动态响应特征，获取表征结构状态的特征物理量；结构状态智能评估和预警是结构健康检测的核心和目标，其在结构状态智能分析基础上，运用统计分析、模式识别等方法，评估结构性能、状态及其退化趋势，科学预测结构未来状态。状态感知、智能分析和智能评估是结构物理模型向信息模型映射，实现结构状态闭环控制的亟需解决的关键问题。

2.1 基础设施状态感知与信息化技术

2.1.1 传感技术

1. 传感器的基本特性

国家标准《传感器通用术语》(GB/T 7665—2005)中对传感器的定义是：能感受规定的被测量并按照一定的规律转换成可用信号的器件或装置，通常由敏感元件和转换元件组成。传感器是一种检测装置，能够感受到被测量的信息，并且能够将感受到的信息按照一定的规律变换成电信号或其他形式的信息输出，以满足信息的传输、处理、存储、显示、记录和控制等要求[1-6]。

传感器通常由敏感元件和转换元件组成，如图 2.1 所示。其中，敏感元件是指传感器中能直接感受或响应被测量的部分；转换元件是指传感器中感受或响应的被测量转换成适于传输或测量信号的敏感元件。

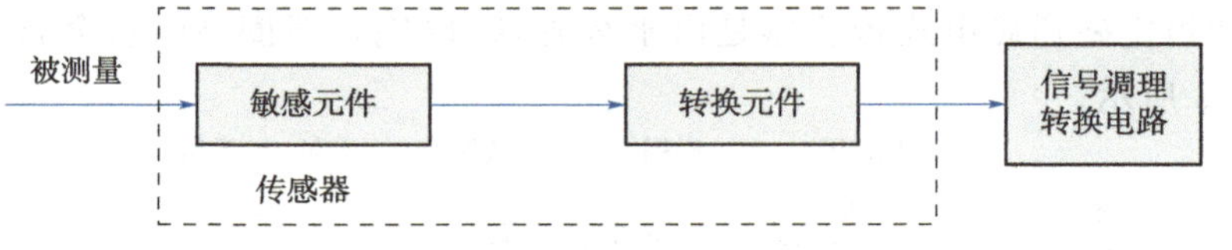

图 2.1　传感器的组成框图

在测量控制系统中，传感器位于最前端，是决定系统性能的重要部件，传感器灵敏度、分辨率、稳定性等参数都直接影响测量结果。

将传感器看成一个具有输入输出的二端网络，如图 2.2 所示。

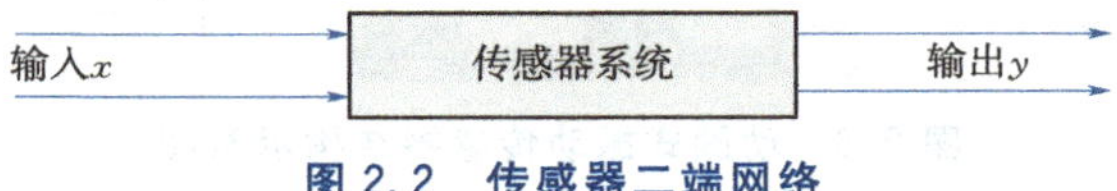

图 2.2　传感器二端网络

传感器的输入输出特性包括传感器的静态特性和动态特征两种。

(1)传感器的静态特性

传感器的静态特性是指:输入为不随时间变化的恒定信号时,系统的输出与输入之间的关系。

设输入:x 稳态输入。输出:y 对应的稳态输出。

$$y=a_0+a_1x+a_2x^2+a_3x^3+\cdots+a_nx^n \tag{2.1}$$

式中 a_0——零位输出;

a_1——传感器的灵敏度(线性灵敏度)常用 K 表示;

$a_2,\cdots,a_n$——非线性项的系数。

传感器静态特性主要指标有:线性度、迟滞、重复性、灵敏度、分辨力、稳定性。

(2)传感器的动态特性

传感器的动态特性是指传感器输出对随时间变化的输入量的响应特性。动态特性除与传感器的固有因素有关以外,还与传感器输入量的变化形式有关。一个动态特性好的传感器,其输出随时间变化的规律,将能再现输入随时间变化的规律,即具有相同的时间函数。

微分方程是对传感器动态特性进行数学描述的基本方法。忽略一些影响不大的非线性和随机变化的复杂因素后,可将传感器作为线性定常系统来考虑,因而其动态数学模型可用线性常系数微分方程来表示。能用一阶、二阶线性微分方程来描述的传感器分别称为一阶、二阶传感器,虽然传感器的种类和形式很多,但一般可以简化为一阶或二阶环节的传感器。

2. 磁电感应式传感器

磁电感应式传感器又称电动势式传感器,是利用电磁感应原理将被测量(如振动、位移、转速等)转换成电信号的一种传感器。它直接将被测物体的机械能量转换成电信号输出,工作不需要外加电源,是一种典型的无源传感器,适合结构动态参数测量。

(1)结构形式与工作机制

磁电式传感器的基本部件有磁路系统、线圈和运动机构。磁路系统产生一个恒定直流磁场,为了减小传感器体积,一般都采用永久磁铁;线圈与磁场中的磁通相交链产生感应电动势;运动机构使线圈与磁场产生相对运动,是线圈运动的称为动圈式,是磁铁运动的称为动铁式。例如恒定磁通磁电式传感器是由永久磁铁(磁钢)、线圈、弹簧、金属骨架和壳体等组成,如图 2.3 所示。

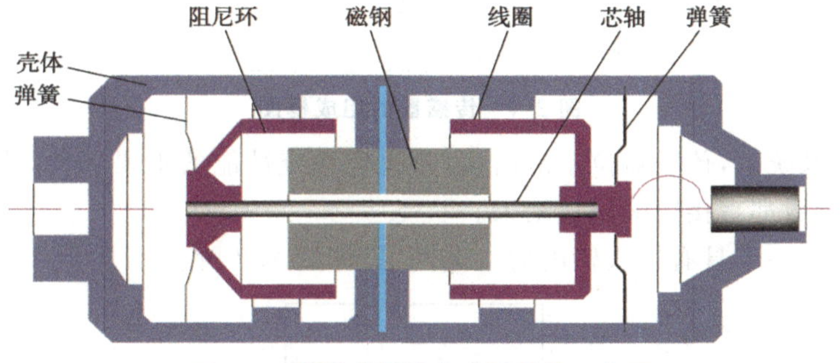

图 2.3 动圈式振动传感器结构示意图

工作时，传感器与被测物体刚性连接，当物体振动时，传感器外壳和永久磁铁随之振动，而架空的芯轴、线圈和阻尼环因惯性而不随之振动。因而，磁路空气隙中的线圈切割磁力线而产生正比于振动速度的感应电动势，线圈的输出通过引线输出到测量电路。该传感器测量的是振动速度参数，若在测量电路中接入积分电路，则输出电势与位移成正比；若在测量电路中接入微分电路，则其输出与加速度成正比。

(2)工作特性及应用领域

磁电感应式传感器常应用于地震检波器和土木结构振动测量，其工作特性及应用领域见表 2.1。

表 2.1 磁电感应式传感器的工作特性及应用领域

应用领域	被测量类型	输出信号	信号频带	测量设备
地震、结构振动	动态信号(速度、加速度)	电压型	1～100 Hz	变送器、同步数采设备

3. 振弦式传感器

振弦式传感器是国内外普遍重视和广泛应用的一种非电量电测的传感器。振弦式传感器直接输出振弦的自振频率信号，具有抗干扰能力强、受电参数影响小、零点飘移小、受温度影响小、性能稳定可靠、耐振动、寿命长等特点。

(1)结构形式与工作机制

振弦式传感器按照组成结构划分主要有双线圈型和单线圈型，目前得到广泛应用的单线圈型振弦式传感器，具有体积小、稳定性强、精度高等优点。单线圈型振弦式传感器的原理如图 2.4 所示。

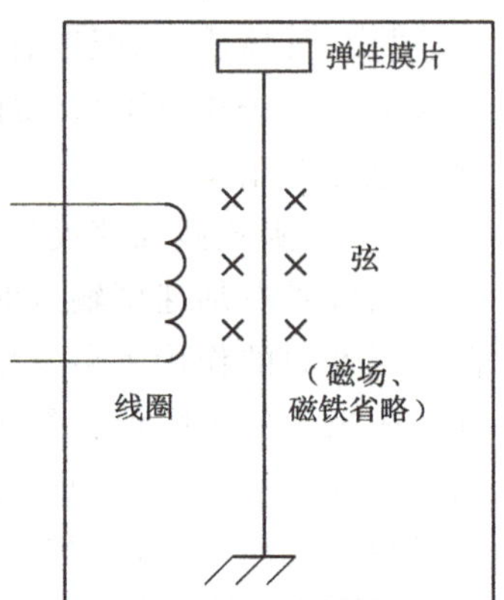

图 2.4 单线圈型振弦式传感器原理图

传感器主要由磁铁、激励、接收线圈、钢弦、膜片、支座等构成。钢弦一端固定在支座上，另外一端连接弹性膜片。当弹性膜片受到的压力或者拉力发生变化时，会导致钢弦受到压缩或拉伸，钢弦的应力发生变化。激励与接收线圈与钢弦平行安装。单线圈型的传感器的激励线圈与接收线圈是同一个线圈，通过分时复用的形式实现对传感器的激励和传感器信号的接收。利用单线圈传感器这种激励线圈和接收线圈分时复用的形式，可以降低钢弦的长度，并减少了传感器的连接线和降低了外围电路的复杂程度，有利于传感器的小型化。

根据传感器的机械结构可知，传感器上的弹性膜片受到压力或拉力时，钢弦上的应力会发生相应变化。振弦式传感器中主要的信号检测单元是钢弦。当传感器中的线圈中加入适当的激励信号，根据电磁感应原理，钢弦在受到磁力的作用时，一部分电能转化为钢弦的弹性势能和动能；当线圈上的激励信号消失时，钢弦的振荡形式为有阻尼的振荡；钢弦振荡过程中，会切割磁铁的磁感线，导致线圈所在处的磁通量发生变化，根据电磁感应原理，线圈中产生交变的感应电动势。根据物理学原理，钢弦在做有阻尼振荡时，振荡频率与自身受到的应力有关，而线圈中感应电动势的频率与钢弦的振荡频率相同。测量出感应电动势的频率，便可得知钢弦的振荡频率，算出传感器的钢弦所受到的应力大小，进而计算出传感器所测量的渗压、位移、拉力、压力等物理量。

(2)工作特性及应用领域

振弦式传感器以其优良的稳定性、较高的精度,并且输出信号能够长距离传输的特点,在煤矿、油田、大坝、桥梁、造船等工程领域中得到了广泛的应用,可以实现对压力、应力、渗压、沉降、拉力等关系到系统安全的相关物理量进行监测。振弦式传感器的工作特性及应用领域见表 2.2。

表 2.2 振弦式传感器的工作特性及应用领域

应用领域	被测量类型	输出信号	信号频带	测量设备
煤矿、油田、大坝、桥梁、造船等	静态信号(压力、应力应变、渗压等)	频率	1～10 Hz	专用信号采集设备

4. MEMS 传感器

MEMS 传感器是随着纳米技术的发展而兴起的新型传感器,具有很多新的特性,相对传统传感器其具有更大的优势。MEMS 传感器种类繁多,发展迅猛,应用广泛。在追求微型化的当代,其具有良好的发展前景,必将受到各个国家越来越多的重视。

MEMS 传感器的门类品种繁多,分类方法也很多。按其工作原理可分为物理型、化学型和生物型三类。按被测物理量又可分为加速度、角速度、压力、位移、流量、电量、磁场、红外、温度、气体成分、湿度、pH 值、离子浓度、生物浓度及触觉等类型的传感器。在大型结构健康监测系统中 MEMS 加速度传感器的应用最为广泛,所以主要针对几种 MEMS 加速传感器进行介绍。

(1)压阻式微加速度计

当外界有加速度输入时,由理论力学原理得知质量块会受到一个惯性力的作用,悬臂梁在此惯性力的作用下会发生形变,并导致与悬臂梁固连的压阻膜也发生形变,由压阻效应原理知压阻膜的电阻值会发生改变,进而压阻膜两端的电压值发生变化,从而可以通过实验得到一系列电压与作用的惯性力的关系,而作用的惯性力又与外界输入的加速度有关,从而便可以得到电压与加速度的关系,进而完成对加速度的测量。

MEMS 压阻式加速度传感器的敏感元件由弹性梁、质量块、固定框组成,如图 2.5 所示。压阻式加速度传感器实质上是一个力传感器,是利用测量固定质量块 m 在受到加速度作用时产生的力 F 来测得加速度 a 的。当有加速度 a 作用于传感器时,传感器的惯性质量块便会产生一个惯性力:$F=ma$,此惯性力 F 作用于传感器的弹性梁上,便会产生一个正比于 F 的应变。此时弹性梁上的压敏电阻也会随之产生一个变化量 ΔR,由压敏电阻组成的惠斯通电桥输出一个与 ΔR 成正比的电压信号 V。

压阻式微加速度计具有原理结构简单、传感器制作容易、接口和内部电路容易实现等优点,但对于温度的变化十分敏感,会影响测量精度;灵敏度比较低,不便于测量微小的加速度变化。

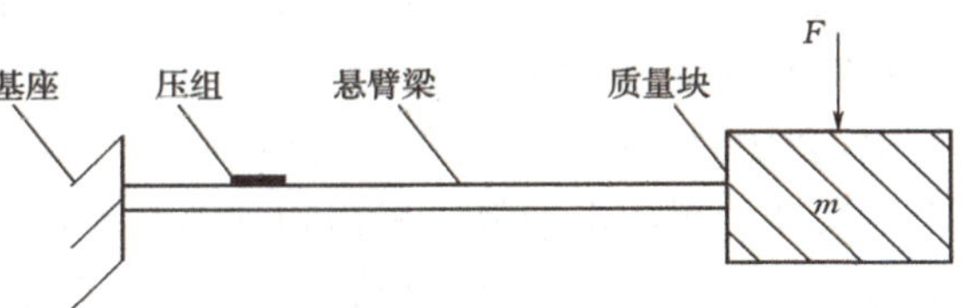

图 2.5 MEMS 压阻式加速度传感器示意图

(2)电容式微加速度计

由于电容的变化与两极板之间距离的变化有关,因此距离的变化可以通过电容的变化来测量,由电容变化得到位移变化,再进行微分运算便可完成加速度的测量,如图 2.6 所示。将质量块固连在基体上,并将电容式微加速度计电容的一个极板同运动的质量块固连,另一个极板则与固定的基体固连。当有加速度作用时,质量块发生位移,上下电容发生变化,可以得到电容变化差值,进而得到加速度。

电容式微加速度计具有灵敏度和测量精度高、稳定性好、温度漂移小、功耗极低等优点,但读出电路复杂,易受寄生电容影响和电磁干扰。

(3)压电式微加速度计

在弹性梁上覆盖一层压电材料膜,当有外界加速度作用于质量块时,在惯性力的作用下,弹性梁会因受到外力而产生变形,由压电效应原理知,器件结构的上电极和下电极间会产生电压,由此便可通过测量电压的变化得到加速度的变化,进而完成对加速度的测量。

MEMS 压电式加速度计采用的结构与压阻式微加速度计类似(图 2.7),都是悬臂梁末端加质量块的振动系统,二者差别在于镀在梁上的材料不同,压电式加速度计自然只要镀上压电材料,而非压阻材料。

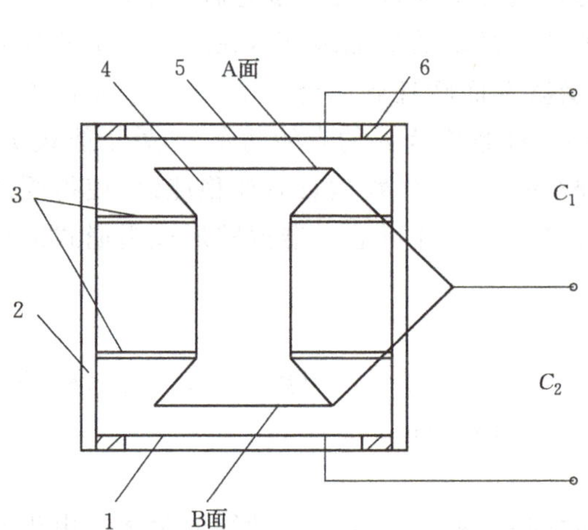

图 2.6 MEMS 电容式加速度传感器示意图

1—下固定模板;2—客体;3—簧片;4—质量块;5—上固定模板;6—绝缘体;C_1—上电容;C_2—下电容

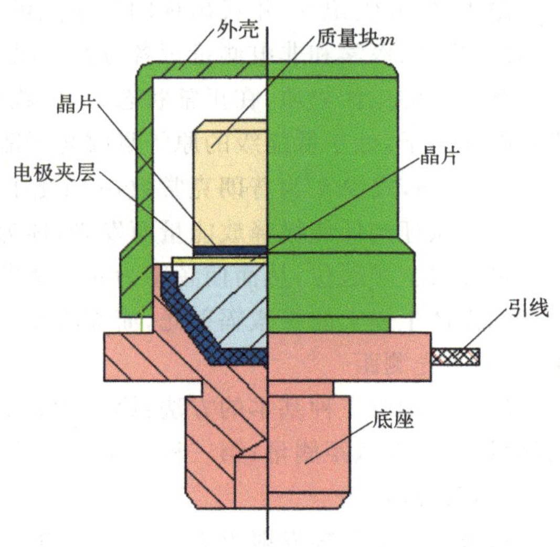

图 2.7 压电式加速度传感器结构

压电式微加速度计具有结构比较简单、容易测量的优点,但难以测量静态加速度、温度系数较大和器件的线性度不够好限制了其使用范围。

(4)MEMS 加速度计工作特性及应用领域

MEMS 加速度传感器工作时需要外加电源,是典型的有源传感器,可直接将被测物体的振动加速度转换为电量输出。根据不同的工作机制,其响应频道宽,可以从直流(零赫兹)至几兆赫兹,并且精确度高、尺寸小、重量轻、寿命长、易于安装、稳定性好等特点,适合作振动测量,其工作特性及应用领域见表 2.3。

表 2.3 MEMS 加速度传感器的工作特性及应用领域

传感器类型	应用领域	被测量类型	输出信号	信号频带特点	测量设备
压阻式加速度传感器	机械振动、冲击、振动法测量索力	动态信号	电压型	不能测量直流，频率大于 0；高频到几千赫兹	桥式动态数采设备
电容式加速度传感器	振动、冲击、倾斜等	静态信号、动态信号	直流耦合型电压信号	零到几百赫兹	恒压驱动＋电压型动态数采设备
压电式加速度传感器(IEPE)	振动、冲击	动态信号	交流耦合型电压信号	几十到几兆赫兹高频段响应好	恒流驱动＋动态电压采集设备

5. 激光传感器

激光传感器是利用激光技术进行测量的传感器。它一般由激光器、激光检测器和测量电路组成。激光传感器是新型测量仪表，它的优点是能实现无接触远距离测量，速度快，精度高，量程大，抗光、电干扰能力强等。

(1)激光与激光器

激光是 20 世纪 60 年代出现的最重大的科学技术成就之一。它发展迅速，已广泛应用于国防、生产、医学和非电测量等各方面。激光与普通光不同，需要用激光器产生。

激光器的工作物质，在正常状态下，多数原子处于稳定的低能级 E_1，在适当频率的外界光线的作用下，处于低能级的原子吸收光子能量受激发而跃迁到高能级 E_2。光子能量 $E=E_2-E_1=h\upsilon$，式中 h 为普朗克常数，υ 为光子频率。在频率为 υ 的光的诱发下，处于能级 E_2 的原子会跃迁到低能级释放能量而发光，称为受激辐射。工作物质具有亚稳能级，使得受激辐射过程占主导地位，从而使频率为 υ 的诱发光得到增强，并可通过谐振腔形成雪崩式的放大作用而产生强大的受激辐射光，简称激光。

(2)激光测距

激光测距有三种基本的方法：第一种是直接测量法，适合中远距离的测量；第二种是三角测量法，适合微距测量；第三种是干涉测量法，适合精密测量。

①直接测量法

将激光对准目标发射出去后，测量它的往返时间，再乘以光速即得到往返距离。由于激光具有高方向性、高单色性和高功率等优点，这些对于测远距离、判定目标方位、提高接收系统的信噪比、保证测量精度等都是很关键的，因此激光测距仪日益受到重视。在激光测距仪基础上发展起来的激光雷达不仅能测距，而且还可以测目标方位、运运速度和加速度等，已成功地用于人造卫星的测距和跟踪，例如采用红宝石激光器的激光雷达，测距范围为 500～2 000 km，误差仅几米。目前常采用红宝石激光器、钕玻璃激光器、二氧化碳激光器以及砷化镓激光器作为激光测距仪的光源。

②三角测量法

将一束激光经发射透镜准直后照射到被测物体表面上，由物体表面散射的光线通过接收透镜会聚到高分辨率的光电检测器件上，形成一个散射光斑，该散射光斑的中心位置由传感器与被测物体表面之间的距离决定。激光三角测量法原理如图 2.8 所示，半导体激光器 1

被镜片 2 聚焦到被测物体 6；反射光被镜片 3 收集，投射到 CCD 阵列 4 上；信号处理器 5 通过三角函数计算阵列 4 上的光点位置得到距物体的距离。

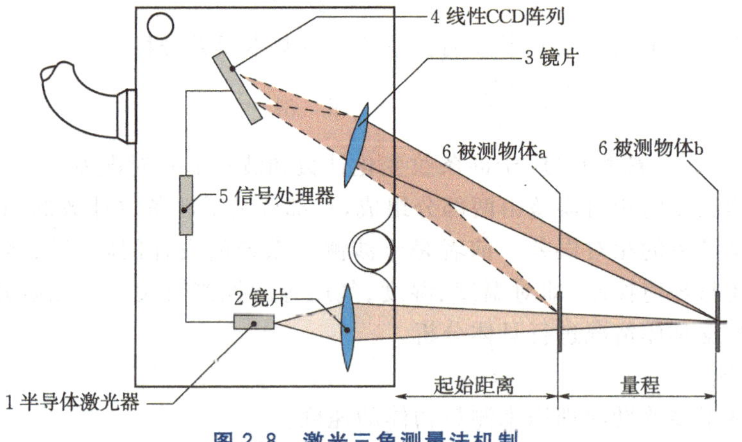

图 2.8　激光三角测量法机制

③激光干涉测量

激光干涉测量的基本光路是一个迈克尔逊干涉仪，用干涉条纹来反映被测量的信息如图 2.9 所示。干涉条纹是接收面上两路光程差相同的点连成的轨迹。激光器发出的激光束到达半透半反射镜 P 后被分成两束，当两束光的光程相差激光半波长的偶数倍时，它们相互加强形成亮条纹；当两束光的光程相差半波长的奇数倍时，它们相互抵消形成暗条纹。

两束光的光程差可以表示为

$$\Delta = \sum_{i=1}^{N} n_i l_i - \sum_{j=1}^{M} n_j l_j \tag{2.2}$$

式中　n_i, n_j——干涉仪两支光路的介质折射率；

l_i, l_j——干涉仪两支光路的几何路程。

将被测物与其中一支光路联系起来，使反光镜 M2 沿光束 2 方向移动，每移动半波长的长度，光束 2 的光程就改变了一个波长，于是干涉条纹就产生一个周期的明、暗变化。通过对干涉条纹变化的测量就可以得到被测长度。

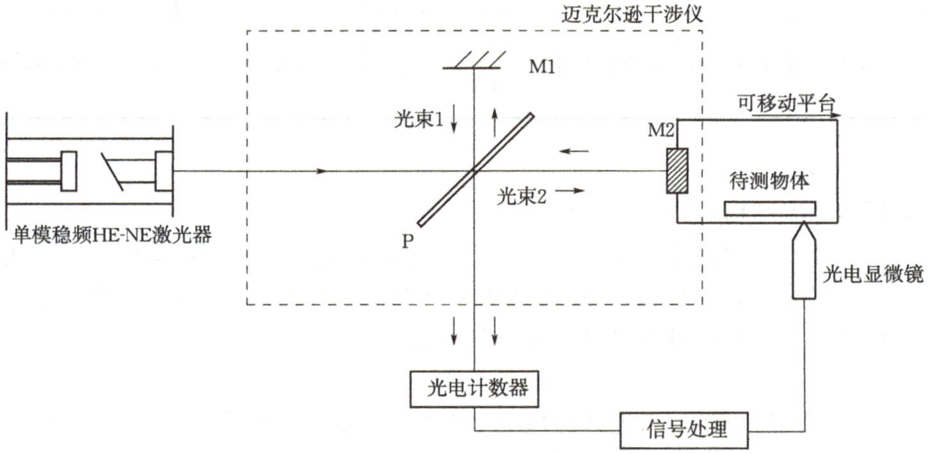

图 2.9　激光干涉测量仪原理

被测长度 L 与干涉条纹变化的次数 N 和干涉仪所用光源波长 λ 之间的关系为

$$L=N\frac{\lambda}{2} \tag{2.3}$$

从测量方程出发可以对激光干涉测长系统进行基本误差分析

$$\frac{\Delta L}{L}=\frac{\Delta N}{N}+\frac{\Delta\lambda}{\lambda} \quad 即 \quad \delta L=\delta N+\delta\lambda \tag{2.4}$$

式中 $\delta L,\delta N,\delta\lambda$——被测长度、干涉条纹变化计数和波长的相对误差。

这说明被测长度的相对误差由两部分组成,一部分是干涉条纹计数的相对误差,另一部分是波长也就是频率的相对误差。前者是干涉测长系统的设计问题,后者除了与激光稳频技术有关之外还与环境控制,即对温度、湿度、气压等的控制有关。因此激光干涉测长系统测量误差必须根据具体情况进行具体分析。

(3)激光测速

激光可以基于多普勒原理用来测量物体的速度。

(4)激光传感技术及其应用

随着光电检测技术的飞速发展,激光传感技术以其高精度、非接触测量等优点在各行业中的应用得到了迅猛的发展。在结构监测方面主要应用于以激光测距为基础的变形监测领域,例如全站仪、精密监测机器人等,具体见表 2.4。

表 2.4 激光传感技术及应用

设备或传感器类型	应用领域	测量类型	量　程	测量原理
激光测距传感器	铁路接触网测量、建筑物限界测量	单点静态位移	中距离型 0.5～200 m	脉冲激光测距
测量机器人	地上建筑、边坡、地下空间的变形测量等	多点静态位移	中远距离型 100～15 000 m	脉冲激光测距,配合合作目标实现多点测量
三维激光扫描	测绘工程、结构测量等	三维点云数据	中远距离型	几十～几兆赫兹 高频段响应好
线式或面式激光扫描	列车轮对精确测量等	机械扫描式 测量静态位移	近距离	激光三角法或者脉冲激光

6. 光纤传感[7-10]

(1)光纤传感器结构形式与工作机制

现代光导纤维(简称光纤),是一种利用光在玻璃或塑料制成的纤维中的全反射而达成的光传导工具。如图 2.10 所示,其基本结构包括纤芯和包层两部分,纤芯部分是高折射率二氧化硅,包层部分是低折射率二氧化硅,利用光在纤芯与包层界面之间反射传输原理进行光传导。

光在光纤内传导过程中,当光纤受应力、弯曲或温度等物理变化作用时,光信号的一些参数如强度、波长/频率、相位、偏振态等会发生变化。因此利用相应解调技术,对光纤中光

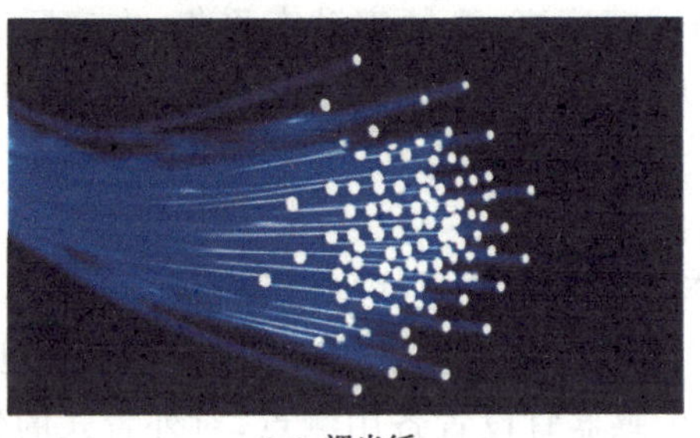

（a）裸光纤

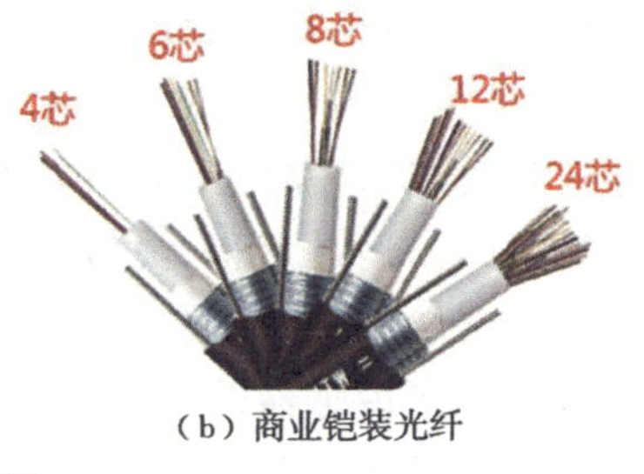

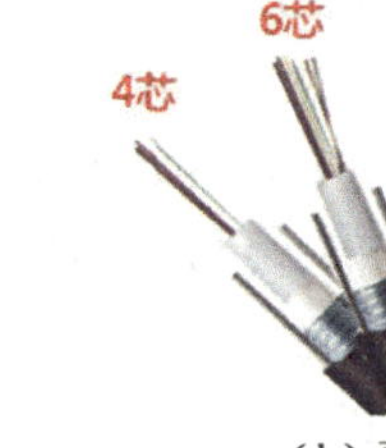

（b）商业铠装光纤

图 2.10 商业光纤

信号这些参数的变化进行探测解析，可以得到所对应外界物理量变化。基于此将来自光源的光经过光纤送入调制器，通过解调获得被测参数，实现利用光纤感知变化达到测量的目的，这就是光纤传感器。

光纤传感包含信号的感知、传输和解调。信号感知是指外界待测物理量改变了光纤中传输的传感光波的特征参量，相应传感光信号的变化即“感知”外界待测量的变化，这种“感知”实质上是外界信号对光纤中传播的光波进行的调制。信号传输是指光纤将调制后的光信号传输至光信号解调部分。信号解调是指对光信号的探测以及对其特征参量变化的解析，以提取能够反映外界变化的光信息。由于光纤传感技术的优势之一就是集“传”“感”于一体，光纤本身就是信号传输的良好载体，因此，光纤传感技术主要包括调制与解调两方面的技术，即传感器技术和解调技术。

外界信号对传感光纤中光波参量进行调制的部位称为调制区。根据调制区与光纤的关系，可将调制分为两大类。一类为功能型调制（Functional Fiber，FF）或本征型光纤传感器，调制区位于光纤内，外界信号通过直接改变光纤的某些传输特征参量对光波实施调制。这类光纤传感器也称内调制型传感器，光纤同具“传”和“感”两种功能。与光源耦合的发射光纤同与光探测器耦合的接收光纤为一根连续光纤，称为传感光纤，故功能型光纤传感器亦称全光纤型或传感型光纤传感器。另一类为非功能型调制（Non Functional Fiber）或非本征型光纤传感器，调制区在光纤之外，外界信号通过外加调制装置对进入光纤中的光波实施调制，发射光纤与接收光纤仅起传输光波的作用，称为传光光纤，不具有连续性，故非功能型光纤传感器也称传光型光纤传感器或外调制型光纤传感器。

根据被外界信号调制的光波的物理特征参量的变化情况，可将光波的调制分为光强度调制、光频率调制、光波长调制、光相位调制和偏振调制五种类型。由于现有的任何一种光探测器都只能响应光的强度，而不能直接响应光的频率、波长、相位和偏振态这四种光波物理参量，因此光的频率、波长、相位和偏振调制信号都要通过某种转换技术转换成强度信号，才能为光探测器接收，实现测试功能。

（2）光纤传感技术在高铁基础设施监测的应用

目前，在高速铁路基础设施中，应用较多的是光纤光栅和分布式光纤传感技术。分布式传感技术由于其监测范围大的优势，在高铁路基沉降、边坡表面变形、防护网异物侵入等方面应用较多。利用光纤光栅对温度、应变的敏感特性设计的温度、应变、位移、倾角、压力、索力、拉力、渗压等传感器最初应用到桥梁、隧道中的关键参数监测，并逐步推广到轨道振动、车体状态、道岔密贴/斥离度的监测，由于其测试精度高，高频率动态采集，在实际工程中取得了良好的应用效果，是目前应用较为广泛与成熟的技术。

7. 结构健康监测传感器适用性

传感器选型时，需遵循以下几条基本原则：

①适用性原则。满足量程、灵敏度、精度等要求，能真正对监测信号进行采集。②可靠性原则。尽可能选取成熟先进的传感器，保证获取信息的真实可靠。③耐久性原则。要考虑到各种工作环境下传感器的耐久性，埋入式传感器宜设置备用测点，对外置式的传感器尽可能加以保护。④经济性原则。综合考虑成本问题，在满足功能要求的前提下尽可能降低成本。

在结构健康监测系统集成中，根据被测物理量、环境适用条件等进行综合考虑：

(1)应变测量

目前常用的有电阻式应变计、振弦式应变计和光纤光栅应变传感器。电阻式应变计利用应变片的电阻变化和被测结构物的应变成正比的原理来测量应变，其敏感性好，但稳定性差，长时间测量会产生漂移，适用于短时间的静力或动力试验。振弦式应变计是利用被测结构物的应变与振弦频率之间的关系，这种方法稳定性好，但由于振弦式应变计的尺寸不能做得很小，对应力梯度大的部位难以测出某一点的应变，适用于静态应变或应变变化较慢的长期监测。表 2.5 对比了 3 种应变传感器的性能指标。

表 2.5 应变传感器比较

传感器类型	适用性	动态特性	长期稳定性	成本
电阻式应变传感器	土体、混凝土、钢结构	好	弱	较低
振弦式应变传感器	土体、混凝土、钢结构	弱	好	适中
光纤光栅应变传感器	土体、混凝土、钢结构	好	好	高

(2)振动/加速度/索力测量

结构振动监测中将振动信号转换成便于传输、放大和记录的电信号。目前最为普遍的是速度型传感器和加速度传感器。速度型传感器主要是磁电式传感器，很多既有速度挡又有加速度挡，可以测量速度信号或加速度信号；加速度传感器除了磁电式传感器外，常用的还有压电式、压阻式、电容式、力平衡式等类型。表 2.6 对比了磁电式传感器和 MEMS 加速度传感器的性能指标。

表 2.6 振动型传感器比较

传感器类型	频率适用性	动态特性	精度	长期稳定性	成本
磁电式传感器	0.5～100 Hz 超低频和高频性能弱	弱	一般	弱	适中
MEMS 加速度传感器	0～几十千赫兹	好	好	好	适中

索力测量中的基频法，以张力弦振动理论为基础，通过测试弦振动基频而计算索力值。该方法采用索力动测仪配合加速度传感器使用。

(3)变形/位移/挠度/沉降/裂纹测量

对于不同结构形式及规模,其位置及位移测量的设备有所不同,常规的有激光位移传感器、电子测距仪、全站仪、测量机器人、静力水准仪、千分表、磁致伸缩位移传感器、拉绳式位移传感器等,其性能指标比较见表2.7。GPS系统也被用于位移监测,其优点是测量不受气象条件的影响,另外监测站之间不要求满足通视的条件;缺点是设备的价格较高,另外其定位精度可能无法满足小规模结构的需要。

表2.7 位移型传感器比较

类型	适用性		动态特性	精度	成本
	检测	监测			
千分表	是	否	弱	一般	低
全站仪	是	否	好	好	高
拉绳式传感器	否	是	好	适中	适中
磁致伸缩传感器	否	是	好	适中	适中
激光位移传感器	是	是	一般	好	较高
GPS	否	是	一般	弱	较高

(4)压力/索力/拉力测量

压力传感器选型时需确认传感器类型(机电式/电子式)、装置类型(控制回路/动力回路)、测量压力的类型(表压/绝压/差压)、丈量规模、供电电源和输出信号、体系的最大过载、压力接口形式、丈量介质与接触材质的兼容性、准确度等级、工作温度规模、现场工作环境状况等因素。索力与拉力传感器的选型与压力类似。

测力型传感器多数采用桥式测量原理,测量原理与电阻式应变测量类似。

(5)倾斜测量

倾斜角可通过倾角仪、角度传感器或增量式旋转编码器测量。也可通过加速度传感器间接测量倾斜角度。

(6)环境/温度/湿度/雨量/风速/风向/气压测量

温度测量常用电子温度计或应变式温度计。

湿度传感器选型时需综合考虑测量范围与测量精度。常见的有氯化锂湿度传感器、碳湿敏元件、氧化铝湿度计、陶瓷湿度传感器。

雨量测量常用桶式或光电式雨量传感器进行测量。

目前国内外风速风向传感器可以分为三类。第一类为螺旋桨式风向风速传感器,其精度较差,动态性能一般;第二类为风速是三杯式、风向是单翼式的风向风速传感器;第三类为超声波风向风速传感器。

(7)高速铁路工程安全监测及其适用性分析[11]

高速铁路线路工程的高平顺性和高稳定性,是保证高速列车运行安全平稳、乘车舒适的基础条件。高速铁路线路工程安全保障体系的实现及功能很大程度上依赖于相关安全监测技术发展的水平。本小节围绕无砟轨道结构形式下的线路工程安全监测中的关键技术问题:路基工程、无砟轨道结构、桥梁工程和环境因素的监测检测技术现状进行综合的分析评价。

轨道检查可分为轨道几何形位的不平顺状态、轨道部件的损坏和轨道的参数性能三个方面,其主要的监测检测技术见表2.8。

桥梁监测检测可分为表观检查(包括构造几何尺寸及结构病害的检查与量测)、材料检测和桥梁承载力的荷载检测,主要技术见表2.9。

路基监测检测内容以路基面和地基沉降观测为主,主要技术见表2.10。

表2.8 轨道结构监测检测技术

监测/检测内容	方法或仪器	适用条件
轨道几何状态	轨检车、大型综合检测车等	天窗期间运行或者编入列车运行调度计划
车载钢轨、扣件、焊缝等	各种型号的探伤车或探伤设备	
轨道探伤检测	新型低频涡流探伤车、机器视觉车载光学监测系统	
轨道探伤检测	人工检测,用小铁锤敲打钢轨,用声音判断	易漏检,检查主观性强,周期长,效率低,在特殊环境下无法工作
实时断轨或温度应力监测	牵引回流、准轨道电路检测	原理和技术较成熟,检测灵敏度和系统可靠性较差
	光纤监测	可获取多种参数,用途较广,灵敏度高,安装要求高
	应力监测	可同时监测温度和应力变化;安装时需截断钢轨,研发价值不高
	超声波监测	传送距离受限制,可同时监测断轨和破损
	电容式位移传感器	通过检测钢轨的应变(位移)来检测钢轨的温度应力
	巴克豪森噪声技术	发展较成熟,用于钢轨应力检测仪
	纵—横向力法、声振法传感器	标定和安装较困难
轨温	轨温计/传感器/红外线监测	较成熟
轨道模量(刚度)	探地雷达	有砟轨道较多应用,用于无砟轨道属于探索性应用
	有轨车、TLV/RSMV	日本、美国、欧洲国家等广泛采用
	弯沉盆、点荷载、多轴车辆荷载测试	静荷载,测试前后需测量挠度,速度低(5 m/h)
	落锤式弯沉仪(动力弯沉法)	模拟动载进行测试,测速快,准确度高

表 2.9　桥梁工程监测检测技术

监测/检测内容	方法或仪器	适用性
预防性检查和维修作业	桥梁检测车	技术含量很高,安全性好、适应性强、功率消耗低,适用于环境险恶不适合人工检测的场合
墩台基础的沉降变形	水准仪、测斜仪等	人工读数,受外界环境影响,干扰施工易受到破坏
水平位移等	全站仪、连通管式沉降计等	自动监测,有限范围实时测量,受外界影响小
应力监测	埋入式钢弦应力计	受外界干扰小,测试精度中等,长期性能稳定,低成本
	光纤应变传感器	受外界干扰小,测试精度高,长期性能稳定,高成本,须配合解调仪使用
	电阻式应变计	适用于短期检测
预应力筋等的内力测定	磁通量传感器	不受磁化饱和状态的影响,无损、非接触性测量
	现场恒载应力测定	无损检测,较成熟
梁端位移	振动位移传感器	技术较成熟
挠度	桥梁挠度仪	适用于短期检测,技术较成熟
	压差式静力水准法	适用于大跨桥梁,静态挠度测量,动态特性误差较大
局部损伤检测	电检测技术	传统的桥梁检测方法,技术成熟
	红外热像仪检测技术	可以非接触地测量,快速,高稳定性,设备轻便,后处理灵活
	股绞光纤传感器	抗电磁干扰、电绝缘、耐腐蚀、本质安全,重量轻、体积小、外形可变,精度高;便于成网
	声波探测	成本低、适用面广、检测时间短、检测厚度大、使用快捷、对人的身体无伤害
	探地雷达	探索性应用于上部结构缺陷和疲劳、桩基缺陷检测等
	磁漏探测技术等	用于锈蚀探测和评估等

表 2.10 路基工程检测监测技术

检测/监测内容	方法或仪器	适 用 性
沉降变形	沉降板、单点沉降计、铁环分层沉降仪、剖面沉降仪等	人工读数，受外界环境影响，干扰施工易受到破坏
	光学远程多点自动监测系统、连通管式沉陷计、全站仪及 GPS 测沉系统等	自动监测，有限范围实时测量，受外界影响较小
	光纤光栅传感器	具有不带电工作、不受电磁干扰、精度高，可实时在线工作的优点
表层水平位移	小角法等，全站仪	人工读数，受外界环境影响，干扰施工易受到破坏
分层水平位移	倾斜仪	人工读数，受外界环境影响，干扰施工易受到破坏
力学性能检测	弯沉测试技术(落锤式弯沉仪、贝克曼梁等)	检测基床动刚度
	取土试验、孔压静力初探及动力触探等	土层类型、剪力、体积压缩系数、排水性能、稳定性、含水量及变形特征等
局部损伤检测	电检测技术	传统的桥梁检测方法，技术成熟
无损检测技术	瑞雷面波探测仪及勘察系统、高密度电阻率仪、探地雷达	成本低、效率高、信息丰富，主要用于地基勘察；检测结构层厚度、压实度、含水量、隐蔽性危害、病害、基床与地基土状态等，全面、无损、快速、精度高，但准确度受操作者水平影响较大
动力学性能	地温、土应力、含水量、动位移、水压力等传感器	一般需在施工期埋入，有助于分析路基变形机理及路基的动力响应规律

2.1.2 空天探测

1. GNSS 监测

全球导航卫星系统(Global Navigation Satellite System，GNSS)，泛指所有的卫星导航系统，包括中国北斗系统(BDS)、美国 GPS 系统、俄罗斯格洛纳斯(GLONASS)系统和欧洲伽(Galileo)系统等全球的、区域的卫星导航系统。GNSS 技术具有全天候、全时域、定位精度高、测量时间短、测站之间无须通视和可同时测定点位的三维坐标等优点。近年来，我国 GNSS 对地观测技术发展迅速，主要应用于大地测量、变形监测、地震地质和地球动力学研究等方面，并取得了良好的效果。本小节主要介绍北斗系统和 GPS 系统的组成和工作机制，并以 GPS 为例简要介绍了 GNSS 系统在变形监测中的应用。

(1)北斗系统组成及其工作机制

北斗卫星导航定位系统由导航通信卫星、地面控制中心和用户终端三部分组成。其中，导航通信卫星主要执行地面控制中心和用户终端间信号传递的中继服务；地面控制中心主要负责信号的发送、接收、信息处理以及整个系统的监控管理；用户终端用于接收地面控制中心经卫星转发的出站信号以及经卫星转发向地面控制中心发送服务申请。

“北斗”是中国独立自主设计、建设的卫星导航系统。也是联合国有关机构认定的全球卫星导航定位四大核心供应商之一。按照“先区域，后全球”的总体建设规划，中国在 2003 年正式开通的北斗卫星导航试验系统即北斗一代，成为继 GPS、GLONASS 之后，能够独立提供服务的三大卫星导航系统之一。

北斗一号系统定位采用三球交会测量原理进行定位，地面控制中心根据用户设备主动发送的定位申请信号，结合大地高程数据解算出用户所在位置的坐标。

北斗二号系统定位采用多颗卫星组成卫星阵列，用户设备根据接收到的 4 颗以上卫星的星历数据解算出所在位置的坐标，实现无源定位。

(2)GPS 系统组成及其工作机制

全球定位系统(Global Positioning System，GPS)，是由美国建立的一个卫星导航定位系统，用户可以利用该系统在全球范围内实现全天候、连续、实时的三维导航定位、测速、高精度的时间传递和高精度的精密定位。

GPS 计划始于 1973 年，已于 1994 年进入完全运行状态。GPS 的整个系统由空间星座部分、地面控制部分和用户设备部分所组成，如图 2.11 所示。

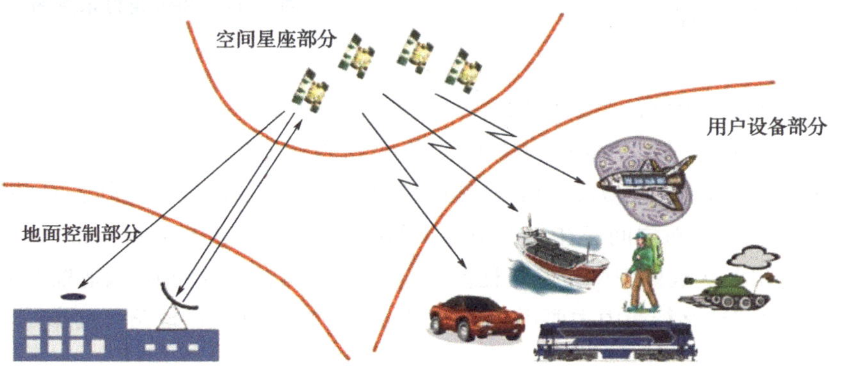

图 2.11　GPS 系统的组成

GPS 的定位是利用空间分布的卫星以及卫星与地面点的距离交会得出地面点位置。

假设在地面待定位置上安置 GPS 接收机，同一时刻接收 4 颗以上 GPS 卫星发射的信号。通过一定的方法测定这 4 颗以上卫星在此瞬间的位置以及它们分别至该接收机的距离，据此利用距离交会法解算出测站 P 的位置及接收机钟差 δt。

如图 2.12，设时刻 t_i 在测站点 P 用 GPS 接收机同时测得 P 点至四颗 GPS 卫星 S_1、S_2、S_3、S_4 的距离 ρ_1、ρ_2、ρ_3、ρ_4，通过 GPS 电文解译出四颗 GPS 卫星的三维坐标(X^j, Y^j, Z^j)，$j=1,2,3,4$，用距离交会的方法求解 P 点的三维坐标(X, Y, Z)的观测方程为

$$\begin{cases}\rho_1^2=(X-X^1)^2+(Y-Y^1)^2+(Z-Z^1)^2+c\delta t\\ \rho_2^2=(X-X^2)^2+(Y-Y^2)^2+(Z-Z^2)^2+c\delta t\\ \rho_3^2=(X-X^3)^2+(Y-Y^3)^2+(Z-Z^3)^2+c\delta t\\ \rho_4^2=(X-X^4)^2+(Y-Y^4)^2+(Z-Z^4)^2+c\delta t\end{cases} \tag{2.5}$$

式中　c——光速；

δt——接收机钟差。

由此可见，GPS 定位中，要解决的问题就是两个：一是观测瞬间 GPS 卫星的位置，GPS 卫星发射的导航电文中含有 GPS 卫星星历，可以实时地确定卫星的位置信息；二是观测瞬间测站点至 GPS 卫星之间的距离，站星之间的距离是通过测定 GPS 卫星信号在卫星和测站点之间的传播时间来确定的。

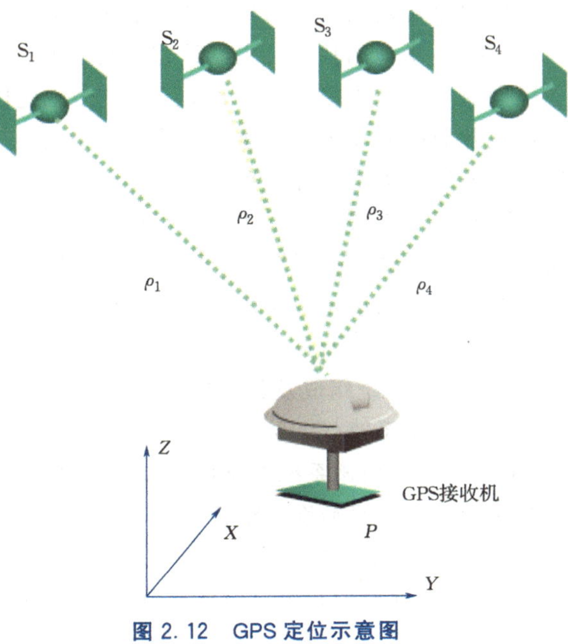

图 2.12　GPS 定位示意图

(3)GNSS 在变形监测中的应用

GNSS 监测具有测站间无须保持通视、同时测定点的三维位移、全天候观测、易于实现全系统的自动化、可消除或削减系统误差的影响、可直接用大地高进行垂直变形测量等特点，具有着传统大地测量方法不可比拟的优点，广泛应用于铁路边坡、路基等变形监测领域。

2. InSAR

干涉雷达是指采用干涉测量技术的合成孔径雷达(Interferometric Synthetic Aperture Radar，InSAR)，是新近发展起来的空对地观测技术，是传统 SAR 遥感技术与射电天文干涉技术相结合的产物。它利用雷达向目标区域发射微波，然后接收目标反射的回波，得到同一目标区域成像的 SAR 复图像对，若复图像对之间存在相干条件，SAR 复图像对共轭相乘可以得到干涉图，根据干涉图的相位值，得出两次成像中微波的路程差，从而计算出目标地区的地形、地貌以及表面的微小变化。InSAR 技术在铁路行业中主要用于边坡、山体变形监测和大区域路基沉降等。

(1)工作机制

与探地雷达类似，InSAR 系统通过发射电磁波，在地面表面发生反射，进而被 InSAR 接收天线接收。接收信号包括与介电常数相关的后向散射强度信息、与距离相关的回波相位信息。在 InSAR 中将两幅雷达图像中对应点的相位值相减得到相位差图，即所谓干涉相位图(Interferogram)，这些相位差信号为地形起伏、地表变形的体现。利用电磁波探测目标工作机制如图 2.13 所示[12,13]。

接收天线回波信号可表示为 $Ae^{j\theta}$，其中 A 表示幅度信息，θ 表示相位信息。相位信息 θ 与雷达—目标距离和目标散射相位相关，可表示为

$$\theta=-\frac{2\pi}{\lambda}2d+\theta_{obj} \tag{2.6}$$

式中　d——雷达—目标之间的距离，由于从发射电磁波到接收电磁波信号，为双程走时，所以式(2.6)中距离表示为 $2d$；

θ_{obj}——目标散射相位。

当雷达在不同位置两次探测相同地面目标 P 时，形成了两次回波信号 Signal 1 和 Signal 2，如图 2.14 所示。

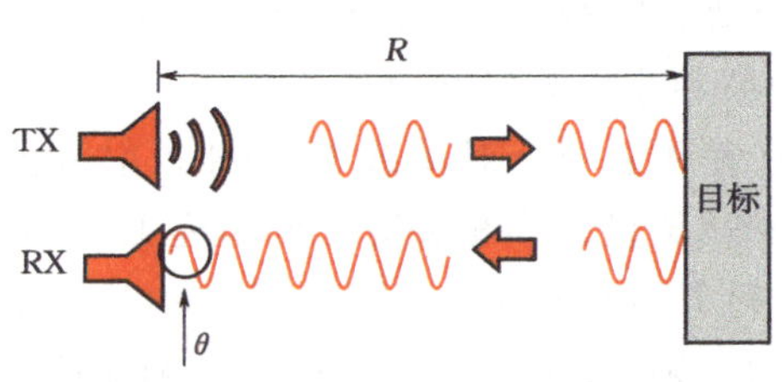

图 2.13 雷达探测目标示意图

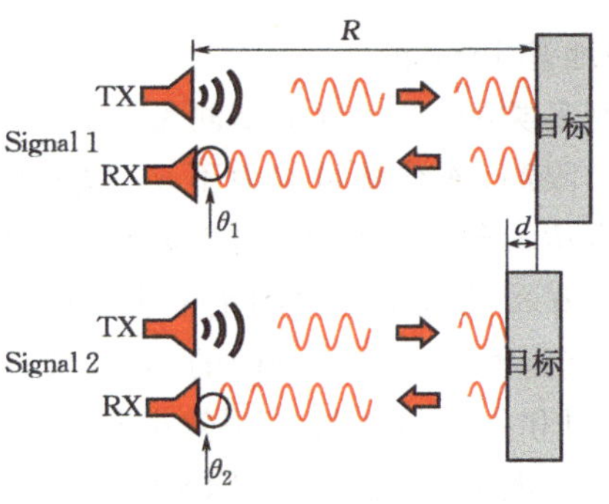

图 2.14 雷达干涉探测目标示意图

设地面目标点 P 两次回波信号表示为 c_1 和 c_2，则

$$c_1=A_1e^{i\theta_1},c_2=A_2e^{i\theta_2} \tag{2.7}$$

根据式(2.7)，相位信息可分别表示为

$$\theta_1=-\frac{4\pi}{\lambda}R_1+\theta_{obj1}$$
$$\theta_2=-\frac{4\pi}{\lambda}R_2+\theta_{obj2} \tag{2.8}$$

将两次观测值共轭相乘，可得复干涉图为

$$I=c_1\cdot c_2^*=A_1A_2e^{i(\theta_1-\theta_2)} \tag{2.9}$$

式中 * ——取共轭。

设 φ 为干涉相位，则有

$$\varphi=\theta_1-\theta_2=-\frac{4\pi}{\lambda}(R_1-R_2)+(\theta_{obj1}-\theta_{obj2}) \tag{2.10}$$

如两次观测地面目标散射特性不变，即 $\theta_{obj1}-\theta_{obj2}$，则干涉图的相位仅与两次观测的路程差有关，即

$$\varphi=-\frac{2\pi}{\lambda}2\Delta R \tag{2.11}$$

根据式(2.11)即可由相位差得到两次测量的距离差 ΔR。

(2)全球 InSAR 卫星

自 20 世纪 60 年代以来，很多国家开展了机载、星载 InSAR 试验，已经升空的星载 InSAR 卫星包括加拿大的 Radarsat-2、日本 ALOS、欧洲 ENVISAT、意大利 COSMO-Skymed、德国 TanDEM-X 等。表 2.11 列举了几个星载 InSAR 系统及其各自参数。

表 2.11 星载 InSAR 卫星统计

InSAR 系统	发射时间	轨道高度/km	周期/d	极化方式	测高精度/m
Radarsat-2	2006	798	24	HH	2～20
ALOS	2006	690	2	HH/VV	10～20
ENVISAT	2002	800	35	HH/VV	10～40
COSMO-Skymed	2007	619	16	交极化	1～100
TanDEM-X	2010	514	11	多极化	2～4

(3)地基 InSAR

地面多类型、多尺度形变测量而言,星载雷达干涉测量技术监测的实时性受制于卫星重访周期的限制,连续测量能力不足,致使快速变形活动的实时监测难以满足。同时,星载合成孔径雷达入射方向单一,对于如自然滑坡、矿山边坡和冰川等局部变形监测,其入射角、空间分辨率和覆盖范围难以满足要求。欧洲一些研究者和公司针对星载 InSAR 入射方向单一、实时监测能力较弱等方面的不足,展开了地基 InSAR 设备和相关算法的研究工作,并在边坡、冰川和桥梁等领域应用效果显著。其中意大利 IDS 公司 IBIS-FL 地基雷达是其中的突出代表。图 2.15 显示了 IBIS-FL 设备和边坡监测结果,其中,图 2.15(b)红色和绿色部分为监测点,绿色表示对应的监测点稳定,红色表示对应的监测点存在位移。

(a) IBIS-FL边坡监测设备

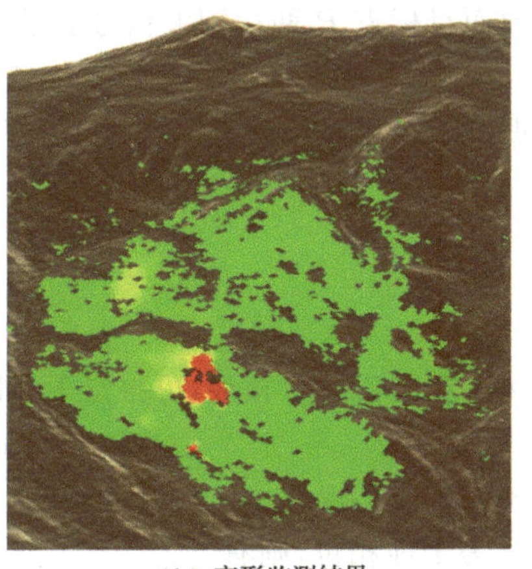

(b) 变形监测结果

图 2.15 地基 IBIS-FL 边坡监测示例

2.1.3 无损检测

1. 机器视觉

结构表观病害检测是评估其性能的必要手段。随着计算机与信息技术的快速发展,利用自动化的移动或固定视觉检测平台,应用机器视觉分析技术获取铁路基础设施关键区域的表观病害状态,已成为保障铁路线路安全运行的一项关键技术。本小节从机器视觉技术的基本组成框架、典型视觉图像处理算法及一些应用案例、常用机器视觉图像处理软件等方面介绍机器视觉无损检测技术的相关内容。

1)机器视觉技术的基本组成框架

机器视觉技术,是一门涉及人工智能、神经生物学、心理物理学、计算机科学、图像处理、模式识别等诸多领域的交叉学科。机器视觉主要用计算机来模拟人的视觉功能,从客观事物的图像中提取信息,进行处理并加以理解,最终用于实际检测、测量和控制。机器视觉技术最大的特点是速度快、信息量大、功能多。随着工业 4.0 时代的到来,机器视觉技术在智能制造与装备、智慧交通与控制领域的作用越来越重要。图 2.16 展示了一个基本的机器视觉分析系统的组成框架,其包括光源、工业相机、图像采集卡、工控机和显示控制端等部分。

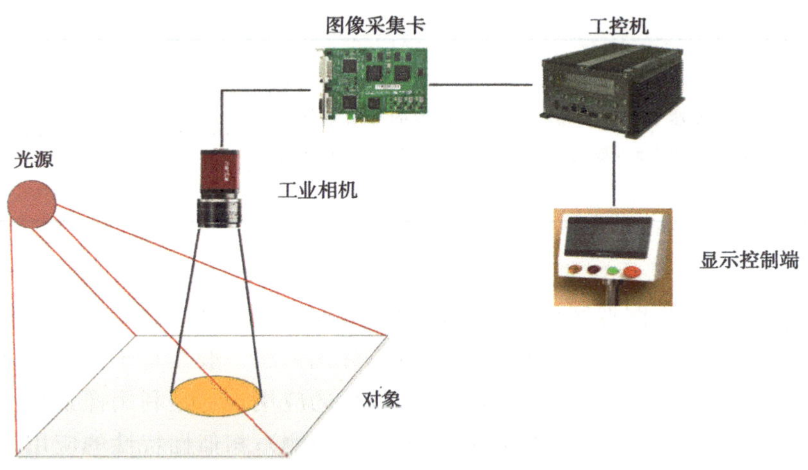

图 2.16 机器视觉技术的基本组成框架

2)典型视觉图像处理算法内容

在机器视觉系统中，视觉信息的加工处理主要依赖于图像处理方法，它包括图像增强、边缘检测、目标分割、特征提取、图像识别与理解等内容。本小节将介绍一些典型的视觉图像处理算法。

(1)图像增强

图像增强用于调整输入图像的对比度，由此突出图像中部分重要细节[14]。通常，在计算机中一幅二维数字图像可以用一个数字矩阵来表示，其矩阵中的元素是位于相应坐标位置的图像灰度值，且为离散化的整数。一般而言，数字图像的灰度值按照亮度从小到大，依次从 0，1，…，255 范围取值。考虑在实际应用中，机器视觉系统中的光源会受到自身或外界因素影响，导致采集的图像数据出现偏暗或者偏亮的现象。为了便于后续更好地提取图像目标信息，需要先对采集的图像进行增强处理。具体而言，需要对数字图像矩阵中的每个元素亮度进行非线性变换处理，由此实现图像目标清晰的目的。

(2)边缘检测

由于图像边缘不易受整体光照强度变化的影响，因此基于边缘检测的图像分析方法在视觉图像处理系统中被广泛应用。类似于图像增强算法，边缘检测强调的也是图像对比度，通过增强图像中的边界特征，实现对目标边界的检测。目前，常用的图像边缘检测算法包括 Roberts 边缘检测算子、Sobel 边缘检测算子、Canny 边缘检测算子等，具体描述见表 2.12。

表 2.12 几种边缘检测算子的算法描述

名 称	算 法 原 理	优缺点描述
Roberts	利用局部差分寻找图像边缘。检测边缘时，计算对角线方向的相邻两像素之差，进而求得近似梯度幅值	边缘定位比较精确，但对噪声比较敏感
Sobel	以 3×3 模板为核，对图像的水平、垂直和 2 个对角共计 4 个方向对的梯度进行加权求和，然后选取合适的阈值来提取图像边缘	对灰度渐变低噪声的图像有较好的检测效果，但是复杂噪声图像的检测效果不理想

续上表

名　称	算 法 原 理	优缺点描述
Canny	先用高斯滤波器平滑图像，然后用一阶偏导的有限差分来计算梯度的幅值和方向，最后用非极大值抑制和双阈值算法确定边缘	能够检测出图像较细的边缘部分，但算法的实时性较差

(3)目标分割

目标分割的目的是将图像区域从背景内容中分离出来。具体而言，在分割过程中，将图像内容细分为目标区域和非目标区域两类。目标分割算法一般是基于像素亮度值的两个基本特性，即不连续性和相似性。其中，不连续性特性的应用一般是利用像素亮度的不连续变化来实现图像目标分割，比如目标边缘分割[即边缘检测)；相似性特性的应用一般是依据事先制定好的准则将图像区域进行分割，其常见的分割方法有门限处理、区域生长、区域分离和目标聚合等方法。表 2.13 中讨论了几种常见目标分割方法的应用要点，在实际工程应用中注意参考。

表 2.13　几种目标分割方法的应用要点

名称	算 法 原 理	要　　点
门限处理	认为图像由亮的目标和深的背景组成，选取一个门限值 T；将亮度大于 T 确定为对象，否则确定为背景	门限值 T 的选择很重要，如果 T 为固定值，为全局门限；否则，为局部动态门限
区域生长	以一组“种子”点开始，将与种子性质相似(比如灰度值、颜色值等)的相邻像素附加到既有种子点的生长区域	区域生长法往往会产生图像目标的过度分割，且空间和时间的计算负担均比较大
分水岭	在图像分割中，以临近像素间的相似性为参考依据，将在空间位置上相近并且灰度值相近的像素点互相连接起来构成一个封闭的轮廓	分水岭算法易受背景噪声影响，容易出现目标过度分割

(4)特征提取

图像中的目标一般为像素区域集合，为了检测或识别图像目标，需要描述该像素区域集合的属性，并获取该属性的特征向量。一般而言，为了便于目标识别，提取的图像特征向量必须具备两个重要条件：①当且仅当两个图像目标具有相同形状时，它们对应的特征向量才相同；②当目标形状发生仿射变化(包括尺度、位置、视角等)时，图像特征向量具有不变性属性。针对目标特征向量的描述，一般有两种方式：边界描述和区域描述。表 2.14 中概述了两种方式下几种常见的特征描绘子内容，可根据工程需要选择合适的特征描绘子。

表 2.14　几种特征描绘子的应用要点

类别	名　称	算 法 原 理	要　　点
边界描述	链码	用于表示由顺序连接的具有指定长度和方向的直线段组成的边界线特征	链码长度较长；图像噪声或边界线段缺陷会干扰链码编码
	傅里叶描绘子	利用表示形状整体频率分量的一组数字来描述轮廓特征，将二维问题简化为一维问题进行处理	傅里叶描绘子能够反映边界的大致形状，可以作为区分不同形状边界的特征输入

续上表

类别	名 称	算 法 原 理	要 点
区域描述	统计矩	矩是形状的构图(即像素的排列)描述,可通过简单的统计矩进行定量的描述(如均值、方差和高阶矩等)	统计矩为图像区域全局描述,样本特征维数少,并具有良好的不变性
	拓扑描绘子	针对图像在没有撕裂和连接的情况下,研究不受任何变形影响的图形性质(比如欧拉数)	仅适用于图像形状没有撕裂或与其他目标连接的情况
	纹理特征	针对图像区域的平滑度、粗糙度、粒状度等特征进行描述,常见模型有直方图、梯度方向直方图、局部二值模式图等	特征描述越精准,特征向量维度越高;高维状态下的特征向量具有一定的冗余性

(5)图像识别与理解

在实际应用中,通常人们提取完图像样本的特征后,利用该样本特征可以在既有数据库中找到与其最匹配的元素[15]。根据这个最匹配元素对应的样本属性,可以获知测试图像样本的属性。上述过程为机器视觉分析系统中的模式识别。针对模式识别问题,一般可分为浅层模型和深层模型两类。表 2.16 中概述了两类模型中常见的模式分类方法,可根据实际情况选择合适的模式分类器。

由表 2.15 中的对比内容可知,模式分类器中的浅层模型与深层模型存在以下三点差别:①深层模型将特征提取与模式分类两部分进行了整合,两者同时进行联合优化,可以最大程度地提高模型的学习性能。②深层模型的训练,务必需要输入大量且多样化的训练样本,在仅有少量训练样本的情况下,深层网络模型易发生过拟合。③由于深层网络需要迭代训练大量的网络参数,在实际应用中必须借助于图形处理器 GPU 进行加速运算。

表 2.15 几种模式分类器的概述

类别	名 称	算 法 原 理	要 点
浅层模型	BP 神经网络	利用梯度下降,按照误差逆向传播算法训练前馈神经网络	单层网络、模型清晰、结构简单、计算量小、性能一般
	支持向量机 SVM	通过最大化两类训练样本的分类间隔,获取分类识别函数	适合于小样本二分类建模,但需求解二次规划问题,计算量较大
	Ada Boost 分类器	训练不同的弱分类器,并把这些弱分类器级联起来,构成一个强分类器	训练误差可能会在弱分类器之间传播,影响整个集成分类器的性能
深层模型	AlexNet	一个包含多个卷积层和池化层的简单网络架构,顶部为全连接层	AlexNet 使用 ReLU 激活函数代替了 Sigmoid 激活函数,能更快地训练
	VGGNet	通过反复地堆叠 3×3 的小型卷积核和 2×2 的最大池化层,成功地构建了 16~19 层深的卷积神经网络	VGGNet 的卷积层中使用的都是 3×3 的卷积核,学习能力更强
	GoogLeNet	引入 Inception 网络机制,构造一种“基础神经元”结构,来搭建一个稀疏性、高计算性能的网络结构	Inception 机制既提高了神经网络性能,又保证了计算资源的使用效率
	ResNet	通过直接将输入信息绕道传到输出,保护信息的完整性,整个网络只需要学习输入、输出差别的那一部分	ResNet 结构的训练速度很快,且模型准确率也有较大提升

3)隧道衬砌病害的机器视觉识别系统[16,17]

目前国内外相关研究机构已提出利用计算机视觉分析技术完成隧道衬砌病害的自动化检测与识别。图 2.17 为隧道衬砌病害机器视觉检测平台组成图,其分为三大部分:图像采集层、操作控制层及行走层。利用该平台可以完成隧道衬砌结构的渗漏水、裂缝等表观病害的快速检测,其检查过程如图 2.18 所示。该平台具有检测精度高速度快、操作简便、病害自动识别与分析、生成检测报告等特点,可广泛应用于隧道结构表面病害的快速检测。

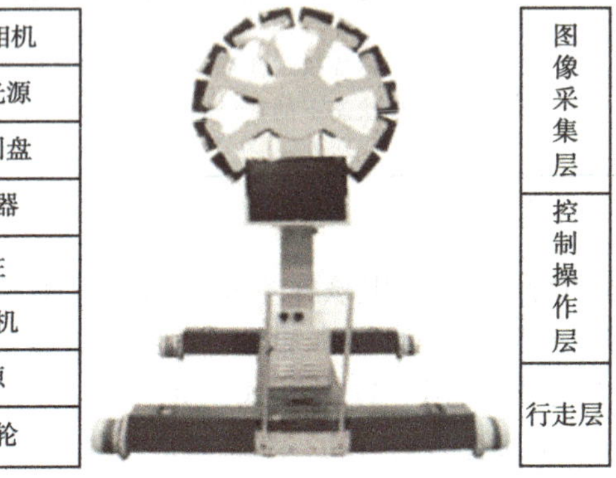

图 2.17 隧道衬砌病害机器视觉检测平台组成示意图

图 2.18 隧道衬砌病害机器视觉检测过程图

2. 电磁波无损检测方法

探地雷达(Ground Penetrating Radar,GPR),又称地质雷达(Geo Radar),是用高频无线电波来确定介质内部物质分布规律的一种地球物理方法[18,19]。在近 10 年的时间内,随着高速铁路无砟轨道、隧道衬砌内部病害检测的需要,复杂结构中探地雷达回波滤波除噪、特征识别等信号处理取得了较大的发展。

1)探地雷达目标检测机制

探地雷达主要由发射天线、接收天线和雷达主机构成,其工作机制为发射天线发射电磁波,当遇到异构电性参数物质时,电磁波发生反射和透射现象,反射波被接收天线接收,并经过 A/D 转换后记录在探地雷达主机中。

图 2.19 描述了空气—背景媒质和背景媒质—目标两层界面时探地雷达电磁波的反射和透射原理。其中 T 和 R 分别代表探地雷达发射天线(Transmitter)和接收天线(Receiver);$(\varepsilon_{r1},\mu_{r1},\sigma_1)$,$(\varepsilon_{r2},\mu_{r2},\sigma_2)$,$(\varepsilon_{r3},\mu_{r3},\sigma_3)$分别表示空气、背景介质和目标的电性参数;$\varepsilon_r$ 表示相对介电常数;μ_r 表示相对磁导率;σ 表示电导率。

根据电磁波传播原理,在遇到不同电性参数媒质表面时,电磁波会发生反射和透射现象。以电磁波垂直入射为例,z 轴的左半平面参数为$(\varepsilon_{r1},\mu_{r1},\sigma_1)$,$z$ 轴的右半平面参数为$(\varepsilon_{r2},\mu_{r2},\sigma_2)$,电磁波入射波传播方向沿 z 轴正方向传播,在 $z=0$ 界面时,由于两侧电性参数的差异,使电磁波产生反射和透射现象,

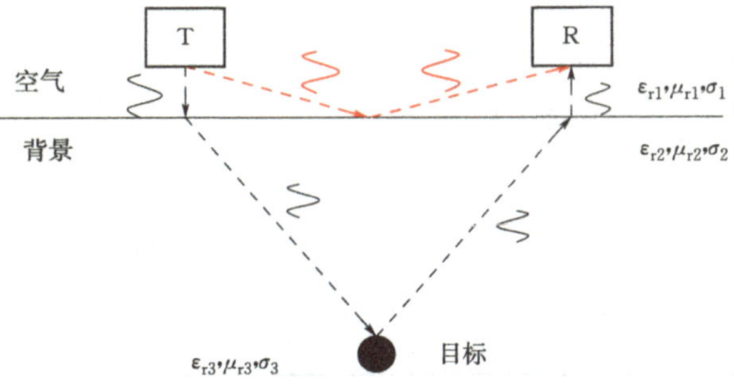

图 2.19 探地雷达目标检测示意图

如图 2.20 所示，图中 i 表示入射波(incident wave)；r 表示反射波(reflected wave)；t 表示透射波(transmitted wave)。

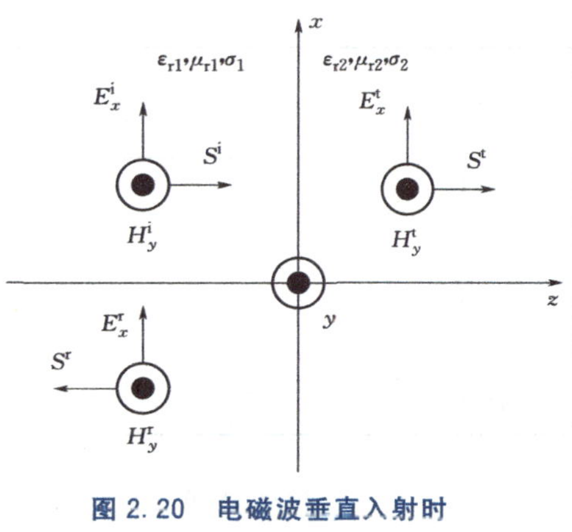

图 2.20 电磁波垂直入射时平面反射波和投射波

定义入射波，反射波和透射波方程见式(2.12)所示

$$\begin{cases} E_x^i = E_{x0}^i e^{-jk_{c1}z} & H_x^i = \dfrac{E_{x0}^i}{\eta_1} e^{-jk_{c1}z} \\ E_x^r = E_{x0}^r e^{-jk_{c1}z} & H_x^r = \dfrac{E_{x0}^r}{\eta_1} e^{-jk_{c1}z} \\ E_x^t = E_{x0}^t e^{-jk_{c1}z} & H_x^t = \dfrac{E_{x0}^t}{\eta_2} e^{-jk_{c2}z} \end{cases} \tag{2.12}$$

式中 k_{c1}, k_{c2}——分别表示媒质 1 和媒质 2 中的波数，$k_{ci} = \omega\sqrt{\mu\varepsilon}$；

η_1, η_2——分别表示媒质 1 和媒质 2 中的波阻抗，$\eta_i = \sqrt{\mu_i/\varepsilon_i}$；

$E_{x0}^i, E_{x0}^r, E_{x0}^t$——为 $z=0$ 时入射波、反射波和透射波的电场幅值。

并在此基础上定义反射波与入射波幅值比为反射率(reflection coefficient)R 和透射波与入射波幅值比为透射率(transmission coefficient)T。

$$R = \frac{E_{x0}^r}{E_{x0}^i}, T = \frac{E_{x0}^t}{E_{x0}^i} \tag{2.13}$$

2)探地雷达技术指标

为满足各种检测需要，近年来国内外涌现了越来越多的探地雷达仪器系统[20,21]。国外商业系统的探地雷达种类很多，例如美国地球物理测量系统公司(GSSI)的 SIR 系列雷达，加拿大探头及软件公司的 EKKO 系列雷达，瑞典 RAMAC 雷达，意大利 IDS-RIS 系列雷达等。国内也非常重视探地雷达的开发工作，并推出各种频率的探地雷达系统，如中国电波传播研究所 LTD 系列雷达，中国矿业大学 GR 系列雷达，表 2.16 列举了探地雷达典型参数。同时，雷达系统的探测深度与介质损耗、探地雷达中心频率和界面的粗糙程度等因素相关，表 2.17 列举了光滑界面探地雷达的探测深度[22]。

表 2.16 探地雷达典型检测参数

参　数	典 型 值	参　数	典 型 值
主机扫描速率	3000～8000 扫/s	信噪比	≥150 dB
时窗	16/32/64/128 μs	采样点数	128/256/512/1024
通道数	1/2/4	天线频率	100MHz～2.0GHz

表 2.17 探地雷达典型测试深度

雷达系统	频　率	损耗/(dB·m⁻¹)					
		0.1	1	10	20	50	100
EKKO	450	270	36	4.5	3.3	1.5	0.8

续上表

雷达系统	频　率	损耗/(dB·m^{-1})					
		0.1	1	10	20	50	100
EKKO	100	376	47	5.5	3.8	1.6	0.86
GSSI	500	66	14	3.2	2.3	1.1	0.6
GSSI	100	112	19	3.7	3	1.4	0.75
RAMAC	250	290	38	4.7	4	1.8	0.96
RAMAC	100	300	39	4.8	4.2	2	1

图 2.21 为某高速铁路无砟轨道监测结果。其中图 2.21(a)为 400 MHz 天线监测结果，图 2.21(b)为 900 MHz 天线监测结果，可以清楚看到天线频率越高，分辨率越好。

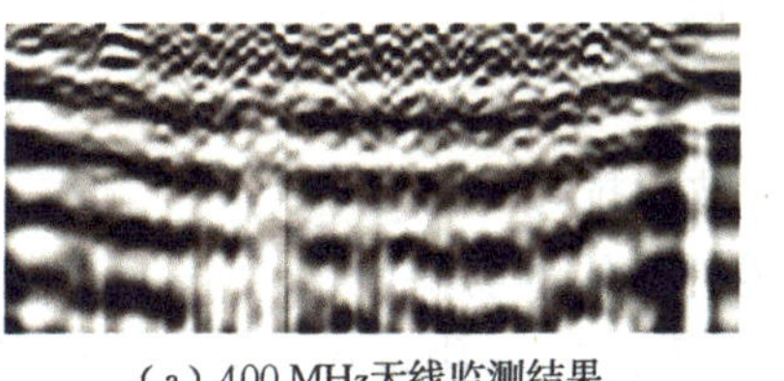
(a) 400 MHz天线监测结果

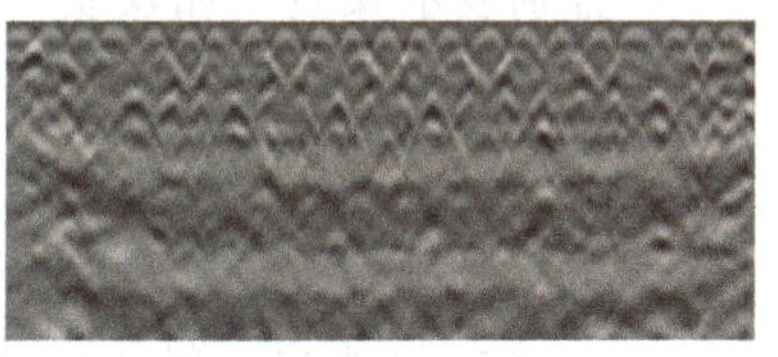
(b) 900 MHz天线监测结果

图 2.21　基于探地雷达无砟轨道监测结果

从国内外的仪器开发和研究来看，探地雷达系统正朝着从通用目标检测过渡到单一目标或特殊目标检测的发展，从单通道天线到多通道、阵列式天线发展，从二维检测到三维成像发展，从天线、主机分布式到集成小型化发展，使得数据采集更加便捷，数据内容更加丰富，数据质量更加准确[23]。

3. 弹性波无损检测方法

1)弹性波目标检测机制

弹性波在固体中的传播理论是弹性波无损检测的基础。在外界激励源扰动下弹性固体受激处质点发生振动，引起周围质点的位移和振动，从而将扰动以应力和应变的形式传播开来，并伴有能量传递，就是固体中的弹性波传播。弹性波可分为体波和面波两种类型。体波指在固体内部传播的波，按质点振动方向和波传播方向是否一致，体波又可分为纵(P)波和横(S)波。面波指沿固体表面或分界面传播的波，主要包括瑞利(Rayleigh)波、勒夫(Love)波和其他面波。弹性波传播与固体介质的内部结构和物理力学性质密切相关。

当弹性波在固体介质传播时，遇到材料分界面会发生反射和透射以及波形转换，造成波衰减和波形改变等现象，如图 2.22 所示。弹性波反射和透射的强度由分界面两边的介质的波阻抗(波速与密度的乘积)差决

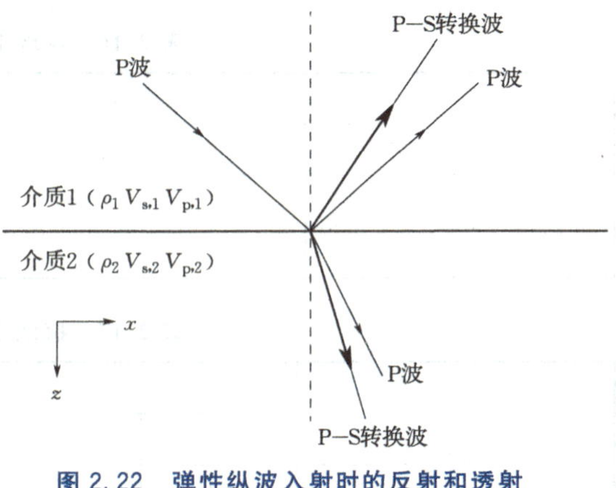

图 2.22　弹性纵波入射时的反射和透射

定，波阻抗差越大，材料分界面处反射的弹性波越强，透射过去的弹性波越弱。由此可以根据介质中的弹性波透反射信息分析寻找介质缺陷/病害与周围介质之间的材料分界面，并由此推断介质中是否存在缺陷/病害。

2)弹性波检测方法

土木工程常用的弹性波检测方法包括冲击回波法、超声波法、声波 CT 法和瑞雷面波法。

(1)冲击回波法

冲击回波法(Impact Echo Method，IE 法)是采用小球或铁锤冲击测试物体表面产生瞬时应力脉冲，在冲击位置表面附近由振动信号接收器记录垂向质点振动，然后利用弹性回波的频谱图中的主频来进行分析的一种方法。冲击回波法是在 20 世纪 80 年代中期由美国国家标准局最早公布，之后由土木工程领域学者和工程技术人员进一步开发，而后在土木工程领域得到了广泛采用。我国针对冲击回波法发布了行业标准《冲击回波法检测混凝土缺陷技术规程》(JGJ/T 411—2017)[24]，对该方法的实施进行了比较明确的规定。该方法适用于混凝土结构内部缺陷探测和厚度测量，对板式无砟轨道功能层脱空的检测也有良好效果。

(2)超声波法

采用超声波检测混凝土结构质量时，可按检测对象分为两种。第一种为当混凝土结构中无明显缺陷时，采用超声波速度检测混凝土强度的方法；第二种为当混凝土结构中有缺陷时，采用超声波探测缺陷并进行定位的方法。超声波波速与混凝土的弹性参数有密切联系。混凝土材料是由水、水泥、砂、石子和钢筋等多种材料按一定比例配合形成的复合体，其内部还包含了微裂隙、空洞或宏观裂纹等缺陷，各组分的配合比例以及缺陷分布不仅对混凝土抵抗变形的能力起主要影响，还是影响超声波波速变化的重要因素。

在工程实际检测过程中，通过超声波波速、混凝土弹性模量和混凝土力学强度的内在联系来建立混凝土强度—超声波波速相关关系，并以此推断混凝土强度[25]。我国通常采用两种非线性数学表达式来描述超声波波速 v 和混凝土强度 f_c 关系。

$$f_c = Av^B \tag{2.14}$$

$$f_c = A\mathrm{e}^{Bv} \tag{2.15}$$

式中 A，B——经验系数，由实验数据拟合得出。

如果混凝土结构中存在缺陷，那么当超声波通过缺陷时会产生反射、散射和绕射，使得超声波的传播路径、波形、相位和频率成分等发生变化，因此通过该处的超声波与无缺陷混凝土相比，声时明显偏长、波幅和频率明显下降。根据这一基本原理，可对同条件下混凝土进行超声波测量，通过比较声时、波幅和主频等测量值来判断混凝土的缺陷情况。

(3)弹性波层析成像方法

层析成像(Computerized Tomography，CT)技术源自于奥地利数学家 J. Radon 的著名论文“关于由函数沿某些流行的积分确定该函数”，该论文提出的 Radon 变化即是 CT 技术成像的基本原理。在土木工程领域中，弹性波 CT 应用范围最广，根据震源即信号频率弹性波 CT 可分为声波 CT 和地震波 CT，而其中声波 CT 适用于土木工程结构质量检测。

声波 CT 技术包含测试和成像两部分内容。检测混凝土结构质量时，首先将若干超声波换能器耦合于被测混凝土结构的相对两个侧面，如图 2.23 所示。通过超声波激发—接收测试，获取大量的首波走时数据，反演得到混凝土波速和强度信息。

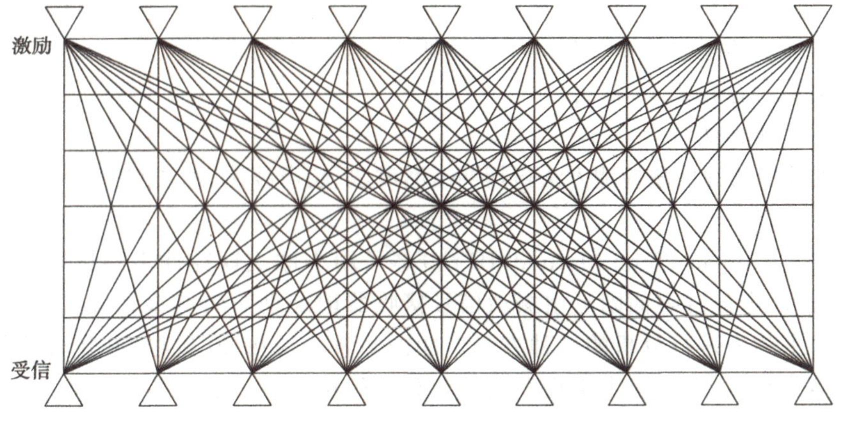

图 2.23 声波 CT 技术测线交叉布置示意图

(4)表面波检测方法

弹性波中面波是一种沿弹性介质自由表面传播的波,是纵波(P 波)和横波垂直分量(SV 波)在自由表面附近相互干涉形成的,它是由英国学者 Rayleigh 首先提出来的,又称瑞雷波或瑞利波。利用瑞雷面波进行无损检测主要是基于如下三个主要特征[26]:

①瑞雷面波在分层介质中传播时具有频散特性,即瑞雷波的相速度随着频率的变化而变化。

②瑞雷波的检测深度和能量主要集中在一个波长范围内,且穿透深度随着波长变化。

③瑞雷波传播速度 v_R 与横波(S 波)速度 v_s 密切相关,且满足如下关系:

$$v_R=\frac{0.87+1.12\mu}{1+\mu}v_s \tag{2.16}$$

式中 μ——泊松比。

由于横波与介质物理力学参数,如弹性模量、密度和强度,有密切关系,因此瑞雷波速也可用来推断介质的物理力学参数。

在采用瑞雷波进行无损检测时,采用力锤等装置敲击待测物体表面,然后由等距布置在离振源点一定距离的待测物体表面的检波器记录传递过去的瑞雷波信号。用两个检波器之间的距离除以传播时间可以获得瑞雷波的传播速度,再由波长—波速关系,计算得到相应波长。根据瑞雷波传播特征和现场探测实践经验,一般认为瞬态瑞雷波的有效检测深度为半波长 $\lambda/2$,那么可由下式估算出瑞雷波的检测深度 h:

$$h=\frac{v_R}{2f} \tag{2.17}$$

通过对接收到的瑞雷波信号进行 τ—p 分析或 f—k 分析可以得到频散曲线,即频率 f 和瑞雷波波速 v_R 之间的关系图,根据式(2.17)可以换算为探测深度 h 和瑞雷波速 v_R 的关系图,根据不同探测深度时瑞雷波速的变化即可判断介质中是否存在缺陷和缺陷位置。该方法可用于铁路基础设施地基勘察和地基加固效果评估。

3)弹性波检测仪器

(1)冲击回波仪

经过多年发展,用于冲击回波法检测混凝土结构质量的冲击回波仪技术已经十分成熟。

我国在 1989 年由南京水利科学研究院开发出国内第一套冲击回波仪——IES-A 型冲击反射测试系统。

(2)超声波(声波)检测仪器

用于混凝土结构强度和缺陷检测的非金属超声波(声波)检测仪器一般包括超声波(声波)换能器、A/D 转换系统、数据采集系统和控制系统四个部分。目前发展趋势是将 A/D 转换系统、数据采集系统和控制用单片机组装为一体,换能器通过信号线与其连接。其通过控制电路发出信号使发射换能器动作激发超声波,超声波通过待测物体传递至接收换能器,接收换能器将超声波转换为电信号经由放大电路传递至数据采集系统保存。

2.1.4 系统集成

结构健康监测系统是一个多学科、多组成、多功能的系统。一个实际实施的结构健康监测系统,涉及的内容有很多:有系统规模的问题,这个问题与测试目的紧密关;有系统测试参数的匹配兼容性问题,这与结构形式、结构所处的环境、传感器的选型、采集系统选型等因素密切相关;还有系统的安装与防护对测试结构响应的影响问题等。

结构健康监测系统由测试系统、数据处理系统以及安全评估系统等组成,其中有“硬件”部分,也有“软件”部分。“软件”部分主要为系统的后处理部分,即信号分析、数据管理、安全评估、安全预警等;“硬件”部分即涉及信号的传感、信号采集、传输等功能,包括传感器的选择、安装、调试,采集调理设备的选择与集成,现场采集站的建立与调试,现场采集站与监控中心的传输与控制,健康监控中心的建立等。

本小节以一般基础设施状态监测系统的基本功能、构成、任务和关键技术为主线,结合高速铁路线路工程特点,介绍结构监测系统的系统总体架构(单一参量、单结构体、对象集群)、硬件系统集成和软件系统集成等技术。

1. 系统总体架构

基础设施健康监测系统的发展经历了三个阶段:第一阶段以结构监测领域专家的感官和专业经验为基础,以经典的数据处理为特征;第二阶段以现代传感器技术和动态测试技术为手段,以信号处理和结构建模为基础,在工程中得到了较为广泛的应用;近年来,为了满足大型复杂结构的健康诊断要求,逐步走向以知识处理为核心,数据处理、信号处理与知识处理相融合的智能发展阶段。

从信息化角度出发,健康监测系统的核心在于数据的采集、传输、融合、分析、处理、应用的整个流动过程。健康监测系统框架参照 TCP/IP 分层模型按层构建,各层之间独立,下层向上层提供服务。在数据中心层,建立专业的大数据服务中心,通过对海量数据的挖掘分析,实现信息融合和统一服务。

(1)感知层是平台构建的物质基础,包括传感系统、检测、巡检、视觉监测及其他多源异构数据的接入。感知层依托各类传感器采集数据,可以采用定时、按需、连续等方式采集数据。感知层获取的数据,预先保存到本地的数据库、文件或内存中,通过数据库的同步复制技术、文件异步传输技术或消息队列订阅技术,完成现场数据与数据中心的采集数据同步工作。现场终端具备临时数据中心功能,即使网络层出现故障,现场数据能够本地存储,整个感知层仍然可以持续运行,一旦网络层故障解除,通过相应的同步技术,将现场的采集数据快速同步到数据中心。

(2)网络层是平台的神经中枢,由移动互联网、局域网、光纤通信、无线局域网组成,实现现场采集器与采集器、采集器与现场计算设备、现场数据与远程管理后台的数据交换和现场采集系统控制通信等功能。网络层包含接入网和传输网,分别实现接入功能和传输功能。接入网包括光纤接入、无线接入、以太网接入、卫星接入等各类接入方式。传输网由公网与专网组成,典型传输网络包括电信网(固网、移动通信网)、广电网、互联网、电力通信网、专用网。健康监测系统的网络层承担着大量的数据量传递任务,并且需要较高的网络服务质量。健康监测系统的网络层充分应用了网络新技术,如5G/4G通信网络、IPv6、Wi-Fi、蓝牙等。

(3)数据中心层包括健康监测系统搭建所需的数据资源中心、云平台及相关基础设施,包括提供数据管理引擎、数据存储所需的数据库系统、软件系统搭建所需的计算机开发语言环境以及运行软件、驱动硬件设备的相关环境。

数据中心层通过虚拟化和集群技术进行构建,完成数据存储、数据分析、数据计算、数据分发工作,是健康监测系统的核心,是整个系统运转的大脑。通过虚拟化技术,为各种数据采集业务及数据处理服务提供基本的计算环境。通过按需分配,灵活快速生成监测服务支撑环境。分配包括处理CPU、内存、存储、网络和其他基本的计算资源。通过集群技术构建ANSYS,ABAQUS,MATLAB等大型运算软件计算环境。以规范化的接口方式,将感知层的数据源输入到相关的集群中,进行相关的模型运算和仿真。

(4)接口层封装了整个健康监测系统的操作及数据信息。该接口层提供统一、规范的接口,为用户操作界面、用户查询界面、桌面应用、移动应用、第三方应用提供数据服务及控制服务。针对不同类数据请求或控制请求,通过对应的接口调用实现,简化了监测系统与其他第三方系统数据对接的工作。

2. 硬件系统集成

1)测试需求分析与系统设计

要建立一套完好的健康监测系统,需要按照如下步骤来完成:

(1)确定测试任务

首先,需要对监测对象的受力特点、重点部位以及其服役环境进行分析,通过这些进一步确定需要测量的信息与相应的物理参数,在这一环节应尽量避免信息过多或信息不足的情况发生。其次,根据监测系统的目的、测试物理参数和数据处理与分析的要求,确定相应的技术性能指标,例如:精度,非线性度、量程、分辨率、测试频率等。最后,在前两个环节的基础上确定传感器布点方案,并进一步明确测试的具体要求。

(2)选择测试方法和传感器

针对测试任务要求进行功能分析、性能分析和成本分析。功能分析是指根据测试任务需求分析系统的功能,具体包括是在线测量还是离线测量,是实时测量还是离线分析,是接触式测量还是非接触式测量,现场的数据采集、数据存储和数据传输方案等;性能分析是指在功能分析的基础上分析系统所需传感器的具体性能指标,具体包括传感器的非线性度、精度、量程、分辨率、稳定性、温度漂移、零点漂移、频率响应等;成本分析是指在功能分析和性能分析的基础上,结合监测系统的目的分析采用简易方案、适中的方案还是最先进的方案,以便选择合适的测试方法和传感器。

在以上分析的基础上，结合工程实际考虑，选择测试方法，合适的传感器类型，传感器的性能指标，并制订测试方案。

(3)后续测量系统的选定

基础设施状态监测的被测参量多是连续变化的物理量，例如振幅、加速度、温度、应变等。要将这些结构监测参数送入计算机中进行处理，就必须应用数据采集技术。数据采集，是连接被测对象与数字化处理系统的纽带，其通过布设于结构上(或内部)的各类传感器完成对应力、振动、变形、温度等被测参量的非电量变换，再经过信号调理、采样、量化、编码和传输等步骤，输入至计算机进行处理或存储记录的过程，完成数据采集过程的成套设备被称为数据采集系统，是结构状态监测系统的重要组成部分。

传感器将物理信号转换成相应的电信号(如应变计、热敏电阻、加速度传感器等)。信号调理装置用于将原始信号以及传感器的输出接入到数据采集板或模块上。通过信号调理的各种功能，如信号的放大、隔离、滤波、多路转换以及直接变送器调理等，使得数据采集系统的可靠性及性能得到极大地改善。数据采集装置主要完成将经过信号调理部分的电压信号进行数字化，变成能够被计算机识别和处理的数据。

后续测量系统的选定需要综合考虑传感器、信号调理装置与数据采集装置的匹配问题，包括：测量装置的静动态特性匹配，测量系统的精度匹配，总线接口的匹配以及现场的安装防护方式对系统动静态特性的影响等问题。以便系统能准确的测量被测信号，保证被测信号幅度不失真，频率不失真。

(4)测量系统的性能评定

完成测试系统方案设计以后，要根据现场实施条件和系统工作环境综合分析，进行系统的抗干扰设计；进行系统综合测试性能分析和性能标定。

2)数据传输

结构健康监测技术是在现代测试技术和计算机技术的基础上发展起来的，结构健康监测系统在计算机领域也可以看成是一个复杂的计算机系统，所以结构健康监测系统内部的数据传输技术主要来源于计算机领域、测试技术领域和近几年飞速发展的物联网领域。

总线(Bus)是指计算机各种功能部件之间传送信息的公共通信干线，它是由导线组成的传输线束，按照计算机所传输的信息种类，计算机的总线可以划分为数据总线、地址总线和控制总线，分别用来传输数据、数据地址和控制信号。总线是一种内部结构，它是 CPU、内存、输入、输出设备传递信息的公用通道，主机的各个部件通过总线相连接，外部设备通过相应的接口电路再与总线相连接，从而形成了计算机硬件系统。计算机系统和计算机系统之间的通信通常认为是外部通信。

结构健康监测系统的硬件集成需要系统内部总线和通信接口部分的兼容匹配。有线数据传输总线结构主要包括 RS-485、USB、CAN 总线，物联网技术均为无线传输。

3. 软件系统集成

1)前端数据采集软件

构造一个数据采集系统，在基本硬件系统确定后，还需要进行数据采集软件的开发工作。软件是数据采集系统的关键，选择正确的软件系统可以最大限度发挥硬件的性能。通常情况下有多种程序开发语言或软件开发平台可供选择。通常越低级的语言开发出的数据采集系统效率越高，但开发技术复杂，通用性较差。利用高级语言或软件开发平台进行数据采集软件开发，其程序通用性高、数据处理方式简单，但程序效率较低，常用于非严格场合。

远程监视和控制需要依赖于数据采集软件的网络编程支持。在网络访问模式方面，有两种主要模式可供选择，一是 Client/Server 模式，这种模式客户机需要安装专门的软件，客户机维护升级不方便；另外一种是 Browser/Server 模式，这种模式无须在每台计算机上安装专门的软件，客户机无须维护和升级。

随着云计算技术的普及，基于 Browser/Server 模式的数据采集软件逐步成为主流。广泛用于互联网应用的语言也逐步在结构健康监测系统中得以应用，比如 Python、GO、Java 等。由于这些语言具有良好的可扩展性，具有丰富的第三方函数库，能够快速部署解决一些数据采集中基础的计算问题，日益受到数据采集软件开发工作者的青睐。

对于构建一个结构健康监测系统而言，要采集众多不同特性、功能迥异的传感器数据，往往需要若干个数据采集子系统共同完成，而各个数据采集子系统的实现方式不尽相同，导致采集数据的格式难以统一。针对这种现实的情况，需要在结构健康监测系统的数据采集与数据存储之间，实现数据转换服务，即通过对各个采集系统提供的数据进行解析、处理将其转换为符合拟建结构健康监测系存储数据要求的格式，然后再进行传输、存储。这样，从远端的数据存储看，采集的数据是规范化的、一致化的，对后期整个系统的数据处理、分析、应用大有裨益。

2)数据存储技术

结构健康监测是长期的使用多传感器监测的过程，必然会产生海量的监测数据。如何高效地存储和管理这些数据就成了工程技术人员必须面对的问题。现代结构健康监测系统主要采用以下数据存储技术：

(1)关系数据库，是建立在关系模型基础上的数据库，借助于集合代数等数学概念和方法来处理数据库中的数据。现实世界中的各种实体以及实体之间的各种联系均用关系模型来表示。标准数据查询语言 SQL 就是一种基于关系数据库的语言，这种语言可以对关系数据库中数据进行检索和操作。关系模型由关系数据结构、关系操作集合、关系完整性约束三部分组成。简单说，关系型数据库是由多张能互相联接的二维行列表格组成的数据库。当前主流的关系型数据库有 Oracle、DB2、PostgreSQL、Microsoft SQL Server、MySQL 等。

对于建立结构健康监测的数据库，其数据存储量往往都在 TB 的数量级。在关系型数据库使用中，为了简化数据库大表的管理，使用分区将大表分离成若干不同的子表，用“分而治之”的方法来支撑无限膨胀的大表。将大表分割成较小的分区，加强了大表在物理一级的可管理性，使得大表具有灵活的可扩缩性，同时可以改善表的维护、备份、恢复及查询性能，相应地减轻了管理的负担以及有更高的可用性。

(2)非关系型数据库，又称为 NoSQL(Not Only SQL)，意为不仅仅是结构化查询语言(Structured Query Language，SQL)。NoSQL 主要是指非关系型、分布式、不提供 ACID(数据库事务处理的四个基本要素)的数据库设计模式。NoSQL 最普遍的定义是“非关联型的”，强调 Key-Value 存储和文档数据库的优点，目前常用的 NoSQL 数据库有 Redis、MongoDB、Hbase 等。

在结构健康监测系统建设中，要求极高的并发读写性能，海量多类型数据访问，可扩展的分布式部署。采集的传感器数据特点是：①大部分为数值型数据；②数据量较大；③数据格式相对规则，比如数据收集的量相对稳定；④多个属性数据之间没有复杂的联系需要考虑，相对独立地查询。

而 NoSQL 无须经过 SQL 层的解析，读写性能很高；基于键值对，数据没有耦合性，容易扩展；存储数据的格式：存储格式是 key，value 形式、文档形式、图片形式等，这些特点非常合适做结构健康监测系统的数据库存储服务。

同时，NoSQL 的数据库均支持 MapReduce 并行处理。在大数据场景下，分布式计算速度比传统的关系型数据库快。这样，结构健康监测数据挖掘技术的计算效率极大提高，可以充分考虑监测数据多因素的关联性，从而更为准确地建立桥梁服役性能评估模型，并对结构安全状况进行实时预警。

(3)时序数据库就是存放时序数据的数据库，并且需要支持时序数据的快速写入、持久化、多纬度的聚合查询等基本功能。时序数据是基于时间的一系列的数据。时序数据库记录了所有的历史数据，时序数据的查询也总是会带上时间作为过滤条件。通过时间坐标将这些数据点连成线，形成多纬度报表，从而揭示其趋势性、规律性、异常性；同时，这些数据可以用以大数据分析，机器学习，实现预测和预警。目前，比较流行的时序数据是 InfluxDB，KairosDB，OpentsDB，TimescaleDB 等。有时序数据产生，并且需要展现其历史趋势、周期规律、异常性的，进一步对未来做出预测分析的，都是时序数据库适合的场景。结构健康监测系统获取的类似振动、加速度、位移、挠度等数据，具备时序数据的特点，现在一些结构健康监测系统中也逐步应用时序数据库。

在一个大型的结构健康监测系统中，往往不是单一的数据存储方式，根据明确的数据对象特点，采用多种数据存储方式配合使用。比如，记录结构健康监测系统中传感器基本信息、配置信息等采用关系型数据库；记录结构健康监测系统中采集的图片信息、文档信息采用 NoSQL 数据库；记录各类传感器的采集数据采用时序数据库。

2.2　结构状态智能分析

结构健康状态智能分析通过提取结构测试系统响应数据中的损伤敏感特征，获取结构当前状态的数字表达方式，是结构状态评估的关键前提。但结构响应数据常因环境噪声、传感器噪声和测试过程不良因素等综合影响，造成结构状态响应数据信噪比低，影响结构性能分析。所以，本节主要从信号预处理和信号特征提取两个方面阐述结构健康监测智能分析方法。

2.2.1　数字信号预处理

数字信号的完整性是结构状态分析、评估与预警的基础。数据采集过程中受多种因素影响，数据常出现各种异常状况。因此，在结构状态数据分析前，需对采集信号进行预处理，保障数字信号的完整性，提高数据分析的真实性和可靠性。表 2.18 列举了常见的结构健康监测信号问题及处理方法。

表 2.18　常见的结构健康监测信号问题及处理方法

问题分类	问题描述	处理方法
传感器噪声	野点、趋势项	3σ 准则、罗曼洛夫斯基准则、趋势项去除
环境噪声	白噪声	滤波
采集过程异常	信号缺失	拉格朗日插值法、牛顿法、ARMA

1. 野点的识别与处理

对于毛刺状单点数据失真，在信号中通常称为野点(Outlier)。野点的存在将引起时频分析结果产生偏差，特别是对高频分量影响严重，必须加以识别和剔除。

(1)野点的识别

野点的识别常方法采用 3σ 准则和罗曼洛夫斯基(Lomnaofski)准则。其中 3σ 准则是常用的统计判断准则；罗曼洛夫斯基准则常用于测量数据较少的场合。

①$3\sigma$ 准则

3σ 准则认为野点是随机误差造成的，当测量数据服从或近似服从正态分布时，依据数据计算得到数据的平均值和方差，当测量值超过 3σ 时，认为该点为野点。

设长度为 N 的测量序列 $x(k)$，$k=1,2,\cdots,N$，均值 μ 表示为

$$\mu=\frac{1}{N}\sum_{k=1}^{N}x(k) \tag{2.18}$$

方差 σ^2 表示随机信号 $x(k)$ 偏离均值 μ 的程度，其表达式为

$$\sigma^2=\frac{1}{N-1}\sum_{k=1}^{N}\left[x(k)-\mu\right]^2 \tag{2.19}$$

3σ 准则判定第 i 点测量值 $x(i)$ 为野点的条件为

$$|x(i)-\mu|>3\sigma \tag{2.20}$$

②罗曼洛夫斯基准则

罗曼洛夫斯基准则又称为 t 分布检验准则，其首先假设测量序列中的第 i 个测量值 $x(i)$ 为野点，则去除 i 点后序列 $x'(k)[x'(k)=x(k),k=1,2,\cdots,i-1,i+1,N]$ 的均值表示 μ' 为

$$\mu'=\frac{1}{N-1}\sum_{\substack{k=1\\k\neq i}}^{N}x(k) \tag{2.21}$$

计算 $x'(k)$ 方差 σ'^2 为

$$\sigma'^2=\frac{1}{N-2}\sum_{\substack{k=1\\k\neq i}}^{N}\left[x(k)-\mu'\right]^2 \tag{2.22}$$

再根据序列长度 N 和显著度 α 查表获取 t 分布检验系数 $K(N,\alpha)$，若 $x(i)$ 为野点，则满足

$$|x(i)-\mu'|\geqslant K(N,\alpha)\sigma \tag{2.23}$$

(2)野点的处理

判定序列中第 i 个测量点 $x(i)$ 为野点后，需剔除原始点，利用新的值 $x'(i)$ 代替原始值，相应的处理方法主要有算子法和拟合法，本小节主要讨论算子法中的中值滤波法。

中值滤波是一种比较常见的非线性信号处理技术，它以排序理论为基础，能够有效地抑制噪声。其针对以一个测量点 i 为中心点，利用窗口长度为 L 的窗口获取测量序列的子序列，并对子序列中的值按大小排序，将子序列的中值作为测量点 i 真值。

设序列信号 $x(k)$，$k=1,2,\cdots,N$，一维滤波窗口长度 $L=2n+1$，其中 $L\ll N$。则以测量点 i 为中心点，获取原始序列 $x(k)$ 的子序列 $x_i(k)$ 为

$$x_i(k)=\{x(i+k-n)\},k=1,2,\cdots,L \tag{2.24}$$

将子序列 $x_i(k)$ 从小到大排序，用符号 $x_i^1(k)$ 表示，其中 $x_i^1(1)\leqslant x_i^1(2)\leqslant\cdots\leqslant x_i^1(L)$，则测量点 i 真值 $x'(k)$ 为子序列 $x_i(k)$ 中值

$$x'(i)=x_i^1(n+1) \tag{2.25}$$

2. 消除趋势项

结构状态监测过程中，由于传感器、放大电路、采集系统的温度漂移、非线性或者外界环境干扰，造成监测信号偏离基线，甚至偏离基线的大小还会随着时间变化。信号偏离基线随时间变化的整个过程即为信号的趋势项。

趋势项的存在将对数字信号时频分析产生较大的影响，特别是结构响应中的低频信号。欲消除信号中的趋势项，需从传感器、放大电路、采集系统特性出发，结合初值、信号变化范围和统计特征等因素，提出相应的修正函数。其中多项式修正函数是消除趋势项的重要手段。

设原始含有趋势项的序列为 $x(t)$，趋势项函数 $y(t)$ 表示为 p 阶多项式。

$$y(t)=\sum_{k=0}^{p}a_k t^k \tag{2.26}$$

p 为正整数，表示多项式的阶数，a_k 为多项式系数。当 $p=1$ 时，趋势项为线性函数。对于系数 a_k 的取值，可采用最优化的方法求取。$x(t)$ 与 $y(t)$ 的差值即为消除趋势项后的结构相应信号。

3. 补齐缺失项

由于供电不稳定、通信链路不畅通、信息无法获取或者获取信息代价太大等因素影响，采集数据存在数据缺失，对后期数据分析方法的实施和分析结果的真实性和准确性造成影响，因此补齐缺失项是结构监测数据预处理的重要内容。缺失项补齐方法众多，其中拉格朗日法、牛顿法是插值法补齐缺失项的代表。

(1)拉格朗日插值法

拉格朗日插值是一种多项式插值方法，是利用最小次数的多项式来构建一条光滑的曲线，使曲线通过所有的已知点。

设长度为 N 的序列 $x(i)$，已知样点数为 $n(n<N)$，并形成子序列 $x'(j)$。将已知样点采样时间 t 作为自变量，采样值 X' 作为因变量，构造 $n-1$ 阶多项式。

$$x_i'=\sum_{k=0}^{n-1}a_k t_i^k \tag{2.27}$$

解出拉格朗日多项式为

$$L(t)=\sum_{i=0}^{n-1}x_i'\prod_{\substack{k=0\\k\neq i}}^{n-1}\frac{t-t_j}{t_i-t_j} \tag{2.28}$$

将缺失项对应的时间 t 带入式(2.26)即可解出缺失值 $x(t)$。

(2)牛顿法

牛顿插值法通过求阶差商建立插值多项式,以此预测和补齐缺失值。首先引入阶差商的概念。

设 $x(t)$为 t 的单值函数,已知 n 个样点 $x(t)$点对为(t_0,x_0),(t_1,x_1),…,(t_n,x_n)的所有阶差商表示为

$$
\begin{aligned}
x(t_0,t)&=\frac{x(t_0)-x(t)}{t_0-t}\\
x(t_1,t_0,t)&=\frac{x(t_1,t)-x(t_0,t)}{t_1-t}\\
x(t_2,t_1,t_0,t)&=\frac{x(t_2,t_1,t_0)-x(t_1,t_0,t)}{t_2-t}\\
&\vdots\\
x(t_{n-1},t_{n-2},\cdots,t_0,t)&=\frac{x(t_{n-1},t_{n-2},\cdots,t_0)-x(t_{n-2},\cdots,t_0,t)}{t_n-t}
\end{aligned}
\tag{2.29}
$$

联立阶差商建立插值多项式 $x(t)$

$$
\begin{aligned}
x(t)=&x(t_0)+(t_0-t)f(t_0,t)+(t_1-t)(t_0-t)f(t_1,t_0,t)+\\
&(t_{n-1}-t)(t_{n-2}-t)\cdots(t_0-t)x(t_{n-1},t_{n-2},\cdots,t_0,t)
\end{aligned}
\tag{2.30}
$$

将缺失项对应的时间 t 带入式(2.30)即可解出基于牛顿法的缺失值 $x(t)$。

4. 信号的滤波

信号获取过程,经常会遇到有用信号叠加无用噪声信号的问题。根据有用信号的不同特性,消除或减弱干扰噪声,提取有用信号的过程称为滤波。当噪声和有用信号处于不同频带时,可通过频域滤波器减弱甚至消除噪声信号。

根据滤波器幅频特性的通带和阻带范围,可将滤波器分为低通、高通、带通、带阻等类型,其幅频曲线如图 2.24 所示。

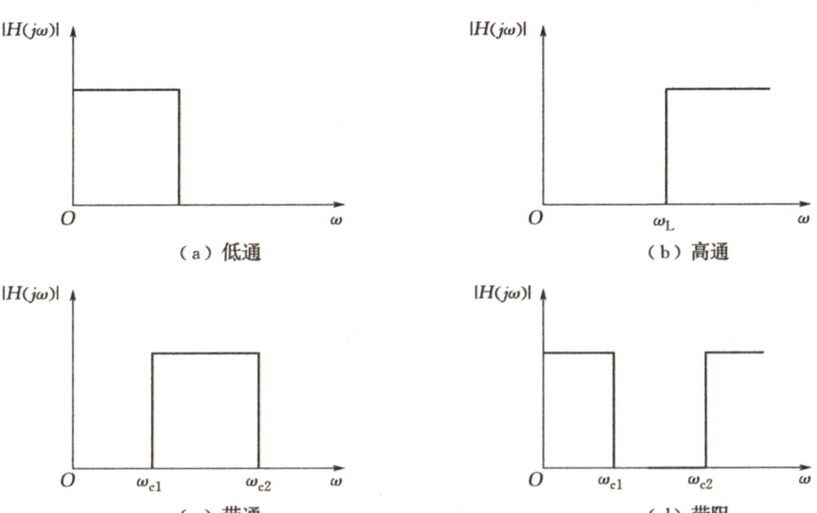

图 2.24 理想滤波器的幅频特性曲线

以低通滤波器为例矩形幅频特性和线性相频特性可表示为

$$\begin{cases}A(\omega)=1 & |\omega|<\omega_c \\ \varphi(\omega)=-t_0\omega & |\omega|<\omega_c\end{cases} \tag{2.31}$$

其图形如图 2.25 所示。

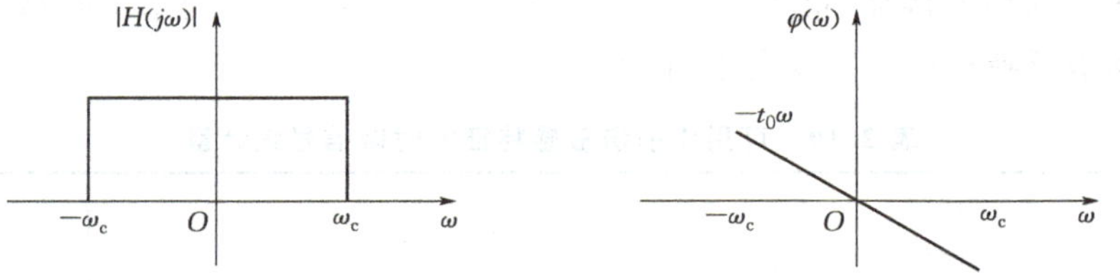

（a）幅频特性　（b）相频特性

图 2.25 模拟滤波器特性

求取 $H(\omega)=A(\omega)e^{j\varphi(\omega)}$ 的傅里叶逆变换，可以得到理想低通滤波器的单位冲击响应为

$$h(t)=\frac{\omega_c}{\pi}\sin c[\omega_c(t-t_0)] \tag{2.32}$$

式(2.32)表明，理想低通滤波器的单位冲击响应为延时了 t_0 的抽样函数 $\sin c[\omega_c(t-t_0)]$，其波形如图 2.26 所示。由于冲击响应在 $t<0$ 时，$h(t)\neq 0$，因此理想低通滤波器是一个非因果系统，物理上不可实现。

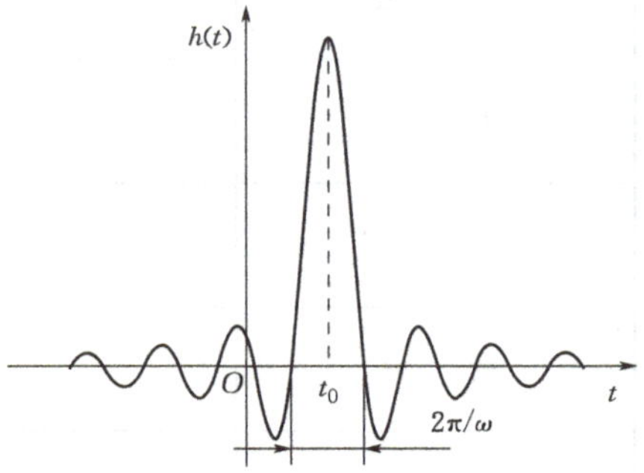

图 2.26 理想滤波器时域响应

虽然理想滤波器在物理上不能实现，但是按照一定规则构成的实际滤波器，Butterworth 滤波器，Chebyshev 滤波器等，其幅频特性可逼近于理想滤波器的幅频特性，如图 2.27 所示。图中 ω_c 为通带截止频率，是低通滤波器的基本参数，同时为了描述过渡带下降速度等，引入了波纹幅度、带宽、品质因数和倍频程选择性等参数。

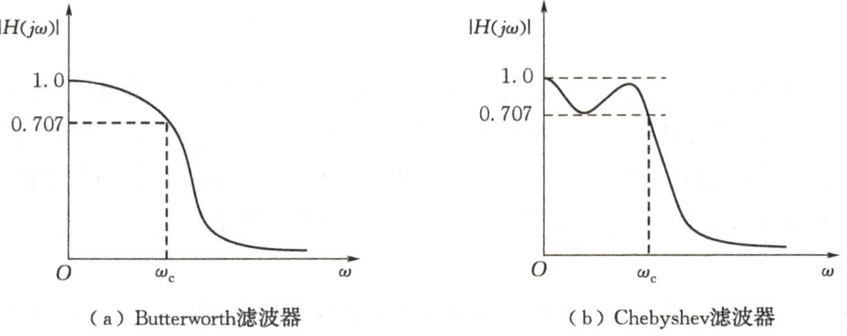

（a）Butterworth滤波器　（b）Chebyshev滤波器

图 2.27 常用低通滤波器的幅频特性

2.2.2 数据特征提取

根据数据特征在不同基空间的显著性程度不同，结构状态检测和监测数据可在不同基空间进行分解，进而提取结构敏感特征。本节主要讨论数字信号在时域、频域和时频域特征

的提取方法[27,28]。

1. 时域特征分析

目前，铁路基础设施外部荷载主要包括环境不均匀荷载和列车周期荷载，与结构相关的信号属于数据平稳随机信号。随机信号的时域特征是结构稳定性研究的重要方法。传统的时域特征主要包括均值特征、最大一最小值、均方根等。表 2.19 列举了时域特征分析过程中可用作损伤敏感特征的时域信号统计量。

表 2.19　可用作损伤敏感特征的时域信号统计量

均　　值	$\overline{x} = \dfrac{1}{N}\sum\limits_{i=1}^{N} x_i$	(2.33)
最大一最小值	$X_{\max} = \max\{x_i\}, i = 1,2,\cdots,N$ $X_{\min} = \min\{x_i\}, i = 1,2,\cdots,N$ $X_{p-p} = X_{\max} - X_{\min}, i = 1,2,\cdots,N$	(2.34)
均 方 值	$\overline{x}^2 = \dfrac{1}{N}\sum\limits_{i=1}^{N} x_i^2$	(2.35)
方　　差	$\sigma_x^2 = \dfrac{1}{N-1}\sum\limits_{i=1}^{N}(x_i - \overline{x})^2$	(2.36)
斜　　度	$\alpha = \dfrac{1}{N}\sum\limits_{i=1}^{N} x_i^3$	(2.37)
峭　　度	$\beta = \dfrac{1}{N}\sum\limits_{i=1}^{N} x_i^4$	(2.38)
自相关函数	$R_{xx}(\tau) = \dfrac{1}{N}\sum\limits_{i=1}^{N} x(n)x(n+\tau)$	(2.39)
互相关函数	$R_{xy}(\tau) = \dfrac{1}{N}\sum\limits_{i=1}^{N} x(n)y(n+\tau)$	(2.40)

2. 频域特征分析

频域特征分析是在频域范围提取信号的周期特征、评价系统性能的一种工程方法。

傅里叶变换是频域分析中广泛采用的方法。对于连续周期信号的频谱可以利用傅里叶级数表示；连续非周期信号的频谱可以利用傅里叶变换表示；离散周期信号的频谱可以利用离散傅里叶级数表示；离散非周期信号的频谱可以利用离散傅里叶变换表示，本节只讨论离散傅里叶变换。

设长度为 N 的序列 $x(i)$，其采样时间间隔为 Δt，采样周期 $T = 1/\Delta t$，采样时刻 $n = \{0, 1, \cdots, i, \cdots, N-1\}$，则序列 $x(i)$ 的离散傅里叶变换对表示为

$$\begin{cases} X(k) = \sum\limits_{i=1}^{N-1} x(i) W_N^{-ik} \\ x(i) = \dfrac{1}{N}\sum\limits_{k=1}^{N-1} X(k) W_N^{ik} \end{cases} \tag{2.41}$$

式中 $W_N = e^{j2\pi/N}$。

①离散傅里叶变换的矩阵形式

为方便计算，可将 W_N^{ik} 表示成矩阵形式：

$$\boldsymbol{W}=\begin{bmatrix} 1 & 1 & \cdots & 1 \\ 1 & W^1 & \cdots & W^{N-1} \\ \vdots & \vdots & \vdots & \vdots \\ 1 & W^{N-1} & \cdots & W^{(N-1)(N-1)} \end{bmatrix} \tag{2.42}$$

信号 $x(n)$ 用列向量 $\boldsymbol{x}$ 表示为

$$\boldsymbol{x}=[x(0),x(1),\cdots,x(N-1)]^{\mathrm{T}} \tag{2.43}$$

信号频谱 $X(k)$ 用列向量 $\boldsymbol{X}$ 表示为

$$\boldsymbol{X}=[X(0),X(1),\cdots,X(N-1)]^{\mathrm{T}} \tag{2.44}$$

则式(2.41)可用矩阵表示为

$$\begin{bmatrix} X(0) \\ X(1) \\ \vdots \\ X(k) \end{bmatrix}=\begin{bmatrix} 1 & 1 & \cdots & 1 \\ 1 & W^1 & \cdots & W^{N-1} \\ \vdots & \vdots & \vdots & \vdots \\ 1 & W^{N-1} & \cdots & W^{(N-1)(N-1)} \end{bmatrix}\begin{bmatrix} x(0) \\ x(1) \\ \vdots \\ x(k) \end{bmatrix} \tag{2.45}$$

即 $\boldsymbol{X}=\boldsymbol{W}\boldsymbol{x}$。

由于 W 为酉矩阵，所以复频率 X 可表示为频率幅度响应 $|X(k)|$ 和频率相位响应 $\theta(k)$：

$$X(k)=|X(k)|e^{j\theta(k)} \tag{2.46}$$

②离散傅里叶变换的频率分辨率

实际应用时，须将数字坐标 $X(k)$ 与实际物理频率相对应，在频率轴（频谱图的水平轴）上得到的最小频率间隔如果采样频率为 f_s，采样时间间隔为 Δt，采样点数为 N，采样时间为 t（完成一组样本的采集所需要的时间），则频率分辨率 Δf 为

$$\Delta f=f_s/N=1/t \tag{2.47}$$

同时，根据奈奎斯特采样定理，要求最高采样频率为信号最高频率的 2 倍，即 $f_s \geqslant 2f_{max}$，所以最高数字坐标对应的物理频率之间的对应关系为$\{0,\Delta f,2\Delta f,\cdots,N\Delta f/2\}$（假设 N 为偶数）。

3. 时频特征分析

利用傅里叶变换提取信号频谱，要求处理信号为平稳信号，且需要利用信号的全部时域信息，缺少时域定位功能。为克服傅里叶变换这一缺陷，提出了时频分析法。

时频分析即时频联合域分析(Joint Time-Frequency Analysis，JTFA)的简称，提供了时间域与频率域的联合分布信息，描述了信号频率随时间变化的关系。时频分析的基本思想是设计时间和频率的联合函数，用它同时描述信号在不同时间和频率的能量密度或强度。时间和频率的这种联合函数简称为时频分布。利用时频分布来分析信号，能给出各个时刻的瞬时频率及其幅值，并且能够进行时频滤波和时变信号研究。根据时间和频率之间的关系，信号的时频分析的主要方法有短时傅里叶变换、Gabor 变换、小波变换、Wigner-Ville 分布、Stockwell 变换，本节只对小波变换展开一般性讨论。

(1)小波变换的定义

给定一个基本函数 $\psi(t)$,令

$$\psi_{a,b}(t)=\frac{1}{\sqrt{a}}\psi\left(\frac{t-b}{a}\right) \tag{2.48}$$

式中 a,b——均为常数,且 $a>0$。

显然,$\psi_{a,b}(t)$是基本函数 $\psi(t)$先作移位再作伸缩后得到的。若 a,b 不断地变化,可得到一族函数 $\psi_{a,b}(t)$。给定平方可积的信号 $x(t)$,即 $x(t)\in L^2(R)$,则 $x(t)$的小波变换定义为

$$WT_x(a,b)=\frac{1}{\sqrt{a}}\int x(t)\psi^*\left(\frac{t-b}{a}\right)dt=\int x(t)\psi_{a,b}^*(t)dt=\langle x(t),\psi_{a,b}(t)\rangle \tag{2.49}$$

式中,a,b 和 t 均是连续变量,因此该式又称为连续小波变换(CWT)。

信号 $x(t)$的小波变换 $WT_x(a,b)$是 a 和 b 的函数,b 是时移因子,a 是尺度因子。$\psi(t)$又称为基本小波,或母小波。$\psi_{a,b}(t)$是母小波经移位和伸缩所产生的一族函数,称之为小波基函数,或简称小波基。这样,式(2.49)的 WT 又可解释为信号 $x(t)$和一族小波基的内积。

母小波可以是实函数,也可以是复函数。若 $x(t)$是实信号,$\psi(t)$也是实的,则 $WT_x(a,b)$也是实的,反之,$WT_x(a,b)$为复函数。

在式(2.49)中,b 的作用是确定对 $x(t)$分析的时间位置,也即时间中心。尺度因子 a 的作用是把基本小波 $\psi(t)$作伸缩。将 $\psi(t)$变成 $\psi\left(\frac{t}{a}\right)$,当 $a>1$ 时,若 a 越大,则 $\psi\left(\frac{t}{a}\right)$的时域支撑范围(即时域宽度)较之 $\psi(t)$变得越大,反之,当 $a<1$ 时,a 越小,则 $\psi\left(\frac{t}{a}\right)$的宽度越窄。这样,$a$ 和 b 联合起来确定了对 $x(t)$分析的中心位置及分析的时间宽度。

(2)小波函数的条件及其逆变换

小波变换和小波逆变换存在,必须满足容许性条件:

$$C_\psi=\int_R\frac{|\psi(\omega)|^2}{\omega}d\omega<\infty \tag{2.50}$$

式中 $\psi(\omega)$——$\psi(t)$的 Fourier 变换。

从式(2.50)可见,小波函数成立,必须满足有限支撑和振荡性条件[$\psi(0)=0$]。

连续小波的逆变换表示为

$$x(t)=\frac{1}{C_\psi}\int_{-\infty}^{\infty}\int_{-\infty}^{\infty}WT_x(a,b)\psi_{a,b}(t)a^{-2}da\,db \tag{2.51}$$

(3)连续小波变换的计算性质

①线性性质

令 $x_1(t)$,$x_2(t)$的 CWT 分别是 $WT_{x1}(a,b)$,$WT_{x2}(a,b)$,$x(t)=k_1x_1(t)+k_2x_2(t)$,则

$$WT_x(a,b)=k_1WT_{x1}(a,b)+k_2WT_{x2}(a,b) \tag{2.52}$$

②时移性质

若 $x(t)$的 CWT 是 $WT_x(a,b)$,那么 $x(t-\tau)$的 CWT 是 $WT_x(a,b-\tau)$。

③尺度转换性质

如果 $x(t)$的 CWT 是 $WT_x(a,b)$,令 $y(t)=x(\lambda t)$,则

$$WT_y(a,b)=\frac{1}{\sqrt{\lambda}}WT_x(\lambda a,\lambda b) \tag{2.53}$$

④微分性质

如果 $x(t)$的 CWT 是 $WT_x(a,b)$，令 $y(t)=\frac{dx(t)}{dt}=x'(t)$，则

$$WT_y(a,b)=\frac{\partial}{\partial b}WT_x(a,b) \tag{2.54}$$

⑤两个信号卷积的 CWT

令 $x(t)$，$h(t)$的 CWT 分别是 $WT_x(a,b)$及 $WT_h(a,b)$，并令 $y(t)=x(t)*h(t)$，则

$$WT_y(a,b)=x(t)\overset{b}{*}WT_h(a,b)=h(t)\overset{b}{*}WT_x(a,b) \tag{2.55}$$

式中，符号 $\overset{b}{*}$ 表示对变量 b 作卷积。

⑥小波变换的内积定理

设 $x_1(t)$，$x_2(t)$和 $\psi(t)\in L^2(R)$，$x_1(t)$，$x_2(t)$的小波变换分别 $WT_{x1}(a,b)$和 $WT_{x2}(a,b)$，则

$$\int_0^{\infty}\int_{-\infty}^{+\infty}WT_{x1}(a,b)WT_{x2}^*(a,b)\frac{da}{a^2}db=C_{\psi}\langle x_1(t),x_2(t)\rangle \tag{2.56}$$

2.3 结构状态评估与预警

结构状态评估与预警是结构健康监测系统的核心和目标，也是目前健康监测领域的研究焦点。通常指借助于设计资料、有限元分析模型和大量的监测数据，采用统计方法、系统识别方法和模式识别方法等，对结构的环境和工作状态进行监测，对结构性能、状态及其退化趋势进行评估，并对结构未来状态进行预测的科学过程。

2.3.1 损伤识别

常规意义上的损伤识别很大程度上就是对结构刚度异常的识别。结构刚度是一个不易测量的物理量，通常不直接进行结构刚度损失的探测，而是通过测量静力物理量和动力物理量(频率、振型等)，依据可测量量与结构刚度的物理力学关系，间接地得出结构刚度损失的信息，这就是结构损伤识别的实质所在。一般将结构基于振动信息的损伤识别方法大致分为三类:基于损伤特征分析的损伤识别方法、基于统计模式的损伤识别方法以及基于有限元模型修正的损伤识别方法。

基于损伤特征分析的损伤识别方法主要是在结构损伤识别过程中选取能作为损伤特征的参数，如自振频率、振型(位移、应变模态振型)、振型曲率、模态柔度、阻尼等，进行特征分析，通过健康状态与实测状态对比，实现损伤识别。基于统计模式的损伤识别方法主要是通过对损伤进行模式分类，并对实测数据进行分析，能快速识别结构损伤属于哪一类。基于有限元模型修正的损伤识别方法主要是利用试验所测得的数据对有限元模型结构质量、刚度和阻尼矩阵进行修正，使其能更好的与实际结构相匹配，得到一个与实际情况更接近的有限元模型。此外，国内外学者还提出了一些较为复杂的损伤识别方法，如基于神经网络、遗传

算法、小波分析等方法。神经网络法由于具有很强的鲁棒性、记忆能力、非线性映射能力以及强大的自学习能力等优点，越来越多的研究者将其运用到结构损伤识别。常见的结构损伤识别算法见表 2.20 所示[29]。

表 2.20 常见的结构损伤识别算法

分类	算法
基于模态参数的确定性识别方法	基于自振频率的结构损伤识别方法
	模态置信度判据法
	曲率模态法
	模态应变能法
	柔度法与刚度法
	残余力向量法
	传递函数(频响函数)法
基于模式分类的识别方法	人工神经网络方法
	支持向量机方法
基于时间序列模型的识别方法	AR 模型结合 ARX 模型的损伤定位方法
基于时频分析的识别方法	基于小波变换的结构损伤识别方法
	基于 HHT 的结构损伤识别方法
结构不确定性识别方法	基于概率的结构损伤识别方法
	基于信息融合的结构损伤识别方法
结构非线性识别方法	Holder 指数法
	高阶谱法
	基于混沌理论的结构非线性损伤识别方法
	基于分形维数的结构非线性损伤识别方法

2.3.2 结构状态评估

结构状态评估是指通过各种可能的，结构允许的测试手段测试出能够反映其当前工作状态的内部信息(损伤等)，在此基础上运用某种状态评估理论。对构件以及结构整体的施工、运营等工作状态进行评估，以确定结构的性能。具体来说，结构的性能包括结构的安全性能、使用性能、耐久性能等几个方面。结构的安全性能(safety)是体现结构自身安全度的性能，由于直接牵涉人民的财产甚至生命的安全，这是结构评估的重中之重。结构的使用性能(serviceability)是指结构实现其固有使用功能的特性，主要体现在舒适性和适用性两个方面。结构的耐久性(durability)是指结构抵抗其随时间而逐步劣化致使性能低下的能力。

在现有规范中，桥梁结构的性能评估比较完善，简单地说可以分为两个层次，首先基于各类型检测数据的桥梁技术状况，依据检测结果评价桥梁使用状况和安全性能并进行等级评定，然后对技术状况评定结果较差的进行承载能力评定，通过进行荷载试验来测试桥梁结构在不同荷载等级下的承载能力。

随着健康监测系统的出现，海量的监测数据为评估奠定了基础，通过合理的理论与方法，对结构状态(可靠性、耐久性及承载能力等)进行评估并发出预警，为结构的维修、养护与管理提供依据和指导，目前已开发了多种基于健康监测数据的结构性能评估与承载能力评定方法，基于概率统计的结构可靠度分析理论也逐渐吸收监测数据，实现了结构当前状态下可靠度的计算，甚至建立了可靠的基于数据的结构时变的分析与预测方法。安全性评估方法所采用的理论主要有常规综合评估法、层次分析法、可靠度理论、模糊理论、神经网络、专家系统以及灰色关联度法等。

(1)常规综合评估方法

一个事物，特别是结构较复杂的事物，对它进行评估往往不能从某单一方面进行，往往需要讨论非常多的指标的优劣状态，但是分别得到的评估结果又无法直接相加得到事物总体的评估结果。这时，就可以使用综合评估方法，其一般的方法使用程序为：先确定所需要研究的事物及其研究的方向，然后建立合理的评估体系以及层次，接着确定单项评估因素的权重，最后选择合理的评估方式计算得到整体事物的评估结果。我国交通部颁发的《公路桥涵养护规范》(JTGH 11—2004)中的综合评定方法就是此方法。其中，桥梁状况的综合评估结果是基于桥梁各结构部件的单独评分，采用的算式如下：

$$D_r = 100 - \sum_{i=0}^{n} R_i W_i / 5 \tag{2.57}$$

式中 D_r——全桥技术状况评分；

R_i——各部件的评定标度；

W_i——各构件的权重。

(2)层次分析法[30]

层次分析是美国运筹学家 A. I. Satty 在 20 世纪 70 年代提出的。层次分析法是多指标综合评价的一种定量方法，它通过确定同一层次中各评估指标的初始权重，从而将定性因素定量化，在一定程度上检验和减少了主观的影响，使评价更趋于科学化，权重的计算方法可用乘积方根法、求和平均法。层次分析法是将待解决的事物问题分为总目标以及各层次下的子目标，对每个子目标都有其独立的评估标准，对总目标也有其独立存在且与最终决断息息相关的事物选择方案。接着，利用判断矩阵确定每个层次中子因素对于上一级因素之间的权重关系，然后用加权和的方法确定总目标的选择方案，权重最大的即为计算所得的最佳方案。层次分析法适用于结构较复杂，又能够进行分层结构设计的事物的评判，适用于难以定量描述的问题。

(3)可靠度理论[31]

采用可靠度理论对结构物进行安全性分析时，首先要找出赖以进行分析的极限状态。为此就要分析结构系统或构件的失效模式，然后按所定义的极限状态确定极值荷载和临界强度，并求得相应的失效概率可靠度及可靠性指标等。

一次二阶矩方法是目前常用的可靠度分析方法。但是由于结构功能函数或经映射变换后的结构功能函数的非线性程度较高，只考虑功能函数一次项的一次二阶矩方法的计算精度往往不能满足工程应用要求。因此在一次二阶矩法的基础上，又提出了广义随机空间内可靠度分析的二次二阶矩方法，顾名思义，它考虑了结构功能函数的二次非线性项，其数学基础是数值逼近中的拉普拉斯渐近原理。

结构可靠度分析的数值模拟方法——蒙特卡罗法是结构可靠度分析的基本方法之一。该方法的特点是，模拟的收敛速度与基本随机变量的维数无关，极限状态函数的复杂程度与模拟过程无关，计算中无须将状态函数线性化和随机变量“当量正态”化，具有直接解决问题的能力；同时，数值模拟的误差也可以容易地确定，从而确定模拟的次数和精度。所以上述特点决定了蒙特卡罗法将会在可靠度分析中发挥更大的作用。

(4)模糊综合评估法[32]

该方法是借助模糊数学的一些概念，对实际问题进行评估的方法。它是以模糊数学为基础，应用模糊关系合成的原理，将一些边界不清，不易定量的因素定量化进行评估的方法。如果客观事物对象本身不明确，事物的分类没有明显的界限，即事物既可以属于这类也可以不属于，则可以考虑采用这种方法。模糊综合评估法较好地解决了事物的模糊性与算法的确定性这一矛盾，能很好地反映客观事物的本质，但是也存在一些问题，如模糊运算法则的选择，隶属度的确定，参评人员主观上的不确定性和随机性。

(5)基于证据推理理论的评估方法

证据推理理论将假设视为一个集合，引入信任函数、似信度函数、类概率函数等概念描述命题的精确信任程度、信任程度和估计信任程度，对命题的不确定性做多角度的描述。目前，基于证据推理理论方法在基础设施状态评估中的研究还处于初级阶段，该算法的稳定性需要进一步研究验证。

(6)基于云理论的评估方法

李德毅院士最早提出了云理论的概念。云理论是在概率理论和模糊理论两种理论交叉渗透的基础上，通过特定的算法，形成定性概念与其定量表示之间的转换模型，揭示随机性和模糊性的内在关系。目前，云理论在高铁基础设施状态评估中的应用较少，但是被广泛应用于电网性能评估和地质评估中。

(7)基于变权综合理论的评估方法

汪培庄在 1985 年首先提出了变权的思想，强调应考虑指标间的均衡性(即指标权重应随指标状态值的变化而变化)，以弥补常权决策带来的偏差。1995 年，李洪兴给出了变权原理的公理化体系。但上述因素变权方法没有对如何选取符合基础设施劣化规律的变权模式进行讨论。

(8)基于局部变权理论的评估方法

局部变权理论是在变权理论的基础上发展起来的。传统的变权模型是单参数模型，只能通过均衡系数来调整变权效果；而局部变权模型具有多个参数，分别为各局部的惩罚系数和整体变权幅度参数，相比于传统的因素变权模型，局部变权具有较高的可控性和灵活性。局部变权的公理化体系由姚炳学等最早给出，随后局部变权原理被广泛应用于电网性能和地质条件等研究领域中。

(9)遗传算法和神经网络法[33]

遗传算法最早于20世纪70年代由美国密执安大学的JohnHolland提出,它是基于自然遗传和自然选择的思想,类似于达尔文“适者生存”理论方式的寻优方法。它主要是通过编码、进化、选择、交叉和变异五种操作来实现。遗传算法的强大寻优功能可以较好地适应可靠性计算与分析的要求。根据文献对Brotonne斜拉桥的计算结果,采用遗传算法计算的可靠度指标与验算点法及蒙特卡罗法得出的可靠指标非常接近,而且遗传算法的误差要小于验算点法。遗传算法的缺点是收敛速度较慢。

近年来,以非线性大规模并行分布为主流的人工神经网络研究发展迅速,已比较成功地应用于模式识别等许多领域,并逐渐成为解决某些工程问题的有效工具之一。神经网络在重构功能函数方面具有突出的优势,已有研究表明,即使在功能函数具有强非线性的情况下,BP网络也能很精确地逼近该功能函数。

将遗传算法和人工神经网络两者结合起来的改进响应面法,先利用遗传算法寻找设计点,然后利用BP网络在设计点附近重构功能函数,最后采用重要抽样法来计算各失效模式的失效概率。这一方法既避免了一次二阶矩法的局限性,又具有蒙特卡罗法高精度的优点,而且可以显著提高计算效率和精度。

(10)模糊神经网络法[34]

模糊神经网络法采用神经网络的结构和模糊逻辑的推理机制,将神经网络和模糊系统有机地结合在一起,模糊技术和神经网络技术的融合可以有效地发挥各自的优势并且弥补各自的不足。神经网络是一类模拟生物神经系统结构,由大量处理单元组成的非线性自适应动态系统,它具有学习能力、记忆能力、计算能力以及智能处理功能,能在不同程度上和层次上模仿大脑的信息处理机理,具有非线性、非局域性、非定常性和非凸性等特点,其研究成果广泛用于模式识别、自动控制、图像处理、语言识别等领域。模糊技术和神经网络的结合,大大拓宽了神经网络处理信息的范围和能力,可以处理确定的与模糊的信息,同时使模糊系统成为自适应模糊系统。模糊神经网络法虽然可以降低评估过程中的人为因素,能较好地保证评估结果的客观性,但是模糊神经网络的处理类似“黑箱操作”,不能对为什么给出这样或那样的决策做出恰当的解释,因此许多人拒绝使用它。所以在面向具体问题做决策时,让人相信网络决策的可靠性是很困难的,同时神经网络的学习需要大量的样本,如果积累的资料少,其结果的准确性存在一定的局限。

(11)灰色关联度评估法[30]

灰色关联度是灰色系统的理论基础,它揭示因素关系的强弱,其对象为时间序列,对各序列做出排序。因素之间,相互关联度的大小称为关联度。如果,两个因素的变化越是趋近于一致,那么它们的关联度也就越高,反之则越少。这种方式同样适用于结构复杂且多目标的问题,对于某个问题的多个属性,最终可选取到一组描述该组属性最优的数据。此方法能够很好的反应出待评估事物的真实情况,但是,此方法目前还不够成熟,还需进一步的深入研究与发展。

(12)专家系统

专家系统能够应用在评估领域,主要是通过计算机模拟有经验的专家的思维能力,在对结构进行综合评估的时候，可以以系统为主导地位，系统模拟有经验的专家的决策机理与思维模式，然后对得到的结论进行整合，从而得到对于结构的最终评估。随着人工智能的发展，系统越来越趋近于人类，甚至超越人类，拥有更完善的知识体系，那时专家系统必将成为最可靠的评估方式。但是，现在国内外发展技术都还还成熟，还有非常长的一段路要走，短期之内还是无法得到普及与应用。

(13)基于监测数据的评估方法研究

随着监测技术地广泛应用，基于长期监测数据的状态评估研究日益增多。通过对监测数据的挖掘和分析，对结构状态进行评估，但多基于结构的安全性。现阶段，仅依靠长期监测数据难以实现实际结构的损伤诊断，且基于监测数据的评估结果不能反映结构的综合性能。监测系统能够监测结构相关的安全性指标，与人工检查相比，具有实时性的优势。但是监测系统的信号会受到传感器寿命、系统稳定性等的制约，数据的可靠性有时无法保证。

2.3.3 适用性评估——报警指标及阈值设定

通过研究分别设定各个监测指标科学合理的报警阈值是使健康监测系统发挥作用的重要一环。以报警阈值指标体系为依据，可对结构的运营状况和安全性做出合理、客观的评价，及时检出异常，并提出相应的技术报警和处理建议。报警指标体系的拟定和完善是健康监测体系的核心与灵魂，缺少报警指标体系的监测系统不可能实现诊断和预警功能。因此报警指标及阈值的确定问题是健康监测系统中最为重要的一个问题[35]。

预警体系主要考虑以下五个方面：目标定位、指标设定、数据来源、阈值设定、管理措施。

(1)目标定位

报警指标及体系设定的目标是实现对极端环境或荷载、异常事件(地震、台风、船撞等)及结构损伤(突发性损伤和累积性损伤)做出及时准确的报警，以对结构或构件所处的状态进行区分，指导管养部门对症下药，合理处置。

(2)指标设定

报警指标设定主要与监测指标相关，主要可分为以下三大类：环境激励、自身特性、结构响应。环境激励是作用在基础设施的各种荷载，是输入量；自身特性反映了结构的刚度等；结构响应则是外界荷载作用在结构上所引起的结构物理变化，是输出量。

(3)数据来源

结构健康监测数据来源较多，不同监测量可以采用不同的传感器。报警指标设定时必须要考虑不同传感设备可以达到的精度和采样频率的不同。

(4)阈值设定及管理措施

环境激励报警等级可酌情设置，而结构响应设置三级报警(如黄、橙、红)将结构或构件的状态区分为四种状态：安全状态、异常状态、疑似危险状态、危险状态。当结构响应低于黄色报警水平时，表示结构处于安全状态；当结构响应位于黄色与橙色报警水平之间时，表示结构处于异常状态；当结构响应位于橙色与红色报警水平之间时，表示结构处于疑似危险状态；当结构响应高于红色报警水平时，表示结构处于危险状态。

需要注意的是，各级报警值的设定应有明确的物理含义。建议的各级报警指标所表示的物理含义见表 2.21。

表 2.21 各级报警指标所表示的物理含义

报警水平	物理含义
黄色报警	异于日常数据的正常水平，或可能对结构使用性产生不良影响(如行车安全)
橙色报警	超出设计最不利工况组合，或可能造成非主要受力件的破坏，或影响结构主要受力件的耐久性
红色报警	已超出规范规定限值，或可能影响结构安全

2.3.4 预警阈值的分析与制定

对于不同结构运行状态评估预警而言，其评估预警系统的阈值应具有对外部环境较好的鲁棒性，同时可以适应结构自身的变化。本小节以铁路车桥运行安全状态的预警阈值分析为例，介绍一种能够反映梁跨个体响应的日常值束界的多阈值分析方法[36]。

如图 2.28 所示，阈值束界包括 3 类：安全值束界 γ_s、通常值束界 γ_u 和日常值束界 γ_x。其中，γ_s 为桥梁结构必须满足的限值指标，即各参数的临危限值；γ_u 为桥梁在正常运营过程中，为保证其良好的运营性能及高速列车走行的安全性、平稳性和乘客舒适性而设定的正常限值，与《铁路桥梁检定规范》(铁运函〔2004〕120 号)中定义的"通常值"意义相同；日常值束界值 γ_x 的确定一般是根据监测数据的统计特性决定的。

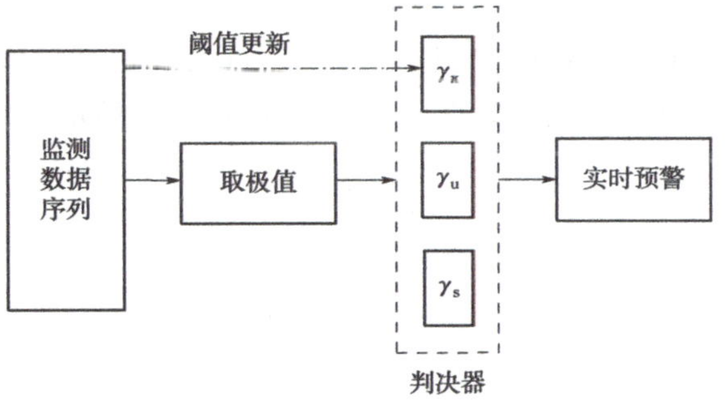

图 2.28 车桥运行安全状态预警分析框架

按照上述 3 类阈值，当实测响应量 $\gamma_m < \gamma_x$ 时，判定结构可正常使用；当 $\gamma_m \in [\gamma_x, \gamma_u]$ 时，结构可能存在安全隐患，日常检查时需要引起注意；当 $\gamma_m \in [\gamma_u, \gamma_s]$ 时，存在安全隐患，应检查分析产生异常响应的原因，查找可能存在的病害并予以处理；当实测响应量 $\gamma_m > \gamma_s$ 时，须采取停运、降速等安全措施，并处理病害。上述基于多阈值的结构状态评价与安全预警机制将个体梁跨监测数据统计特征和检定规范相结合，能够及时发现个体运行状态的改变，实现桥梁运行状态的实时分级预警预报。在多阈值中，日常值束界 γ_x 是整个评估预警系统实现的关键，下面重点讨论分析如何确定 γ_x。

对铁路桥梁的车桥运行安全监测而言，一般考虑所有可能荷载形式(客、货、轴重)作用下的桥梁结构响应极值的统计特性(概率分布)，并以此计算一定安全置信度(如 5%)下的极值区间，以此作为日常值束界限值。在长期监测中，可以根据一定时间周期内的监测数据进行极值分布概率估计，确定预警门限；同时随着时间的延续，可以不断进行数据累加，进行门限值的自动更新。图 2.29 为某运煤专线上 32 m 混凝土简支梁桥横向振幅的实测极值、分布频次及累积概率的情况。

由图 2.29 可见，在监测初期数据量较少的情况下，其极值分布近似服从 γ 分布，而非正态分布；随着后期监测数据的积累，其分布有可能趋向正态分布，此时可确定一安全区间，并以较高的可靠度确信行车是安全的，而落在区间外的桥梁是处于临界状态。在此基础上，可以直接利用 3δ 法则来寻找该安全区间，并由此确定预警参数的日常值束界的限值。

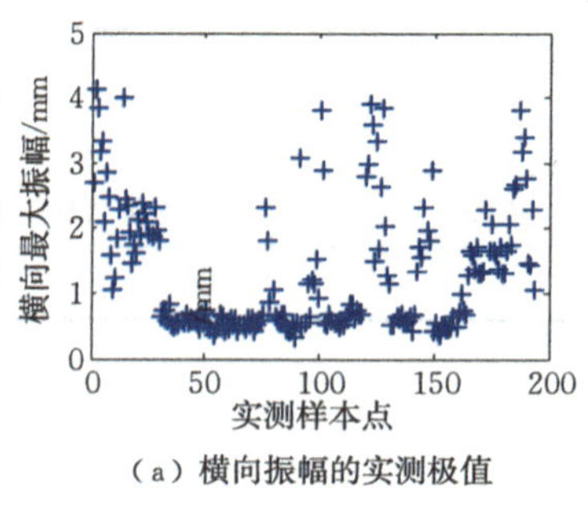

（a）横向振幅的实测极值

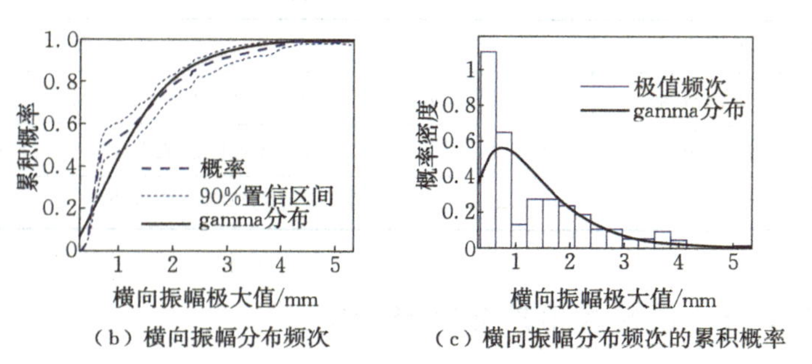

（b）横向振幅分布频次　（c）横向振幅分布频次的累积概率

图 2.29　某 32 m 混凝土简支梁桥的横向振幅监测数据统计图

除上述因素外，在确定桥梁结构评估预警系统的阈值过程中，还需考虑不同荷载的影响。由于客货车辆以及不同轴重的影响将会导致系统监测预警参量的极值变化区间扩大，使得概率分布呈现多中心分布形式，如图 2.30 所示。此时在进行桥梁结构自身运行状态预警时，应将不同车型区别对待，分类确定日常值束界的限值进行预警，即需要在车型识别的基础上对响应数据进行分类分析，由此确定不同车辆荷载下的结构运行状态预警限值。

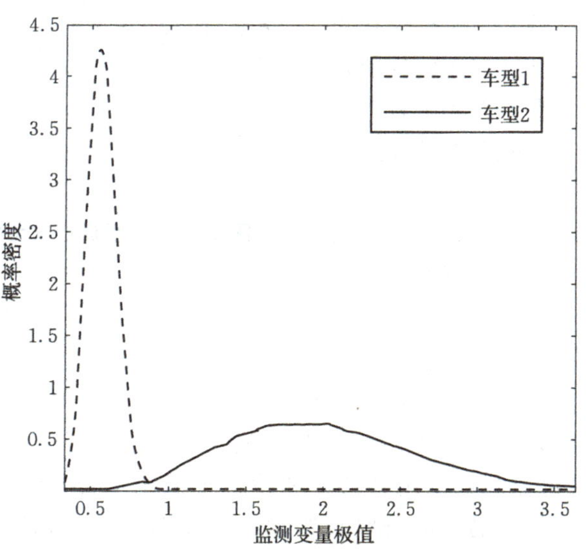

图 2.30　多车型荷载预警参量概率密度分布图

当存在多种可识别荷载形式作用于结构时，系统状态预警限值的设定可采用二元（或多元）信号统计与检测模型，确定预警参数的日常值束界的最优值。

基于上述建模假设条件，建立基于贝叶斯推理框架下的风险计算模型，并通过使贝叶斯风险最小，确定二元信号检测模型对应的最优分界点，即对应的预警参数的日常值束界的最优值。

参考文献

[1] 海涛.传感器与检测技术[M].重庆：重庆大学出版社，2016.

[2] 孙少文，陆中宏.传感器[M].北京：中央广播电视大学出版社，2014.

[3] 王晓鹏.传感器与检测技术[M].北京：北京理工大学出版社，2016.
[4] 宋强，张烨，王瑞.传感器原理与应用技术[M].成都：西南交通大学出版社，2016.
[5] 王明赞，张洪亭.传感器与测试技术[M].沈阳：东北大学出版社，2014.
[6] 韩向可，李军民.传感器原理与应用[M].成都：电子科技大学出版社，2016.
[7] 吴智深，张建.结构健康监测先进技术与理论[M].北京：科学出版社，2015.
[8] BARNOSKI M K，JENSEN S M.Fiber waveguides：a novel technique for investigating attenuation characteristics[J].Appl Opt，1976，15(9)：2112-2115.
[9] BAO X，WEBB D J，JACKSON D A.32-km distributed temperature sensor based on Brillouin loss in an optical fiber[J].Optics Letters，1993，18(18)：1561-1563.
[10] HOTATE K，ABE K，SONG K Y.Suppression of signal fluctuation in Brillouin optical correlation domain analysis system using polarization diversity scheme[J].Photonics Technology Letters，IEEE，2006，18(24)：2653-2655.
[11] 杜彦良，张玉芝，赵维刚.高速铁路线路工程安全监测系统构建[J].土木工程学报，2012，45(S2)：59-63.
[12] 周玉营，陈蜜，宫辉力，等.基于时序 InSAR 的京津高铁北京段地面沉降监测[J].地球信息科学学报，2017(10)：137-147.
[13] 廖明生，王腾.时间序列 InSAR 技术与应用[M].北京：科学出版社，2014.
[14] 冈萨雷斯.数字图像处理(MATLAB 版)[M].北京：电子工业出版社，2014.
[15] 边肇祺，张学工.模式识别[M].2 版.北京：清华大学出版社，2000.
[16] 黄宏伟，薛亚东，韶华，等.城市地铁盾构隧道病害快速检测与工程实践[M].上海：上海科学技术出版社，2019.
[17] 杨雅媛.视频及图像处理实用教程[M].北京：清华大学出版社，2015.
[18] 曾昭发.探地雷达方法原理及应用[M].北京：科学出版社，2006.
[19] BLINDOW N. Ground Penetrating Radar[C] // Groundwater Geophysics. Berlin：Springer，2006：227-252.
[20] 白冰，周健.探地雷达测试技术发展概况及其应用现状[J].岩石力学与工程学报，2001，20(4)：527-531.
[21] 刘传孝，蒋金泉，杨永杰，等.国内外探地雷达技术的比较与分析[J].煤炭学报，2002，27(2)，123-127.
[22] 赵永辉，吴健生，万明浩.不同地下介质条件下探地雷达的探测深度问题分析[J].电波科学学报，2003，18(2)：220-224.
[23] 陈理庆.雷达探测技术在结构无损检测中的应用研究[D].长沙：湖南大学，2008.
[24] 中华人民共和国住房和城乡建设部.冲击回波法检测混凝土缺陷技术规程：JGJ/T 411—2017[S].北京：中国建筑工业出版社，2017.
[25] 吴新璇.混凝土无损检测技术手册[M].北京：人民交通出版社，2004.
[26] AVINASH C KAK，MALCOLM SLANEY.Principles of computerized tomographic imaging[M].IEEE PRESS，The Institute of Electrical and Electronics Engineers，Inc.，New York，1999.

[27] 李舜酩，李香莲.振动信号的现代分析技术与应用[M].北京：国防工业出版社，2008.
[28] 邱天爽，郭莹.信号处理与数据分析[M].北京：清华大学出版社，2015.
[29] 石家庄铁道大学.综合重大交通基础设施运行安全监测监控发展与对策研究报告[R].石家庄：石家庄铁道大学，2017.
[30] 刘洋.厦门海底隧道健康监测与安全评估系统的研究[D].泉州：华侨大学，2009.
[31] 叶雨清.桥梁健康监测信息模式分析与模型预测[D].杭州：浙江大学，2006.
[32] 焦玲，喻铮铮.模糊综合评价法在拱桥健康诊断中的应用研究[J].许昌学院学报，2011，30(5)：123-128.
[33] 李兆霞，李爱群，陈鸿天，等.大跨桥梁结构以健康监测和状态评估为目标的有限元模拟[J].东南大学学报(自然科学版)，2003(5)：562-572.
[34] 刘旭政.大跨度PC斜拉桥评价关键技术研究[D].西安：长安大学，2008
[35] 张宇峰，李贤琪.桥梁结构健康监测与状态评估[M].上海：上海科学技术出版社，2018.
[36] 赵维刚，王新敏，杜彦良，等.常用跨度铁路桥梁运行状态分布式监测与预警技术[J].上海交通大学学报，2015，49(7)：1046-1051.

3 高速铁路轨道检测监测与维护技术

轨道综合检测技术通过动、静态的检测、监测技术，测量及评估高速铁路轨道系统的状态，分析轨道受力与变形行为，确保轨道系统安全；研究轨道状态演变规律，甄别轨道病害特征和排除潜在的安全风险，预测轨道状态发展趋势，适时地采取必要的养护维修措施，对指导高速铁路轨道系统科学养护与维修具有极其重要的意义。

本章将从高速铁路轨道综合状态表征指标，轨道综合状态检测、监测方法，轨道质量状态综合评价，高速铁路轨道结构主要维护作业和高速铁路轨道结构监测系统案例等方面介绍轨道综合状态检测与维护技术。

3.1 轨道综合状态表征指标

轨道综合状态表征指标主要包括轨道几何状态指标、轨道结构状态指标和其他状态指标。

3.1.1 轨道几何状态指标

高速铁路轨道几何状态指标是确保高速铁路高平顺性的关键，用以评估轨道的空间位置和线形平顺程度，主要包括轨距、轨向、高低、水平、扭曲(三角坑)等轨道平顺性状态指标，及轨道的平面、高程与设计值的偏差等线路状态指标[1]。常用的弦线基长有 10 m、20 m、30 m、42 m、120 m 和 300 m 等，以弦线作为基准，测量其中点幅值。

轨道不平顺是影响列车运行安全的主要因素之一，是轮轨系统的主要激振源，在某种程度上决定着高速列车的行车品质，车辆轨道系统动力相互作用如图 3.1 所示。轨道不平顺激起高速列车系统产生复杂的振动行为，其中，中、长波不平顺主要引起车体振动，影响列车行车平稳性，进而影响乘客的血压、脉搏、呼吸、消化等生理机能；短、中波不平顺则易引起构架和簧下质量剧烈振动，产生过大的轮轨力，加速车辆和轨道结构伤损的产生和发展，车体部件敏感频率与对应的轨道不平顺波长见表 3.1。当轨道不平顺严重超限时，将直接威胁行车安全，甚至引发列车脱轨等恶性事故。研究表明，随着列车速度达到 300 km/h，0.3 mm 波幅的短波不平顺即能激起数倍的动轮载，不同短波激励下车轮冲击力与速度关系如图 3.2 所示。因此，高平顺性的轨道几何状态是高速铁路轨道系统的核心特征之一，是高速列车行车安全、快速、平稳、高效、舒适的重要保障，也是评价高速铁路线下基础设施状态的关键。

目前，轨道几何状态在表征高速铁路轨道质量状态方面具有决定性的意义。我国建立了相对完整的平顺状态控制体系，包括作业验收标准、临时补修标准、限速标准和安全标准等，分级管理和保障行车安全。深入研究轨道几何不平顺的演变规律，分析其产生原因，发展相关检测方法与手段，评估轨道状态对行车安全的影响，掌握轨道几何形位变化的趋势等，对科学养路和保障高速铁路安全运营意义重大。

表 3.1 车体部件敏感频率与对应的轨道不顺波长表

部 件	主频范围/Hz	敏感波长及易产生的轨道周期不平顺波长/m			
		160 km/h	200 km/h	300 km/h	350 km/h
车 体	1～2	22.0～44.0	27.8～55.6	41.5～83.0	48.5～97.0
转向架	8～12	3.5～5.0	4.6～7.0	6.9～10.4	8.1～12.1
轨 道	30～60	0.7～1.4	0.9～1.8	1.4～2.8	1.5～3.2

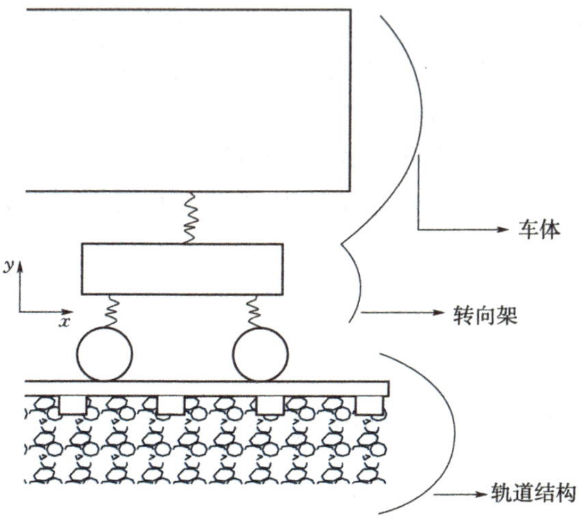

图 3.1 车辆轨道系统动力相互作用示意图

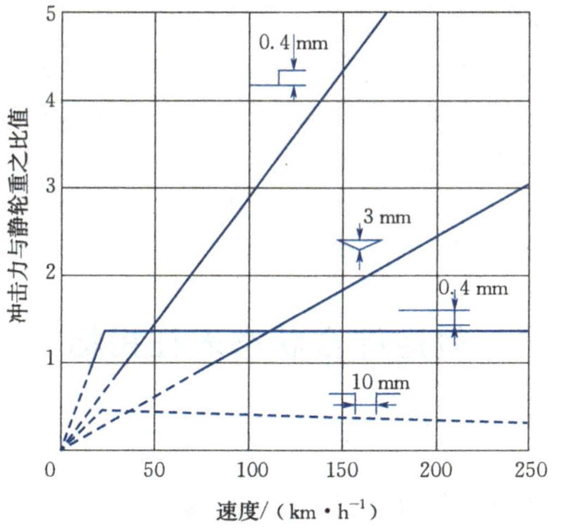

图 3.2 不同短波时车轮冲击力与速度关系图

1. 车辆动力学评价法

铁路运营中，钢轨的轨面高程、轨距和轨向与理论值（设计值）之间产生偏差，将导致轨道几何不平顺。静态条件下的偏差一般称为静态不平顺，考虑列车荷载作用时的偏差一般称为动态不平顺。轨道几何不平顺是列车运行中最主要的动力干扰源，也是引起列车振动的主要根源[2]。轨道几何状态不良容易造成车体横摆、沉浮、摇头、点头、侧滚和蛇行运动，并增加轮轨作用力和轮轨噪声。轨道不平顺激励下过大的轮轨动力冲击易造成钢轨、扣件伤损和轨枕空吊、劈裂，道床破碎、翻浆冒泥等病害，进一步恶化行车环境，危及行车安全。

（1）安全性指标

铁路运输安全事关人民群众生命及财产安全，是高速铁路运输的本质要求。当轨道交通的正常运行与发展受到列车安全事故影响时，人们开始从多方面研究事故的规律，寻找提高线路安全性的有效方法。通过轨道结构检测、监测技术，合理评估线路的综合状态，及时发现线路的故障和缺陷，是保障高速铁路安全、稳定运行的关键。目前，针对列车运行安全有一套行之有效的评价指标。

①脱轨系数

车辆运行时，实际受到的是线路状态、应用条件、车辆结构参数和荷载等因素的组合影响，这些因素在最不利的组合情况下可能导致车轮脱轨。为了防止脱轨事故的产生，提出了评定车轮脱轨稳定性的指标“脱轨系数”。脱轨系数被定义为一侧车轮的轮轨横向力 Q 与轮轨重向力 P 的比值，即 Q/P。脱轨稳定性的评定标准见表 3.2，车轮脱轨的作用力关系图如图 3.3 所示。由图 3.3 可知，脱轨系数的极值与车轮的轮缘角、轮缘与钢轨之间的摩擦系数关系密切。

表 3.2 脱轨稳定性评定标准

限度指标	第一限度	第二限度
脱轨系数	≤1.2	≤1.0

考虑到列车脱轨行为的复杂性，一般将列车脱轨分为爬轨脱轨、滑轨脱轨和跳轨脱轨；相应的脱轨系数不仅要考虑瞬时值，还须考虑脱轨系数的持续时间，必要时应结合车辆的空间运动状态综合判断。

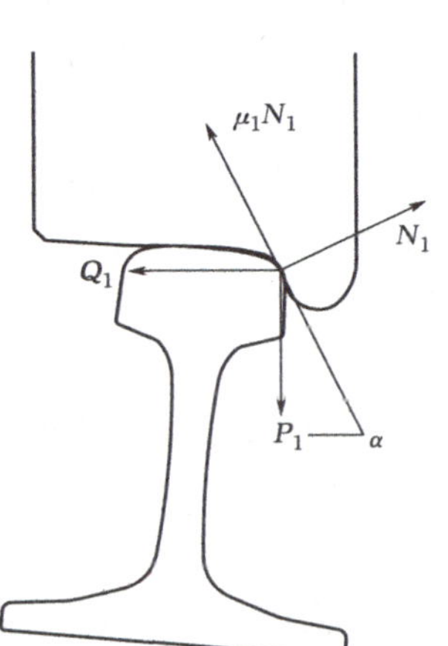

图 3.3 车轨作用力与脱轨系数计算图示

②轮重减载率

轮重减载率定义为单侧轮重减载量与两侧轮重平均值之比。我国《机车车辆动力学性能评定及试验鉴定规范（GB/T 5599—2019）、《高速试验列车动力车强度及动力学性能规范》（95J01-L）、《高速试验列车客车强度及动力学性能规范》（95J01-M）规定车辆轮重减载率应符合的标准值见表 3.3。

当机车车辆以较高速度运行时，由于车辆通过钢轨接头、轨面局部凹凸不平或道岔等地段时，可能产生剧烈的轮轨冲击振动而引起较大的瞬间轮重减载现象；此时，轮对列车若遇到较大的横向作用力，将可能导致脱轨。因此，动态轮重减载率成为评定车辆运行安全的评价标准之一。德国在高速列车试验中，动态轮重减载率限值为 0.9；美国采用的限值也为 0.9；日本在新干线铁路提速时，采用的限值为 0.8。

表 3.3 车辆轮重减载率值表

指　标	GB/T 5599—2019		95J01-L(M)
轮重减载率	第一限度	第二限度	≤0.60
	≤0.8	≤0.65	

(2)平稳性指标

既有线路的提速及高速铁路的修建，标志着我国“客运高速，货运重载”的序幕正式拉开。高速度、高安全性和高平稳性是高速铁路运输得以实现的三大要素，三者之中，高速和安全是当今铁路事业的竞争力和生命力；而平稳性直接决定旅客舒适性和高速条件下的行车安全性。我国国土幅员辽阔，高速路网密度大，旅客存在大量的中、长距离旅行需求，使得如何更好地评估和提升车辆的平稳性显得更加重要和迫切，因此建立了一系列的评价指标。

车体振动加速度能直接体现列车运行的平稳性。车体振动加速度愈大，说明列车运行平稳愈差，乘客的舒适度就愈差；反之亦然。因此，加速度是衡量列车运行平稳性的一项重要技术指标。

我国针对不同速度等级的线路分别规定了轨道不平顺管理的加速度控制标准。如针对客运专线规定了小于 100 km/h，100～120 km/h、120～140 km/h、140～160 km/h 四个速度等级，按Ⅰ级（日常保养）、Ⅱ级（舒适度）、Ⅲ级（紧急补修）等标准确定对应的车体垂向加速度限值分别为 $0.109g$、$0.159g$、$0.209g$；对应的车体横向加速度分别为 $0.069g$、$0.109g$、$0.159g$。此外，在 100 km/h 以下、100～120 km/h 的速度等级中，规定Ⅳ级（限速）标准对应的车体垂向、横向加速度值分别为 $0.259g$、$0.209g$。

(3)轮轨力

轮轨力是表征车辆—轨道系统相互作用剧烈程度的重要指标，也是产生轮轨伤损的主要原因。轮轨作用力的大小将对机车车辆的运行安全性和平稳性、车轮和钢轨的磨耗、机车车辆和线路维修费用等产生直接影响。随着列车速度的不断增加，这种影响越发显著。通过检测、监测技术，科学获取和评估轮轨作用力，控制和减小轮轨间动力作用，是减少部件伤损、保障行车安全的重要方法；也可为脱轨系数、轮重减载率等间接性表征指标的计算提供数据支持。轮轨作用力一般分为轮轨垂向力、轮轨横向力和轮轴横向力等。

2. 峰值评分法

峰值评分法[3]是通过对轨道几何不平顺幅值进行检测和分析，控制影响列车运行安全的轨道几何不平顺峰值，从而保证列车运行安全及旅客乘坐舒适度。峰值管理就是根据轨道动态质量容许偏差管理值，对轨检车测量的轨道几何不平顺参数，主要包括左右轨高低、左右轨轨向、轨距、水平、扭曲（三角坑）、车体横向振动加速度、垂向振动加速度、轨距变化率等指标的幅值进行评判，判断测量结果是否超过偏差限值，统计单元区段内轨道平顺性超限类型、超限个数来评定单元区段的扣分情况。我国峰值评分法以 1 km 为管理单位，通过计算区段内轨道几何不平顺扣分总和的方式来评定轨道质量。轨道几何不平顺各项偏差等级一般分为四级，并根据行车速度的不同，确定了不同的偏差管理标准。速度越高，偏差控制值也越高。常用的扣分标准为：1 级偏差为保养标准，出现一处扣 1 分；2 级偏差为舒适度标准，出现一处扣 5 分；3 级偏差为临时补修标准，出现一处扣 100 分；4 级偏差为限速标准，出现一处扣 301 分。

轨检车检测结果中的各类偏差限值为实际检测幅值的半峰值；其中，高低和轨向不平顺偏差按实际值评定；水平不平顺偏差限值不含曲线上设置的超高值以及超高顺坡量；三角坑不平顺偏差限值包括缓和曲线超高顺坡造成的扭曲量；存在有害空间部分的道岔不检查轨距和轨向不平顺偏差。轨道区段（1 km）扣分数计算公式如下：

$$S=\sum_{i=1}^{4}\sum_{j=1}^{7}k_iT_jC_{ij} \tag{3.1}$$

式中　S——每千米扣分数；

k_i——各级超限扣分加权系数，对应于各级超限的扣分值；

T_j——不同检测项目的加权系数；

C_{ij}——不同检测项目的各级超限个数。

3. 轨道质量指数

轨道不平顺均值管理以轨道质量指数（TQI）表示[4]，是表征一段轨道在动态行车条件下综合质量的主要指标。我国铁路从 20 世纪 80 年代开始探索根据轨道的实际状态进行预防性的计划维修，即“状态修”。经过多年的实践，提出采用标准偏差法评定轨道几何状态，标准偏差值即轨道质量指数 TQI。

以 200 m 的轨道区段作为单元区段，分别计算单元区段上左右轨高低、左右轨轨向、轨距、水平、扭曲(三角坑)7 项几何不平顺幅值的标准差。各单项几何不平顺幅值的标准差称为单项指数;将 7 个单项指数之和作为评价该区段轨道平顺性综合质量状态的轨道质量指数。TQI 值的计算公式为

$$\mathrm{TQI}=\sum_{i=1}^{7}\sigma_i \tag{3.2}$$

$$\sigma_i=\sqrt{\frac{1}{n}\sum_{j=1}^{n}(x_{ij}^2-\overline{x}_l^2)} \tag{3.3}$$

$$x_i=\frac{1}{n}\sum_{j=1}^{n}x_{ij} \tag{3.4}$$

式中 TQI——单元段轨道质量指数;

σ_i——单项轨道不平顺的标准偏差;

$\overline{x}_l$——单元区段中单项不平顺各采样幅值采样值的平均值;

x_{ij}——单项不平顺幅值;

n——采样点数。

TQI 质量指数能比较真实地反映轨道几何质量状态及其恶化程度,可明确表示各个轨道区段的好坏,是各级工务管理部门对轨道状态进行宏观管理和质量控制的依据,可用于指导编制轨道维修计划和养护维修作业。轨道质量指数从统计学的角度给出了轨道质量状态的总体情况和变化规律。

4. 功率谱密度法

功率谱密度法[5]从轨道几何不平顺波长、幅值的分布特性和能量特征分析轨道状态发展情况,弥补了峰值管理和轨道质量指数在评价轨道不平顺性波形特征方面的缺点。功率谱是用来描述随机振动过程特征的一种常用方法,主要研究随机振动信号能量在频域的分布特征,为进一步优化设计参数提供参考依据。功率谱密度函数主要通过分析轨道几何状态,反映轨道几何不平顺幅值不平顺波长特征,可以得到不平顺波长成分情况以及波长成分的均方根密度。轨道不平顺功率谱密度从大量轨道不平顺数据中提取出波形信息用于评价轨道不平顺状态,反映出轨道波形不平顺的发展变化规律。

3.1.2 轨道结构状态指标

1. 钢轨病害

钢轨是轮轨关系的固定部分,其结构状态对行车安全有重大影响。钢轨病害主要分为轨头表面病害和钢轨内部病害,轨头表面病害主要包括钢轨波磨、截面磨耗和表面塑流、肥边、硌伤、点蚀等;内部病害主要有轨头疲劳裂纹、钢轨核伤及开裂、剥离掉块、螺栓孔裂、剥离掉块等。可依据伤损程度的不同,将病害分为轻伤与重伤两大类。图 3.4 为钢轨的几种典型病害。

2. 扣件病害

扣件系统固定和约束着钢轨,为轨道提供一定的弹性,为养护维修提供调距、调高能力,并对轨道电路起绝缘作用。扣件病害主要表现为部件缺失、部件伤损、金属锈蚀、弹性件松弛及老化、装配错误和连接接口松动等。此外,维护不到位造成的紧固安装状态不良也是病害形式之一。

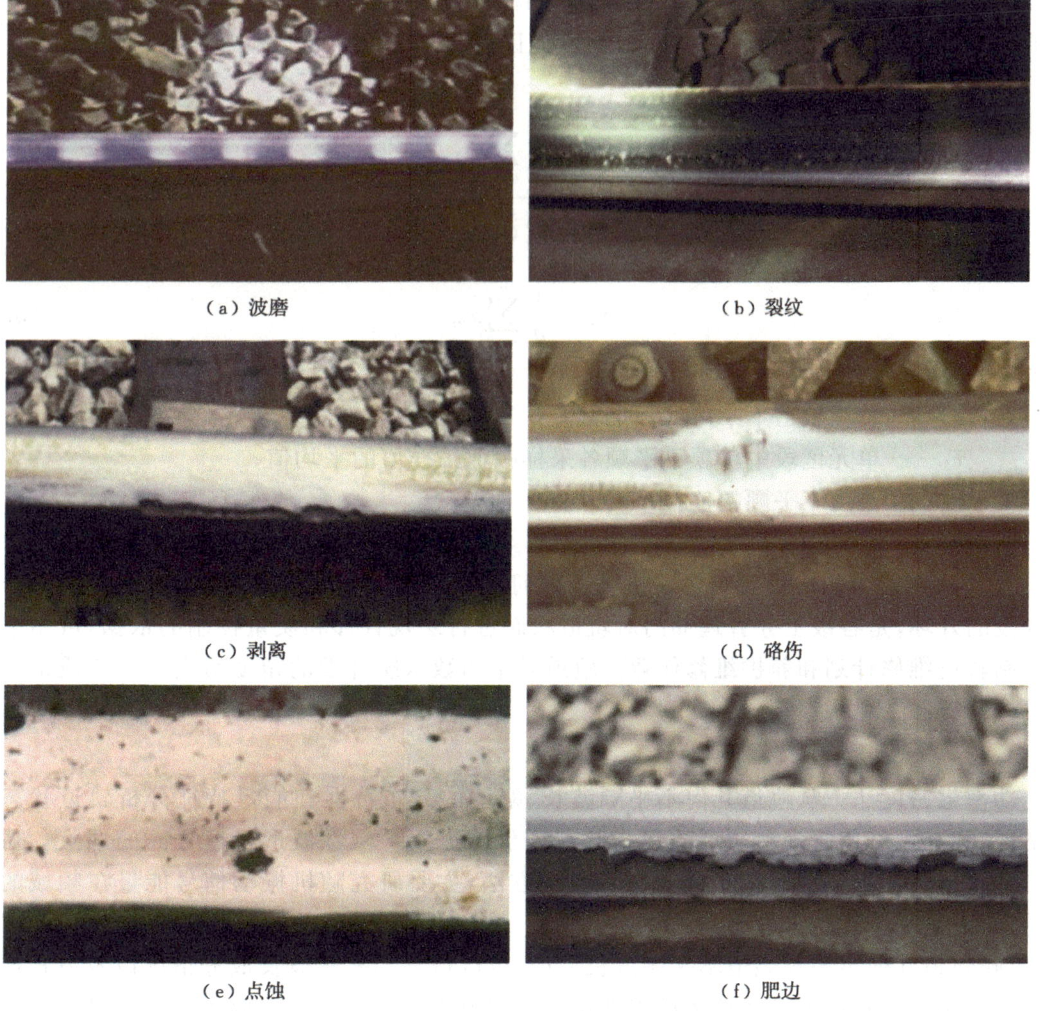
(a) 波磨　(b) 裂纹
(c) 剥离　(d) 硌伤
(e) 点蚀　(f) 肥边

图 3.4 钢轨常见伤损与缺陷

3. 混凝土轨枕病害

在混凝土轨枕线路中，轨枕承受着来自钢轨的剧烈的动荷载作用，并将之向道床扩散，包括垂向力、横向力及纵向力，且与钢轨、扣件系统形成具有特定几何形位的轨道框架。混凝土轨枕是实现荷载承上启下的重要部件，其状态对保证列车安全运营和结构承力、传力意义重大。但混凝土轨枕在设计、制造和使用过程中不可避免地存在一些问题，影响着轨枕的正常功能[6]，其典型伤损包括轨下截面横裂、枕中截面横裂、轨枕纵向劈裂、螺栓孔裂和枕肩破损等；伤损的主要成因有以下几个方面：

(1)轨道结构强度与运营条件不匹配；

(2)道床或扣件状态不良，接头等轮轨动力冲击作用剧烈；

(3)线路养护维修不到位，轨枕受力状态恶化；

(4)轨枕设计强度不足或设计缺陷；

(5)其他问题，如制造质量不达标，混凝土材料不良等。

4. 有砟道床病害

道床是安放轨道框架并保持框架稳定的基础，其累积沉降变形是有砟轨道产生变形的主要原因；特别是道床的不均匀沉降，将引起高低、水平和扭曲等不平顺，以及弹性不均匀等病害，直接危及行车安全。此外，有砟道床还存在道砟破碎、积水、翻浆冒泥等问题。道床产生病害的常见原因有：

(1)道砟质量不良，机械力学性能不佳。部分道砟采用石灰岩材质，该类道砟的强度低，耐磨性和抗冲击性、抗压碎性能差。如今铁路正逐步实现重载化，在列车动荷载的反复作用下道砟相互挤压、磨损，而且磨损后是粉末状，容易出现翻浆、板结等病害。

(2)结构排水不良，路基基床翻浆。当路基基床的密实度不足，在列车荷载的长期作用下，道砟颗粒嵌入基床形成一层膜，导致地表水无法排出，从而形成翻浆积水等病害；日常养护维修工作中将路基面的平顺度破坏，导致基床表面不平，路基表面的排水不畅；客车的垃圾及粪便严重污染道床，减小了道床的渗水性和弹性，易形成道床板结、翻浆冒泥等病害。

5. 道岔常见病害

道岔区轮轨关系复杂、零部件多、部分钢轨件可动、存在结构性不平顺、刚度分布不均匀，导致岔区易出现行车品质不良、轮轨作用力剧烈，产生大量的病害，其代表性的病害如下。

(1)道岔方向不良

道岔方向不良主要与养护维修不彻底有关。在日常维修中，只关注道岔结构，随弯就弯，不考虑与区间线路顺接状态[7]。有的铺设道岔时，位置有偏差，轨距、方向不易保持，加之各部分连接零件状态不良，轨撑、滑床板、跟端连接零件松弛，护轨长度不够，轮缘槽宽度不够，轨距加宽不到位等，均会增加列车通过时的冲击和摇晃，恶化道岔的方向。

(2)转辙器部位的病害

转辙器部位的典型病害有尖轨跳动、尖轨不密贴、尖轨磨耗、尖轨爬行以及尖轨扳动不灵活等。

①尖轨跳动一般是由活接头、间隔铁、夹板、尖轨螺栓孔、双头螺栓等磨耗，尖轨跟部桥型垫板和防跳动卡铁缺少和失效，捣固不均匀、岔枕弯曲有空吊板，跟部接头错牙，尖轨中部滑床板和尖轨拱腰等造成的。

②尖轨与基本轨不密贴主要由滑床板不平整、轨撑外形不标准、组装不合适、道岔爬行、滑床板与轨撑磨耗、基本轨轧出飞边、滑床板挡肩被挤开等引起。此外，基本轨框架尺寸，尖轨动程不符合规定；尖轨顶铁过长；基本轨弯折点位置不恰当或弯折量不当，基本轨或尖轨有硬弯；尖轨断面宽 50 mm 处内侧刨切长度不够；道岔爬行，基本轨和尖轨存在轨条相互错位，各接口控制点不匹配等也会导致尖轨基本轨不密贴。

③转辙器部分轨距扩大原因有：基本轨外侧轨距块与基本轨轨底边缘有虚缝，经过列车长时间的碾压，造成框架尺寸扩大；螺栓直径与垫板孔直径配合公差及螺栓、垫板锈蚀造成的螺栓直径变细，垫板圆孔扩大，加之制造误差导致轨距扩大；尖轨、基本轨侧磨严重；轨距块安装号码不正确。

④尖轨、可动心轨爬行主要原因有：尖、心轨处于半自由伸缩状态，温度力作用下容易产生纵向位移；制造、运输、存放装卸等环节易造成尖轨侧弯；上道后与基本轨不密贴，列车通过时易造成晃车；长心轨仅依靠 6 根岔枕上的扣件阻力和 3 块间隔铁间螺栓摩阻力来阻止

心轨窜动，纵向阻力不足易造成心轨爬行。

⑤道岔尖轨磨损分为直尖轨侧磨和曲尖轨侧磨，二者均会产生岔区不平顺；尤其直尖轨侧磨将直接影响直向通过的高速列车，造成行车舒适性下降。

曲尖轨侧磨：曲尖轨侧磨多集中在出发列车通过的侧向道岔，列车起动后逐步加速，轮轨作用下，机车轮在大功率的扭动下，形成滚动加滑动的趋势，列车进入侧向道岔时轮缘紧贴钢轨内侧的踏面圆弧，形成刨切趋势，并逐渐积累，产生钢轨侧磨。

直尖轨侧磨：直尖轨侧磨与道岔结构及养护状态密切相关。尖轨是一个变截面钢轨件，其可动部分支承在滑床台上，与滑床台无扣件联结，尖轨上部密靠基本轨，在尖轨中部设置顶铁与基本轨贴靠。这种结构造成道岔转辙部分的线性刚度较低，结构相对松散。尖轨与基本轨不密贴是造成直尖轨侧磨的重要原因。在列车动态作用下，不密靠的尖轨会形成一定的矢度，顶铁过长则尖轨向线路内部侧弯，顶铁过短则向线路外部侧弯。在列车经过时由于受到离心力的作用在尖轨不密靠处及前后挤压摩擦尖轨，造成直尖轨侧磨。同时岔前后轨向不良使列车蛇行运动，也是造成直尖轨侧磨的原因之一。

⑥尖轨扳动不灵活，将造成尖轨与基本轨密贴长度不足、工电接口故障等。造成尖轨扳动不灵活的原因有：尖轨过量爬行或直曲尖轨爬行不同步；拉杆或连接杆位置不正；基本轨轨向不平顺，滑床板不平直和各种连接零件磨损等。

(3)辙叉部分的病害

辙叉部分的典型病害有辙叉水平下沉、方向不良、轨距变化和磨耗严重等。由于叉心通过车轮的次数比上下股钢轨通过的次数要多，同时辙叉存在有害空间，车轮从翼轨过渡到叉心时冲击力很大，加上辙叉体积大，叉心道床不宜捣固，易造成叉心部分道床不密实，辙叉下沉，水平不良。

(4)道岔连接零件病害

岔区连接零件病害主要有螺钉病害、垫板断裂等。

螺钉病害主要表现为螺栓断裂、松弛、锈蚀等。由于岔区不平顺引起的轮轨横向冲击力大，加之导曲线半径较小，辙叉护轨地段横向冲击较大，导致螺栓受到钢轨传来的较大的横向冲击作用，螺栓处于弯曲、拉伸及剪切复合受力状态，极易发生折断。此外，道岔部件组装缺陷或制造偏差，螺钉长期缺乏养护等会使螺钉锈蚀。轨枕空吊或者道床弹性不均，在列车动力作用下螺钉受到向上的拉拔力将导致螺钉拔起、松动。螺栓扭矩过大时内螺纹易破损。上述原因导致了螺钉容易失效，岔枕与道岔大垫板的连接被破坏，使大垫板不能牢固的固定在岔枕上，在列车动力作用下岔枕以上结构失去牢固连接，使道岔几何形位难以保证，造成道岔晃车等问题，严重时可能造成钢轨外翻使列车脱轨。在无缝道岔中，当养护维修不到位，纵向温度力过于集中可能会引起传力部件螺栓被剪断。

道岔垫板病害。通过非道岔大垫板折断的现场分析，铁垫板和轨枕间的不密贴是造成其折断的主要原因，尤其是心轨部分长大垫板折断较多。此部分垫板位于长岔枕中部，在列车荷载作用下长岔枕产生一定挠度，长大垫板随岔枕共同变形，但由于垫板与岔枕间不密贴，使得垫板同时受弯剪作用而损坏。道岔垫板损坏破坏了钢轨部件与轨下基础的牢固连接，造成道岔几何尺寸难以保证，进而影响行车安全。滑床台的脱焊造成尖轨扳动所需力矩增大，可能造成尖轨卡死无法扳动，引发严重行车事故。

6. 无砟轨道病害

目前我国高速铁路主要应用CRTS系列无砟轨道，其病害形式与轨道结构类型相关，不同无砟轨道部位病害的表现形式、成因及处置措施都不太一样。如CRTSⅠ型板式无砟轨道，有CA砂浆离缝、轨道板横向及纵向裂缝、凸形挡台开裂、挡台充填层破损、轨道板预应力棒断裂、开裂、底座板裂缝沉陷等病害[8]。CRTSⅡ型板式无砟轨道在路基和桥上病害表现形式又不相同。限于篇幅，下面仅以CRTSⅠ、CRTSⅡ型板式无砟轨道为例，介绍其典型病害。

1)CRTSⅠ型板式无砟轨道病害及成因

(1)轨道板病害

轨道板是CRTSⅠ型板式无砟轨道的主体结构，其固定和约束着钢轨，将钢轨上集中的轮轨力分散传递给CA砂浆层，由CA砂浆层再传递给底座板，其中轨道板起到“承上启下”的作用。CRTSⅠ型轨道板代表性病害形式大致包括：轨道板裂缝、混凝土掉块及锚穴封端离缝及脱落等。

①轨道板裂缝

轨道板裂缝的产生与轨道板变形密不可分。当轨道板变形所引起的应力超过混凝土的抗压强度便会产生裂缝。轨道板裂缝与施工温度、钢筋异常、地基不均匀沉降等有关。轨道板裂缝根据裂缝宽度可以分为三个等级：裂缝宽度达到0.2 mm为Ⅰ级病害，应做好病害记录，观察发展趋势；裂缝宽度达到0.3 mm为Ⅱ级病害，应列入维修计划，适时维修；裂缝宽度达到0.5 mm为Ⅲ级病害，需要及时维修，如图3.5所示。

图3.5 轨道板裂缝

②混凝土掉块

混凝土掉块主要成因是：锚穴微裂纹向上或向下扩展引发的混凝土掉块；生产、吊装时产生微裂纹发展至混凝土掉块；混凝土浇筑后混凝土未达到足够强度，过早张拉预应力钢棒；局部应力集中等多种原因所致。病害实例如图3.6所示。

图3.6 混凝土掉块

③锚穴封端离缝及脱落

轨道板在服役过程当中，由于轨道板与空气中二氧化碳发生了复杂的化学反应，增强了混凝土的脆性，加剧了混凝土的剥离掉块，不利于无砟轨道耐久性及承载能力的保持。锚穴封端离缝后，在长期横向力作用下，预应力钢棒会产生断裂弹出，造成锚穴封端脱落，如图 3.7 所示。

图 3.7 预应力钢棒窜出与横向封锚脱落

(2)凸形挡台病害分析

凸形挡台有圆形和半圆形，其半径可通过计算确定，一般为 260 mm，高度 250 mm，在下部结构有断开缝，如在梁缝处，凸形挡台可以做成半圆形。凸形挡台设置在底座顶面上，由底座上预埋钢筋将其连接起来。为缓和凸形挡台受力，凸形挡台周围应设置弹性层，如环氧树脂等。环境侵蚀、材料或工艺缺陷、轨道板传来的纵向力作用等多种原因会造成凸形挡台病害。病害实例如图 3.8 所示。

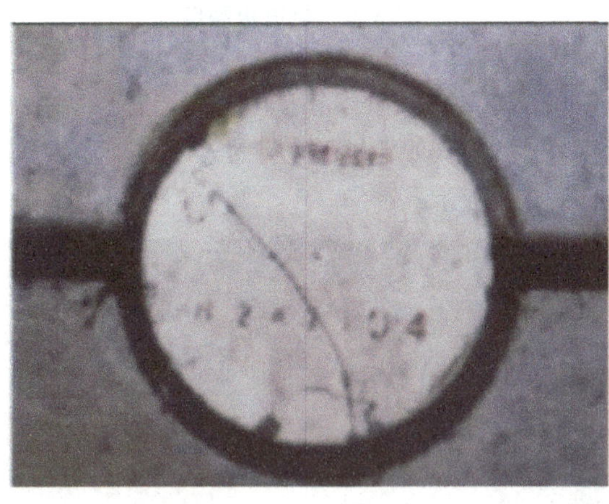

图 3.8 凸形挡台裂纹

(3)底座病害分析

裂纹是板式无砟轨道底座板的常见病害，由于混凝土本身的收缩徐变和降温作用，底座板易拉裂形成通缝；局部断面削弱导致的纵连结构薄弱环节也容易出现裂缝；除此之外，支承层与下部基础间可因基础沉降引起离缝，导致支承层稳定性下降，出现底座板裂缝，若裂缝宽度较大引起预埋钢筋锈蚀，甚至会导致底座板断裂，如图 3.9 所示。

图 3.9 底座板裂纹

2）CRTSⅡ型板式无砟轨道病害及成因

（1）轨道板病害分析

CRTSⅡ型无砟轨道板主要病害形式有预裂缝处裂缝、非预裂缝处裂缝、轨道板板间混凝土裂缝、缺损以及承轨台病害等。

①预裂缝处裂缝：荷载效应、混凝土收缩、钢筋锈蚀、碱骨料反应、预应力张拉不当、温度影响、施工工艺不当、冻胀等因素均可导致轨道板裂缝。轨道板裂缝主要以预裂缝处开裂为主，如图 3.10 所示。

②非预裂缝处裂缝：CRTSⅡ型无砟轨道板在生产、运输、安装过程中如有不当之处，则会使非预裂缝处发生横向贯通开裂并且裂缝发生地点不一，如从承轨台旁边开裂并贯通轨道板、直接经过承轨台发生轨道板横向贯通裂缝、灌浆孔处发生裂缝进而连通、从梁端位置锚固销钉孔发生裂缝进而连通。非预裂缝处开裂相对较少，但是这些裂缝病害的出现会影响扣件的正常使用性能，缩短轨道使用寿命，如图 3.11 所示。

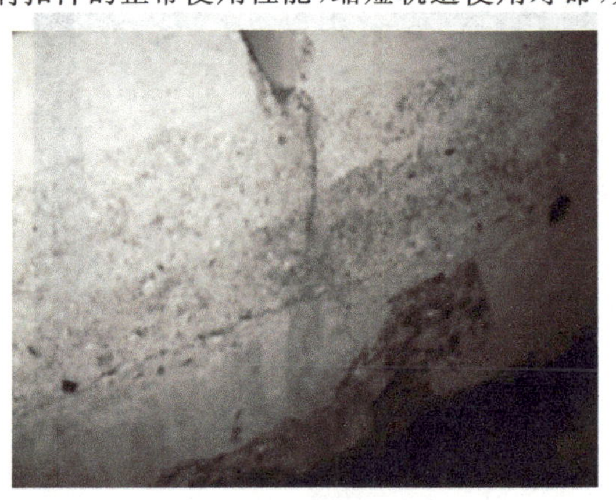

图 3.10 预裂缝处裂缝

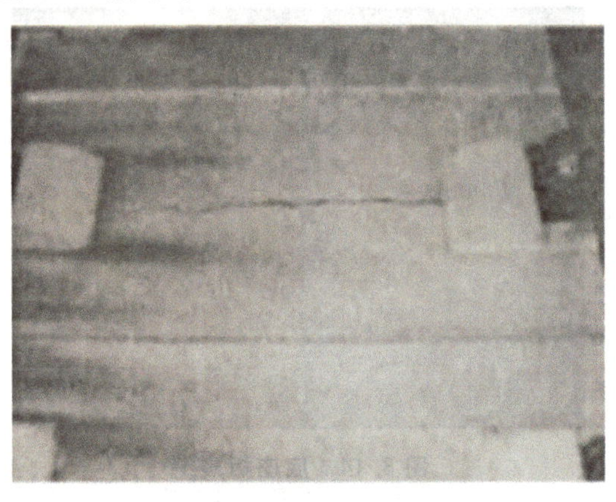

图 3.11 非预裂缝处裂缝

③板间接触处病害：由于 CRTSⅡ型轨道板为横向先张预应力结构，精轧螺纹钢筋起到连接相邻两块轨道板的作用，在板与板接缝之间存在薄弱环节，易出现离缝现象，而这些离缝则与环境温度息息相关，如图 3.12 所示。

（2）承轨台病害

在生产过程中、施工时可能因为外力作用，造成承轨台内部缺陷。承轨台病害直接影响扣件系统的正常工作，危及行车安全，所以承轨台的生产和运输必须格外小心。CRTSⅡ型轨道板承轨台边缘掉块和承轨台开裂，如图 3.13 所示。

（3）底座板病害分析

混凝土裂缝和缺损是桥上底座板（含后浇带）病害的常见形式，桥上混凝土底座板裂缝病害较为普遍，裂缝宽度多在 0.1 mm 左右，裂缝间距为 15～100 cm 不等。底座板后浇带处裂缝宽度较大，在后浇带混凝土的结合面处极易出现，如图 3.14 所示。

(4)侧向挡块病害分析

侧向挡块病害包括侧向挡块与底座板隔离效果不佳、混凝土开裂造成的挡块混凝土拉裂或掉块、弹性限位板失效等，如图 3.15 所示。在实际检查中侧向挡块易发生拉裂、破损、钢筋外露等现象，这主要是由于施工工艺不当，从而使侧向挡块与轨道板(或底座板)发生粘结，加剧了轨道与桥梁间的相互作用。

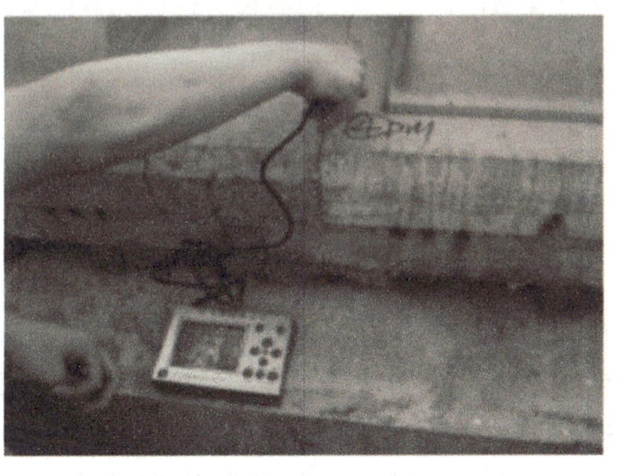

图 3.12　板间接缝处病害

图 3.13　承轨台病害

图 3.14　底座板裂缝

图 3.15　侧向挡块裂缝

3.1.3　其他状态指标

1. 无缝线路状态指标

无缝线路温度力测量是研究人员和现场管理者密切关注的问题，也是铁路轨道运营状态检测领域的研究热点之一。根据检测原理的不同，钢轨温度力的检测方法可分为应变法、应力法、能量释放法及其他物理方法等。应变法主要通过测量轨温变化时无缝线路固定区内钢轨受约束而未能产生的应变量来间接测得温度力。应力法通过使用应力传感器直接测量钢轨温度应力。能量释放法通过测量无缝线路固定区长轨条受横向或垂向激扰后释放的内部能量(变形量)得到温度(压)应力值。其他的物理测量方法还有巴克豪森噪声法、磁通量法、晶格法等。现有各种检测手段虽然得到一定程度的应用，但受限于现场环境的复杂性和测试条件的不确定性，目前方便、快捷且无损地测试钢轨内的绝对温度力仍存在困难。

当前获得长轨条内绝对温度力的检测方式主要分有损检测及半有损检测两类[9]。这两类方法在具体操作过程中均会对原有的轨道结构造成一定程度的破坏，影响轨道结构的整体性和稳定性。当线路的几何状态不良或温度应力过大时，极易出现胀轨跑道现象，影响行车安全；其次检测过程还需要使用大量的重型设备，对施工作业人员的人身安全以及列车的安全运行埋下隐患；再者上述两类方法在检测过程中需要大量松开扣件，不仅加重了养护人员的作业量，并且很难适应铁路工务部门天窗点内作业快检快修的作业模式。

对于无缝线路温度力检测方式研究较为成熟的几种无损检测方式，主要检测钢轨表层或浅表层的温度应力，而对于钢轨内部的总体温度应力并不能很好地反映。此外，无缝线路温度力检测方式主要集中在单点检测，即只针对某个测点进行检测，无法做到对整个线路的无缝线路温度力的分布情况实现连续检测，极易导致因温度力作用引发钢轨折断处所的漏检，进而危及行车安全。

长期以来，国内外针对无缝线路温度力、稳定性等问题的研究已很深入，并系统地编制了跨区间无缝线路系列软件，广泛服务于铁路建设和运营[10]。对温度作用下高速铁路桥梁上 CRTSⅡ型纵连板式轨道的轨道板上拱机制、CRTSⅠ型板式轨道的限位行为与梁轨相互作用等关注较多[11]；探索了高温作用下无砟轨道无缝线路的钢轨压弯变形和碎弯对高平顺性的影响[12]。近年，依靠试验及仿真技术的进步，开展了钢轨自振频率与温度纵向力之间的关系研究[13,14]，对比分析钢轨局部降温对温度力重分布的影响[15]，探寻合理的温度力放散方法及策略。

无缝线路的状态控制指标主要包括轨温及其变化幅度、温度力、温度应力、轨道结构爬行状态等；通过评估轨条内的纵向力确定合理的作业项目和方式，监测或观察轨条的锁定轨温变化，确定无缝线路的维护维修方案。

2. 无缝道岔状态指标

高速铁路无缝道岔主要有道岔号码大、岔下基础以无砟轨道为主和道岔上桥等多种特点。为确保高速道岔的结构稳定性和传力可靠性，德国的基本设计理念是约束轨条与扣件、扣件与道岔板、道岔板与桥梁面板或下部基础之间的相对位移，通过计算提出道岔各部件的相对位移容许限值，给出了针对大跨度桥梁的支座布置方式和桥墩刚度的合理取值建议。法国高速铁路主要采用有砟轨道结构，其高速道岔充分考虑了有砟轨道的技术特点，规定：在路桥过渡段上不允许设置道岔结构，因过渡段沉降会造成道岔较大的不均匀变形；在曲线或竖向曲线上不得设置道岔；桥上铺设无缝道岔时需专门设计，其头尾距离桥梁伸缩缝的最小距离应满足表 3.4 的要求。

表 3.4 伸缩缝与道岔头尾的最小距离

桥梁总长	最小距离
$L \leqslant 30$ m	20 m
30 m $< L \leqslant 90$ m	50 m
$L > 90$ m	活动端设置伸缩调节器，伸缩调节器距离道岔最短距离为 100 m

我国高速道岔上桥时，为了限制钢轨内的应力，要求道岔避免跨越桥缝或布置在其附近。但在桥梁跨度较小的情况下，由于桥梁伸缩引起的钢轨应力变化相对较小，在困

难条件下，道岔也可设置在伸缩缝上，但是道岔的自由伸缩部分不得设置在桥梁伸缩缝上方。

国内学者[16-18]基于有限元方法，建立了有砟、无砟轨道的“岔—桥—墩”一体化纵向力计算模型，可计算不同号码道岔、不同桥型和桥长的桥上无缝道岔，分析伸缩力、挠曲力、制动力、断轨力和组合荷载作用下无缝道岔的纵向行为，计算简支梁、连续梁桥上无缝道岔（单组道岔、渡线和道岔群）的受力和变形规律。

上述研究为指导高速道岔检测、监测技术的有效开展提供了强有力的理论支持。

3. 桥上无缝线路状态指标

桥上无缝线路的基本理论是梁轨相互作用[19]。通过合理的轨条布置方案控制轨条纵向力，解决桥上铺设无缝线路的轨道强度及稳定性问题，并确保桥梁墩台等结构安全。

早在 20 世纪 60 年代，苏联[20]就应用解析方法进行桥上无缝线路理论分析。将钢轨看作弹性杆，纵向阻力视为线性变化，桥墩刚度使用线性弹簧模拟，并在桥梁两端取 25 m 长路基作为边界，将列车制动力均匀加载在钢轨上。可得梁轨相互关系二阶微分方程为

$$-EA\frac{\mathrm{d}^2u(x)}{\mathrm{d}x^2}+ku(x)=q \tag{3.5}$$

式中 EA——钢轨截面拉压刚度；

$u(x)$——纵向坐标 x 处钢轨位移；

$ku(x)$——线路阻力线性系数；

q——列车制动力分布集度。

结合上述方程和边界条件，可解得钢轨内力及位移分布。

桥上无缝线路的关键指标包括梁轨相互作用下的梁轨结构受力、变形指标[21]，轨道专业主要关注钢轨强度、稳定性（无砟轨道则为钢轨碎弯）、梁轨相对位移以及断缝值等；桥梁专业主要关注附加力作用下墩台结构的安全等。在长大跨度桥梁上，可通过设置小阻力扣件、调整设计锁定轨温、改变梁跨布置及梁型、优化墩台刚度或设置钢轨伸缩调节器等措施实现桥上无缝线路的应用。

在评估钢轨强度时，主要包括温度应力、动弯应力、伸缩或挠曲附加应力（一般伸缩大于挠曲）、制动（牵引）附加应力等组成部分。针对具体工程，重点考虑环境条件、结构特性、行车条件等因素，合理设置检测、监测项点，开展桥上无缝线路平顺状态、轨道框架变形、轨道结构受力和伸缩调节器状态等评估，确保应用安全。

4. 安全状态指标

(1)基于 TOPSIS 的轨道安全状态评定

TOPSIS(Technique for Order Preference by Similarity to Ideal Solution)方法是一种逼近理想解的排序法，是一种比较常用的针对有限方案的多指标评价方法，于 1981 年首次提出[22]。该方法的基本思想是基于归一化的原始数据矩阵，找出决策问题的正理想解和负理想解（最优解和最劣解），然后计算各评价对象与正理想解和负理想解的距离，从而计算评价对象与正理想解的接近程度，并以此作为评价优劣的依据，如图 3.16 所示，评价指标个数为 2，A_i 表示众多可选择的方案，x_1 和 x_2 分别代表了“好”和“不好”的方向，红线和蓝线即表示到达正理想解和负理想解的距离。

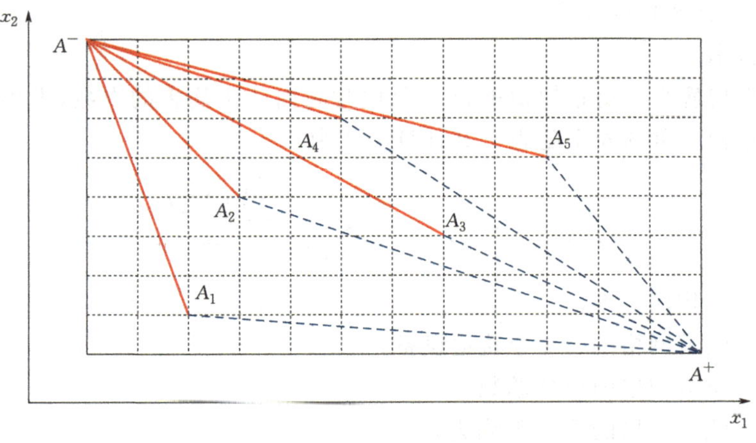

图 3.16 TOPSIS 方法描述

参照国家标准《风险管理 风险评估技术》(GB/T 27921—2011)和《轨道交通可靠性、可用性、可维护性和安全性规范及示例》(GB/T 21562—2008)关于可能性划分等级的规定，轨道状态可划分为 5 个等级：Ⅰ(严重)、Ⅱ(重大)、Ⅲ(较大)、Ⅳ(轻微)、Ⅴ(正常)。参照国标的规定，将轨道状态等级从高到低分别用红色、橙色、黄色、蓝色和绿色表示。当轨道状态等级处于Ⅰ级时，轨道网格处于预警危险区，必须及时采取维修措施，用红色表示；当轨道状态等级处于Ⅱ级时，轨道网格处于预警区，必须提醒工作人员做好维修准备，用橙色表示；当轨道状态等级处于Ⅲ级时，轨道网格处于预备预警区，管理需要加强监控措施，避免状态进一步恶化，用黄色表示；当轨道状态等级处于Ⅳ级时，轨道网格处于潜在风险区，无需采取控制措施，用蓝色表示；当轨道状态等级处Ⅴ级时，轨道网格处于正常生产区，可以忽略，用绿色表示。在状态等级达到四级时，轨道网格处于不安全状态，需密切关注网格状态发展趋势并进行预测研究。

然后利用公式分别针对轨道全线网格的各个状态等级中的状态点相似度进行求解，以 $[R_{i,L}, R_{i,R}]$ 表示各个状态等级相似度的区间取值，其中，$R_{i,R}=\max(v_1, v_2, \cdots)$ 和 $R_{i,L}=\max(v_1, v_2, \cdots)$，分别为各个状态等级中状态点相似度最大值和最小值，则状态等级的划分线计算公式为

$$R_i=\frac{R_{i,R}+R_{i+1,L}}{2} \tag{3.6}$$

因此，可以建立轨道安全状态等级划分标准，见表 3.5。

表 3.5 轨道安全状态等级划分标准

状态等级	说　明	颜色表示	风险区域	阈　值
Ⅰ	严重	红色	预警危险区	$[R_0, R_1)$
Ⅱ	重大	橙色	预警区	$[R_1, R_2)$
Ⅲ	较大	黄色	预备预警区	$[R_2, R_3)$
Ⅳ	轻微	蓝色	潜在风险区	$[R_3, R_4)$
Ⅴ	正常	绿色	正常生产区	$[R_4, R_5]$

注：其中 R_i 为划分阈值。

(2)其他安全状态指标评定

①平均病害率

轨道网格平均病害率是指轨道网格在单位时间内产生病害的次数,平均病害率较高的轨道网格一般存较严重的安全隐患。其计算公式为

$$f(t)=\sum_{i=1}^{I}\omega_i f_i(t)=\sum_{i=1}^{I}\omega_i\frac{\sum_{j=1}^{J}\theta_j M_j^i(t)}{t} \tag{3.7}$$

式中 $f(t)$——平均病害率;

i——轨道网格的第 i 个轨道设备;

I——轨道网格内设备总数;

j——轨道网格的第 j 类病害;

J——病害类型的总数;

t——时间跨度;

ω_i——第 i 个设备的权重;

$f_i(t)$——第 i 个设备的病害率:

θ_j——第 j 类病害的权重;

$M_j^i(t)$——第 i 个设备的第 j 类病害在$(o,t]$时间内发生的次数时间。

②平均病害间隔时间

轨道网格平均病害间隔时间是指轨道网格产生相邻 2 次病害之间的平均时间,该指标反映了轨道网格的时间质量,体现了轨道网格在规定时间内保持功能的一种能力。其计算公式为

$$\mathrm{MTBF}(t)=\frac{t}{m(t)} \tag{3.8}$$

式中 $\mathrm{MTBF}(t)$——轨道网格平均病害间隔时间;

$m(t)$——轨道网格内各设备病害在时间跨度 t 内的发生次数。

③病害重复率

轨道网格病害重复度是指轨道网格在一定时间范范围内出现相同病害的次数。若该指标值较高,说明之前维修质量存在问题,或设备病因未诊断清楚,维修活动安排不合理,存在较严重的安全隐患等。其计算公式为

$$\Delta=\sum_{i=1}^{I}\beta_i\Delta_i=\sum_{i=1}^{I}\beta_i\sum_{k=1}^{K}\omega_i\Delta_k^i \tag{3.9}$$

式中 Δ——轨道网格病害重复度;

β_i——第 i 个设备的病害重复度的权重;

Δ_i——第 i 个设备的病害重复度;

k——轨道网格的第 6 类重复病害;

ω_k^i——第 i 个设备的第 k 类重复病害的权重;

K——重复病害类型的总个数;

Δ_k^i——预设时间范围内第 i 个设备的第 k 类病害的重复度。

④病害集中度

轨道网格病害集中度是指轨道网格在一定时间范围内单位长度产生病害的数量，用于衡量轨道网格病害在空间上密集发生的程度。其计算公式为

$$\theta=\sum_{i=1}^{I}\alpha_i\theta_i=\sum_{i=1}^{I}\alpha_i\frac{\sum_{j=1}^{J}\omega_j^i x_j^i}{l} \tag{3.10}$$

式中 θ——轨道网格病害集中度；

α_i——第 i 个设备的权重；

θ_i——第 i 个设备的病害集中度；

ω_j^i——第 i 个设备的第 j 类病害权重；

x_j^i——预设时间范围内第 i 个设备的第 j 类病害的个数；

l——轨道网格的区段长度。

⑤平均维修时间

轨道网格平均维修时间是指轨道网格内各设备病害从发现到被维修整治的平均时间。其计算公式为

$$\text{MTTR}=\frac{\sum_{m=1}^{M}(d_m^n-d_m^f)}{m} \tag{3.11}$$

式中 MTTR——轨道网格平均维修时间；

m——轨道网格在预设时间范围内的第 m 个病害；

M——轨道网格在预设时间范围内发生的病害总数；

d_m^f——第 m 个设备病害的发现时间；

d_m^n——第 m 个设备病害的整治时间。

3.2 轨道综合状态检测技术

3.2.1 轨道综合检测技术介绍

1. 轨道静态检测技术

静态检测利用万能道尺、弦线及板尺等检测工具沿线路逐点进行检测，包括线路几何尺寸和道岔几何尺寸[23]。线路几何尺寸检测的主要项目为轨距(含曲线轨距加宽)、水平(含曲线外轨超高、线路扭曲或三角坑)、轨向(含曲线圆顺程度)、高低及轨底坡。道岔几何尺寸的检测项目主要有道岔各部分轨距、水平、高低、导曲线支距、查照间距、尖轨与基本轨的密贴程度等。线路几何形位的静态检查有严格的检查体系，以工长半月检查为主，填写“线路几何尺寸检查记录表”和“道岔几何尺寸检查记录表”；辅以重点地段的补充检查、领导员工的定期检查、年度春季和秋季普查等。

轨道检测小车是近年来被广泛应用的一类自动化程度较高的便携式检测设备，主要由里程计、轨距及倾角传感器等测量装置、高精度全站仪、无线通信单元和数据处理软件等组

成,用于检测高速铁路轨道内部几何参数(轨距、超高、轨向、高低、扭曲)以及外部几何参数(轨道三维坐标)等。通过测量得到的轨道几何参数,计算并优化轨道的平面和高程调整量,指导精调施工作业,优化轨距、超高、轨向、高低、扭曲等平顺性指标。在铁路后期维护时,轨道检测小车可以准确查找出需要进行维护的里程位置,测量当前轨道的内外部几何参数,并与设计数据进行比较,自动生成校正数据列表。因此,轨道检测小车能够有效减少轨道精调的工作量和设备投入,极大地提高后期长轨精调的进度,缩短作业工期,对高速铁路轨道的铺设、钢轨精调以及后期维护具有重要的意义。

2. 轨道动态检测技术

轨道几何尺寸动态检测的主要设备是轨道检查车,检测结果为轨道动态几何尺寸误差、走行部振动情况和行车平稳性情况。近年来,国内轨道检测车随着计算机技术和检测技术的发展而得到迅速发展,检测精度和可靠性大大提高。在轨检车检测结果的监督和指导下,线路质量得到普遍提高,以动态检测为主、静态检测为辅的轨检思想已经深入人心。我国轨道检测车可检查 13 项内容,主要包括左右轨的前后高低、左右轨的方向、水平、曲线外轨超高、曲线半径、轨距、线路扭曲、车体水平和垂直振动加速度、左右轴箱垂直振动加速度等。除检测轨道动态几何尺寸误差外,还可以从轮轨相互作用效果所反映的走行部振动(轴箱振动加速度)和行车平稳性(车体振动加速度)等方面对轨道几何状态作出综合评价。

3.2.2 轨道检测技术的发展现状

轨道的几何状态不良是引起轮轨系统剧烈振动,加剧轮轨动力冲击的主要原因,直接影响到行车的平稳性、安全性和轨道结构的劣化速率;其成因主要包括由轨道部件制造、铺设误差、结构残余变形及钢轨磨耗等引起的静态几何不平顺,由结构动态变形、部件间接触状态不良或离缝、弹性不均匀等引起的动态几何不平顺,和由无缝线路胀轨或断轨等引起的突发性不平顺三大类,均是轮轨系统的主要激励源。因此,控制轨道的几何不平顺是轨道结构养护维修的工作重点、难点,各国铁路部门都对轨道几何状态的检测极为重视,视为高速铁路轨道日常检测与维护的头道防线。为全面检测轨道几何状态,铁路部门不断研发轨道动态不平顺检测车和静态不平顺轨检仪、轮廓仪等各型轨检装备,并在高速铁路采取“动检为主、静检为辅、动静结合”的综合检测方式,控制着轨道几何状态的质量。

1. 轨检车的发展与原理

早期的轨道状态都主要靠人力来检查,轨检车的成功应用实现了轨道的高低、水平、三角坑、方向、轨距等几何参数的快速、动态检出,并能辨识出曲线超高、曲率和轨道高低、轨向等不平顺的变化率,及曲线通过的均衡速度等[24]。使得轨道的几何状态和不平顺病害的检测水平和能力得到极大的提升。近来,在轨检技术基础上拓展的综合巡检车、巡道车还能检测轨道零部件的损坏,如枕木开裂、扣件缺失、道床板破损、光带异常等。

轨检车是根据惯性基准法检测原理,应用光电、陀螺、电磁、电子、伺服、数字处理、计算机等先进技术,检测高低、轨向、轨距、水平、三角坑、垂直加速度、水平加速度、曲率变化率、轨距变化率、横加变化率、70 m 波长高低和 70 m 波长轨向。同时,将各项目检测结果实时显示在计算机上和波形记录纸上,并存磁盘内,具有检测项目齐全、精度高、可靠性强、技术先进及很强的数据处理等特点。

轨检车是对各轨道几何尺寸及平顺性水平的全面检测，是对线路动态质量的系统评估，是铁路工务维修管理部门获取动态轨道状态信息、指导现场进行养护维修与施工作业、评估新线施工和既有线养护维修作业质量、实施轨道科学管理的重要手段。目前轨检车主要有GJ 系列轨检车和综合巡检列车。

(1)我国轨道检测技术发展

①GJ-3 型轨检车

20 世纪 80 年代，随着计算机技术和惯性基准测量技术的运用，通过使用组合式元器件，研发了 GJ-3 型轨道几何状态检测系统。首次实现了高低、水平、三角坑、车体垂直和水平加速度项目实时检测，以检测波形和数值超限方式实时输出检测结果[25]，实现了轨道几何超限的计算机自动判别，结束了长期采用人工判别超限的历史。

②GJ-4 型轨检车

20 世纪 90 年代，随着激光、陀螺、自动控制技术和数字滤波等技术的运用，为提高检测设备可靠性，降低 GJ-3 型轨道检测系统分离元器件稳定性差的缺点，积极吸收国外捷联式检测的优点，通过自主创新，成功开发研制了 GJ-4 型轨道几何检测系统。该系统在 GJ-3 型检测项目的基础上，新增了轨距、轨向、超高、曲线半径等检测项目。

GJ-4 型轨道几何检测系统实现了我国轨道检测技术自动化，成为既有提速干线检测的主要手段，基于 GJ-4 型轨道检测系统开发平台研制的地铁自走行检测车曾在广州、深圳和南京地铁的线路状态检测工作中使用。

③GJ-5 型轨检车

计算机网络技术、非接触测量技术、激光、惯性传感器技术、卫星定位技术不断发展，为研制开发高速度、高精度、高可靠性、高智能性、综合性的检测系统提供了技术支持。2001 年我国通过引进和消化吸收、自主集成创新方式，研制开发了 GJ-5 型轨道几何状态检测系统。该检测系统采用计算机局域网技术、计算机 VME 总线技术、激光摄像非接触测量技术、惯性技术、数字滤波技术、GPS 里程同步定位技术等[26]。该检测系统区别于 GJ-3、GJ-4 型检测系统最明显特点是车下检测设备悬挂梁由轴箱转移到了构架，增加了检测梁的安全性能，从而实现了高速运行条件的安全检测功能。该类型检测设备成为第六次大提速后干线检测的主力车型。但 GJ-5 型轨道检测系统存在精度不够高、标定困难、易受阳光干扰等缺点，不适应高速铁路轨道检测的需要。

④GJ-6 型轨检车

随着线路提速和高速铁路的快速发展，我国设计和研制了新一代的轨道检测系统。新研制的 GJ-6 型轨道检测系统摒弃了不安全的悬挂方式，去掉了伺服机构等移动部件，采用激光摄像式的轨道检测技术，克服了阳光干扰，采用数字图像技术提高了检测精度，同时探索出新的标定方法，采用实时控制技术进行精确控制和测量，实现了里程精确定位[27]。

(2)GJ-6 型轨道检测系统的检测原理和方法

GJ-6 型轨道检测系统是我国目前技术水平较高的轨检系统，其主要检测项目有基本轨道几何项目(轨距、左高低、右高低、左轨向、右轨向、水平、三角坑)、车体的响应(车体横向加速度、车体垂向加速度)和辅助性评判指标(轨道质量指数、轨距变化率、曲率变化率、车体横向加速度变化率)。轨向、高低项目还包含了截止波长为 120 m 的长波不平顺。

系统使用激光摄像系统测量钢轨相对于检测梁的横向和纵向位移；使用加速度计、陀螺、位移计等多种传感器测量车体和检测梁的姿态变化；将需要检测的位移、速度、加速度等的物理量转换为相应的电模拟信号，通过信号转接及监视单元输入到信号处理单元；信号处理单元将信号放大和模拟滤波处理后，再经过信号转接及监视单元输入到数据采集和处理计算机；由计算机对输入模拟信号进行 A/D 模数转换、存储、数字滤波、修正以及补偿处理，然后经过综合运算、合成得到所需轨道几何参数，并在其显示器上实时显示轨道几何波形图。此外，轨道几何状态参数可通过网络传输给数据应用计算机，由该计算机将轨道几何参数及超限数据存放到数据库中，同时显示轨道几何波形，或显示超限数据，并可对超限数据进行编辑；还可由网络打印机打印出轨道几何参数的超限数据报表或波形图。

①传感器布置

轨道几何检测系统传感器在车辆上的安装位置如图 3.17 所示，主要传感器见表 3.6。车体底板上安装有 9 个传感器(编号 1、2、5、6、7、11、12、13、14)。车体与构架间安装有 3 个传感器(编号 8、9、10)，车体尾部转向架上安装有 1 个传感器(编号 17)，车体尾部横向检测梁上安装有 2 个传感器(编号 15、16)及惯性组件(编号 18～23)。

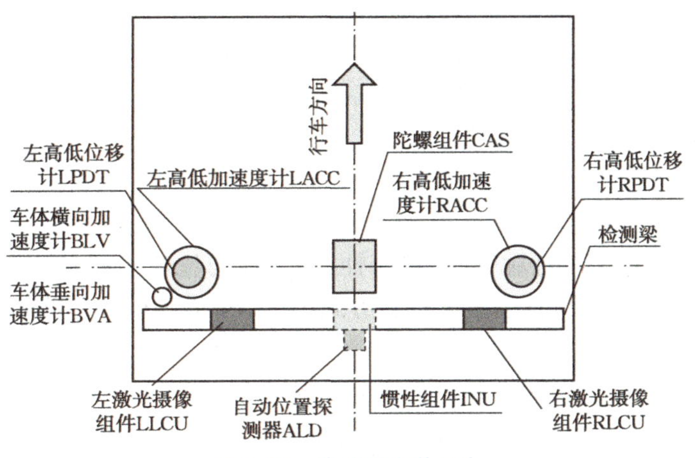

图 3.17 传感器安装示意

表 3.6 主要传感器

序 号	代 号	名 称	测量用途
1	BVA	伺服式加速度计	车体垂直加速度
2	BLA	伺服式加速度计	车体水平加速度
3	GL	左轨距测量组件	左单边轨距
4	GR	右轨距测量组件	右单边轨距
5	ROLL	滚动陀螺传感器	车体滚动角速率
6	YAW	摇头陀螺传感器	车体摇头角速率
7	INCL	伺服式加速度计	车体倾斜角
8	DT1	横向位移计	车体相对于转向架的位移

续上表

序 号	代 号	名 称	测量用途
9	DT2	横向位移计	车体相对于转向架的位移
10	DT3	横向位移计	车体相对于转向架的位移
11	LPDT	左高低位移计	车体相对于左轮轴的位移
12	LACC	左高低加速度计	车体底板左侧加速度
13	RPDT	右高低位移计	车体相对于右轮轴的位移
14	RACC	右高低加速度计	车体底板右侧加速度
15	ALGN	轨向加速度计	横向检测梁加速度
16	ALD	地面标志传感器	地面金属物
17	TACH	光电编码器	车体速度及里程
18	BYAW	惯组摇头陀螺	检测梁的运动姿态
19	BROLL	惯组侧滚陀螺	检测梁的运动姿态
20	BPITCH	惯组点头陀螺	检测梁的运动姿态
21	BAX	惯组横向加速度计	检测梁的运动姿态
22	BAY	惯组垂向加速度计	检测梁的运动姿态

②轨距

轨距是钢轨轨头部踏面下 16 mm 范围内两股钢轨工作边之间的最小距离。测量轨距的主要器件是激光摄像组件，如图 3.18 所示。

激光摄像组件主要包含激光器、摄像机、温控系统、光学系统等关键部件。建立如图 3.18 所示的坐标系，则可以推导出钢轨轮廓上的任意一点的坐标(x,y)与其在图像中的像点坐标(u,v)的对应关系，可表示为

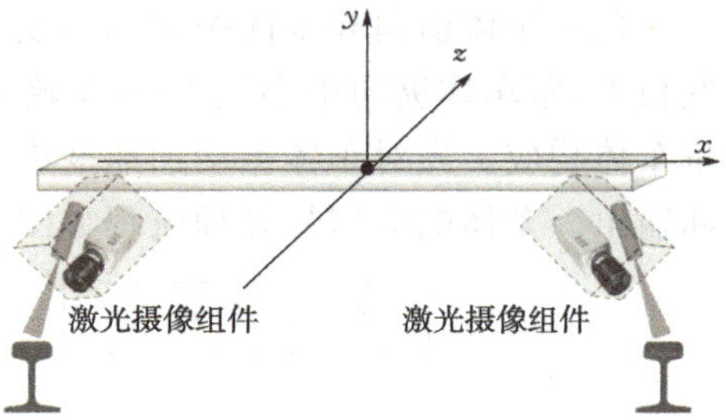

图 3.18 轨距测量示意

$$\begin{cases} x=\dfrac{a_1u+a_2v+a_3}{c_1u+c_2v+1} \\ x=\dfrac{b_1u+b_2v+b_3}{c_1u+c_2v+1} \end{cases} \tag{3.12}$$

式中，参数 $a_1,a_2,a_3,b_1,b_2,b_3,c_1,c_2$ 为视觉测量系统参数，通过标定获取。通过视觉图像处理，得到钢轨轮廓，进而得到钢轨相对于测量坐标系的横向、垂向位移，由两根钢轨横向位移合成轨距。横向位移和垂向位移分别是测量轨向和高低的重要分量。

③水平(超高)

超高是轨道同一横截面上左右轨顶面相对所在水平面的高度差。水平是轨道同一横截面上左右轨顶面相对所在水平面的高度差，但不含曲线上按规定设置的超高值及超高顺坡量。由惯性组件的输出量或 CAS 及位移传感器的输出量计算测得。

采用加速度自动补偿系统测量轨道的水平和超高。测量水平的传感器主要有倾角计和滚动陀螺，用于测量车体的滚动角。安装在检测梁上的惯性组件用于测量检测梁的运动姿态。另有检测梁相对于钢轨位置的激光摄像组件和测量车体相对于构架位置变化的光电位移传感器，可以测量车体、构架和轨道相对位置的变化。车辆运行过程中，测量车体、检测梁姿态时，考虑了离心加速度、摇头加速度、滚动加速度、横向水平位移产生的加速度等因素的修正补偿，保证了测量精度。

④高低

钢轨顶面沿延长方向的垂向凹凸不平顺，由垂向加速度计、垂向位移和滚动速率陀螺仪来测得。垂向加速度计和滚动陀螺测量车体和钢轨水平(垂向光点)之间的关系。

高低和轨向使用惯性基准法的检测原理相同。以高低为例，主要传感器为加速度计，其信号经二阶模拟滤波器滤波，计算机采样后经解偏滤波器解偏消除低频分量，再由数字滤波器处理后输出为高低短弦中支距(SMCO)值。由于其受到了车体滚动、摇头、离心及重力加速度的影响，因此由水平、曲率测量系统中提供的信息进行修正或补偿。修正了的加速度SMCO信号经处理得到位移SMCO信号，再与视觉测量法测得的位移信号一起计算出的相应SMCO信号结合，分别得到左右轨的高低信号。

⑤轨向

在钢轨内侧，轨距点沿轨道延长方向的横向凹凸不平顺，由激光摄像组件及惯性组件的输出计算测得。轨向的滤波原理与高低相同。

⑥车体加速度

包括车体横向和垂向振动加速度。车体振动加速度测量要求加速度传感器安置在车体底板上，距车体纵向中心线1 m，车辆尾部靠近第4位轴处。采用石英挠性伺服加速度计测量车体响应。先对车体振动加速度进行模拟滤波，然后进行数字化处理，并按相关标准判别和输出。车体响应信号处理流程如图3.19所示。

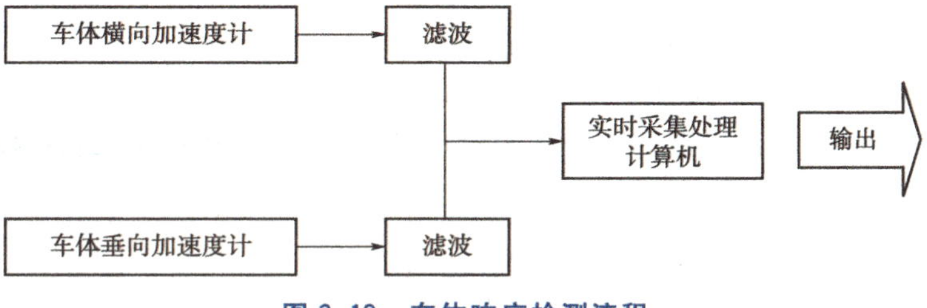

图3.19 车体响应检测流程

⑦射频识别定位技术

GJ-6型轨检车的里程定位系统采用RFID，即射频识别技术，并辅以高精度光电编码器进行修正，实现线路特征点的精确定位。具体实现方法如下：在需要识别的地面线路特征点预设工业级高速射频卡，每一个射频卡都有一个全球唯一的卡号；在轨检车上安装高速阅读器，当列车以一定速度通过射频卡时，识别出射频卡的卡号，将这个卡号与数据库中的信息进行比对，识别出卡号对应的里程信息和线路特征点信息，并将此信息发送到轨道几何检测系统中进行存储、显示。同时为了达到精确定位的目的，采用高精度的轴头光电编码器，精确计算列车行驶速度，结合系统延时，对RFID定位系统进行修正。系统精确定位流程如图3.20所示。

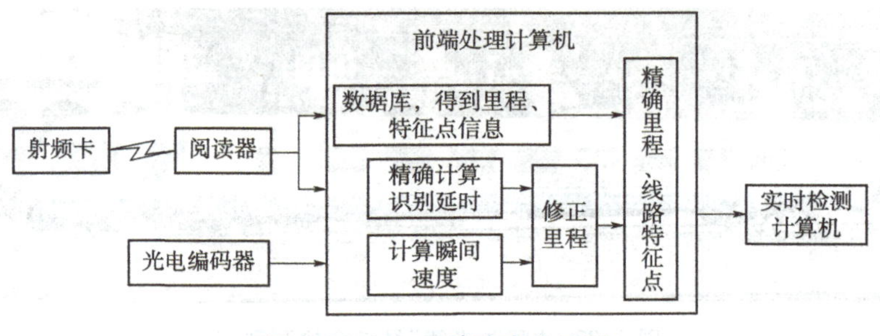

图 3.20 RFID 精确定位流程

2. 综合检测列车的研制与应用

传统专项检测装置或检测车独立工作，获取的信息通常也独立处理和利用，造成信息之间的关联性被忽略，极大制约了基础设施状态评测的准确性[28]。综合检测列车上搭载了各种专项检测设备，能对轨道几何状态、加速度、轮轨力、接触网几何参数、弓网动态作用、供电参数、通信、应答器、轨道电路等进行动态检测[20]。综合检测列车还集成了现代测量、时空定位同步、大容量数据交换、实时图像识别和数据综合处理等先进技术，使车载的各种检测设备在数据采集时能依靠列车中央控制网络在速度、时间、里程位置上保持严格同步，同时，检测数据也可利用列车网络实现全列车的资源共享。通过检测数据的综合分析，对高速列车运行品质及基础设施状态变化作出评价，从而为高速铁路运营安全评估和养护维修提供技术支撑。

从 1975 年开始，日本铁路先后研制了 4 列"Doctor Yellow"综合检测列车(图 3.21)，分别配备于东日本、东海和西日本公司，承担所辖范围新干线的动态检查。2002 年，"East-i"综合检测列车(图 3.22)交付使用，负责东日本公司所辖新干线和既有线执行综合检测任务。意、法、英等国也分别研制了高速铁路综合检测列车。意大利铁路基础设施公司(FS RFI)的"阿基米德"号综合检测列车(图 3.23)配置的结合惯性技术和三点弦测法的轨道几何集成检测系统，代表着世界领先水平和发展方向。法铁(SNCF)"IRIS320"综合检测列车(图 3.24)安装了全部线路检测必需的高技术装备，检测项目比较齐全，设计目标是在列车正常行驶条件下采集线路参数。英国路网公司(Network Rail)所属的"NMT"综合检测列车(图 3.25)承担着对高速和既有线的检测任务。其测速定位系统包括 GPS+INS 检测、应答器检测、时间标签、手工同步、路况检测。德国和美国高速铁路上高中速混跑和客货共线，综合移动检测则普遍采用在旅客列车加挂综合检测车来实现，两国虽然没有专门的高速综合检测列车，但都具有先进的综合检测技术。

图 3.21 "Doctor Yellow"综合检测列车

图 3.22 "East-i"综合检测列车

图 3.23 “阿基米德”号综合检测列车

图 3.24 “IRIS320”综合检测列车

图 3.25 “NMT”综合检测列车

高速综合检测列车在我国的发展经历了从各种专业检测车(如轨道检查车、接触网检测车、通信信号检测车)到安全综合检测车,再到高速综合检测列车几个阶段。检测内容从单一的专项检测扩展到多专业的综合检测,检测速度逐渐达到与列车运行速度等速,检测目的从仅保障运营安全发展到确保运营安全、指导养护维修、动态资产管理的新阶段。

0 号高速综合检测列车是 250 km/h 等级检测列车(图 3.26),在 CRH5 型动车组平台上安装了国际先进的轨道几何及车辆加速度、接触网及受流状态、轮轨动力学、通信和信号等检测系统[30]。CRH380A-001 高速综合检测列车是 350 km/h 等级及以上检测列车(图 3.27),除了能适应 350 km/h 速度线路的运用条件外,还能适应 200km/速度级客运专线的运用条件。CRH380A-001 以 CRH2c 型动车组项目技术平台为基础,针对检测系统和设备要求,进行相应的局部结构调整和旅客界面的重新布局。为了满足京沪高速铁路时速 380 km 的运营要求,在之前车型的基础上全面提升了列车整体性能,对动车组牵引系统、空气动力外形做了较大改变。

图 3.26 0 号高速综合检测列车

图 3.27 CRH380A-001 高速综合检测列车

从世界高速铁路发达国家综合检测列车的发展趋势来看，相关国家正在建立地面综合数据分析和诊断中心，配备专业的分析人员，开发综合分析和决策支持系统，实现高速铁路基础设施的动态管理。近年来，我国在计算机仿真、状态评估、专家预测、检测数据综合管理与应用等方面均取得了一系列进步[31]。中国铁道科学研究院等单位联合科研院所，开发了铁路基础设施综合检测系统平台，重点针对高速铁路中的高平顺性管理，开展时空数据关联分析，提出了基于变化的不同线路等级分级评估、基于病害特征的分波长评价、基于车辆动力响应的全频段评价、基于动静态数据融合的评价和基于 TQI 的深化研究与应用等方法，正在高铁线路运维管理中逐步得到应用。

3. 巡道技术的发展与应用

巡道是保证轨道结构完整性，识别部件伤损、劣化的主要手段之一，也是发现轨道几何状态不良的最直接手段。

长期以来一直依赖人工巡检，效率低下，而且检测受环境、天气、人员工作状况、安全防护等影响。因此，利用图像处理和计算机视觉技术开发具有更高检测效率，并且准确性的巡道车视频处理系统具有很大的经济意义和社会意义。随着计算机视觉技术和图像处理技术的应用及发展，对巡道车采集的视频进行进一步的处理为线路检测打开了一个新的局面。巡道车首先将视频采集设备挂在巡道车上，跟随巡道车采集线路视频，然后利用图像处理技术对采集的视频进行处理，实现铁路线路问题的自动检测。巡道车视频处理系统为线路检查提供了更有效、更经济的途径，通过实时视频图像检测系统，为维修部门提供快捷、可靠的数据依据。可以自动快速检测线路状态，缩短检修时间，把巡道工从繁重的体力劳动中解脱出来，保障了巡道工人的人身安全，适应提速、高密度行车的要求，同时也保证提速后列车的运行安全，具有重大的经济效益和社会效益。巡道车及空载动车组还可作为确认车，在每天“综合天窗”维修后，高速列车开行前，对轨道几何状态、轨道部件、建筑限界、轨道障碍物等设施进行检查、确认。

国际上于 20 世纪 70 年代末开始将图像处理和分析技术应用于轨道缺陷检测，即使是在美国、日本、澳大利亚等发达国家，也没有很好解决这类问题，一是受制于计算机硬件的发展水平，二是受制于计算机图像处理与仿真技术的限制，在关键技术领域还未突破。近年来，计算机普及与发展，计算机图像处理与仿真技术的完善，使得此项目研究得以迅速发展与应用，目前比较有影响的是美国 ENSCO 公司研制的 Vls 轨道视频检查系统。Vls 系统采集内容包括检查车途经线路的全彩色前视图（场景图像）、轨道部件和道床路基的高分辨率黑白图像。

德国 Atlas Elektronik 公司开发的 RAIL CHECK 光电式轨道检测系统被广泛地安装在德国的轨道检查车上，用于对钢轨、扣件、轨枕及道床的伤损和缺陷进行探测和分类处理。在轨检车测量运行过程中，该系统采用数字摄像机连续地采集、储存被检测线路的图像数据，并利用现代图像处理技术对图像进行特性分析。一次测量运行之后，在计算机上既可以对整个线路，也可以仅为某个特定的病害点进行判断。用户可以利用 RAIL CHECK 系统在计算机上有效地规划线路维修养护工作。

日本 1997 年 JR 东海开发的由 3 辆车构成的综合检测车，第 2 辆为轨道检查车，其应用图像处理技术实现测量扣件状态和道床形状。

荷兰通过采用轨道视频检测装置改变了以往人工巡道检测方式。Eurailscout 公司协助铁路部门研制了视频检测列车，它由一台机车改造成检测记录车，安装了 8 架摄像机：2 架全景摄像机，1 架面向前，另一架面向轨道，摄像机安装高度为 1.7 m，模拟人工巡道，摄取的彩色图像分辨率为 1 392×1 032 像素；4 架彩色线扫描摄像机的分辨率为 1 mm×1 mm，测距为 800 mm，记录钢轨的内外沿；2 架黑白线扫描摄像机的分辨为 1 mm×1 mm，每台测距均为 1.5 m，共同显示线路的状态。视频检测列车的运行被纳入日常行车计划。可对道岔锁闭器、转辙机电机和辙叉进行评估。由于图像的分辨率非常高，可及时发现钢轨出现的细小裂缝、辙叉损伤、毛刺的形成、焊缝损伤，及其他缺陷。如果发现缺陷，在缺陷处理前，每次检测后对相关区域进行检查。

西安局集团公司研制了 VL-1 型线路视频巡道车，在每台车的车顶前端各安装了两个 YFW6210 遥控探照灯和一个摄像机控制平台，在车后轴中间部位安装了一个加速度传感器，车上安装的高精度现场视频摄取和记录设备，具有快速、准确的现场视频图像捕捉功能，能完成人眼所不能完成的工作，在高速运动状态中，仍能清晰地记录线路的视频图像数据，并用图像压缩格式记录成计算机文件，当回到基地后，利用基地设备可以完成图像数据的回放、慢放、定格等功能，来完成线路的仔细观察和分析。车上装有线路里程记录系统，可完成故障路段的准确定位。车上装有车辆振动加速度检测系统，能自动完成车辆水平、垂直振动加速度的检测与分析。车上装载的计算机系统，可以完成巡道过程中的数据采集和处理，输出作业结果报表。

为了保证和监督巡检工作的质量，从管理上制定了巡检人员的检查路线和工作标准，对走行的速度、时间，以及检查的项目、工作的标准等都作了严格的规定。但是由于线路巡检工作有分散、独立的特点，并且是在夜间停运后工作，为避免巡检人员对某些采集点的漏检给铁路运营安全带来隐患，我国还开发了便携式巡检仪，采用 GPS 全球定位系统的卫星定位技术，在巡检过程中将采集点的经纬度、走行状况及巡检时间作为一条记录存储起来。管理人员每隔一周将巡检仪收回，利用专用的通信电缆从巡检仪中读出记录，由计算机对采集点信息进行分析处理、汇总，打印出报表，从而为解决线路巡检点多、线长、人员分散等问题提供了技术上的保障。在人工指令下，还可完成所检测设施故障信息的记录存储，并通过外围接口向外部输出所记录的信息，具有高精度、高可靠性和实时性等优点，提高了铁路沿线设施巡检的效率和可靠性同时，还起到了对巡检进行有效监督的作用。

中国铁道科学院集团有限公司曾在钢轨探伤车上安装视频巡检系统和探地雷达检测系统，形成集钢轨探伤、工务巡检、路基及道床病害检测等多功能于一体的综合检测列车，有关轨道结构完整性及部件性能的大部分检测技术得以解决。

4. 轨道刚度检测系统

国内外研究表明，轨道刚度对车辆运行性能有着直接影响。但是，由于其线下基础的形式多样，轨道综合刚度具有非常强的离散性[32]。常规的地面定点检测技术和方法只能选择有限测点来检测轨道结构的动力特性，无法掌握线路全部轨道结构的总体情况，也很容易遗漏状态不良的轨道区段。美国、日本、瑞典等国家研制了移动设备来进行线路轨道刚度的试验研究[33]，我国也开展了此类研究。2011 年中国铁道科学研究院研制成功的移动式线路动态加载车(图 3.28)由动力加载车(以下简称加载车)和仪器试验车(以下简称仪器车)两辆车组成。主要参数如下：垂向最大加载力（单轴）为 350 kN；横向最大加载力（单轴）为 100 kN；轨道变形测试精度为 0.2 mm；加载控制精度优于 5%；加载时最大运行速度 60 km/h，最大联挂运行速度 160 km/h。

图 3.28 移动式线路动态加载试验车

根据轨道刚度检测原理，通过加载车上的液压加载系统，可实现在 TLV 行驶过程中对轨道施加垂向荷载和横向荷载，模拟列车运行时对轨道产生的垂向力和横向力，也可以在 TLV 静止时对轨道施加静态荷载、高频动载和瞬间冲击荷载。通过系统布置的 12 个二维激光传感器，可以同时检测左右轨在恒定荷载下的轨道弹性下沉量。传感器布置如图 3.29 所示。传感器实际安装情况如图 3.30 椭圆内所示。

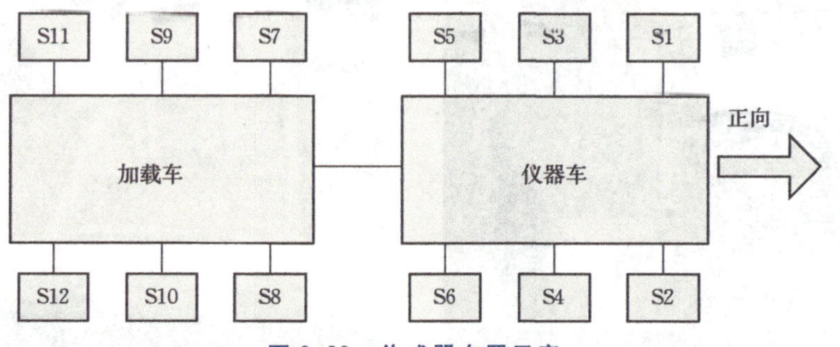

图 3.29 传感器布置示意

（a）加载车

（b）仪器车

图 3.30 传感器安装情况

到目前为止，移动式线路动态加载车上的轨道刚度检测系统已在既有重载、普速和高速铁路线路以及新建重载铁路线路上进行检测，检测里程达上万公里。其检测的轨道刚度直接反映了轨道的承载能力。检测轨道刚度可以识别轨道状态不良区段，对于线路工程质量检测、既有线路病害检测及处理具有重要意义[34]。

5. 钢轨状态检测技术

(1)钢轨廓形检测技术

随着高速铁路运营经验的积累，以轨面管理为核心的钢轨廓形检测愈显重要，高速铁路列车的平稳运营与钢轨上轮轨接触迹线（俗称“光带”）的状态紧密相关。藉由精细的轨面管理消除高速铁路轨道短波不平顺，形成稳定的轮轨接触关系是高速铁路轨道几何状态检测的一个重要方面，其核心技术为磨耗检测、波磨检测和钢轨廓形检测与评估。通过波磨尺可以较好地实现钢轨波磨高精度测量。为实现钢轨廓形的快速检测与评估，涉及的主要检测手段包括磨耗尺、波磨尺、钢轨廓形仪（图 3.31）和移动式钢轨廓形小车（图 3.32）等。需要研制一种方便易用、移动式、非接触、连续测量的钢轨磨耗静态检测仪[35]，其基本原理是采用光学成像的原理，选用激光三角法位移传感器在钢轨顶面形成轮廓线，然后测得该轮廓线的空间坐标，即得到钢轨的顶面轮廓，并与标准钢轨相比较得到其磨耗状态，并根据磨耗状态，提出相应的打磨策略，检测方法已日趋成熟。

图 3.31 Miniprof 钢轨廓形仪

图 3.32 移动式钢轨轮廓小车

(2)钢轨伤损探伤技术

钢轨探伤是识别钢轨内部病害的主要手段，能有效检测如材质缺陷、焊接缺陷和疲劳缺陷等。从探伤的角度来划分，往往根据缺陷的形状把缺陷分为体积状（或点状）缺陷和平面状缺陷两大类。其中体积状（或点状）缺陷主要有夹杂、疏松、缩孔和过烧等。

平面状缺陷主要有灰斑、裂纹、未焊透和疲劳裂纹等。平面状缺陷不仅减小了钢轨的有效截面，而且还可造成应力集中，使焊缝直接拉开或使钢轨折断，因而是最危险的缺陷。

焊缝中的体积状缺陷没有明显的方向性，只要有声波入射，就会有一部分能量按原路返回，因而可用普通的单探头法进行探测。

平面状缺陷则有所不同，其反射声波按照反射定律在其他方向传播，除了靠近界面的缺陷外，一般要用双探头法进行探测。

对钢轨的探伤类型，分为新钢轨探伤和在役钢轨探伤。

①新钢轨探伤

钢轨材质缺陷多集中在钢轨中部，沿纵向延伸，即平行于钢轨侧面。常用的探伤方法是从轨头和轨腰侧面使用超声纵波进行探测，另外还须从踏面和轨底底面上进行扫查，以探测其他取向的缺陷。钢轨表面裂纹主要出现在轨底中部，沿纵向延伸，一般使用涡流法进行探测，我国多使用超声横波从轨底斜面上进行探测。

②在役钢轨探伤

在役钢轨无损检测主要检查各种疲劳缺陷，其中最主要的是轨头核伤、螺孔裂纹和其他方向的裂纹，另外还包括一些钢厂漏检的材质缺陷，如严重的纵向夹杂等。在役钢轨处于铺设状态，超声波探伤只能从踏面进行。由于缺陷类型、位置、取向等有很大区别、因而需要多只探头或多种方向的声束进行扫查。常规做法是用 70°探头探测轨头核伤，用 37°（或 37°～45°间的其他角度）探头探测螺孔裂纹和其他部位的斜裂纹，而用 0°探头测水平裂纹和某些材质缺陷。长期以来，我国钢轨探伤一直以多通道的探伤小车为主，利用列车行进的间隙上道作业。为防止漏检，一台仪器上至少需要配置两只 70°探头和两只 37°探头，以分别检查不同取向的缺陷并及时进行换轨。近些年，从国外引进的大型钢轨探伤车正逐步发挥作用，在某些线路上甚至起到了主导作用。两种探伤设备相互配合、互相补充，成为我国钢轨探伤的一大特点。

3.2.3 轨道状态监测技术的发展与应用

轨道结构的检测技术一直作为指导轨道维护的主要手段而备受关注，随着高速铁路天窗检修机制的建立，白天运营期间成为轨道状态检测的盲区，存在着巨大的安全风险。目前正不断探索各种轨道结构的监测理论及方法，并在特殊地段进行试用，以监代检，尽量减少监管盲区，弥补轨道检测技术的不足，但针对可能引起各种轨道不平顺的轨道结构及下部基础关键状态监测理论与方法仍须不断探索，还远未达到实用化程度，如无缝线路状态监测、路基沉降监测、高速道岔监测等，更形不成系统全面的高速铁路轨道监测技术体系。

1. 无缝线路状态监测系统

高速铁路轨道采用跨区间无缝线路[36]，胀轨引起的轨向等几何平顺性问题和断轨所引起的突发性局部不平顺问题均严重威胁行车安全，防断防胀成为无缝线路管理的重点难点；加之高速铁路多采用无砟轨道和大号码无缝道岔、桥上无缝道岔、长大桥梁桥上无缝线路等轨道结构新技术，无缝线路的工作状态将影响轨道部件的功能、工电接口、线路平顺性等多个方面，严重时甚至会破坏轨道部件，如秦沈客专曾因无缝线路引起桥上 CRTSⅠ型板式轨道凸台周边填充层挤出[37]，广珠城际也发现有纵向力过大破坏桥端凸台的情况[38,39]，京沪高速铁路 CRTSⅡ型板式轨道有轨道体系纵连后引发的宽接缝破坏和板下脱空问题[40]，形成死弯等。在高温季节轨条纵向压力过大可能发生胀轨跑道、轨道抬升、胶垫窜出、部件损伤失效等问题；低温季节轨条纵向拉力过大则极易诱发断轨，这些问题一旦发生都将严重危及行车安全，掌握轨条内纵向应力、轨温及纵向位移是监控和评估无缝线路安全的关键。国内外的研究人员曾基于钢轨材质在应力作用下呈现不同的物理力学、声学、电磁学、材料学性能等原理，采用应变法、挠曲法、标定法、巴克豪森噪声法、磁通量法、声音放射法、X 射线法、导磁率法、音响弹性测量法、超声波法等多种方法试图测定轨条内的纵向力[41]。但受制于钢轨材质的非均匀性，钢轨断面几何尺寸的多变性，工作环境的强磁强电性，气候及温变、荷载作用的复杂性，测试时间的持续性及原位无损检测的需求等因素，至今还没有一种完全成熟的、可适应于高速铁路无缝线路的轨条纵向力测定理论与方法。在轨温检测方面，一般采用温度传感器测试，测试元件每隔一定距离安装在轨腰上。位移测定则多采用每隔一定距离设定观测桩的方式获得。通过建立无缝线路的检测理论与评估方法，可对应力、温度及位移变化，结合线路特征，进行专门的技术分析，某些压力、温度和位移的组合可以表明断轨、轨道变形或两者兼而有之。

在断轨监测方面，我国主要有基于轨道电路的牵引回流断轨检测技术[42]和无轨道电路的钢轨阻抗断轨检测技术[43]。轨道电路是中国铁路信号系统中的基础设备，具有列车占用检测、向列车传送控制信息及断轨检测等功能。目前在我国广泛使用的轨道电路类型有相敏轨道电路、ZPW-2000A 无绝缘轨道电路等。基于轨道电路的断轨检测原理如下：包括主轨道电路和无绝缘轨道电路调谐区，主轨道电路与无绝缘轨道电路调谐区作为短小轨道电路，它能够实现轨道电路全程断轨检查，当检测区段内无列车通过且钢轨完整时，由两根钢轨和轨道继电器构成电流回路，使轨道电路继电器衔铁吸起，前接点闭合，信号开放；而当轨道电路区段内有钢轨断裂情况发生时，接收器处的轨道继电器由于信号电流消失而释放，区间轨道电路显示红光带，发出列车停止信号，提示断轨。该检测技术的最大特点是当有断轨发生时能立即向列控中心发送报警信号，满足实时动态轨况监测要求。但是，轨道电路本身受道床参数情况影响较大，在道床泄漏阻抗小和南方一些雨水充沛的地区经常会发生轨间短路、红光带误报等故障情况。同时，存在增大电气化区段回流系统复杂程度、电气绝缘轨道电路结构复杂、造价昂贵、维修困难等缺陷。无轨道电路的钢轨阻抗断轨检测技术是将被监测区段整体作为一个传感体，通过对监测区段输入阻抗变化进行自动跟踪和捕捉，利用轨道电路集中、分布参数原理，自动完成钢轨折断的故障报警和故障点位置的判别。断轨监测轨道电路，是以划定的检测区段的两根钢轨作为导体，两端以钢轨绝缘分界，并用导接线连接前端发信单元和终端无源脉动单元构成的电路。该电路以闭路方式构成，平时两根钢轨完好、无列车占用时信号通过两根钢轨和脉动单元，使发送单元的检测元件上有脉动信号存在，反映轨道电路在正常状态；当列车进入该区段后，信号便经列车轮对分路，不经过终端脉动单元，这时在发信单元中无脉动信号存在，且呈现一种低阻状态，反映轨道电路处于列车轮对分路状态；当监测区段中发生钢轨折断时，经过发信单元电路的电流很弱，且不经过终端脉动单元，对发信单元输入端而言，电阻跳变增大，反映断轨状态。与传统的轨道电路相比，不用电缆而是直接利用钢轨进行信号传输，造价较高。需要以监代检进行轨道结构状态检测的另一重点是高速道岔的安全监控。

总之，根据现行修制修程，高速铁路轨道检修只能在夜间天窗进行，而白天运营期间要经过一个完整的升降温过程，特别是在高温季节，无缝线路状态监控盲区的风险是不言而喻的。通过以监代检、以点代面，以长大桥、隧道口等关键区段为对象，可研究建立高速铁路无缝线路状态的监测理论与方法。

2. 基础沉降监测系统

下部基础沉降是引起高速铁路轨道不平顺的原因之一，因其具有隐蔽性，不易被察觉。为保障高速铁路安全，以路基沉降监测技术为代表的各种沉降监测设备应用较广。因高速铁路采用了大量的无砟轨道结构，若在路基上发生沉降，不可能像有砟轨道一样，通过抬道、捣固维修等措施方便地恢复轨道平顺性，只能通过扣件来调整。因此，在区域性沉降、软基处理不良的地段需安装无砟轨道基础沉降监测系统[44,45]。下部沉降监测系统如图 3.33 所示，目前常用的监测方法有监测桩、沉降板、沉降杯、分层沉降仪、剖面沉降仪、GPS 监测法、InSAR 测量、光纤光栅法等[46-48]。

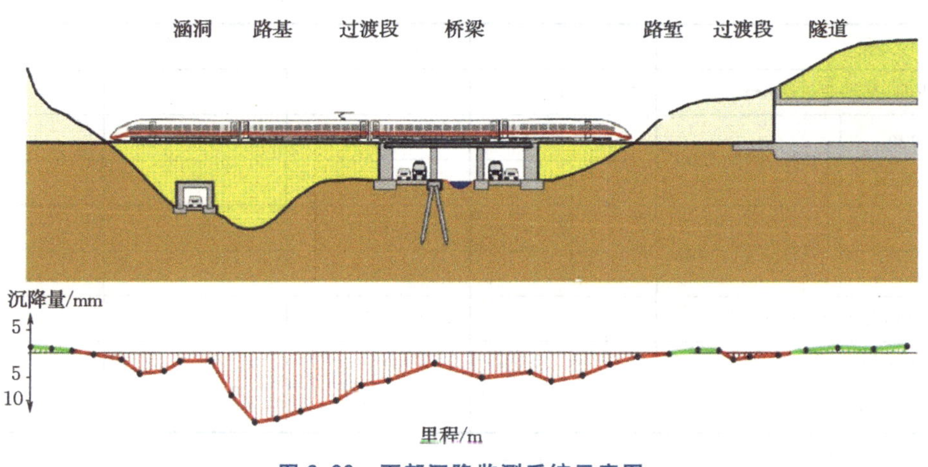

图 3.33 下部沉降监测系统示意图

3. 其他监测系统

诸如长大桥梁、大号码道岔等特殊结构因存在结构性不平顺，易引起轮载过大、减载或脱轨系数过大等问题，威胁高速铁路安全。针对此类新型结构，在联调联试和运营初期，通过布设的各种动力性能测试元件，在地面监测轮轨作用力，轨道结构部件的应力、位移、加速度等，据此来评判结构在高速行车条件下的性能演变规律。此外，高速铁路还建有地震预警系统、气候监测系统、轨道限界及落石监测系统等，作为高速铁路防灾监测系统的组成部分。

3.3 轨道质量状态综合评价

3.3.1 基于轨检车的轨道质量状态综合评价标准

1. 线路峰值管理

局部不平顺幅值一般按照四级管理标准对应的超限扣分评定，其中：超过Ⅰ级（日常保养）标准的超限每处扣1分；超过Ⅱ级（舒适度）标准的超限每处扣5分；超过Ⅲ级（临时补修）标准的超限每处扣100分；超过Ⅳ级（限速管理）标准的超限每处扣301分。优良线路：0～50分；合格线路：50～300分；失格线路：300分以上。局部峰值评价以整公里为单位，每公里扣分总数为各级、各项偏差扣分总和。

200 km/h<v_{max}≤250 km/h线路轨道动态质量容许偏差管理值见表3.7。

表 3.7 200 km/h<v_{max}≤250 km/h线路轨道动态质量容许偏差管理值

项目	日常保养	舒适度	临时补修	限速(160 km/h)
偏差等级	Ⅰ级	Ⅱ级	Ⅲ级	Ⅳ级
轨距/mm	+4 −3	+6 −4	+8 −6	+12 −8
水平/mm	5	8	10	13

续上表

项　　目		日常保养	舒 适 度	临时补修	限速(160 km/h)
扭曲(基长 3 m)/mm		4	6	8	10
高低/mm	波长 1.5～42 m	5	8	11	14
轨向/mm		5	7	8	10
高低/mm	波长 1.5～70 m	6	10	15	—
轨向/mm		6	8	12	—
车体垂向加速度/$(m\cdot s^{-2})$		1.0	1.5	2.0	2.5
车体横向加速度/$(m\cdot s^{-2})$		0.6	0.9	1.5	2.0
轨距变化率(基长 3m)/‰		1.0	1.2	—	—

注：1. 表中管理值为轨道不平顺实际幅值的半峰值；
2. 水平限值不包含曲线按规定设置的超高值及超高顺坡量；
3. 扭曲限值包含缓和曲线超高顺坡造成的扭曲量；
4. 车体垂向加速度采用 20 Hz 低通滤波，车体横向加速度Ⅰ、Ⅱ级标准采用 0.5～10 Hz 低通滤波处理的值进行评判，Ⅲ、Ⅳ级标准采用 10 Hz 低通滤波处理的值进行评判；
5. 避免出现连续多波不平顺和轨向、水平逆向复合不平顺。

250 km/h<v_{max}≤350 km/h 线路轨道动态质量容许偏差管理值见表 3.8。

表 3.8　250 km/h<v_{max}≤350 km/h 线路轨道动态质量容许偏差管理值

项　　目		日常保养	舒 适 度	临时补修	限速(200 km/h)
偏差等级		Ⅰ级	Ⅱ级	Ⅲ级	Ⅳ级
轨距/mm		+4 −3	+6 −4	+7 −5	+8 −6
水平/mm		5	6	7	8
扭曲(基长 3 m)/mm		4	6	7	8
高低/mm	波长 1.5～42 m	4	6	8	10
轨向/mm		4	5	6	7
高低/mm	波长 1.5～120 m	7	9	12	15
轨向/mm		6	8	10	12
复合不平顺/mm		6	8	—	—
车体垂向加速度/$(m\cdot s^{-2})$		1.0	1.5	2.0	2.5
车体横向加速度/$(m\cdot s^{-2})$		0.6	0.9	1.5	2.0
轨距变化率(基长 3m)/‰		1.0	1.2	—	—

注：1. 表中管理值为轨道不平顺实际幅值的半峰值；
2. 水平限值不包含曲线按规定设置的超高值及超高顺坡量；
3. 扭曲限值包含缓和曲线超高顺坡造成的扭曲量；
4. 车体垂向加速度采用 20 Hz 低通滤波，车体横向加速度Ⅰ、Ⅱ级标准采用 0.5～10 Hz 低通滤波处理的值进行评判，Ⅲ、Ⅳ级标准采用 10 Hz 低通滤波处理的值进行评判；
5. 复合不平顺指水平和轨向复合不平顺，按水平和 1.5～42 m 轨向代数差计算。避免出现连续多波不平顺。

2. 线路质量指数管理(TQI)

TQI 以 200 m 轨道区段作为单元区段，分别计算单元区段内左、右高低，左、右轨向，轨距，水平，三角坑七项几何参数的标准差。七个单项指数之和作为评价该单元区段轨道平顺性综合质量状态的轨道质量指数，具体见表 3.9、表 3.10。

表 3.9　200 km/h<v_{max}≤250 km/h 线路轨道质量指数(TQI)管理值(mm)

项目		高低	轨向	轨距	水平	扭曲	TQI
波长范围	1.5～42 m	1.4×2	1.0×2	0.9	1.1	1.2	8.0

注：波长范围为 1.5～42 m 的单项标准差计算长度 200 m。

表 3.10　250 km/h<v_{max}≤350 km/h 线路轨道质量指数(TQI)管理值(mm)

项目		高低	轨向	轨距	水平	扭曲	TQI
波长范围	1.5～42 m	0.8×2	0.7×2	0.6	0.7	0.7	5.0

注：波长范围为 1.5～42 m 的单项标准差计算长度 200 m。

3. 轨检车检测报表

(1)轨检超限报告

某区段几何尺寸超限报告表见表 3.11。

表 3.11　几何尺寸超限报告表

位置		超限类型	峰值(mm 或 g)	长度/m	超限等级	线形(直/缓/曲)	速度/(km·h^{-1})	检测标准
km	m							
785	901	左高低	−8.58	1	Ⅰ	直	38	(0,120]
785	948	大轨距	9.75	2	Ⅰ	直	38	(0,120]
786	145	三角坑	−9.24	1	Ⅰ	缓	39	(0,120]
786	216	右轨向	−9.56	2	Ⅰ	圆	39	(0,120]
786	405	水平	8.25	1	Ⅰ	圆	39	(0,120]

“位置”的意义：Ⅳ型检查车表示超过Ⅰ级超限结束里程，Ⅴ型检查车代表峰值所在里程。目前我国检查车检测软件已经升级，因此以后超限报告表内位置都表示超限项目的峰值里程。

“长度”的意义：该项目超过Ⅰ级以上的长度，轨检车记录超限项目的长度是从该项目值达到超过Ⅰ级开始，到其值回到Ⅰ级以下结束。其最大峰值达到Ⅱ级而低于Ⅲ级时就判定该超限为Ⅱ级。Ⅲ级、Ⅳ级的判定同理。

(2)汇总报告

区段总结报告包括区段优良率、各级超限个数、各项目扣分情况等。

(3)线路质量报告(TQI 报告)

每个单元区段各项 TQI 值，每个单元区段 TQI 汇总值。

(4)曲线报告

曲线起、终点里程,曲线长度、曲线半径、超高、加宽、最高允许速度等。

曲线报告示例见表 3.12。

表 3.12 曲线报告表示例

曲线起点		曲线终点		曲线长度/m	平均				限速(75 mm 欠超高计算)				
									最高允许速度/(km·h⁻¹)	极限点		半径/m	超高/mm
km	m	km	m		半径/m	超高/mm	加宽/mm	速度/(km·h⁻¹)		km	m		
269	124	269	674	551	3333	16.9	2	38	156	269	604	3226	14.1
269	814	270	36	222	1235	—45.1	0	44	110	269	926	1220	—43.2

(5)检测波形图

①波形图的主要作用

波形图的主要作用有三个:①帮助检测人员判断仪器是否正常检测,辅助删除干扰出分及删除道岔区段应删除的扣分;②直观形象的表示线路质量状态;③便于利用图纸寻找超限处所,及时消灭超限。

②波形图的辨识

典型的波形图如图 3.34 所示,其辨识要点如下:

基本信息。包括里程、记录日期(检查日期)、文件名(一般包含线路信息)等。

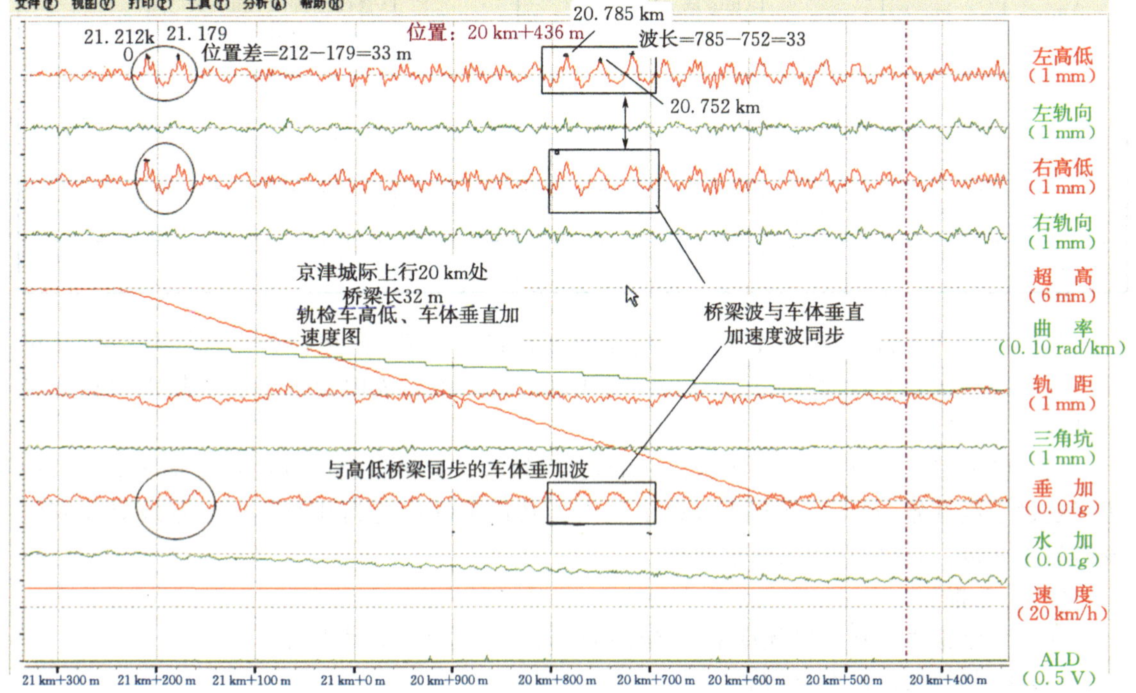

图 3.34 某区段典型的轨检波形

百米标。轨检车都是以 200 m 为一个单元，用竖向小短线分开的就是一个单元，另外如有Ⅰ级以上超限就显示为(横向)粗线，当然只有长度很短的一个超限时，竖向看就是一根细线。

基线。每条波形图中都有基线，表示每个项目理论值的位置，如轨距是 1 435 mm，高低是 0，该点测量值在上面就表示大(高)，反之就是小(低)。

单位。用于分隔每个单元的短线是均匀分布的，每个单元之间距离是相等的，表示一个单位；每个单位的值不同时，其值为每个项目后括号中的数值。

波形特征。轨检车并不是每个点都检测，而是每米检测 4 个点，即每 0.25 m 检测一个点，每个点的每个项目得到一个值。因此，实际上轨道的波形图是一系列的离散点，用平滑的曲线将离散点连接，就形成了波形图，连线之间的状态是一种假定状态，不代表真实状态。

地面标志。图纸上的地面标志有助于找准超限里程，减小对标误差，是重要的里程坐标参考。

地面标志检测装置带电工作时相当于一个电磁铁，当列车通过地段的道心内有铁质物时，铁质物切割磁力线产生电压，图纸上的地面标志线随电压升高而升高。因此，铁质物纵向越长，图纸中地面标志线拱起部分越长。

(6)检测结果数据库。检测结果数据库是轨检车检测的重要成果，主要提供给工务管理部门进行深入分析和维修管理使用，也是评价现场维护水平的重要依据。

4. 利用检测报表指导线路维修

(1)线路质量报告(TQI 报告)

线路质量报告包含每个单元区段各单项 TQI 值和每个单元区段 TQI 汇总值。

线路质量指数称之为均值管理，反映的是一段线路区段内整体不平顺的动态质量，采用计算 200 m 单元轨道区段的单项几何参数的统计特征值—标准差的方法来衡量。纳入 TQI 计算的主要几何参数包括左右轨高低、左右轨轨向、轨距、水平、扭曲(三角坑)。考虑到车辆各部件的加速度值大多是由轨道几何尺寸不良引起的，故车体响应指标并不纳入计算，只是作为分析、校核和评价几何状态超限的参考。

(2)利用轨道质量指数 TQI 指导综合维修

根据中国铁道科学研究院的研究，在 160 km/h 及以下的线路，当 TQI 值超过 15，就表明该单元(200 m)线路需要安排综合维修，但确定维修重点时还需排除下列干扰：

①区段内道岔有害空间部分及有加宽部分的轨距、轨向不纳入评分。

②350 m 以下半径的曲线容易因仪器识别误差，对半径及轨距加宽产生误判；因此小半径曲线地段必须结合现场调查。

③部分地段仪器可能受到干扰，如电磁波、阳光干扰等，出现异常扣分，应结合图纸剔除非正常扣分。

(3)利用单项 TQI 值安排单项维修或保养

在单项 TQI 检测中，当有项目超过限值就说明该单元中该项目质量较差，比如高低超限而其他项目没超限，就说明该单元左右轨高低较差，其他项目质量较好，可以只针对性地安排捣固作业，改善轨道高低不平顺，即可提高线路质量。

通过单项 TQI 指导维修时应注意以下几点:①根据生产单位的维修能力来确定合适的维修标准;②确保具有相对充足的维修资金,保证工、料、机的供应;③排除干扰项,结合逐轨调查,根据 TQI 值由高到低的分区段安排维修;④结合现场实际,合理安排单项维修或保养。

(4)曲线报告

曲线起终点里程、曲线长度、曲线半径、超高都是通过检测数据间接计算出来的。与现场对比差异太大时,应检查在日常养护中是否改变了曲线设置,曲线是否圆顺。如果半径大于台账上的设置值,就有可能是为了拨直线将本应是曲线的方向拨到直线区段,反之,就是把直线上的方向顺到曲线内了。平均超高也是通过计算得出,可以对比现场超高是否正确。如果检测的曲线长度和半径与现场出入很大,应结合现场实际详加核实,必要时进行维修整改。曲线地段有轨距加宽时,其加宽值是每个测点与标准轨距(1 435 mm)的差累积后的平均值。如果该曲线不需要加宽,而检查出有加宽,证明该曲线轨距偏大,反之偏小。超高的正负规定为左向曲线为正,反之为负。

最高允许速度是通过线路平面参数计算得出的,极限点表示该点半径最小,换而言之,该点最不圆顺或超高设置最不合理,应勘察整改。

5. 基于轨检成果的精细化养护

因峰值管理相差很小,一个数值就可能关系到出分与不出分,故轨检车未出一个Ⅰ级分不一定能证明线路质量很好。充分利用轨检成果做好精细化养护,波形图和 TQI 报告是最好的工具:图纸直观形象的反映各个监测点设备状态,而 TQI 值理性的反应设备各项几何尺寸的优劣。

如图 3.35 所示轨检波形,根据左右轨高低和三角坑波形比对,可确认有三处 7 mm 以上的扭曲不平顺;根据左右轨轨向和轨距波形比对,可确认有三处轨距状态不良。

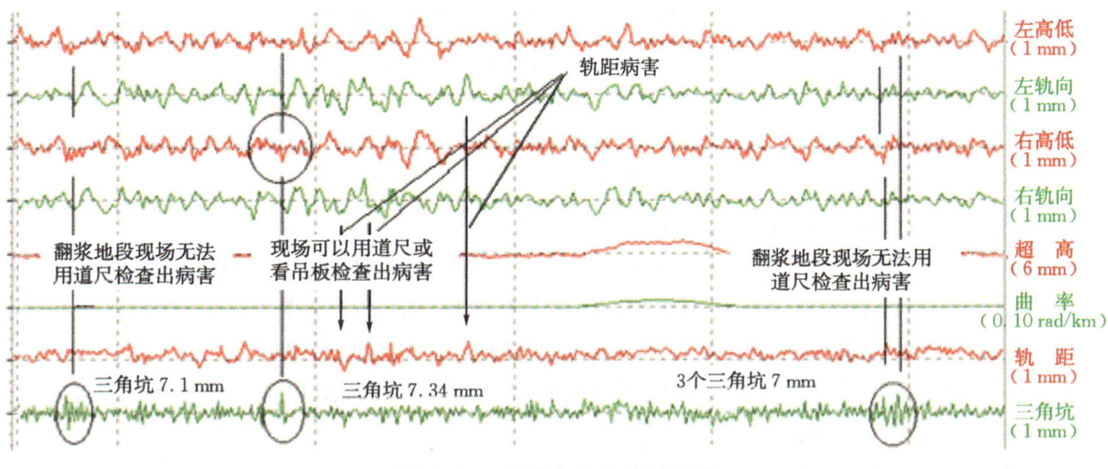

图 3.35 轨检车的典型波形图

类似地对轨检数据进行分析判断,特别是针对单项波形和 TQI 分析,可以实现精细化养路目标。

3.3.2 系统伤损分类及判定标准

高速铁路无砟轨道结构与普速轨道结构一样,都是由钢轨、轨枕、扣件、道床、道岔等部分组成。轨道结构作为一个完整的结构体系，需要用系统论的观点和方法进行研究[49]。

1. 钢轨伤损检查及管理标准

(1)钢轨的外观及表面伤损

①采用巡检与目测相结合的方式对钢轨外观进行检查。巡检每季不少于1次，目测每年查看一遍，并做好记录。检查发现伤损，要进行人工复核。

②对磨耗达到轻伤的钢轨，应使用磨耗检查仪每季度至少检查1遍。

③对锈蚀达到轻伤的钢轨，应使用专用卡尺每季度至少检查1遍。

④对剥离裂纹、掉块、表面裂纹及擦伤每季检查1遍，必要时可采用涡流和磁粉探伤。

⑤使用钢轨直度测量仪对焊缝平直度每年至少检查1遍，对达到轻伤的焊接接头每季度至少检查1遍。

⑥使用钢轨轮廓仪对钢轨廓型定点每年检查1遍，并记录光带情况。

(2)钢轨内部伤损

钢轨的内部伤损具有突发性断轨的风险，是必须充分认识和对待的问题，一般通过周期性的探伤检查排查。

①正线采用探伤车检查钢轨每月1遍，采用小型探伤仪每年检查2遍。到发线钢轨每年检查4遍，其他站线钢轨每年检查2遍。冬季可缩短探伤周期。

②厂焊接头探伤检查每2年1遍，现场焊接头每年2遍，正线、到发线道岔焊缝每年检查2遍，其他站线道岔焊缝每年1遍。

③正线道岔与调节器探伤每月检查1遍，到发线道岔每年4遍，其他站线道岔每年2遍。

(3)高速铁路钢轨维修管理标准

①钢轨损伤分类及评判标准

钢轨伤损按程度可分为轻伤、重伤和折断。钢轨(含道岔、焊接接头、调节器和胶接绝缘接头等用轨)轻伤、重伤的评定准则见表3.13。

表3.13 钢轨轻伤和重伤评定标准

伤损项目	伤损程度		备注
	轻伤	重伤	
钢轨头部磨耗	磨耗量超过表3.14所列限度之一者	磨耗量超过表3.15所列限度	
轨顶面擦伤或剥离掉块	长度小于25 mm，且深大于0.35 mm	长度超过25 mm，且深大于0.5 mm	
波浪形磨耗	0 mm<谷深<0.2 mm	谷深0.2 mm	1 m波长范围内
焊接接头低塌	0.2 mm<低塌度<0.4 mm	低塌度>0.4 mm	1 m波长范围内
钢轨表面裂纹		出现轨头下颚水平裂纹、轨腰水平裂纹、轨头纵向裂纹和轨底裂纹	不含轮轨接触疲劳引起的轨顶面表面或近表面鱼鳞裂纹

续上表

伤损项目		伤损程度		备注
		轻伤	重伤	
声波探伤缺陷	焊接及材质缺陷	未达到焊缝或钢轨报废程度的焊缝缺陷或内部材质缺陷	达到或超过焊缝或钢轨报废程度的焊缝缺陷或内部材质缺陷	
	内部裂纹		横向、纵向、斜向及其他裂纹和内部裂纹造成的踏面凹陷	
钢轨锈蚀			经除锈后，轨底厚度不足 8 mm 或轨腰厚度不足 12 mm	

表 3.14　钢轨头部磨耗轻伤评定标准(mm)

类　别	总磨耗	垂直磨耗	侧面磨耗
区间钢轨、导轨	9	8	10
基本轨、翼轨	7	6	8
尖轨、心轨及跟尖轨	6	4	6

表 3.15　钢轨头部磨耗重伤评定标准(mm)

类　别	垂直磨耗	侧面磨耗
区间钢轨、导轨	10	12
基本轨、翼轨	8	10
尖轨、心轨及叉跟尖轨	6	8

钢轨总磨耗为垂直磨耗量＋1/2 侧面磨耗量；对于导轨、尖轨及翼轨、心轨、叉跟尖轨全断面区域，垂直磨耗在钢轨顶面宽 1/3 处测量；对于尖轨、心轨及叉跟尖轨加工区域，垂直磨耗自轨头最高点测量；侧面磨耗在钢轨踏面下 16 mm 处测量；磨耗影响转换设备安装时，按重伤处理。

尖轨及翼轨、心轨、叉跟尖轨全断面区域，垂直磨耗在钢轨顶面宽 1/3 处测量；对于尖轨、心轨及叉跟尖轨加工区域，垂直磨耗自轨头最高点测量；侧面磨耗在钢轨踏面下 16 mm 处测量；基本轨、尖轨、翼轨及心轨的磨耗会影响密贴和高差，磨耗的轻重伤标准应比区间轨严格。

②钢轨折断评定标准

当发生钢轨全截面断裂，轨头截面出现贯通裂纹，轨底截面出现贯通裂纹，钢轨顶面上有长度大于 30 mm、深度大于 5 mm 的掉块时，可判定为钢轨折断。

(4)钢轨维修作业要求

内部伤损:对于超声波探伤发现的轻伤钢轨应跟踪观测。若发现轻伤有发展时应采用无损夹板加固处理;当发展达到重伤时,应按重伤钢轨的要求处理。

表面伤损:轻伤钢轨应及时修理,或者采用无损夹板加固处理,且定期跟踪观察。

伤损加固后,每月对伤损变化、夹板牢固情况等进行跟踪观察。

发现重伤时应立即进行处理,核伤、垂直裂纹等处可采用无损夹板加固;对其他伤损应比照钢轨折断处理作业要求立即进行临时或永久处理。

进行焊复处理时,应保持锁定轨温不变,并记录两标记间钢轨长度在焊复前后的变化量。实施原位焊复作业轨温应比实际锁定轨温低 0 ℃～20 ℃,再利用钢轨拉伸器拉伸钢轨,恢复原有锁定轨温。

插入短轨焊复进行焊复永久处理时,短轨长度不得小于 20 m,且应与相邻钢轨为同一钢种。焊复完毕后应在天窗点安排人工对焊缝进行探伤检查,并修改相关台账。

2. 高速铁路扣件系统的伤损分类及标准

无砟轨道扣件系统的分类及适用范围见表 3.16。

表 3.16 无砟轨道扣件系统的分类及适用范围

扣 件 类 型	适用轨道类型
WJ-7B 型扣件	CRTSⅠ型板式、CRTSⅡ型无挡肩板式
WJ-8B 型扣件	CRTSⅡ型双块式
WJ-8C 型扣件	CRTSⅡ型有挡肩板式、CRTSⅢ型板式
W300-1 型扣件	CRTSⅡ型双块式
SFC 型直列式扣件	无挡肩双块式
SFC 型错列式扣件	CRTSⅡ型无挡肩板式
Vossloh SKL-12 型扣件	枕式、板式道岔(国外)
分开式弹条Ⅱ型扣件	板式道岔(国内)

(1)扣件修复或更换标准

钢轨扣件应保持齐全,组合正确,状态良好。当扣件达到下列标准时,应及时修复或更换:

①零部件损坏;

②预埋套管损坏;

③锚固拧紧螺栓拧紧扭矩不满足要求;

④螺栓弹条紧固状态弹条中肢前端离缝超过 1 mm;

⑤无螺栓弹条不能保持标准的扣压力;

⑥弹性垫板的静刚度超过设计值上限的 25%。

(2)扣件的检查

扣件检查内容与周期见表 3.17。

表 3.17　扣件检查内容与周期

检查内容	检查周期
扣件安装状态、构件缺损、预埋套管	每半年检查一遍
弹条紧固状态（W300-1 型扣件）	每半年检查一遍、每千米连续抽查 50 个
弹条扣压状态（SFC 型扣件）	每半年检查一遍、每千米连续抽查 50 个
钢轨与绝缘块、轨距挡板间隙	每半年检查一遍、每千米连续抽查 50 个
锚固螺栓扭矩（WJ-7、SFC 型扣件）	每半年检查一遍
弹性垫板刚度	每年抽检一次，抽检数量 3 块/50 km

3. 无砟道床的伤损分类及判定标准

无砟道床的伤损等级分为Ⅰ、Ⅱ、Ⅲ三个等级，对于Ⅰ级伤损应该做好记录，定期观察其发展变化；对于Ⅱ级伤损应列入维修计划，适时维修；对于Ⅲ级伤损应及时维修[50]。CRTS Ⅰ型板式无砟道床伤损形式及伤损等级判定标准见表 3.18。

表 3.18　CRTSⅠ型板式无砟道床伤损形式及伤损等级判定标准

伤损部位	伤损形式	判定项目	评定等级			备注
			Ⅰ	Ⅱ	Ⅲ	
预应力轨道板	裂缝	宽度/mm	0.05	0.1	0.2	掉块、缺损或封端脱落应适时修补
	锚穴封端离缝	宽度/mm	0.2	0.5	1	
普通轨道板	裂缝	宽度/mm	0.1	0.2	0.3	
凸形挡台	裂缝	宽度/mm	0.1	0.2	0.3	
底座	裂缝	宽度/mm	0.1	0.2	0.3	
底座伸缩缝	离缝	宽度/mm	1	2	3	路基、隧道地段
水泥乳化沥青砂浆	离缝	宽度/mm	1	1.5	2	掉块、缺损或剥落应适时修
		横向深度/mm	20～50	50～100	≥100	
		对角长度/mm	20～30	30～50	≥50	
	裂缝	宽度/mm	0.2	0.5	1	修补
凸形挡台周围填充树脂	离缝	宽度/mm	1	2	3	缺损适时修

CRTSⅡ型板式无砟道床伤损形式及伤损等级判定标准见表 3.19。

表 3.19　CRTSⅡ型板式无砟道床伤损形式及伤损等级判定标准

伤损部位	伤损形式	判定项目	评定等级			备注
			Ⅰ	Ⅱ	Ⅲ	
轨道板	裂缝	宽度/mm	0.1	0.2	0.3	掉块或缺损应适时修补，挡肩失效应及时修补

续上表

伤损部位	伤损形式	判定项目	评定等级			备　注
			Ⅰ	Ⅱ	Ⅲ	
板间接缝	裂缝	宽度/mm	0.1	0.2	0.3	掉块或缺损应适时修补
	离缝	宽度/mm	0.1	0.3	0.5	
底座板	裂缝	宽度/mm	0.2	0.3	0.5	
支承层	裂缝	宽度/mm	0.2	0.5	1	
侧向挡块	裂缝	宽度/mm	0.1	0.2	0.5	
挤塑板	离缝	宽度/mm	0.2	0.5	1	
水泥乳化沥青砂浆	离缝	宽度/mm	1	1.5	2	掉块、缺损或剥落应适时修补
		深度/mm	20～50	50～100	≥100	
		对角长度/mm	20～30	30～50	≥50	
	裂缝	宽度/mm	0.2	0.5	1	

双块式无砟道床伤损形式及伤损等级判定标准见表3.20。

表3.20　双块式无砟轨道道床伤损形式及伤损等级判定标准

伤损部位	伤损形式	判定项目	评定等级			备　注
			Ⅰ	Ⅱ	Ⅲ	
双块式轨枕	裂缝	宽度/mm	0.05	0.1	0.2	掉块、缺损应适时修补，挡肩失效应及时修补
道床板	裂缝	宽度/mm	0.1	0.2	0.5	
	轨枕界面裂缝	宽度/mm	0.1	0.2	0.3	
支承层	裂缝	宽度/mm	0.2	0.5	1	
底座	裂缝	宽度/mm	0.1	0.2	0.3	

道岔区轨枕埋入式无砟道床伤损形式及伤损等级判定标准见表3.21。

表3.21　道岔区轨枕埋入式无砟道床伤损形式及伤损等级判定标准

伤损部位	伤损形式	判定项目	评定等级			备　注
			Ⅰ	Ⅱ	Ⅲ	
岔枕	裂缝	宽度/mm	0.05	0.1	0.2	掉块或缺损应适时修补
道床板	裂缝	宽度/mm	0.1	0.2	0.5	
	岔枕界面缝	宽度/mm	0.1	0.2	0.5	
底座	裂缝	宽度/mm	0.1	0.2	0.3	
底座伸缩缝	离缝	宽度/mm	1	2	3	

道岔区板式无砟道床伤损形式及伤损等级判定标准见表 3.22。

表 3.22 道岔区板式无砟道床伤损形式及伤损等级判定标准

伤损部位	伤损形式	判定项目	评定等级			备　注
			Ⅰ	Ⅱ	Ⅲ	
道岔板	裂缝	宽度/mm	0.05	0.1	0.2	掉块或缺损应适时修补
底座	裂缝	宽度/mm	0.1	0.2	0.3	
	离缝	宽度/mm	0.05	0.1	0.2	
找平层	裂缝	宽度/mm	0.1	0.2	0.5	
底座板	裂缝	宽度/mm	0.2	0.3	0.5	桥梁地段，掉块、缺损或剥落应适时修补
侧向挡块	裂缝	宽度/mm	0.1	0.2	0.5	
水泥乳化沥青砂浆	离缝	宽度/mm	0.1	1.5	0.5	
		深度/mm	20～50	50～100	≥100	
		对角线长度/mm	20～30	30～50	≥50	
	裂缝	宽度/mm	0.2	0.5	1	
挤塑板	离缝	宽度/mm	0.2	0.5	1	

3.4 高速铁路轨道维护

3.4.1 轨道平顺性维护

1. 精测网维护

高速铁路对铁路轨道的平顺性要求比较高，CPⅢ精测网的复测和维护是确保"三网合一"目标得以实现及平顺性管理基准可靠、有效的重要保证。CPⅢ精测网测量精度高、操作比较简单，因此在高速铁路养护中应用比较广泛。通过 CPⅢ精测网能够测量钢轨的具体位置，并根据测量的数据评价轨道的几何状态，提高高速铁路轨道运行的安全性、准确性。

高速铁路运行速度快、平稳性要求高，所以铁路轨道必须具有平顺性高、刚度均匀、几何形位保持时间久、维修量少等特点。这一目标的实现必须依靠高速铁路测量过程的精密性和稳定性。高速铁路工程测量平面坐标一般采用独立的坐标体系，高铁线路轨道高程面对应变长投影，在设计的时候必须确保投影长度的变形值小于 10 mm/km。高程控制网、平面控制网按照施工测量阶段、施工测量目的分成勘测控制网、施工控制网和运维控制网等。为了确保测量的准确性，各个阶段测量结果必须保持一致性。根据高铁测量平面控制网布置原则，将控制网分成 4 级：框架平面控制网(CP0)、基础控制网(CPⅠ)、线路平面控制网(CPⅡ)、铁路轨道控制网(CPⅢ)。为了便于工作人员对数据的处理，高速铁路无砟轨道控制网测量前，一般将线路分成若干个长度不等的线路，然后对每一段进行独立测量，一般来说 CPⅢ控制网每一段的长度必须大于 4 km。

(1)CPⅢ精测网标准和要求

将 CPⅢ精测网应用在高速铁路轨道精调和养护中,通过 CPⅢ精测网测量的数据作为调整的依据,养护工作人员制定相应的精调计划和养护措施,从而确保高速铁路运行安全。CPⅢ精调精测过程中各个相关的指标和要求见表 3.23。

表 3.23　CPⅢ精调精测过程中各个相关的指标和要求

精测网名称	测量距离误差范围	角度测量误差范围	三维互换性安装误差范围	三维重复性安装误差固定范围	几何角度测量误差
CPⅢ精测网	±1 mm	±1.8″	±0.3 mm	±0.3 mm	±(0.01～0.05) mm

CPⅢ精测网和传统的测量方法有很大的不同,CPⅢ平面精测网采用自由站进行边角交会测量,测量距离只能单程观测。其次,CPⅢ控制网测量仪器一般采用高精度、自动化程度比较高的电子测量仪器。平面测量常用的全站仪必须具有电子驱动、目标自定义搜索和操作系统的功能;高程测量一般采用电子水准仪。

(2)目标组件

高程测量杆、精密棱镜、预埋件、平面测量杆构成了 CPⅢ精测网点实际空间物理位置发射目标。在实际测量过程中,CPⅢ的三维坐标点并不存在,而是一个虚拟的控制点,对应的位置是 CPⅢ目标组件棱镜的中心。为了确保 CPⅢ三维坐标点的位置准确性,所使用测量的棱镜必须具备相应的测量资质,棱镜杆一般采用抗腐蚀性强、耐磨的材料,并做好相应的保护措施。

(3)埋设 CPⅢ控制点

在高铁沿线、轨道路基两侧接触网杆、桥梁防撞墙等地布置 CPⅢ控制点。如果控制点在桥梁的防撞墙上,布置控制点的时候必须用固定支架将控制点固定下来,防止位移影响到控制点的测量精度。CPⅢ控制点在沿线布置的时候,纵向间距一般在 60～70 m 之间,横向间距不能大于结构宽度。其次,要确保 CPⅢ精测网各个控制点的高度一致,点位设置高度不应低于轨道顶面 0.3 m。

目前,高速铁路均会根据沿线情况和管理需要,适时安排 CPⅢ精测网的复测、评估和测标维护等工作,确保其状态的完好性和有效性。

2. 高速铁路轨面管理

目前,钢轨打磨已经成为世界公认的去除表面损伤和缺陷、改善轮轨匹配关系的通用手段,可有效抑制滚动接触疲劳,延长钢轨使用寿命,降低列车运行噪声,提高列车运行平稳性、安全性以及乘客舒适度,其社会和经济效益显著。高速铁路不断提高的运营速度、不断增加的列车数量和不断缩短的天窗时间客观上对钢轨打磨效率和质量提出了更高要求和更大挑战。

按照打磨策略不同,钢轨打磨通常可分为预打磨、预防性打磨和修复性打磨三类。其中,预打磨是指对铺设上道后的新钢轨进行打磨,除常规消除钢轨表面脱碳层、缺陷和损伤外,一般还要形成新的特定轨头廓型,这已经成为我国高速铁路正式运营前的一项必不可少的工序,预防性打磨的主要思想是在损伤和缺陷刚刚萌芽或产生初期,通过去除钢轨表层少量金属材料(厚度一般为 0.1～0.2 mm),达到阻止或延缓钢轨损伤和缺陷进一步发展的目的，其打磨周期较短；而修复性打磨则往往适用于钢轨表面发生较严重损伤和缺陷或轨头廓型发生较大改变的情况，其材料去除厚度一般为 1.0～1.5 mm，其打磨周期较长。

(1)砂轮端面打磨技术

当前应用最为广泛的钢轨打磨工艺为砂轮端面打磨技术，其基本原理如图 3.36 所示，多个打磨砂轮沿钢轨纵向(即打磨装备行进方向)排列，并以不同的摆角 α 沿钢轨横向分布，其中每个摆角对应一个钢轨廓型打磨角度，该角度可定义为砂轮端面接触钢轨廓型所形成的切线与空间水平方向之间的夹角。所有沿钢轨纵向和横向布置的砂轮，在通过电机或者液压马达驱动以速度 ω 高速旋转的同时，也随同打磨装备以进给速度 f 沿钢轨行进，则在打磨压力 F_n 的作用下，砂轮端面磨粒侵入钢轨表层并与其形成相对运动，从而去除钢轨表层材料，最终实现钢轨廓型的包络式打磨。

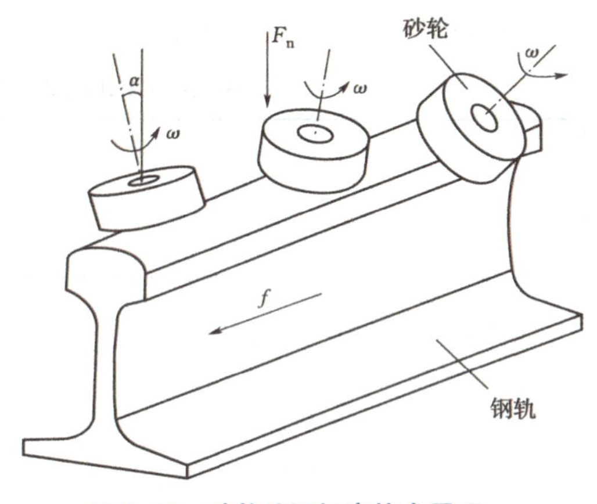

图 3.36 砂轮端面打磨技术原理

在砂轮端面打磨装备方面，主要的制造商有美国 HARSCO 公司、瑞士 SPENO 公司、美国 LORAM 公司以及国内中车北京二七机车有限公司、襄樊金鹰轨道车辆有限责任公司等。其中，中车二七通过引进瑞士 SPENO 公司技术和国产化，形成了 GMC-96B 型钢轨打磨列车，如图 3.37(a)所示；襄樊金鹰通过引进美国线 HARSCO 公司技术和国产化，形成了 GMC-96x 型钢轨打磨列车，如图 3.37(b)所示。GMC-96B 型钢轨打磨列车由一节动力车和六节打磨作业车组成，总长约 150 m，其最大自走行速度(双向)100 km/h，打磨速度可调范围 3～15 km/h，打磨角度范围为钢轨内侧－70°到外侧＋20°，最小作业曲线半径 250 m，拥有 96 个打磨角度和压力可调的打磨砂轮，具有 99 种打磨模式，能在运行中对钢轨进行在线打磨，可实现钢轨表层金属磨削量不少于 0.2 mm/遍，以及 300 mm、1 000 mm 钢轨纵向波长范围内最大幅值分别为 0.02 mm 和 0.2 mm 波磨的消除，适用于 50、60、75 kg/m 钢轨。而 GMC-96x 型钢轨打磨列车同样拥有 96 个打磨角度和压力可调的打磨砂轮，其对砂轮施加的打磨功率更高，打磨速度可调范围更大为 3～24 km/h，客观上具有更高的切削能力和更大的工况适应性。

(a) GMC-96B型大型钢轨打磨列车

(b) GMC-96x型大型钢轨打磨列车

图 3.37 典型的砂轮端面打磨装备

(2)砂轮周面打磨技术

砂轮周面打磨技术是采用砂轮的圆周面作为工作面以去除钢轨表层材料，其基本原理如图 3.38 所示。由砂轮端面打磨原理可知，砂轮端面打磨只能通过沿钢轨横向和纵向布置的多个砂轮组合实现钢轨廓型打磨，打磨精度取决于多个直线段逼近钢轨廓型曲线的精度，且所获得的钢轨表面具有很多平面和棱线，如图 3.39(a)所示；而砂轮周面打磨既可以按照砂轮端面包络方式实现钢轨廓型打磨，又可以将外圆周面依据钢轨目标廓型内凹成特定曲面，通过整体仿形或者分段仿形方法实现钢轨廓型打磨，结果可以获得比较光滑的钢轨表面，如图 3.39(b)所示。

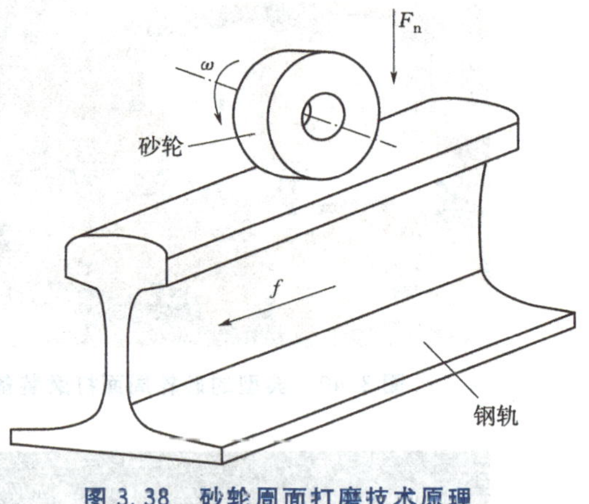

图 3.38 砂轮周面打磨技术原理

F_n—打磨压力；ω—砂轮转速；f—进给速度

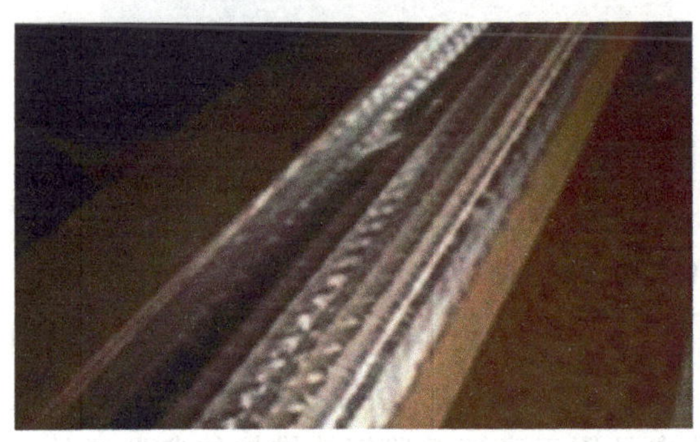

(a) 砂轮端面包络打磨

(b) 砂轮周面仿形打磨

图 3.39 砂轮周面打磨与端面打磨后钢轨表面形态对比

目前，已经得到实际应用的典型砂轮周面打磨装备是意大利 MECNOSERVICE 公司研制的 MS12S-ASG 打磨车，如图 3.40 所示，其总长约 12 m，最大自走行速度 35 km/h，打磨作业速度≥1 km/h，打磨角度范围为钢轨内侧－70°到外侧＋5°，最小作业曲线半径 25 m，打磨砂轮数量 12 个，包括全电动操作控制系统、集尘和噪声控制系统、尾气处理系统、监控系统和火灾预防装置等，适用于高速铁路、普速铁路、轻轨、有轨电车等。

(3)铣磨复合打磨技术

铣磨复合打磨技术一般是采用铣刀切削和砂轮磨削的复合工艺实现对钢轨的打磨维护，其基本原理如图 3.41 所示，前置铣刀盘在其圆周面上镶嵌有大量硬质合金材质且不同形状的刀粒，同时绕平行于钢轨横向的水平轴旋转，以圆周铣削方式整体仿形铣削掉钢轨表层材料；后置砂轮外圆周工作面则依据钢轨廓形被制作成内凹型，砂轮宽度比钢轨略宽，且轴线与钢轨横向倾斜一定角度 α，使砂轮上的磨粒运动轨迹为一条曲线，实现对铣削痕迹的整体仿形周面磨削处理，最终可获得比较光滑的钢轨表面，如图 3.42 所示。一次铣磨复合打磨作业可去除材料深度 0.1～3.0 mm，切削优势明显，特别适合对波磨、侧磨、肥边等损伤和缺陷严重的高速铁路和重载铁路等实施修复性打磨作业。

图 3.40 典型的砂轮周面打磨装备

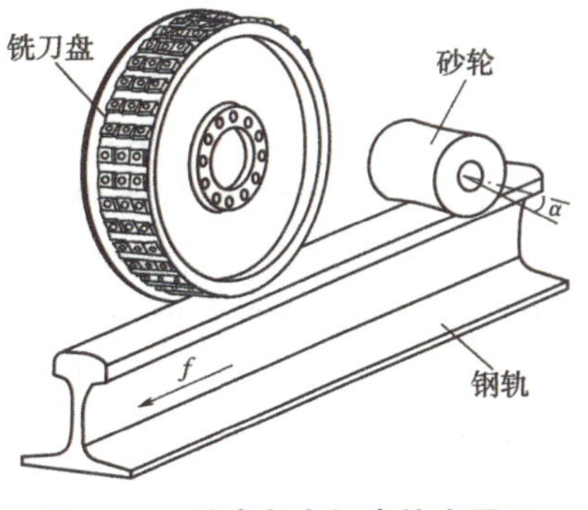

图 3.41 铣磨复合打磨技术原理

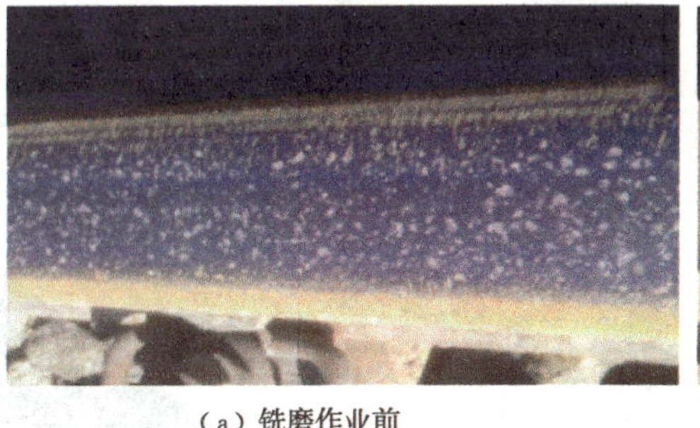

(a) 铣磨作业前

(b) 铣磨作业后

图 3.42 铣磨前后钢轨表面形态对比

目前,钢轨铣磨车在国内外已经得到了广泛应用,国外主要制造商有奥地利 LINSINGER 公司和 MFL 公司、德国 GBM 公司等,国内制造商则主要有中车二七和中国铁建高新装备股份有限公司(简称铁建装备),其中可用于高速铁路钢轨维护的典型产品是 LINSINGER 公司生产的 SF03-FFS 型号钢轨铣磨车,如图 4.43(a)所示。该铣磨车总长约 25 m,最大自走行速度 100 km/h,打磨作业速度 0.36～1.20 km/h,采用"两铣一磨"的作业方式,在车体两侧各装备两套铣刀盘和一套砂轮,每套装置可单独作业;铣刀盘如图 4.43(b)所示,周工作面径向安装有 22 组共 198 个刀片,每组刀片包括 8 个轨顶面刀片和 1 个轨距角刀片,以此包络形成钢轨目标廓型;整机包括操作驾驶室、冷却间、动力间、工具间、电器柜间、铁屑收集箱等,具有运行模式、调车模式和作业模式 3 种工况。

(a) SF03-FFS铣磨车

(b) SF03-FFS铣磨车铣刀盘

图 3.43 典型的铣磨复合打磨装备

(4)砂轮高速打磨技术

砂轮高速打磨技术是利用打磨装备将无动力驱动的专用砂轮在钢轨表面上高速拖行(一般为 60～80 km/h)以去除钢轨表面材料,其基本原理如图 4.44 所示。为实现对钢轨横向廓型的优化和纵向波磨的消除,砂轮轴线需与钢轨横向倾斜一定角度 α,且沿钢轨纵向成组相对布置,如此形成的钢轨表面打磨痕迹呈现出与其他打磨技术不同的交织网状形式,如图 4.45 所示。砂轮高速打磨技术的作业强度只由打磨压力和装备行走速度决定,可以获得比较固定的材料去除量,同时因为打磨速度高,作业时可以不用封闭线路,因此特别适用于要求控制滚动接触疲劳的高速密集线路的预防性打磨。

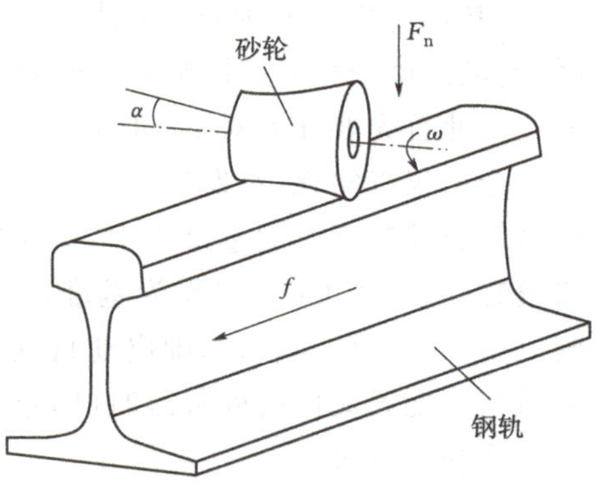

图 3.44　砂轮高速打磨技术原理

目前唯一的砂轮高速打磨装备是德国 VOSSLOH 公司生产的 HSG 型高速打磨列车,如图 4.46 所示,最大走行速度 120 km/h,打磨作业速度 60～80 km/h,一次作业(3 遍)材料去除厚度约 0.1 mm,打磨后钢轨表面粗糙度约 2～8 μm;全车安装有 4 组打磨架,同时有 96 个砂轮处于作业状态,且以每分钟约 6 000 转高速旋转;每组打磨架在径向方向又包含 4 组布置形式完全相同的联排砂轮(全车实际上安装有 384 个砂轮),这使得打磨车可以在高速作业过程中实现 3 次砂轮自动更换,连续打磨作业里程可高达 70 km。

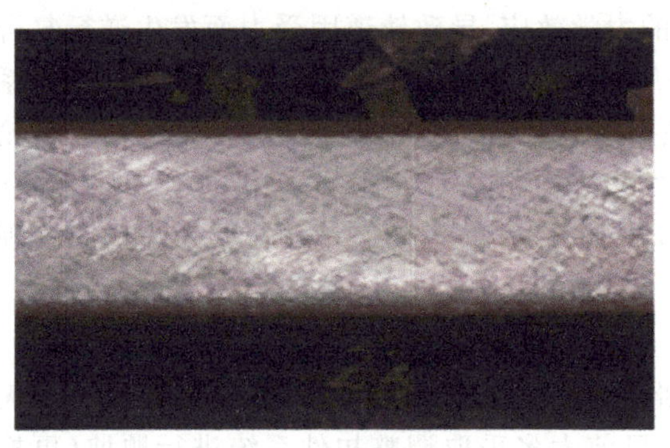
图 3.45　砂轮高速打磨后的钢轨表面形态

图 3.46　典型的砂轮高速打磨装备

3. 高速铁路轨道精调

为了保障高速铁路轨道的高平顺性,在进行轨道铺设和日常养护时均要进行精调作业。一般包括静态精调和动态精调两个过程,并以静态精调为主。

(1)静态精调及其具体实施

静态精调是指轨道在联调联试前,通过收集轨道静态测量数据对轨道的几何尺寸进行调整的过程,具体包括轨距、轨向、高低变化率等,从而使轨道的线性条件满足高速行驶的需求。具体步骤为控制网复测→静态测量→平顺度模拟→现场定位、复核→静态调整→确认。下面针对关键步骤进行阐述。

①控制网复测

CPⅢ高程网(控制网)建设是高速铁路建设中的重要内容。其受铁路结构物不均匀沉降、环境温度变化等的影响,对该高程网的建设精度产生影响,误差越大,轨道线性的精度越低。因此首先要开展对CPⅡ高程网的复测和评估,检查高程测点是否被破坏。此过程主要通过全站仪来实现,对发生松动、损坏或者埋设位置错位的标志进行记录,复测与远侧相同的高等级控制点。测量过程中,要保证全站仪的定位准确。对于连续轨道板带的定向中,需要设置6~8个CPⅠ点作为基准。第一个点与第二点是基于人工照准进行的,其他基准点则以第一个、第二点为基础启动自动测量,根据测量数值计算定向参数,系统设站完成。当数值超过配置文件所列限差时(即超过1/5容错),必须重新测量,或者找出超值原因。

②静态测量

使用轨检小车对挡块、轨垫板、扣件、钢轨等静态数据进行测量和收集,并确定挡块与轨垫板材的规格,依照轨枕编号依次完成轨道锁紧作业。具体的作业流程依次为:散放挡块、轨垫板,松开扣件,安装组件,锁紧轨道。

③平顺度模拟及调整

平顺度的调整,要对当前轨道的数据进行收集后,通过软件进行变化模拟。整个调整过程采取小步微调的方式进行。例如遇到硬点问题时,由发生硬点的位置向两侧进行平顺处理。而当水平超高的问题出现时,采取更换挡块、缩小距离的方式进行。与缓和曲线衔接的直接轨道端与曲线高股同侧钢轨要避免超高的情况。

(2)动态精调

动态精调主要是考虑轨道实际运行时受到的力学效应,导致轨道因受力而发生逆行复合不平顺、波形突变等问题。在检查局部短波不平顺的问题时,通过查到突变点、减载率、脱轨系数的指标进行分析。这个过程是对轨道局部缺陷进行修复和调整的过程,能够使轨道与轮轨之间达到精确的匹配,从而保障轨道的平顺性和安全舒适性。正线采用300~350 km/h动态管理标准进行检测,侧线动态管理标准为120 km/h。轨道动态精调需要考虑动态管理标准与动力学检测标准,务必保证精确。

4. 轨道沉降、上拱维护

国内高速铁路线路开通运营至今,部分线路的路基出现了不同程度的沉降,致使上部无砟轨道结构下沉,为了保持轨面高程,工务部门目前大多采取调整扣件系统进行顺坡(更换轨垫、嵌入调整垫、轨垫和钢制调节板等)。当沉降量产生的轨道不平顺在扣件调整能力范围内时,该方法不失为一种简捷、有效的措施;一旦沉降量超出扣件的调整范围,则无法通过此方法加以解决。

对于运营线路的沉降整治,除通过调整扣件系统进行顺坡这一临时措施外,还有稳固地基(基床)和抬升轨道两种方法。前者是采用钢花管或袖阀管从沉降路段的路基两侧进行注浆加固,使路基沉降在短时间内达到稳定,但由于高铁线路的基础往往采用桩板结构或桩网结构等方法进行处理,发生沉降的压缩层一般较深,施工难度大,存在地基扰动后沉降加速的技术风险,目前尚没有成功的案例可供借鉴。后者主要是针对沉降引起的轨道不平顺超出扣件调整能力这一情况,通过该措施将轨道板抬升后,扣件调整能力得到恢复。若沉降继续发展,可通过扣件调整在相当长一段时间内满足行车要求,符合国内无砟轨道线路的实际情况，是一种现实可行的工程应用措施。

而相比于无砟轨道，有砟道床作为一种散体结构，在高速列车动荷载作用下会产生道砟磨耗、破碎、道砟陷槽、道床变形、流塌等病害，这将改变有砟轨道的几何形位，降低线路的平顺性，增大轮轨之间的相互作用，影响旅客的乘坐舒适性。列车高频荷载的作用还可能导致飞砟现象的产生，严重影响列车的运营安全。由于行车密度大，列车间隔时间短，利用列车间隔施工的养路方式以及采用小型养路机械已不能满足要求。使用高效率的大型养路机械，大力发展各项养路作业机械化是线路修理的必然趋势。

目前，大型捣固车、动力稳定车已成为我国高速铁路新线开通和线路维修中不可或缺的重要装备。捣固车作用在铁路线路的新线建设中，对轨道进行拨道、起道抄平、石砟捣固及道床肩部石砟的夯实作业，能够迅速提高道床石砟的密实度，增加轨道的动力稳定性，使轨道方向、左右水平和前后高低均达到线路的设计要求。在养护维修作业中，捣固车可以尽量减少对道床的干扰，改善轨道垂向和水平几何形位，改善轨道弹性。经过捣固作业的线路，虽然轨道具有理想几何尺寸，但道砟颗粒之间存在松散、不密实、不稳定等问题，导致道床阻力不足，动力稳定车可以使捣固后的铁路线路迅速提高道床横向阻力和道床的稳定性，降低线路维修作业后列车限速运行的限定条件。

5. 区域沉降的平顺性病害维护

区域地面沉降的原因包括自然因素和人为因素。前者包括构造活动、地震活动、软弱土层的自重压密固结、海平面上升等；后者主要指的是地下水、地下油气资源的过量开采和大规模的工程建设等。在区域沉降地区，地面的不均匀沉降不仅会降低线路设计高程，改变线路坡度，还会造成线下工程出现不均匀沉降，直接影响轨道的平顺性甚至会危及铁路的正常运营。为了避免沉降对高速铁路的不利影响，通常采取以下三个手段来进行控制。

(1)控制地下水开采

建设单位与当地政府部门密切协调，在铁路两侧一定范围内(一般为 3 km)控制地下水开采、适当增加人工回灌、禁止在影响区范围内开发新的水源地、完善水资源管理制度等。尤其禁止铁路附近浅井集中抽取地下水。

(2)合理选线

在铁路选线设计中，尽可能绕避地面沉降变形较大的区域。包括地面沉降中心区域、沉降速率大及沉降差异较大的区域。

(3)工程适应性措施

铁路工程建设中应采取适宜的轨道形式及针对性的工程措施，增强铁路工程本身对地面沉降的适应性。

采取合理的线路坡度。为预防工程运行年限内地面沉降的危害，设计时应根据地面沉降发展趋势的预测，预留地面高程损失量。铁路沿线水准点高程应从基岩标引测，对工程所利用的水准点进行实际高程修正，并对自然地面高程也作相应的复核，以消除累计地面沉降，即高程损失对工程设计的影响。

在沉降速率相对较大的地段，桥梁结构宜采用 32 m 梁的简支结构。对连续梁要检查沉降是否有突变，同时检查相邻桥墩的沉降差是否满足轨道平顺要求和结构受力要求。

为了增加结构对沉降的适应能力，支座采用可调高支座。研制调高量较大的扣件系统。

目前无砟轨道扣件最大调高量为 30～50 mm。为最大限度地减小不均匀沉降对线路造成的影响，应研制调高量更大的扣件系统。选择可修复性较强的轨道结构，如在铺设无砟轨道地段宜采用Ⅰ型板式无砟轨道。

在沉降大及不均匀沉降明显的地段，以及车站范围内，采用有砟轨道。

3.4.2 轨道完整性维护

1. 钢轨伤损维护

钢轨是铁路轨道的重要部件，起着导向并承载车轮作用力的作用。随着我国铁路既有线提速以及重载和高速铁路的发展，钢轨伤损呈现多样性。钢轨伤损的出现，不仅影响行车的平稳性和舒适性，更重要的是还会危及行车安全，尤其是高速铁路的安全。因此，重视铁路钢轨的失效分析，找出失效原因，采取有效的预防措施，不仅是延长钢轨使用寿命、提高舒适度的有效途径，更是确保行车安全的重要手段。

钢轨失效（伤损）是指钢轨发生折断、裂纹或其他影响和限制钢轨使用性能、危及行车安全的情况。在役钢轨在运用中发生的伤损主要分为：钢轨冶金质量和表面缺陷引起的伤损，无缝线路焊接接头的伤损，有缝线路钢轨接头和螺栓孔裂纹伤损，曲线线路钢轨的伤损，淬火钢轨的伤损，接触疲劳伤损，其他情况或特殊情况的伤损。由于伤损原因不同，钢轨的伤损状态也各有不同。因此，为分析钢轨伤损原因，首先需要对钢轨的伤损状态进行周密的宏观分析与记录，比如钢轨伤损位置（包括长度方向位置、钢轨横截面位置）、伤损程度以及裂纹走向等，从而确定钢轨伤损状态。伤损钢轨的断口和裂纹如实记录了钢轨从裂纹产生、发展直至断裂的全过程。因此对裂纹和断口的分析，可以为钢轨状态和伤损类型的确定以及维护提供有力的依据。

轻伤钢轨需要密切关注伤损的发展趋势，及时采取打磨、焊补或增设防断夹板等措施；重伤钢轨则必须马上安排更换下道。

2. 无砟轨道病害维护

我国高速铁路无砟轨道主要有板式和双块式两种。从我国的实际情况来看，无砟轨道产生病害的主要原因有基床层裂缝、混凝土内部存在气泡、轨道板裂缝和底座破碎等。无砟轨道的病害原因较多，只有针对性地从发生位置、发生原因和危害入手进行分析，才能更好地进行预防。具体而言，无砟轨道常见的病害及产生原因有：轨道板表层空隙，轨道板内层不密实，底座表面不平整，支承层与轨道层有空隙等。

高速铁路无砟轨道常用的检测方法有地质雷达法、瞬变电磁法、超声回弹法和探测仪检测法 4 种，不同检测方法的效果和特点不同，因此要根据实际的需求来选择无损检测的方法。超声回弹法主要适用于测量混凝土的抗压强度，利用声音的回弹值来建立起相应的模型，测量的精度较高，而且受环境因素影响较小。但是，高速铁路无砟轨道中不仅仅有混凝土结构，所以超声回弹法有一定的限制。瞬变电磁法是利用脉冲磁场来进行涡流感应，该种检测的效率较高，而且敏感度较强，对于表面检测和探测工作的结合有着较大的作用。然而，瞬变电磁法也有自身的限制存在，当周边有金属结构时，很容易影响到检测的准确性，因为金属结构件会直接影响到电磁感应，结合高速铁路的无砟轨道而言，内部配筋是必然存在的，所以一些结构件的检测就无法使用瞬变电磁法。混凝土钢筋探测仪主要用于检测混凝土和钢筋的腐蚀程度，对于混凝土内部的钢筋分布判断及当前状态分析有着较大的作用。在高速铁路的无砟轨道无损检测中，支承层不可以用该仪器进行检测，其他钢筋混凝土结合部位均可以用该仪器进行无损检测。一般而言，检测混凝土是否存在内部气泡、准确定位无砟轨道病害位置和钢筋是否存在错位情况等问题，常用地质雷达法来进行检测，这种方法可以快速地定位病害位置，并且精确判断病害种类，使用也较为方便，所以应用范围十分广泛。地质雷达法属于物理探测法的一种，主要是根据电磁波的发射与接收来判断无砟轨道的内部情况。当发射电磁波之后，电磁波在无砟轨道内部传播的过程中，遇到不同的界面情况会反射或透射出不同的电磁波，接收器根据反射和透射的分析，就可以判断目标在不同界面的情况。而且，地质雷达还可以准确地定位检测位置，所以在高速铁路无砟轨道的无损检测中地质雷达法最为常用。与其他检测方法相比，地质雷达法的综合性更强，而且适用性也更强，它可以检测无砟轨道的各个部位及结构件，还能够实现精准的定位，这也是地质雷达应用最为广泛的根本原因所在。当然，对于一些精密度要求较高的检测，还要将地质雷达法和其他方法结合，根据两者的共同分析来降低检测的误差，可以给维修决策提供更好的依据。在科技的不断发展中，高速铁路无砟轨道的无损检测还可能采用更为先进的方式，其最终结果都是为了提高无损检测的精度和适用性，这样才可以给铁路的稳定运行提供保障。

当无砟轨道结构的完整性遭到破坏时，可以根据破坏的性质有针对性地采取修补或更换措施，常见的处理措施包括裂缝填补、CA 砂浆层修补或更换、换板、换枕、板下充填等。

3.4.3 无缝线路维护

1. 应力调整和放散

无缝线路是 20 世纪轨道结构最突出的改进与创新，无缝线路的出现，不但在理论上修正和丰富了轨道结构的设计、计算内容，而且在结构上消除了钢轨接头，大大减少了线路病害，大幅度降低了线路维修人员的劳动强度，减少了列车在接头区的冲击与振动，给列车运营与行车安全也带来了诸多好处。随着铁路的大发展，无缝线路已成为不可或缺的轨道结构形式。在正常情况下，无缝线路在中和温度锁定以后，固定区随着轨温的变化受拉或受压，各处的应力是均匀一致的，能够满足轨道强度和稳定的要求，不会发生胀轨和断轨。但是，由于列车运行、养护不到位等各种原因，使固定区的应力发生变化，以致影响了线路的强度和稳定性，发生胀轨或断轨。所以，必须进行应力放散或调整。在允许设计锁定轨温范围内，将无缝线路全长的扣件、轨距杆等制约长钢轨自由伸缩的零配件全部松开，让它自由伸缩，把钢轨内部的温度应力全部放散掉，然后再重新锁定线路，这就是应力放散。

(1)应力放散的主要条件

无缝线路的锁定轨温必须准确、均匀，有下列情况之一者，必须做好放散或调整工作：

①实际锁定轨温不在设计锁定轨温范围以内，或左右股钢轨锁定轨温之差超限，设计速度 160 km/h 及以下铁路不应大于 5 ℃，设计速度 160 km/h 以上铁路不应大于 3 ℃；

②锁定轨温不清楚或不准确；

③跨区间和全区间无缝线路的两相邻单元轨条的锁定轨温差超过 5 ℃，同一区间内单元轨条的最低、最高锁定轨温相差超过 10 ℃；

④铺设或维修作业方法不当，使轨条产生不正常的伸缩；

⑤固定区或无缝道岔出现严重的不均匀位移；

⑥夏季线路轨向严重不良，碎弯多；

⑦通过测试，发现温度力分布严重不匀；

⑧因处理线路故障或施工改变了原锁定轨温；

⑨低温铺设轨条时，拉伸不到位或拉伸不均匀。

(2)应力放散的主要方法

①滚筒放散法

在需要锁定的轨温范围内，把需要应力放散的长轨节先松开，并拆除扣件，然后抬起钢轨，每隔 20 根轨枕撤掉一根轨枕上的胶垫，放上直径约 30 mm 的钢管，将钢轨落在钢管上，撞击长轨节数次。由于摩阻力不大，长轨节基本上可以自由伸缩。一旦轨温合适，即撤滚筒、紧扣件、重新锁定。

滚筒放散法需要封锁施工，施工时间较长，但效果好，放散彻底，重新锁定后的锁定轨向准确。该方法特别适用于原锁定轨温不明或不准确的地段。

②拉伸放散法

低于设计锁定轨温范围铺设长轨节时，为了提高锁定轨温，采用拉伸器拉长钢轨(有时也配合撞轨)，以达到设计锁定轨温的要求。放散时，先把钢轨抬起放在滚筒上，然后用拉轨器夹住长轨节一端进行拉伸，当达到预计拉伸量后，放下钢轨，重新锁定，拉伸器放散应力适用于低温铺设无缝线路，也可用于提高原锁定轨温等。

在进行无缝线路应力放散时应重点注意：放散要考虑线路爬行导致锁定轨温的变化值；历年断轨后焊复时断缝未取出者，应加入总放散量计算之中；以长度控制法放散，可以适当提高轨温，以便克服扣件阻力；如气温偏低，不利于钢轨拉伸或达不到预期效果，可变更施工计划；尽可能做到放散均匀，密切关注由于应力不均匀或线路阻力不一致所造成的放散不均匀问题；放散工作要与根治线路病害统一考虑，如解决长轨端接头相错等病害。

2. 无缝道岔的维护

国外学者对于无缝道岔养护的研究，由 20 世纪 80 年代至今，已经具有三十多年的历史。目前，无缝道岔的养护已经具有无缝道岔限位器传力部件、心轨跟端固定结构等现有技术，已经形成了解决无缝道岔存在问题的先进维修技术体系。目前，国内专家学者对于无缝道岔的研究，多是基于无缝道岔的维修经验，分析病害产生的原因，并提出相关的处理方法，达到提高道岔的平顺性的目的性。

目前，无缝道岔传统的检测方法为无缝线路温度应力及附加力的检测。非实时、快速测试，难以满足我国现阶段无缝道岔的检测要求。而光纤光栅传感检测技术利用光纤中存在的光敏性，具有传输信号的损耗较小，大范围的反射带宽的特点，可以避免环境因素的干扰和影响。光纤光栅传感检测技术在进行无缝道岔检测过程中，主要采取以下方法：

(1)温度参数的测量采用光纤光栅温度传感器进行温度参数的测量，将钢轨的温度传感器粘贴于钢轨轨腰位置，无缝线路的温度传感器埋设于混凝土结构当中，测量气温的温度传感器暴露于空气中。

(2)钢轨应力及位移的测量采用光纤光栅应力传感器进行钢轨应力及位移的测量，钢轨应力传感器固定于钢轨轨腰位置，基本轨位移测量以无缝线路的轨道为固定点，指针指向钢轨。

同时，无缝道岔在进行应力放散时应注意以下几点：

(1)应力放散应以每组道岔为一单元，除道岔间的夹直线外，放散应力单元轨条长度不宜超过150 m；

(2)道岔的中心位置保持不变；

(3)直曲基本轨应力放散应彻底、准确，且均匀；

(4)基本轨扣件全部拆除，在轨底与铁垫板间放置两块聚四氟乙烯板，但扣压基本轨的弹片不应拆除，可卸掉固定铁垫板的锚固螺栓，在铁垫板下放置两块聚四氟乙烯板，使铁垫板随同基本轨一同位移，放散应力后再将铁垫板放回原位置；

(5)辙叉范围内的扣件锁定，辙叉前后的扣件拆除；

(6)与基本轨连接的钩锁器螺栓应拆除；

(7)放散应力锯切钢轨应选择在原有焊接接头处，不应新增工地焊接接头。

无缝道岔的养护对于无缝线路的稳定运行具有重要的积极作用，因此，对于无缝道岔的养护应该采取科学有效的方法，主要有以下几个方面：

(1)无缝道岔养护工作，要遵循无缝道岔养护的相关规范，执行“两清、三测、四不超”等有关制度，严禁野蛮养护的方式方法。按照相关的施工规范，有周期的进行钢轨打磨平顺、整治弯轨等维修养护工作，达到提高岔区轨道平顺性的目的，延长列车的运行寿命；

(2)无缝道岔区的养护过程中，在实际锁定轨温±5 ℃范围内，进行养护维护的相关工作，采取相关的工作能够有效地避免无缝道岔前后钢轨锁定温差导致的温度荷载的危害；

(3)无缝道岔的养护维修周期应该按照相关的规定执行，1～2年进行一次全面的养护工作，维护时间应根据无缝道岔的轨温和当地气温进行安排。日常的养护工作中，应根据季节变化采取不同的养护方式。在夏季高温作业，养护重点为无缝道岔方向变化等。在冬季低温作业时，养护重点工作为岔区冻结接头的检查，保证冻结接头处于正常工作状态。

3. 伸缩调节器的维护

钢轨伸缩调节器是高速铁路重要的轨道部件之一，可协调长大桥梁因梁体温差引起的梁端伸缩位移和长钢轨的伸缩位移，使桥上无缝线路在运营过程中释放钢轨温度力，从而减小轨道及桥梁所承受的无缝线路纵向力。伸缩调节器病害按结构类型分为尖轨类、基本轨类、联结零件类、几何形位类。由于伸缩调节器基本轨可以自由伸缩，其结构整体性能不及道岔，几种病害叠加后，对设备破坏作用尤为显著。

伸缩调节器存在问题集中在尖轨、基本轨等部件上。伸缩调节器病害处理首先应把好上道检查关、修理关；其次，有针对性地加强伸缩调节器薄弱部件维修养护，必要时可倒换部件进行修理，延长设备使用寿命，及时对轻伤及以上部件进行更换。

(1)上道前检查及修理

新铺设伸缩调节器或准备更换部件，上道前必须检查基本轨曲线圆顺程度、基本轨表面粗糙度，竖向平顺度(是否有拱腰、硬弯)；必须检查尖轨跟端轨面凹陷变形程度、尖轨与基本轨接触表面粗糙度、尖轨作用边平顺程度。对于基本轨及AT尖轨与基本轨接触面，应进行磨光处理，并涂上黄油；基本轨顶弯曲线不符合要求，应进行弯轨修理，保证其支距偏差不大于1 mm；基本轨用1 m钢尺丈量，竖向变形不得超过1 mm，否则应进行钢轨矫直。对于尖轨跟端轨顶面明显凹陷变形，其矢度超过0.5 mm者，禁止上道使用；矢度少于0.5 mm者，应打磨顺坡，减小凹陷曲率。

(2)既有设备维护

伸缩调节器保养维修工作，主要做到各部件状态良好，基本轨伸缩自如，扣件螺栓锁定紧固，几何形位正常。已上道基本轨存在曲线欠圆顺及跟部拱起，尖轨存在作用边原始不平顺及跟端轨顶凹陷变形等缺陷，应有计划倒换下道，进行修理后再用。尖轨工作边和跟部顶面应经常打磨，一般不少于1次/月；尖轨与滑床台间隙不大于2 mm；尖轨尖端轨距应保持1 437$^{+3}_{-2}$ mm，并以不大于0.5‰递减率向基本轨始端和尖轨跟端顺坡；为防止尖轨爬行应锁定尖轨一端线路。及时更换调整片，保持导向轨撑与基本轨间隙为0.75～1.0 mm。各种螺栓扭力矩按规定标准办理。基本轨轻伤、尖轨垂磨超过6 mm或尖轨顶面宽度50 mm及以上断面处尖轨顶面低于基本轨顶面2 mm，应及时组织更换。

3.5 轨道健康监测案例

我国高速铁路已经建立了相对完备的轨道状态动、静态检测体系，基本满足轨道养护维修需求，但随着时代的进步，以新型传感技术和信息化为支撑的结构状态健康监测正蓬勃发展，针对道岔区、伸缩调节器区、无砟轨道状态敏感区等区段的轨道状态实时监测系统正不断完善并逐步推广应用，为我国高速铁路的安全运营保驾护航。下面介绍两个案例供参考。

3.5.1 钢轨伸缩调节器区监测系统

钢轨伸缩调节器是用于解决桥上无缝线路附加力过大，威胁轨道结构安全的重要设备，但伸缩调节器及其相连单元轨节存在伸缩作用，加之调节器还存在结构性不平顺，使之成为养护维修的薄弱环节。铁道第四勘察设计院等单位曾自主研制了钢轨伸缩调节器区监测系统，其涉及综合信息传输技术、数字信号处理技术、数据提取方法、人工智能等多个知识领域，以保障系统的稳定性和评估可信度。

该系统通过对采集到的传感信息进行处理和分析，研究伸缩调节器的力学性能演变机理，揭示性能演变对轨道结构服役安全的影响，对健全铁路轨道保障体系具有重要意义。

该钢轨伸缩调节器监测系统可实现远程监控，操作人员可在任意场所(如办公室、家庭、旅途中)实时掌控监测现场的传感数据。系统采用B/S(浏览器/服务器)方式，操作者的电脑或移动终端只需要通过浏览器便可进行各种操作，系统升级和更新均于服务器端完成，对用户完全透明。

根据某长江大桥伸缩调节器区的长期监测需求，系统采用了基于光纤传感技术和视觉测量技术的轨道服役状态综合监测方法。在传感器研发方面，将环形变形体结构与双光纤光栅传感技术相结合，研发了系列轨道监测专用光纤光栅传感器，实时监测轨道结构温度、应变、位移等静态数据；针对不同轨道监测场景与环境的视频监测图像自动恢复与校正需求，基于视觉测量技术实时获取轨道特殊结构(如钢轨伸缩调节器尖轨与基本轨)的变形及表面状态。在监测系统研发方面，创建了高速铁路轨道服役状态综合监测系统，首次实现了对钢轨伸缩调节器区段尖轨、基本轨伸缩位移，剪刀叉变形，轨枕歪斜等位移的非接触式测量，测量精度可达到 1 mm，并成功应用在了某长江大桥钢轨伸缩调节器视频监测中。基于采集器、服务器、浏览器的先进网络架构，在局域网或者互联网系统中建立大型监测网络，可对多台动静态信号测量仪器进行统一管理，允许多人通过服务器同时对各台仪器和数据进行不同权限的查询和设置等操作，并且均可通过网络进行远程及无线操控。

3.5.2 我国高速道岔监测系统

高速道岔是整个高铁轨道系统的薄弱部位之一，由于存在轨件的可动性、结构的复杂性、状态的高可靠性和岔区部件配合的精密性等要求，开展高速道岔的安全健康监测成为工务管理与维护部门的愿望。西南交通大学联合多家业内单位初步建立了以安全监测为核心的中国高速道岔监测系统，并广泛应用于我国京石武、郑西、大西等多条高铁线路。

1. 设计原则

根据我国国情及路情，高速道岔监测系统遵循以下原则：

(1)以安全性监测为主，以状态监测为辅。与国外高速道岔监测系统的功能不同，我国高速道岔监测系统重点监测断轨等安全性项目，辅以转换力等状态监测。

(2)搭建起高速道岔系统、全面的监测系统技术框架，预留后期其他监测项目的融合，能适应中国、德国、法国技术的道岔结构。

(3)传感器元件的安装应牢固可靠，不得在钢轨上打孔安装，不得在列车振动下脱落，其使用寿命应尽可能与道岔主要部件相同，不得影响道岔检查与维修作业。

(4)道岔监测系统应具有显示、储存、预警、分析、决策的功能，且界面友好，简单，适合现场技术人员掌握。

(5)监测系统具有较高的监测准确性。

2. 设计理念

我国高速道岔监测系统遵循用户平台层级化、岔群监测管理站段化、单组道岔监测单元化、各项监测项目模块化、数据处理前端化、软件硬件化、软硬件一体化的设计理念。

3. 系统架构

高速道岔监测系统是由现场传感器集成模块、现场道岔监测分机、车站道岔监测主机、道岔监测中心、四类用户终端、传输通道等组成。各级监测平台还预留有与其他系统的接口，可与其他管理系统实现互联。系统架构如图 3.47 所示。

4. 系统组成

系统采用用户分级管理，分为铁路局集团公司、工务段及电务段、车站三个层次。车站监测主机将采集的数据通过铁路专网或互联网传送至工务段及电务段，可以将管辖区内的所有高速道岔的状态进行监控，可提供安全评估与维修决策建议；工务段与电务段辖区内的所有高速道岔的监测信息可自动传送至铁路局，铁路局可掌握全局范围内所有高速道岔的实时状态，可监控工务段及电务段对高速道岔故障的处理情况；铁路局将路局范围内的所有高速道岔的监测信息自动传输至国铁集团，国铁集团可掌握全路范围内的所有高速道岔的实时状态，可监控各路局对高速道岔的维修管理情况。同时各级用户的监测系统平台软件还预留有与道岔管理信息系统、工务设备管理信息系统的接口，可与其他管理系统对接。系统结构如图 3.48 所示。

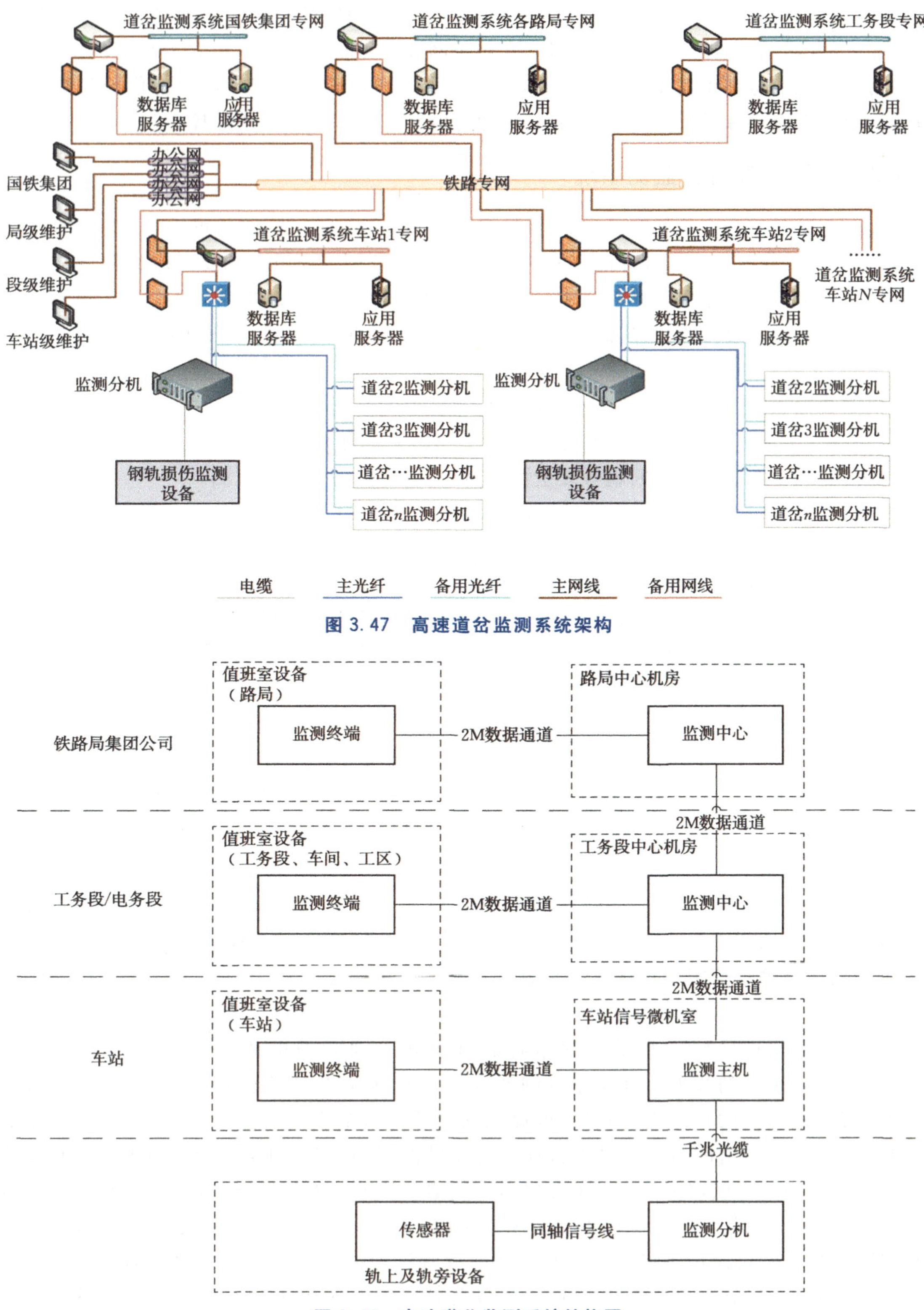

图 3.47 高速道岔监测系统架构

图 3.48 高速道岔监测系统结构图

该系统是物联网、传感网技术在数字化高速道岔中的应用，由无线传感、无线传输、数据处理的物联网感知系统和在线监测、安全评测、安全决策、维修决策的应用平台系统所组成，具有感知、决策、交互、实时监控等功能，能确保高速道岔“看得见”：实时掌握每组高速道岔的工作状态；“管得住”：能实时掌握高速道岔的运行安全，给出决策措施；“修得好”：及时掌握每组高速道岔的服役性能、检修信息，给出维修决策。

其核心的技术支撑研究由以下几方面组成：

监测对象：研究分析选择影响高速道岔安全性与可靠性的监测项目，如钢轨损伤、转换阻力等；

感知层：包括感知对象分类与感知策略决定、感知数据和高速道岔运行状态映射的研究等；

优化层：包括分布式检测敏感点的确定及优化技术、极端环境下误差补偿技术的研究等；

检测层：包括复杂电磁环境下抗干扰技术，高精度、高速度采样技术，低功耗低能量收集技术的研究等；

融合层：包括复合传感技术、动静态数据匹配关联与预处理技术的研究；

数据层：包括安全监控数据处理、记录数据处理、海量数据传输与存储等技术研究，以及数据处理与交互平台的研制；

决策层：包括评估诊断模型研究，以及智能评判与决策平台、应用管理平台、系统维护平台的研制。

其技术难点在于物联网、传感网技术在高速道岔中的应用研究，海量数据高效处理及系统安全性与可靠性研究，应用于高速道岔系统的建模技术研究，专家系统构建研究等。

5. 典型项点的监测与数据处理

系统重点针对道岔尖、心轨的断轨风险开展了监测技术研究，为寻找合适的监测手段，全面筛查和比较了各类无损检测技术及在钢轨伤损检测中的应用特点，比较结果见表 3.24。

表 3.24 铁路轨道无损检测方法比较

NDT 技术	检测设备	检测项目	特　性
超声波法 (Ultrasonics)	手工检测、小推车、高速轨检车(70 km/h)	表面缺陷、轨头内部缺陷、轨腰和轨底缺陷	手工检测可靠性高但易于漏检轨底缺陷；高速检测时可能漏检表面小于 4 mm 的缺陷以及内部缺陷，特别是位于轨底的缺陷
漏磁检测法 (Magnetic Flux Leakage)	高速检测系统 (35 km/h)	轨头表面和近表面缺陷	检测表面和浅表面缺陷的可靠性高；不能检测小于 4 mm 的缺陷；在高速时，检测性能变化
涡电流检测法 (Eddy Current)	手工检测、小推车、高速轨检车(70 km/h)	表面和近表面缺陷	检测表面和近表面裂纹的可靠性高；受轨面打磨痕迹和提离效应的影响大
视频和光电图像检测法 (Visual Cameras and Optical Image)	手工检测、高速轨检车(320 km/h)	表面破损、轨头轮廓、波纹度、零部件遗失、路基损坏等	在高速下检测轨头轮廓、波纹度、零部件遗失、路基损坏的可靠性高；当检测速度大于 4 km/h 时，不能可靠地检测表面破损；不能检测评估内部缺陷
射线检测法 (Radiography)	静态测试，手工检测	焊缝和已知的缺陷	检测其他方法难以检测的焊缝的可靠性高；可能漏检某些横向缺陷

续上表

NDT技术	检测设备	检测项目	特　性
电磁超声换能器（EMAT）	低速轨道检测车（<10 km/h）	表面缺陷，轨头、轨腰和轨底的内部缺陷	对表面和内部缺陷的检测可靠性高；可能漏检位于轨底的缺陷；受提离效应影响严重
超声导波法（Guided Wave）	手工检测，低速轨道检测车（<10 km/h）	表面缺陷，轨头、轨腰和轨底的内部缺陷	检测较大的横向缺陷的可靠性高（>整个轨道截面面积的5%）
激光超声（Laser Ultrasonics）	手工检测，低速轨道检测车（<15 km/h）	轨头、轨腰和轨底缺陷	检测内部缺陷的可靠性高；会受到传感器提离效应的影响；难以在高速下应用
声发射技术（AE）	手工检测 高速检测	轨道断裂、轮伤、轨道轮廓磨损、压溃等	由于对构件的几何形状不敏感；可以实现无盲区监测； 声发射检验能够整体探测和评价整个结构中缺陷的状态； 声发射是一种动态检验方法； 声发射检验方法可以缩短检验的停产时间或者不需要停产

系统优先选用了声发射技术作为主要监测技术，开发了钢轨断轨监测的压电能量法；并深入了研究了数据处理算法，分别提出了经典的声发射信号识别法、能量谱比值法、小波包分析法和基于大数据的高阶 Wigner-Ville 分布分析法，将之应用于系统中。

图 3.49 为钢轨脆断的典型信号及 Wigner-Ville 四阶谱切片，根据信号切片可以识别这一断轨特征。

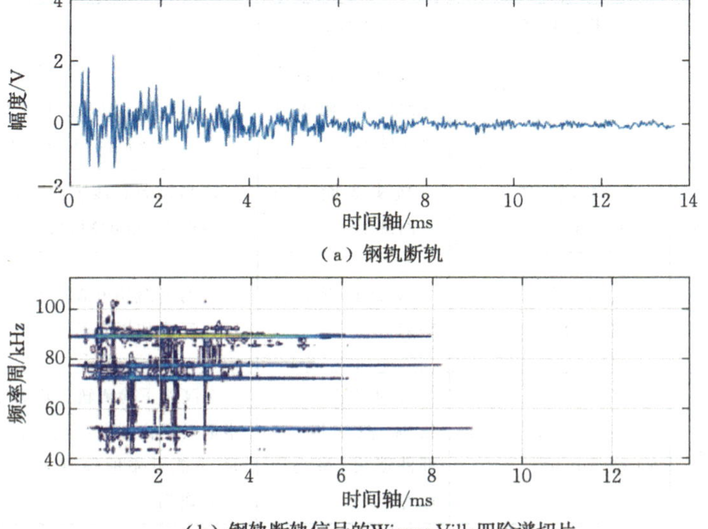

图 3.49　道岔钢轨脆断声发射信号及 Wigner-Ville 四阶谱的切片

参考文献

[1] 王国祥,高俊,卢建康.高速铁路轨道几何状态控制指标及检测技术探讨[J].铁道勘察,2012,38(1):1-4,24.

[2] 郭然.铁路线路养护维修计划编制理论与方法[D].北京:北京交通大学,2015.

[3] 程康.兰新高速铁路某区段路基沉降整治措施及治理效果研究[D].兰州:兰州交通大学,2018.

[4] 徐伟昌,仲春艳,许玉德,等.高速铁路无砟轨道线路质量评价指标研究[J].石家庄铁道大学学报(自然科学版),2017,30(1):52-57.

[5] 文军山.青藏铁路轨道不平顺预测分析研究[D].北京:中国铁道科学研究院,2017.

[6] 魏连峰.铁路线路常见病害分析及预防整治[J].产业与科技论坛,2018,17(23):80-81.

[7] 刘浩.铁路道岔施工质量缺陷及对策[J].哈尔滨铁道科技,2018(2):44-46.

[8] 张涛.无砟轨道病害信息管理系统研究与开发[D].石家庄:石家庄铁道大学,2016.

[9] 汪玮.基于振动理论的铁路无缝线路温度力检测方式研究[D].南昌:华东交通大学,2017.

[10] 刘淦中.基于离散元方法的桥上碎石道床动力稳定性研究[D].成都:西南交通大学,2018.

[11] 刘勇,杨荣山.温度力作用下单元板式无砟轨道钢轨横向变形研究[J].铁道标准设计,2015,59(1):33-36.

[12] 熊建珍,史存林,千里,等.落锤式路基刚度检测仪的试验研究[J].铁道建筑,2000(8):7-10.

[13] 游林涛.无缝钢轨纵向温度力的仿真分析与实验研究[D].大连:大连理工大学,2014.

[14] 刘艳,罗雁云.无缝线路纵向温度力作用下的动力特性分析[J].城市轨道交通研究,2011,14(5):21-25,44.

[15] 刘信立.无缝线路局部快速降温分析研究[J].山西建筑,2011,37(10):132-134.

[16] 徐金辉,代丰,陈嵘.岔桥相对位置对桥上无缝道岔受力和变形的影响[J].铁道建筑,2011(2):98-100.

[17] 杨荣山,刘学毅,王平.桥上无缝道岔纵向力计算理论与试验研究[J].铁道学报,2010,32(4):134-140.

[18] 铁道科学研究院.京沪高速铁路高架桥车站无缝线路设计原则(暂行)[R].北京:铁道科学研究院,2004.

[19] 耿琦慧.大跨混凝土斜拉桥上无缝线路纵向力研究[D].南昌:华东交通大学,2020.

[20] BERGGREN E.Railway Track Stiffness Dynamic Measurements and Evaluation for Efficient Maintenance [D]. Stockholm, Sweden: Royal Institute of Technology (KTH),2009.

[21] 龚小平.长大跨度桥上无缝线路设计注意问题探讨[J].铁道建筑技术,2014(1):31-34,53.

[22] 戎珊.基于网格的高速铁路轨道安全状态评定与预测[D].北京:北京交通大学,2018.

[23] 刘峰.基于运营车辆的钢轨不平顺检测及病害识别研究[D].北京:北京交通大学,2015.

[24] 陈东生,田新宇.中国高速铁路轨道检测技术发展[J].铁道建筑,2008(12):82-86.

[25] 任盛伟,刘铁,许贵阳,等.GJ-3 型轨检车检测系统的升级改造[J].铁道建筑,2005(11):71-73.

[26] 张紫菱.基于轨道质量状态的高速铁路轨道维修周期的预测[D].北京:北京交通大学,2013.

[27] 魏世斌,李颖,赵延峰,等.GJ-6 型轨道检测系统的设计与研制[J].铁道建筑,2012(2):97-100.

[28] 彭良武,黄信基.高速铁路基础设施的检测(一)[J].铁道勘测与设计,2008(6):22-28.

[29] 康熊,王卫东,李海浪.高速综合检测列车关键技术研究[J].中国铁路,2012(10):3-7.

[30] 侯卫星.0 号高速综合检测列车[M].北京:中国铁道出版社,2010.

[31] 仲崇成,李恒奎,李鹏,等.高速综合检测列车综述[J].中国铁路,2013(6):89-93.

[32] 郭杰,赵坪锐.无砟轨道整体刚度影响因素研究[J].铁道建筑,2021,61(1):101-104.

[33] Christoff With and Anders Bodare.Evaluation of trackstiffness with a vibrator for prediction of train-induced displacement on railway embankments.Soil Dynamics and Earthquake Engineering,2009(29):1187-1197.

[34] 金花.移动式线路动态加载车轨道刚度检测系统研究与应用[J].铁道建筑,2016(12):94-97.

[35] 崔瀚钰.钢轨磨耗状态检测仪优化改进[J].上海工程技术大学学报,2020,34(3):226-231.

[36] 张未,张步云.铁路跨区间无缝线路[M].北京:中国铁道出版社,2000.

[37] 曲村,高亮,乔神路.高速铁路长大桥梁 CRTSⅠ型板式无砟轨道无缝线路力学特性分析[J].铁道标准设计,2011(4):12-16.

[38] 苏雅拉图.CRTSⅠ型板式无砟轨道凸形挡台病害整治方案[J].铁道建筑,2021,61(04):120-124.

[39] 颜乐.CRTSⅠ型板式无砟轨道横向稳定性研究[D].成都:西南交通大学,2015.

[40] 李东昇,熊昌盛,杨怀志.京沪高速铁路 CRTSⅡ型板式无砟轨道结构病害检查的优化建议[J].铁道建筑,2020,60(11):115-118.

[41] 闫斌,戴公连.高速铁路斜拉桥上无缝线路纵向力研究[J].铁道学报,2012,34(3):83-87.

[42] 王语园.基于牵引回流的电气化铁道实时断轨检测方法[J].铁道运营技术,2013,19(4):34-36.

[43] 柯宝中.提高断轨检测精度的一种方法[J].铁道运营技术,2001,7(3):32-34.

[44] 任维卓.基于 DSP 图像式路基沉降监测系统研究[D].兰州:兰州交通大学,2020.

[45] 牛海鹏,谭志祥,邓喀中,等.客运专线无砟轨道路基沉降监测研究[J].铁道建筑,2011(8):67-71.

[46] 高伟,徐绍铨,刘爱田.GPS 测量在城市地面沉降监测中的应用研究[J].山东农业大学学报(自然科学版),2004,35(3):395-400.

[47] 闵永智,党建武,张振海.图像式无砟轨道表面沉降在线监测系统[J].光学精密工程,2013,21(6):1621-1627.

[48] 郝晋豫,朱少捷.郑西客运专线路基工后沉降监测方案的探讨[J].铁道工程学报,2010(3):33-36.

[49] 高亮,赵闻强,钟阳龙,等.轨道工程精细-均衡分析理论初探[J].北京交通大学学报,2020,44(1):1-11.

[50] 黄传岳,温浩,杨怀志,等.高速铁路道岔区无砟轨道伤损现状及分类研究[J].铁道建筑,2019,59(6):117-122.

4 高速铁路路基检测监测与维护技术

路基是高速铁路轨道结构的基础。高速铁路路基为层状土工结构系统，包括基床、基床以下路堤（本体）、地基、边坡防护、支挡工程及附属工程等。高速铁路要求路基保持良好的健康状态，以保证高速铁路的平顺、均匀和稳定，而路基健康状态受自然环境、列车荷载、不良地质和人为活动等多种因素的影响，具有复杂性和多变性的特点，其变形和失稳破坏通常表现为不确定性和非均匀性。随着监测技术的发展，基于健康监测的路基运营维护成为保证路基长期安全服役必要且可行的手段。本章首先简介了路基健康状态的基本要求及典型病害的类型和成因，而后阐述了路基工程监测的分类、原则、步骤、内容和方法，最后介绍了路基典型病害监测及整治维护方法。

4.1 高速铁路路基健康状态及典型病害

4.1.1 路基健康状态

铁路路基是铁路工程的重要组成部分，是轨道结构的基础。铁路运营过程中，铁路路基承受着上部轨道结构的静载和列车动载，同时经常遭受水流、风沙、严寒、高温等自然营力的侵袭，各种不良地质条件和人为活动等多种因素的影响。路基结构或路基设备在多种不利因素的影响下，降低或破坏了原有的设计标准，出现了异常的变形状态甚至造成某些使用功能的丧失即称为路基病害[1]，危害最大的两类路基病害，一是路基结构或边坡及附属设施失稳，另一种是路基结构变形超限。高速铁路路基一旦出现病害，整治难度大、费用高，对运营影响大。因此，为了给高速铁路提供一个高平顺、均匀和稳定的轨下结构，必须维护好路基结构的健康状态，减少病害的发生、减弱病害的程度。

铁路路基工程的构成及代表性横断面如图 4.1～图 4.3 所示，高速铁路路基结构及设施的健康状态涉及路基面、铁路基床、基床以下路堤（本体）、地基加固工程、边坡防护工程、支挡工程和防排水设施的变形及稳定性等各个方面。

1. 路 基 面

铁路路基面应保持符合线路运行的高程、宽度和形状。高速铁路对路基变形比较敏感，路基变形直接影响路基面和轨道的变形，运营期高速铁路对线路的平顺性方面要求十分严格，根据《高速铁路无砟轨道线路维修规则（试行）》（铁运〔2012〕83 号）[2]的规定，无砟轨道线路的轨距偏差达到 −4～+6 mm，或水平偏差达 7 mm，或高低偏差达 8 mm 等，通过临时补修仍无法达到平顺性要求时，就要采取整治或限速控制，所以控制路基变形是路基健康状态的最重要要求之一[3-5]。《铁路路基设计规范》（TB 10001—2016）[6]根据设计时速和路基区段类型给出了工后沉降限值，并对沉降速率进行了控制，具体见表 4.1。对于无砟轨道路基，沉降比较均匀并且符合调整轨面高程后的竖曲线半径 $R_{sh} \geqslant 0.4v^2$ 的要求时，工后沉降不超过 30 mm。路基过渡段区域内不仅应满足差异沉降要求，还应满足不均匀沉降造成的折角不应大于 1/1 000 的规定。

图 4.1 某路基工程概貌图

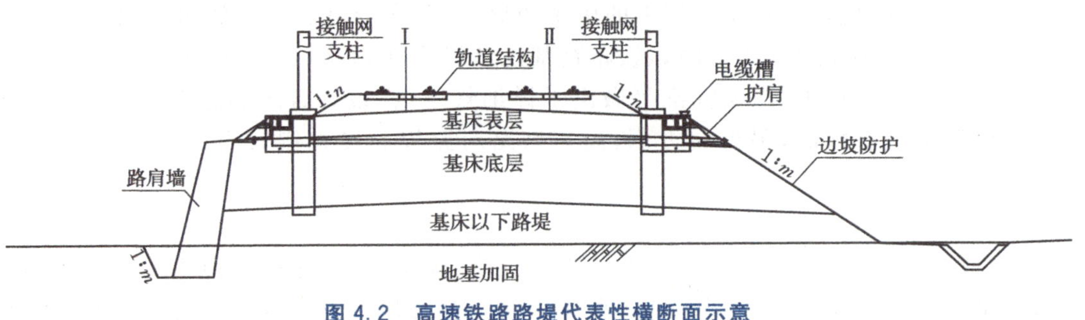

图 4.2 高速铁路路堤代表性横断面示意

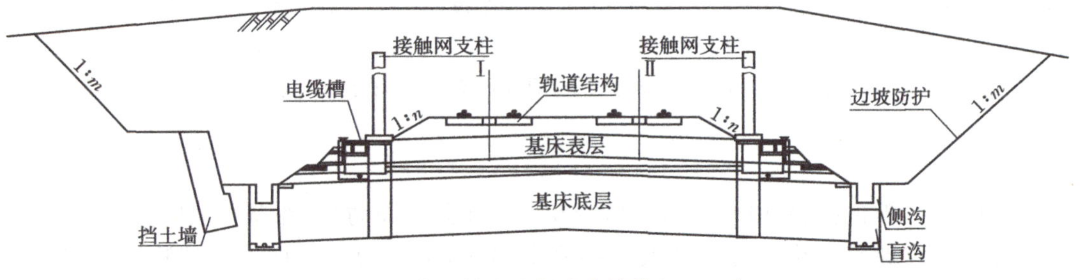

图 4.3 高速铁路路堑代表性横断面示意

表 4.1 路基工后沉降控制标准

设计速度/(km·h⁻¹)		一般地段工后沉降/mm	桥台台尾过渡段工后沉降/mm	沉降速率/(mm·a⁻¹)
有砟轨道	250	≤100	≤50	≤30
	300、350	≤50	≤30	≤20
无砟轨道		≤15	5	—

对路基面的弹性变形要求，根据我国《高速铁路工程动态验收技术规范》(TB 10761—2013)[7]的规定，有砟轨道的路基动变形不得大于 1 mm，无砟轨道的路基动变形不得大于 0.22 mm。

2. 基床结构

铁路路基面以下受列车动荷载作用和受水文、气候变化影响较大的范围称为基床，其状态直接影响列车运行的平稳和安全。路基基床结构应满足强度和变形的要求，保证其在列车荷载、降水、干湿循环及冻融循环的影响下具有长期稳定性。

当基床的强度、刚度或防渗不能适应复杂的外力作用时，就会产生各种类型的永久性变形，发生病害。产生基床病害的诸因素中，基床土的性质为内因，水与动荷载属于外因，要预防基床变形的产生，除从排水条件和路基土的压实密度方面改善提高外，主要从基床土的性质方面去解决。《铁路路基设计规范》(TB 10001—2016)对高速铁路基床厚度、填料及其压实标准、排水等作出了详细的规定，路基基床是由基床表层和基床底层组成的两层结构，基床表层厚度无砟轨道为 0.4 m，有砟轨道为 0.7 m，基床底层厚度为 2.3 m；填料应采用水稳性强和级配良好的粗粒土，为使基床受力均匀，避免轨道受力不均而产生伤损，规定了基床填料粒径的限值。

3. 基床以下路堤

基床以下路堤承受基床传来的荷载，应具有相应的强度、刚度和稳定性。路堤压密沉降在列车荷载及路堤填土自重作用下的压密变形，会向上传递至路基面，增大路基工后沉降。一方面，为减小路堤压密沉降，《铁路路基设计规范》(TB 10001—2016)对与之密切相关的路堤高度、填料种类、压实标准等做出了详细规定，在设计合理和施工有保证的前提下，该沉降数值是有限的，另外一方面，高速铁路对路堤高度控制较为严格，必要时以桥代路。

4. 地基加固工程

路基地基加固用于解决路基稳定、沉降变形控制或基床、支挡结构物地基承载力不足，以及液化和岩溶塌陷等问题。目前高速铁路路基常用的地基加固处理措施有水泥搅拌桩、旋喷桩、水泥粉煤灰碎石桩、素混凝土桩、钢筋混凝土桩网(桩筏)结构、钢筋混凝土桩板结构、注浆等，设计中根据铁路等级、沉降控制标准、地质条件、环境及工期等因素合理确定。地基加固工程应有足够的耐久性，在运营期能保持设计预期，为上部结构提供支撑。

5. 路基防护工程

路基防护工程包括路基边坡防护、风沙及雪害地段平面防护、路基保温防护。路基边坡防护主要是解决裸露的路基边坡及坡面的稳定问题，常用的工程措施有植物防护、骨架护坡、实体(孔窗式)护坡(墙)、锚杆框架梁护坡、喷射混凝土(砂浆)护坡、石笼防护、土工合成材料防护和防护网防护等。风沙地区通过设置防护带、植被保护带、阻沙障、挡沙墙等措施构成严密的、整体性的防沙结构体系。雪害地区通过设置防护林带、防雪栅栏、防雪堤、防雪沟、导风板、明洞或棚洞等措施防护。冻土地区通过设置保温层、通风管、热棒、遮阳板、保温护道等措施防护。路基防护措施在运营期应保持外观状态良好，无开裂、掉块、异常变形现象，能有效地防护路基在水流、风沙、雨雪、严寒、高温等自然营力的侵袭下，不降低或破坏原有的设计标准，确保铁路平稳通行。

6. 路基支挡工程

路基支挡工程是支撑路基填土或山坡土体，防止填土或土体变形失稳，承受侧向土压力的构筑物。铁路路堑常用的支挡结构有重力式路堑挡土墙、土钉墙、桩板式挡土墙、抗滑桩、预应力锚索、锚杆挡土墙等;路堤常用的支挡结构有重力式挡土墙、悬臂式和扶壁式挡土墙、桩基托梁挡土墙、桩板式挡土墙、加筋土挡土墙和抗滑桩等。运营中,支挡工程一旦发生破坏,将严重危害运营安全,因此要求支挡结构在各种工况下,均应满足稳定性、坚固性和耐久性的要求。对重大的路基支挡工程建立监测系统,对结构的变形和应力状态进行监测,是及时发现路基支挡结构病害的有效措施。

7. 路基防排水设施

路基防排水设施分为防水设施和排水设施两大类,防水设施有基床铺设的土工膜或防排水网、无砟轨道路基面铺设的细石纤维混凝土或沥青混凝土层等,这类措施将地表水或地下水引入排水设施中,避免其流入或下渗路基。

路基排水设施分为地表排水设施和地下排水设施。地表排水设施主要有排水沟、侧沟、天沟、跌水、缓流井、急流槽等,可有效拦截地面径流,汇集路基范围内的大气降水并使其顺畅地排出路基影响范围以外。地下设施主要有盲沟、支撑渗沟、仰斜排水孔、支挡结构墙背反滤层、各结构物泄水孔等,其作用是拦截、疏导地下水和下渗进入路基的地表水。地下排水的目的是拦截、排出地下水,降低路基范围内的地下水位,防止地下水侵入路基基床,影响基床承载力及稳定性。根据地下水的分布特征可设置明沟、盲沟、边坡支撑渗沟、渗水盲沟、深(浅)层排水斜孔等排水设施。

防排水系统失效或不完善是引起路基病害的重要原因之一,水的作用会降低路基填料和边坡岩土体的强度,降低路基的稳定性,从而发生变形诱发病害。在高速铁路对路基面变形毫米级的要求下,对路基排水设施的有效性要求更为严格,为保证运营期间路基工程动力特性和承载特性的长期稳定,必须构建完善的高速铁路路基工程防排水体系,且排水设施应保持完整、畅通。铁路路基排水系统如图 4.4 所示。

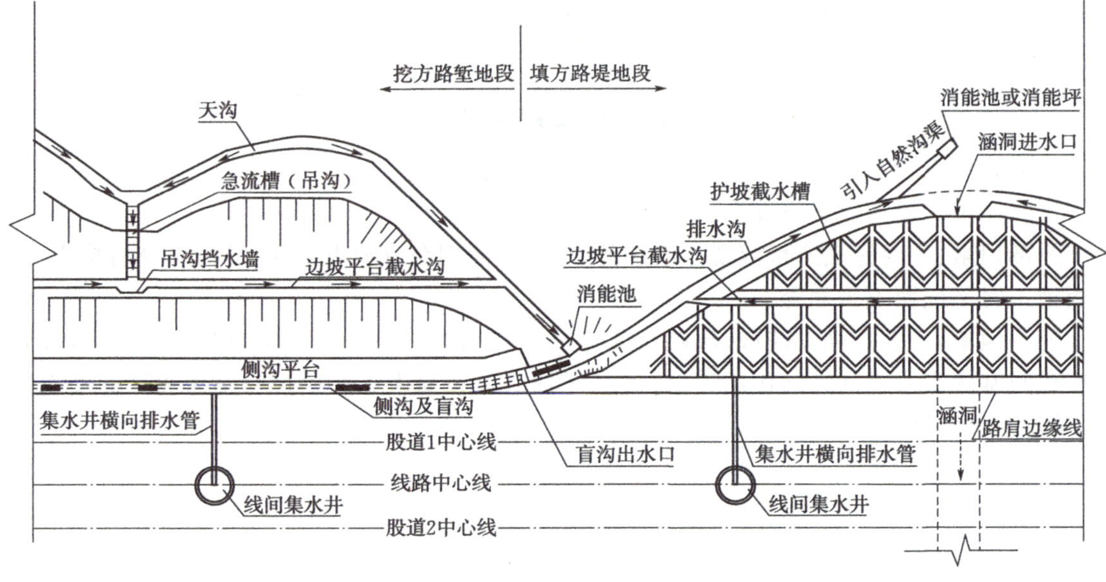

图 4.4 高速铁路路基排水系统示意图

4.1.2 路基工程典型病害及成因

影响路基病害的因素很多，其相互关系较为复杂，很多病害具有地区性特点，各国的具体条件不同，因而至今国际上尚无统一的路基病害分类标准。参考《铁路路基大维修规则》(铁运〔2008〕96 号)[8]中既有线路基病害的分类，针对我国高速铁路具体情况及路基病害产生的原因和特点，本节对路基病害特点进行整理并进行归类。

1. 路基基床病害

(1)基床翻浆冒泥

基床翻浆冒泥是指含黏粒、粉粒的基床表层土，在水和列车反复作用下，发生软化或触变、液化，形成泥浆，列车通过时轨枕上下起伏使泥浆受挤压抽吸而通过道床孔隙向上翻冒，造成道砟脏污、板结，丧失弹性[9]。

由于土质不良或地下水发育，致使基面土质软化或液化成泥浆，泥浆在列车动力荷载的作用下挤入道床，这类翻浆通常发生在雨季或春融后。目前高速铁路无砟轨道路基也出现了支承层底部翻浆病害。图 4.5 为某高速铁路开通运营后轨道支承层底部翻浆照片。支承层底部翻浆主要表现为在轨道板接缝处出现砂粒随水带出，个别严重工点翻浆现象贯穿整块支承层。

图 4.5 支承层翻浆

无砟轨道出现翻浆的原因主要有以下几个方面：

①底座板—基床表层离缝并扩展

内部因素：主要是底座板混凝土内部的裂纹、层间耦合及约束不强、结构本身的缺陷、底座板施工时下底面不平顺等。

外部因素：主要是列车荷载、温度荷载等外部作用引起底座板的应力及变形较大，导致底座板与基床表层之间粘结作用失效，离缝区域的存在加大了底座板与基床表层的动态接触作用，导致离缝区域的扩展和离缝量的增大。

②基床表层排水不良

路基基床表层布置有电缆槽、电缆井、接触网立柱基础以及各种过轨管等构筑物，接头接缝多，防水密封性不易保证，地表水下渗软化基床表面。

(2)基床下沉外挤

路基下沉是指由于路基土压实度不足或松软，在水、荷重、自重及列车振动作用下发生局部或较大面积的竖向变形[9]。基床下沉是由于基床填料压实度不足、土质不良或由于线路荷重增加而造成的基床面高程局部或大范围的明显沉陷的变形现象。

路基基床外挤是指由于基床土浸水软化，在列车动力作用下，软弱层顺其下部的刚卧层发生剪切滑动或塑性流动，向路肩一侧或两侧挤出的变形现象[9]。路基基床外挤的主要原因是由基床土体在水和动荷载作用下产生过大的塑性变形。当路基基床上层填土较薄时，在水和列车动荷载循环作用下，逐渐开始软化，进而发生较大的塑性变形，导致承载力降低，同时路基基床还会和紧密土层、刚卧层发生剪切滑动或者塑性流动，在滑动或者移动的过程中，水和列车动荷载变化会使得土体出现软化，进而出现比较明显的变形，降低土体承受力和结构的稳定性。

(3)基床上拱变形

路基基床上拱变形原因复杂，从目前研究结果来看，主要有以下几种原因：

①自然条件的变化导致土体膨胀，如冻土区路基冬季发生的冻胀；

②路堑开挖卸载后，产生卸荷带，人气、降水等充分耦合作用，引起基底岩体膨胀、蠕变变形，造成路基上拱变形；

③具有膨胀性的岩、土体，遇水发生膨胀变形。

2. 路基沉降病害

路基沉降分为路基填土沉降、地基沉降及边坡侧向变形引发的沉降三类。在铁路路基较大的竖向变形影响下会使得轨道出现不均匀沉降问题，进而甚至会出现不同程度的开裂问题，严重威胁铁路轨道的安全、稳定。在铁路正常运行一段时间后，铁路路基沉降问题在一定程度上会缓解，但也有部分线路因受列车荷载、水侵蚀等外部作用发生沉降，致使线路不平顺。

路基沉降病害的形成往往是多种因素共同作用的结果，通过对高速铁路路基沉降病害工点进行调研分析，并根据在病害中各种因素影响的大小，沉降病害按不同的成因可以分为如下 4 类。

(1)结构因素导致沉降

该类病害主要与结构自身的特点相关，设计的沉降处理措施不当、填料不符合要求、施工控制不严格等原因导致路基结构有缺陷，引起路基沉降。

(2)外界自然因素作用引起的沉降

在自然条件引起的干湿循环、冻融循环等变化下，路基填料或地基土发生物理、力学性质的变化而产生沉降。

(3)人为活动引起的沉降

路基附近的人类工程活动，甚至部分生产生活都有可能造成路基的沉降。例如高速铁路线路附近抽水，引起较大水位下降，导致沿线路基工程发生较大的沉降变形，引起区域沉降。

(4)过渡段差异沉降

过渡段是高速铁路工程中最薄弱的环节之一，桥梁、隧道或涵洞与路基工程之间即使发生轻微的沉降差，也会严重影响该线路平顺性。

从各种病害产生的机理来看，主要原因可分为以下几种：①恶劣气候环境的影响，如雨雪天气、极端低温、反复冻融循环等；②由于高速铁路对变形要求非常严格，勘察设计的误差、路基填料不合格、施工质量不良等均有可能引起路基的工后沉降超限，导致路基及无砟道床出现沉降病害；③高速列车荷载的反复高频作用，使得一些小病害迅速扩展，加速了微小病害的发展[10]。

3. 边坡溜坍、冲刷、失稳病害

我国山地面积占全国土地的三分之二，铁路边坡稳定问题十分突出，如图 4.6 所示。

图 4.6 路基边坡溜坍、失稳病害

(1)边坡溜坍

边坡溜坍是指路堤或路堑边坡表层受水流侵蚀软化，或由于列车振动荷载作用，失去稳定而形成的边坡浅层溜滑或坍塌。边坡溜塌分为路堤边坡溜塌和路堑边坡溜塌两类。

①路堤边坡溜塌，主要由填料不符合要求、填料密实度不足、防排水工程不完善、基底处理措施不当、边坡防护措施不足、路堤坡脚开挖等原因引起。

②路堑边坡溜塌，主要由排水系统不完善、地表下渗软化表土、不良节理裂隙、边坡防护措施不足、堑顶堆载等原因引起。

(2)边坡冲刷

边坡冲刷指的是路基周边的土质路堑在运行的过程中因为长期处于风力侵蚀以及水流冲刷的环境下，进而导致其稳定性逐步降低。边坡冲刷依据其自身特点不同而被划分为两大类型，分别是边坡淘刷以及边坡冲沟[11]。

(3)边坡失稳

边坡失稳一般是指边坡在一定范围内整体沿某一滑动面向下或向外移动而丧失其稳定性。边坡的稳定，主要由土体的抗滑能力来保持。当土体下滑力超过抗滑力，边坡就会失去稳定而发生滑动。边坡失稳主要有以下几方面的原因：

①地表水下渗或地下水侵入路基及其旁侧山体后，边坡岩、土体含水量增加，重度增大，力学指标降低，发生边坡失稳。

②岩石边坡在自然风化营力和雨水、河水冲刷的作用下，岩体发生剥落、掉块和坍塌等病害。

③边坡岩体中有软弱夹层或不良节理面，在外力作用下边坡失稳。

4. 崩坍、危岩落石病害

在地势陡峻、地质条件复杂的山坡上,因长期受风化侵蚀或其他外力的影响,岩体或土体突然脱离母体,在自重的作用下,发生急剧地向下倾倒、崩落、翻滚和跳跃等现象,称为崩塌。危岩是悬崖或陡坡上因裂缝的出现而导致的不稳定的岩体,落石系指个别岩块从悬崖陡坡上突然坠落的现象,如图 4.7 所示。危岩落石是一种不良的物理地质现象,是指在山区陡坡地段上一些不稳定的岩石体在重力作用下崩塌、倾倒、坠落等现象。崩坍及落石具有突发性及不可预测性,当其在较高的位置自上而下滚落,将以较高的速度和较大的能量撞击地面,造成路面的损坏或危及行车安全。

图 4.7 路基危岩落石病害

目前,危岩落石虽在建设阶段已经进行了处理,但在后期运营过程中该类病害仍然可能发生。现对主要原因分析如下:

(1)地形条件

坡度、坡高及坡形是影响崩塌的重要因素。边坡陡峭,坡面凹凸不平整,近乎直立的陡坡易引起岩体内部应力重分布,产生应力释放,出现岩体倾向临空面的倾倒拉裂和变形。岩体的拉裂和变形逐渐向深部发展,随着风化、侵蚀等作用进一步加剧,应力加剧调整积累,拉张裂隙扩张,并逐步发展,最终形成裂隙面的贯通。这种地形极易因风化、降水、人类工程活动及自重造成落石。另外,区域性构造线及各种软弱结构面处于最不利情况下也易发生崩塌落石。

(2)岩性条件

岩石性质、岩层产状和构造条件是发生崩塌、危岩落石的直接原因。一方面风化、性脆的石灰岩夹薄层砂岩在夏季或冬季昼夜温度差变化作用下,使岩体日间受热膨胀,夜间冷却收缩,此温差应力使岩体易产生碎裂;另一方面冬季裂隙水结冰后引起冻胀,也易使岩石破碎、剥落,并使坡面的张裂隙不断扩大和发展,并进一步形成软弱结构面从而造成落石。

(3)水的因素

水是崩塌落石产生的重要因素。雨水或雪水渗入岩、土体,增加了岩土体自重,并沿裂隙和节理面加大了静水压力,使裂隙开裂扩大,并产生动水渗流冲刷、溶解和软化裂隙、节理面充填物形成的软弱结构面,降低其抗剪强度,导致崩塌落石的产生,故崩塌落石常发生在雨季或暴雨之后。

(4)其他因素

①工程活动中的爆破、列车运行产生的反复振动可促使或诱发崩塌落石的产生。

②植物根系生长的楔入和产生的有机质化学作用亦深入裂隙,将岩体破碎、风化,为岩体崩塌的产生创造条件。

5. 岩溶、采空区塌陷

岩溶和采空区塌陷可导致路基的突然沉落,如图 4.8 所示,对行车安全造成严重的危害。

岩溶塌陷指覆盖在隐伏洞穴之上的松散土体在外动力或人为因素作用下,产生的突发性地面变形破坏而在地面形成塌陷坑的一种地质灾害。

图 4.8 岩溶路基病害

岩溶地面塌陷须具备三个基本条件,塌陷物质、运移与塌陷通道、运移与塌动力。塌陷物质为土洞、溶洞顶板;运移与塌陷通道为土洞、溶洞和溶蚀裂隙;塌陷及运移动力为水动力、振动力及地下水流强烈变化激发的真空吸蚀、气爆等。

煤等矿物开采过程中形成的采空区易导致采空塌陷,采空塌陷对路基的主要危害有地面不均匀沉降、轨道结构断裂、地基失稳、低洼积水等。采空塌陷的形成是多因素作用的结果。采空区采空塌陷主要受地质构造影响,其次受煤层开采方法、岩性坚硬程度、矿柱留设尺寸合理程度、地下水位的变化、大气降水、爆破振动、人类工程经济活动等多重因素的影响[12]。

6. 路基冻害

路基在土质、水和温度的不利组合下,低温季节基床冻结,短距离地段内出现不均匀冻胀或左右股道的不均匀冻胀,导致线路不平顺或方向不良称为基床冻害。铁路路基的冻害主要出现在高纬度的湿润地区。由于这些地区温度低,且土层中的水分较高,故而导致冻胀现象的出现,进而促使铁路路基出现冻胀等问题。影响路基冻胀的主要因素有适宜的土质、足够的负温总量和土中水源补给。适宜的土质是内因,负温和水分是外因,当 3 个条件都具备时,路基就不可避免地发生冻胀。

我国冻土分布范围较广，冻结深度大于0.5 m的冻土区约占我国国土面积的68.6%，其中季节性冻土占46%，主要分布于我国东北、西北、华北地区。随着青藏铁路、哈大高速铁路等严寒地区铁路的建设，我国在冻土路基方面开展了一系列的试验研究，取得了大量的成果和经验，如初步形成了寒区冻土的冻胀性分类体系，提出了相应的冻土路基控制措施及防冻胀结构，形成了冻土路基施工技术。然而，由于我国的地质条件复杂，不同地区气候也千差万别，已建的高速铁路仍然存在路基冻害问题。

哈大高速铁路沿线气候寒冷，2012 年 2 月线下工程部分已基本完工，2012 年 3 月发现由于路基局部冻胀引起轨面出现不同程度抬高，最大抬高量超过 20 mm，造成部分地段路基轨面不平顺。2012～2013 年冬季全线路基冻胀量小于等于 4 mm 的约占 61%，4～10 mm 范围的约占 33%，大于等于 10 mm 的约占 6%，且冻胀量大于等于 10 mm 的路基主要集中在鲅鱼圈、长春西等个别特殊地段[13]。冻胀量较大的位置主要位于路堑地段[14]。

路基产生大小不同的冻胀包，造成高速铁路的运行出现较大的不平顺性，造成超限测点个数增加。目前已经开通运营的高速铁路综合检测列车检测结果显示，超限类型几乎全是高低变化引起，超限数量变化趋势与路基不均匀冻胀发展趋势相同。尽管全线路基的绝对冻胀量大部分处于较低水平，但对于列车的安全运营仍然构成一定的威胁。

7. 特殊岩土相关病害

(1)膨胀土

膨胀土指的是由亲水性矿物岩土组成主要的岩土颗粒成分，而且具有失水后收缩、吸水后膨胀的变形特性的黏性土。膨胀土多分布于我国南方的中西部地区。膨胀土的伸缩性很强，其发生变化以所处环境的含水量为主要影响条件，其力学特性也是其发生变化的主要因素。膨胀土的膨胀率和收缩率较高，而且其胀缩具有可逆性。对于工程建筑而言，地基的含水量仅仅发生微小的变动便会产生来自水平方向和垂直方向双方面的膨胀变形。

对一般铁路工程而言，膨胀土地基的膨胀变形对路基影响较小，常忽略不计。当高速铁路穿越膨胀土地段时，由于路基膨胀变形引起的轨面几何状态的变化一方面将造成较大的轮轨附加动荷载，导致车辆运行品质下降，对行车安全性和舒适性产生威胁；另一方面，由于轨下基础的膨胀变形，造成钢轨和轨下基础受力状态变化，进而导致钢轨和轨下基础变形和伤损加剧，反过来又会恶化轨面几何状态，加剧轮轨相互作用，如此形成恶性循环，严重影响高速铁路线路的服役状态与使用寿命。

(2)黄土

黄土是一种以粉粒为主，多孔隙，天然含水量小，呈黄红色，含钙质的黏土。广泛分布于黄河中游的河南西部，山西、陕西和甘肃的大部分地区，以及青海、宁夏、内蒙古部分地区。黄土的湿陷性是在外荷载或自重的作用下受水浸湿后产生的湿陷变形。湿陷性黄土区高速铁路路基沉降变形由路基本体压缩变形、地基压缩变形、地基湿陷变形以及运营阶段列车活载引起的塑性变形等 4 部分组成。湿陷性黄土区高速铁路路基的沉降控制应从以上 4 个方面的沉降变形入手，而控制的重点又在湿陷性黄土地基的压缩与湿陷变形。

(3)盐渍土

盐渍土一般指盐溶液含量大于或等于0.3%的土。地表以下 1.0 m 深度内易溶盐大于此值时，应判定为盐渍土地区。盐渍土具有较强的吸湿、松胀、溶蚀及腐蚀等特性。按盐的性质，盐渍土分为氯盐类、硫酸盐类和碳酸盐类等。盐渍土路基的主要病害有以下几种类型。

①溶蚀。溶蚀现象主要发生在最易溶解的氯盐渍土中，其次是硫酸盐渍土。受水侵蚀时，土中盐分溶解，可形成雨洞、洞穴，甚至湿陷、坍塌等路基病害。

②翻浆。这类病害主要是由于盐渍土中所含易溶盐晶体聚水、脱水及吸湿潮化，使得土基饱水及承载能力下降，在外荷载作用下形成翻浆，影响高速铁路列车正常运营。以氯盐渍土地区较为多见。

③盐胀。硫酸盐渍土盐胀作用强烈。在冬季，盐胀可导致路面膨胀、变形、抬高轨面，春季气温升高后，路基又开始下沉。路基边坡和路肩表层在昼夜温度变化所引起的盐胀作用下变得疏松多孔，易遭风蚀。

④冻胀。氯盐渍土当盐含量在一定范围内时，由于冰点降低，水分聚流时间加长，可加重冻胀。但当盐含量更多时，由于冰点降低较多，路基将不冻结或减少冻结，从而不产生冻胀或只产生轻冻胀。其他两类盐渍土冻胀现象较盐渍土轻。

8. 其他病害

在特定环境下，浸水、风沙雪害及泥石流也可能会导致路基病害。

浸水路堤系指设计水位以下受水浸泡的滨河路堤、河滩路基和穿越积水洼地、池塘等地段的路堤[15]。浸水路堤按浸水时间长短可分为长期浸水和季节性浸水两种，长期浸水路堤由于毛细水上升作用，导致水位以上一定高度范围内土体饱和软化，引起基床病害（翻浆冒泥、冻害等）或列车振动液化。季节性浸水一般时间较短，不易产生上述现象。影响浸水路堤稳定的因素比较复杂，在设计时既需要掌握水文情况，又要弄清填料的物理学性质，结合实际情况进行综合分析，并设置适当的防护工程。

风沙对铁路的危害主要表现为沙埋与风蚀，其中又以沙埋为主。路基遭受沙埋有两种形式：其一是在风沙流活动地区，由于沙粒沉落、堆积，掩埋路基；其二是在流动沙丘地区，由于沙丘向前移动，掩埋路基。路基遭受风蚀，将会出现削低、掏空和坍塌等现象。

雪害地段路基。高速铁路雪害有积雪和雪崩两种主要形式。积雪包括自然降雪和风吹雪。自然降雪一般不致对公路造成严重危害；风吹雪可阻段交通，主要发生在我国东北地区、青藏高原及新疆等地。

泥石流是指地区由于地形陡峻，松散堆积物丰富，特大暴雨或大量冰融水流出时，突然爆发的包含大量泥沙、石块的洪流。有时每年发生，有时多年发生一次，对路基的危害程度也不一样。

4.2 路基工程监测技术

4.2.1 路基工程监测概况

我国高速铁路跨越地域广，各类复杂地质结构和大量过渡段频繁交替，同一条线路往往还要面临多种不同气候差异等诸多复杂因素的综合作用。高速铁路运营期路基失稳破坏和变形超限对高速行车的舒适性、安全性构成巨大威胁，因此，需要采取可靠的手段进行路基工程监测，从而为高速铁路安全运营提供技术保障[16]。

在对高速铁路路基进行监测时，一般应根据沿线地形、地质特点，综合考虑全线路基情况，采取全周期监测，全线观测，重点监测特殊路基、易发生病害路基工点的指导思想。路基监测按监测方式分为人工监测和自动化监测；按病害发生分为预防性监测和事后配合整治维护的监测；按监测的时期划分为施工期和运营期监测。路基施工期监测一般以人工监测为主，如采用观测桩、观测标等。运营期由于高速铁路天窗时间短，列车频次高，长期大范围的监测宜采用对运营干扰小、使用寿命长、观测方便的元器件形成的自动监测系统进行实时监测。监测的连续性由自动监测系统保证，以获取实时的监测数据。人工监测主要是利用天窗时间对变形监测基准点进行人工测量，是自动监测有效的补充和支撑，并对自动监测起到校验作用。

按监测目的分类，路基监测可分为控制稳定为目的的监测、控制变形为目的的监测和工程支挡防护结构服役状态的监测。我国自 20 世纪 90 年代中期开始高速铁路关键设计技术研究，在高速铁路施工监测方面积累了丰富经验，也取得了一些成绩，但尚缺乏结合路基防护支挡工程等基础设施服役状态监测和预测。

控制稳定为目的的监测，主要指路基穿过滑坡、岩堆、危岩落石等大型不良地质地段时，路基存在失稳的风险，对相应的路基高风险工点进行监测。无论是路堤、路堑还是其他形式的边坡以及岩堆地段的路堤，都是对原有的工程地质环境进行了不同程度的改造而形成的路基工程结构物。在建立新平衡的过程中，有可能出现路基失稳破坏现象，如边坡及岩堆体的崩塌、滑塌及坍塌等。对有可能出现失稳或已经出现失稳的路基有必要进行稳定性监测和分析，以便及时采取相应防护加固措施。

控制变形为目的的监测，是结合高速铁路对线下工程平顺性的高要求，以路基面和地基沉降变形观测为主，根据不同的结构部位、填方高度、地基压缩层厚度、地基处理方法、堆载预压等具体情况来设置的沉降变形监测。同时结合沉降监测方法和工期，根据施工过程中掌握的地形、地质变化情况调整或增设观测断面，研究各种填料对路基变形产生的作用，对变形大的特殊土地段和不同结构的过渡段采取相应补救措施。

工程支挡防护结构服役状态监测，是根据高速铁路对工程耐久性的要求，结合路基支挡防护和路基本体的监测和分析对路基支挡防护工程长期运营服役状态进行监测。支挡防护工程被广泛应用于稳定路堤、路堑、隧道洞口及桥梁墩台边坡以及滑坡、岩堆、危岩落石加固整治中，其应力应变状态直接反映了被加固体的稳定和变形情况。针对高铁路基高风险工点，需对重点支挡结构长期的服役状态进行监测，为工务段的养护与维修以及大、中修提供理论支持。

4.2.2 路基工程监测的必要性

1. 路基健康状态受气候、地质灾害、列车荷载、人为因素的影响较大

铁路路基是一种条带状的结构，具有复杂性及多变性特点。路基的健康状态易受列车荷载及自然条件的影响，如冻土区气候变化导致路基土体可能出现的周期性冻胀融沉。路基边坡受到降雨、融雪、地下水及河川的侵蚀、地震、人类活动等的影响，可能形成各种类型的路基坡面病害。除此以外，勘察设计误差、施工控制不严格以及路基附近的工程活动以及其他的人类活动，都有可能造成路基的沉降和变形[5]。路基健康状态和铁路工务部门的管

理养护也有一定的关联，养护维修不当影响路基的健康状态，路基健康状态欠佳也会导致工务部门养护维修的频率、难度和各项费用大幅增加。

2. 高速铁路路基需要通过变形监测确保轨道平顺性和运营安全

高速铁路要求轨道具有很高的平顺性，而无砟轨道线路状态只能通过扣件系统调整，因此，与有砟轨道相比，无砟轨道对轨下基础变形要求更为严格，路基变形控制标准要求更高，因此新建高速铁路施工期变形监测和评估工作非常必要。在高速铁路网建设过程中，不可避免地会出现新建线路和既有线路的交叉、平行或接入既有车站等情况。在既有线路、车站附近施工会引起既有线路路基或者车站工程的沉降变形，小量的沉降变形会对列车运行的舒适性造成影响，超出安全限制的变形会危及高速列车的运行安全，可能造成严重的人员伤亡和财产损失，因此在既有高速铁路附近施工时开展变形监测和预警是非常必要的[6]。重要的铁路工程，在试验段的建设过程中，需要通过相应的现场监测和测试，以选择合理的设计和施工参数，为大面积的推广提供依据。新技术的发展和新理念的应用，也需要通过监测评估验证其可行性。

另外，需密切关注我国普遍存在的地质灾害对路基稳定性的影响。我国是世界上地质灾害最严重的国家之一，灾害类型多、发生频率高、分布地域广、灾害损失大。全国范围内，共有上海、天津等46个大中城市出现严重的区域地面沉降；岩溶塌陷面积300 km^{2}以上，采空塌陷面积1 000 km^{2}以上；山区地质灾害频发，以崩塌、滑坡、泥石流为主。以2018年为例，我国共发生地质灾害2 966起，造成105人死亡、7人失踪、73人受伤，直接经济损失14.7亿元。高边坡、滑坡、危岩落石、采空区、岩溶塌陷都会危及周边高速铁路路基的运营安全，并且以分布广、突发性和破坏性强、具有隐蔽性及容易链状成灾为特点，因此必须注意此类工点的监测。

3. 路基监测技术的应用能在实现降低运营风险的同时降低工程投资

在合适的时机采取合理的监测方式，对控制路基运营风险非常有益。国外高铁项目对投资控制严格时，业主会要求以监测预警来代替工程加固。以俄罗斯高铁莫斯科到喀山段初步设计为例，该项目岩溶发育，如图4.9所示。对于岩溶塌陷形成的塌陷湖，若采用注浆加固、桩板结构等工程措施加固岩溶，投资约60亿，采用高强加筋土工布联合分布式光纤监测技术进行预加固和监测预警，投资约12亿，最终业主经过经济技术比较选择了后者。

图4.9 莫斯科到喀山高速铁路通过岩溶区地表塌陷情况

综上所述，路基监测已经成为高速铁路路基保持健康状态必要的技术手段。

4.2.3 路基工程监测原则

由于不同地段的路基评价标准不同，因此，路基稳定性监测的原则和内容也有所不同。路基稳定性监测均以工程安全施工和安全运营为目的。因此，监测方案的设计应考虑以下原则：

(1)监测点应设在数据容易反馈且不影响路基服役的部位；

(2)监测工作能够检验工程设计及施工方案的合理性，充分掌握路基建设和运营期间的健康状态，将信息向相关设计及运维部门进行反馈，有助于做好优化设计和运营维护工作，确保路基工程能够达到设计标准；

(3)能够迅速查明和判断环境因素对路基工程中存在的地质不良情况的影响，有效控制其病害的发展，保证路基实现精准维修和病害修复后的及时检控；

(4)针对危及路基工程稳定的关键问题确定监测指标；探查不稳定部位或影响稳定的因素时，应尽可能采用系统指标；长期监测指标要简单，在较全面地反映路基工程的实际运行情况下，力求少而精[17]。

在高速铁路选线设计时一般选择地质条件较好的地区，但不良地质区域不可能完全避开，影响较大的主要有高危边坡、滑坡、岩堆、地裂缝、岩溶、采空区、危岩落石等沿线地质灾害。高速铁路路基需要重点监测的有以下几种情况[18]：

(1)存在区域地面沉降地区的路基；

(2)存在危岩落石、高陡边坡、岩堆体、膨胀岩土、湿陷黄土、岩溶发育区等不良、特殊地质区段的路基；

(3)经过建设期监测确定后续可能存在继续沉降的路基；

(4)线路附近有环境敏感点或有可能发生异常情况的路基，如开矿、抽取地下水，或与其他交通设施交叉干扰的路基；

(5)路桥、路隧等不同构筑物过渡段和存在差异性沉降较大的区域。

4.2.4 路基工程监测步骤

路基工程监测的步骤：确定工程条件→确定监测的目的→监测变量的选择→预测路基工程运行性状→监测仪器的选择→监测系统的布置和设计[17]。

(1)确定工程条件

工程条件包括工程形式和几何尺寸、地质条件和工程技术特性、地下水情况、环境条件、对生命财产形成的威胁、邻近建筑物或其他设施的状况、设计的施工方法和施工程序、使用年限等。可根据地基条件、地基处理形式、路基结构和路基不同地段不同工程分类。例如，地基条件可分为软土路基、冻土路基和黄土路基等；路基不同地段可以分为路桥过渡段、滑坡地段等。在监测工程设计前，应对工程条件资料进行广泛地收集分析，必要时进行现场调查、勘测和试验。查清工程薄弱点和敏感区，确定路基和地基问题。

(2)确定监测目的

监测的目的必须根据工程条件明确地确定。监测的主要目的是确定工程是否处于预计的状态，监测的目的也可能是施工控制、诊断不利事件的特性、检验设计的合理程度、证明施工技术的适应程度、检验长期运行性能、促进技术发展和确定其合法的依据等。如工程设计一般需要根据岩土体、填筑材料特性和轨道车辆结构性能的保守假设来进行严密而复杂的力学分析。这些假设是用来规定设计中的"未知数"或不定值。监测提供的资料及各种因素对工程运行性能影响的评价，将有助于减少这些未知数，从而可以进一步完善和改进分析技术及工程试验，使未来的各种设计参数的选择更加趋于经济、合理。

明确监测目的，可以有的放矢地进行监测变量选择和监测系统的建立，为安全生产和运营提供保障。

(3)明确监测变量

路基工程在其施工期间，由于工程条件(路填高度或基底处理)会引起各种物理量的变化。在其服役期限内会经受周围环境变化的作用，并根据环境的变化做出不同性质的反应。在观测工程的性态时，各种物理量的取得取决于：

①原因或环境参量，即成因量，由于它们的变化而引起构筑物性态的变化；

②效应参量(结果参量)，即效应量，构筑物对原因参量变化而产生的反应。

按照监测目的不同又可分为工程性态观测量和科研工作观测量。原因参量和效应参量随时间而不断地变化。为评估与建筑物的反应模式有关的相关关系，必须对这些变化进行测量。由于这种测量要在建筑物寿命期限内系统重复地进行很多次，唯一实用的解决办法是配备专用于监视的永久性监测系统。因此，建立一个有效的监测系统必须选好监测变量。

(4)预测运行性状

在监测系统建立前，需要判断自然环境、施工阶段等对监测系统和监测物理量的影响，进而选择合适的监测传感器。例如，当采用沉降杯(液体沉降计)监测表面沉降过程时，若在北方寒冷季节，则需要采用防冻的液体来进行量测；在敷设传感器的导线时，需要避开边坡削坡的位置。

(5)监测仪器的选择

监测仪器的选择需要考虑以下几个部分：

①考虑监测变量的变化幅度，在不超出量程的前提下尽量选择精密度、灵敏度和准确度高的人工监测仪器或传感器实现精度要求。

②最大可能地实现经济合理的要求，兼顾技术成熟与系统先进性的要求，不要任意选择精度过高的仪器而造成监测成本过大。

③仪器具有低功耗、自组网、存储和双向通信功能。

④监测仪器如在施工期安装，应尽量避免影响施工，自动监测设备埋设在路基中还需考虑长期的耐久性和可靠性，具有防冻、防潮、防振、防腐等与环境相适应的性能。在运营期上线安装，由于高速铁路为封闭式运营，安装作业必须选择在天窗点进行，测试设备固定后不得干扰行车。因此，无论是人工还是自动监测设备，仪器选型及施工方案设计时，必须考虑安装的简便性、易恢复性和易于维护性。

⑤为保证现场对行车安全无干扰和监测效果的长期稳定性，测试设备及其线路的保护非常重要。人工埋设的观测桩等需固定牢固，并加警示标识。自动监测传感器合理保护封

装以减少传感器对外界温湿度的敏感，其余线路可采用不锈钢波纹管和不锈钢线槽等固定保护。考虑到高速铁路沿线供电条件受限制，传感器的电源可采用独立的太阳能供电系统提供。

(6)监测系统的布置和设计

结合监测的目的和内容，合理布置监测系统。人工和自动监测相结合是目前线路运营期监测普遍采用的监测方法。要求验证新技术、新方法使用效果的监测项目需要选择对比的常规内容达到此目标。监测系统中的各个监测项目，最好能达到相互验证，从而更能验证其测试量。监测项目的设计包括以下内容：监测项目的土建设计，包括相应的成孔作业、电缆布设及相应的保护措施；断面设置及监测项目的布置；电缆走线；传感器率定、安装及初测；长期监测系统的维护及保养设计。

对于开通运营的高速铁路，采用轨检车能完成轨道结构所提供的各类静、动参数，但对于路基内部的物理量，尤其是无砟轨道路基，是无法获取的，并且运营铁路是杜绝人员在线路上进行任何监测工作。人工监测可采用提前在路基路肩表面布设观测桩等，线外采用仪器定期监测的方式。对于自动监测系统，可以按设定的要求进行无人工自动采集、传输以及分析，可以取得常规监测无法实现的内容。自动化监测是高速铁路在运营期间监测路基表面和内部物理变量长期连续变化的有效方法。两种方法有效结合测得的数据可纳入长期监测系统，为铁路工务部门的运营维护提供参考。

自动监测系统宜采用分布式系统架构，可由中心级系统、现场级监测预警系统和传输网络等组成。监测系统为集结构计算分析、计算机技术、通信技术、网络技术、传感技术以及信息分析处理评判等高新技术于一体的综合系统工程。为了使监测系统能够真正满足路基运营期安全运营和维护管理的需要，整个监测系统严格遵循可靠性、先进性、可操作性、易维护性、完整性和开放性原则，并特别强调系统的实用性。

4.2.5 路基健康状态监测内容和方法

路基工程施工期间的监测以路基沉降变形监测为重点，《铁路工程沉降变形观测与评估技术规范》(Q/CR 9230—2016)[19]规定了路基的观测期以及观测断面间距、观测点布置、观测频次等要求以及沉降观测的起始时间，并对加密或降低沉降观测频次的情况进行了规定，适用于所有等级的铁路路基工程施工期的监测。在此主要关注高速铁路路基运营期健康状态的监测，监测断面的选择、测点布置、频次及起始时间等参考规范第 4.2.3 条和第 4.2.4 条进行确定，本节主要涉及监测内容和方法的确定。

高速铁路路基健康状态的突出反映为变形和稳定。对于高速铁路路基本体和地基主要存在的沉降变形、路基水平位移和路基应力变化等，其中路基的沉降变形尤为重要，对于高铁路基结构而言，满足变形要求，承载力和稳定性一般也会满足。因此需要重点关注的主要是特殊土路基的路基和地基的变形及相应影响因素。

控制路基稳定性和支挡结构服役状态的监测主要是针对高陡边坡和易发生地质灾害的高风险工点。

本小节主要结合特殊土和高风险路基工程的特点，针对监测目的给出监测内容和监测方法。同时，在 4.3 节中基于典型的路基病害，给出对应的监测重点和相应的病害整治措施。

1. 特殊土路基的监测内容和方法

(1)软土路基

软土是指在滨海、湖泊、各地的河滩上沉积的天然含水量高、孔隙比大、压缩性高、抗剪强度和承载力低的软塑到流塑状态的细粒土。

我国铁路软土路基在运营期的主要病害是路基的沉降，一方面是由于路基本体压实度不足，导致路基在自重及荷载作用下产生沉降；另一方面是地基软弱土层在填土和列车荷载作用下产生的变形。软土地基的沉降按其发展可以分为在路基本体填筑初期发生的瞬时沉降、在荷载作用下土体压实产生的固结沉降及持续荷载下有效应力不变的次固结沉降三部分。因此，软土路基监测内容以沉降变形、孔隙水压力及地下水位为主。变形监测涉及路基及地基的水平和竖向位移监测。

路堑沉降观测部位为基床表层的底面处，路堤沉降由路堤本体和地基组成。为得到路堤沉降量与时间的关系及沉降主要产生的部位，应观测基床底层顶面的路基总沉降和地基面处地基部分总沉降。对于地基条件复杂和填土高度大的路堤，还应包括路堤中部的沉降观测、地基处理范围的下限处地基深部及分层的沉降观测，点位布设时应作特殊设计[20]。

(2)黄土路基

黄土具有直立性强、抗水性差的特性，地基处理时可采用重锤夯实、换填垫层、土桩挤密处理等措施，使其原状结构遭到破坏。因黄土路基破坏的主要原因是由于水分的影响，因此，黄土路基的监测主要是路基及地基的水平和竖向变形以及地下水位的监测，必要时可增设小型气象站，收集雨量等气象资料。监测可参考软土路基监测方案。

(3)冻土路基

冻土是指零摄氏度以下，并含有冰的各种岩石和土壤。一般可分为短时冻土(数小时/数日以至半月)、季节冻土(半月至数月)以及多年冻土(又称永久冻土，指的是持续二年或二年以上的冻结不融的土层)。路基病害的产生和发展与路基填料的工程性质、地表水与地下水、列车振动荷载、土的动力强度特性和温度及其变化有关。主要是路基填料、水、列车荷载和温度变化等各项因素综合作用的结果，各种因素之间又相互关联。不同的病害中路基填料、水等各种因素影响程度不同。

根据冻土路基的病害特点，冻土地区高速铁路路基除监测路基和地基沉降变形外，还需对路基和地基冻深范围内的地温、湿度等进行密切关注。

(4)膨胀土路基

膨胀土有较强的胀缩性、较小的渗透性、较发育的裂隙等。土的胀缩性是导致膨胀土地区发生地质问题和危害的根本原因[20]。在设计膨胀土地区的路基时，主要应考虑使膨胀土的含水量保持稳定，这样才不易产生较大的胀缩变形和强度衰减。因膨胀土路基的病害主要与水分相关，其监测内容与黄土路基类似。需注意的是，由于裂隙发育，可对路基表面增设裂缝监测。

图 4.10 给出包含路基工程主要监测内容和常规监测仪器的示意图。监测站空旷处，可设立由雨量计和蒸发皿组成的小型气象站，用于监测降雨量和蒸发量。监测断面上，埋设湿度传感器、温度传感器和土压力盒。路基表面及路基内部埋设沉降变形(沉降观测桩、单点沉降计、剖面沉降管)和水平位移(测斜管)监测仪器，原地面线位置敷设坡面沉降管、布置观测井和观测边桩等[21,22]。

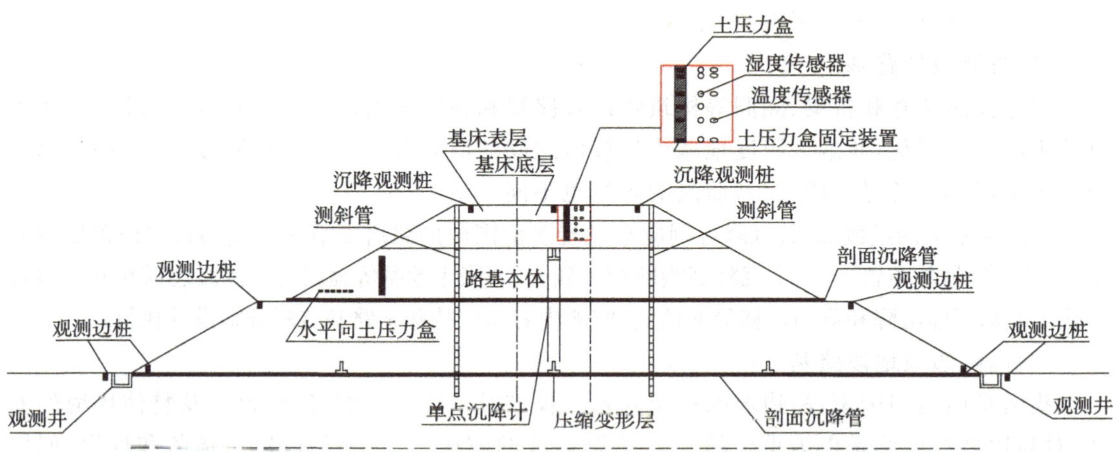

图 4.10 路基工程监测仪器布设图

高速铁路路基填筑时，针对其主要出现的工程问题进行多方面的测试，主要的监测项目见表 4.2[17]。

表 4.2 路基监测项目

监测内容		监测方法	监测目的
地表监测	水平位移监测	全站仪、光电测距仪、GNSS 主机、InSAR/DInSAR、LiDAR 等	观测地表位移、变形发展情况
	垂直变形监测	水准仪、单点沉降计、压差式传感器、GNSS 主机、InSAR/DInSAR、LiDAR 等	
	裂缝监测	标尺、直尺或裂缝计	观测裂缝发展情况
地下位移监测		分层沉降仪、单多点位移沉降计；测斜仪、水平位移计	路基填筑过程中，量测地基某个位置或某些位置的沉降值；或者量测路基坡脚的底鼓或侧向挤出的水平位移量；或者评价进行了地基处理后的效果
压力监测		孔隙水压力计、土压力计	监测路基填筑过程中，超孔隙水压力的消散过程及土压力的变化过程
地下水位监测		水位计	观测地下水位变化与降雨的关系，评判边坡排水措施的有效性
气象资料的监测		小型气象站（温度计、雨量计、风速仪等常规仪器）	主要收集气温、雨量、风速等气象资料
地温监测		热敏电阻、热电偶、钢弦式温度计	测量天然地基地温及填筑路基后地基土及填料的地温变化，确定人为上限的形态和地温变化
湿度监测		水分传感器	确定路基内水分变化情况

注：GNSS 为全球导航卫星系统；InSAR 为合成孔径雷达的干涉测量技术；DInSAR 为合成孔径雷达的差分干涉测量技术；LiDAR 为激光雷达。

2. 高风险地段路基的监测内容和方法

(1)过渡段处路基

高速铁路路基和桥梁、涵洞等构筑物以及路堤和路堑之间设置一定长度的过渡段,使轨道的刚度逐渐变化,并最大限度地减少过渡段之间的沉降差。由于强度刚度等方向的差异,设置于不同部位的过渡段,路基监测的内容也不同[17]。

一般地基上的过渡段,其沉降观测应在过渡段范围内的路肩上沿纵向监测过渡段范围内的路基面沉降,另外布置 3～4 个沉降观测断面。软土、膨胀土地基等地段的过渡段还需在断面内进行软土地基表面沉降和侧向位移等的监测,监测内容参照特殊土路基监测方案设计执行。

(2)高陡边坡地段路基

我国是山地型国家,高边坡的稳定问题不仅涉及工程自身的安全,也涉及整体环境的安全,对高边坡的监测是极为重要的[23]。铁路边坡的破坏形式主要有滑坡、错落和堆塌,崩塌和落石以及剥落。运营期间主要是对其防治效果、运营期间发生危害可能性较大的时段,如雨季或外界扰动较大的时段进行监测,对于边坡稳定性较差的路段,需长期监测,时刻关注边坡体的稳定性及发展动向,及时向运营部门预警预报。路堑边坡或滑坡监测和高路堤边坡的主要监测内容分别见表 4.3 和表 4-4[17]。

表 4.3　路堑边坡或滑坡监测

监测内容		监测方法	监测目的
地表监测	水平位移监测	全站仪、光电测距仪、GNSS 主机、InSAR/DInSAR、LiDAR 等	观测地表位移、变形发展情况
	竖向位移监测	水准仪、GNSS 主机、InSAR/DInSAR、LiDAR 等	观测裂缝发展情况
	裂缝监测	标桩、直尺或裂缝计	
地下位移监测		测斜仪	探测相对于稳定地层的地下岩土位移,证实和确定正在发生位移的构造特征,确定潜在滑动面深度,定量评价边(滑)坡的稳定状况,评判边(滑)坡加固的工程效果
地下水位监测		水位计	观测地下水位变化与降雨的关系,评判边坡排水措施的有效性
孔隙水压力监测		孔隙水压力计	监测滑坡体水平变形产生的孔隙水压力的变化
支挡结构变形、内力		测斜仪、分层沉降仪、单多点位移沉降计、压力盒、钢筋应力计、锚索(锚杆)测力计	支挡构造物岩土体的变形观测,支挡构造物与岩土体间接触压力观测

表 4.4　高路堤边坡稳定和沉降观测

观测项目	仪器名称	观测项目
地表水平及竖向位移	地表水平位移桩(边桩)	用于稳定监控,确保路堤施工安全和稳定
地下土体分层水平位移量	地下水平位移计(测斜管)	用于稳定监控与研究,掌握分层位移量,推定土体剪切破坏位置,必要时采用
路堤顶沉降量	地表型沉降计(沉降板或桩)	用于工后沉降监控,预测工后沉降趋势,确定铺轨时间

(3)崩塌、滑坡、泥石流、岩溶等不良地质地段监测

我国是世界上地质灾害最严重、受威胁人口最多的国家之一,地质条件复杂,构造活动频繁,崩塌、滑坡、泥石流、地面塌陷、地面沉降、地裂缝等灾害隐患多、分布广,且隐蔽性、突发性和破坏性强,防范难度大[24]。

地质灾害监测的主要工作内容是监测地质灾害在时空域的变形破坏信息(包括变形、地球物理、化学场等)和诱发因素动态信息。运营期间地质灾害主要是对设计的防治工程效果进行监测,同时对不宜处理或十分危险的灾害体,监测其动态,及时报警,防止造成人员伤亡和重大经济损失。由于地质灾害的诱发因素多样,产生的灾害表现形式差别也较大,其监测方法以及相应支护结构的监测内容和方式也呈现出多样性,需根据具体问题针对性进行分析和监测方案设计。本小节仅简单介绍主要的地质灾害监测内容和适用性,见表 4.5 所示[25]。

表 4.5 地质灾害监测内容及适用性

内容		适用性
变形监测	宏观地质调查	各种地质灾害的实地巡查
	地表位移监测	崩塌、滑坡、泥石流和地面沉降等地质灾害的地表整体和裂缝位移监测
	深部位移监测	用于监测具有明显深部滑移特征的崩滑灾害深部位移监测
物理与化学场监测	应力场监测	用于崩塌、滑坡、泥石流地质灾害体特殊部位或整体应力变化场变化监测
	地声监测	适用于崩塌、滑坡、泥石流地质灾害体活动过程中的声发射特征
	电磁场监测	适用于监测灾害体演化过程中的电场、电磁场的变化信息
	灾害体温度监测	适用于监测滑坡、泥石流等地质灾害在活动过程中的灾害体温度变化
	放射性测量	用于监测裂缝、塌陷等灾害体特殊部位的氡气异常
	汞气测量	用于监测裂缝、塌陷等灾害体特殊部位的汞气异常
地下水监测	地下水动态监测	适用于监测滑坡、泥石流、地面沉降等地质灾害的地下水位的动态变化
	孔隙水压力监测	适用于崩塌、泥石流地质灾害体内孔隙水压力监测
	地下水质监测	适用于监测滑坡、泥石流、地面沉降、海水入侵等地质灾害的地下水质的动态变化

地质灾害的发生通常具有综合前兆,单一由个别前兆来判别灾害可能会造成误判,带来不良的社会影响。因此,发现某一前兆时必须尽快查看并迅速作出综合的判定。若同时出现多个前兆时,必须迅速疏散人员,并尽快报告当地相关部门,启动应急计划。

4.3 高速铁路路基典型病害监测及整治维护技术

路基病害整治应依据路基病害的类型、发生的部位、规模大小、严重程度，结合不同类型的监测或检测数据，分析病害原因，采用切实可行的整治维护措施。典型的路基病害类型、监（检）测重点、整治维护措施如下所述。

4.3.1 路基基床病害

路基基床病害主要有基床翻浆冒泥（图 4.11）、基床下沉外挤和基床上拱变形。

监测重点：地表变形监测，包括水平位移和竖向位移，膨胀岩土地段监测地下水位情况。检测重点：填料是否合格和密实，防排水措施是否有效、完善。

常用的整治措施：换填加固法，设置隔离层法，挤密桩加固法，灌入固化物，注浆抬升技术，设置纵向盲沟加强基床排水，桩板结构加固等[10]。

图 4.11 有砟轨道基床翻浆冒泥病害

（1）换填加固法

换填加固法是将基床一定范围内强度不符合要求的填土挖除，置换强度高、性能稳定的级配碎石或其他工程材料，同时以机械方法分层碾压使之密实度和强度达到相关要求。采用换填的整治方案提高基床强度，可用于整治发生下沉外挤或深陷槽病害的软弱基床以及基床翻浆冒泥病害。但换填基床土的施工需采取封锁线路、揭盖施工或架空轨道、限速行车的方案，且施工进度较慢，若地段较长时，对行车干扰较大。

（2）设置隔离层法

在已发生基床翻浆冒泥的地段，或基床土质不良而强度足够，具备产生翻浆冒泥病害条件的地段，可在基床表面铺设土工合成材料封闭层。可选用不透水的塑料排水板、复合排水网、土工膜或复合土工膜铺设等。土工合成材料封闭层的施工需在线路封锁（如施工“天窗”）或架空轨道、限速慢行的条件下进行，相比基床换填的方法，铺设土工合成材料封闭层设计简单、投资较低、效果良好。该方法适用于各种土质、风化岩质基床的基面翻浆冒泥病害的整治，但基床土强度不足时不宜采用。

（3）挤密桩加固法

根据复合地基原理，采用水泥挤密桩、石灰砂桩等各类小直径改性桩体加固软弱基床，可提高基床的承载力与抗剪强度，减少沉降量。桩体加固的方法适用于基床软弱层较厚、下沉外挤病害较严重的地段。各类改性桩体对基床的加固作用表现在物理和化学效应两方面。第一，通过不排土成桩工艺打入的加固桩体对原有基床土有置换与挤密作用，从而改善了桩间基床土的物理性质。第二，加固桩体一般掺有水泥或石灰、粉煤灰等水硬性或气硬性胶凝材料，不仅硬化桩体本身，还与桩间土起离子交换—水胶连接作用及化学固结反应，从而改善基床土的化学性质，明显提高了基床的后期强度。采用桩体加固基床不影响线路的纵断面状态，工作量小于换填加固和设置隔离层法；在行车密度不大的运营线上，利用列车间隔时间灵活施工，有一定的优越性。

(4)灌浆加固法

灌浆加固法是利用液压、气压或者电化学原理，通过注浆管把浆液均匀地注入地层中，浆液以填充、渗透和挤密等方式，促使土颗粒间和岩石裂隙中的水分和空气排出，同时将原来松散的土颗粒或裂隙胶结成一个整体，如图 4.12 所示。依据病害的成因和填料的物理、化学构成选择合适的灌浆材料，目前常用的注浆材料有水泥类、水玻璃类、树脂类以及各种改性浆液和复合浆液。选择适宜的灌浆工艺、灌浆材料，控制好材料的凝结时间、注浆压力和注浆量是灌浆加固法实现加固效果的关键。灌浆加固法适用于在铁路运营条件下，对路基承载力和变形不满足要求的基床和路堤本体进行加固处理，以提高路基强度和变形模量，具有增加填料的水稳性，增加路基抗渗能力以及控制沉降变形等的优点。

图 4.12 既有线基床斜孔注浆加固基床

(5)加强排水法

水是基床病害的重要诱因，地下排水设置不良、地表隔水层失效、地表水下渗或地下水位较高，基床填料或基底岩土体含水率升高后，其物理力学性能被破坏，促成病害的发生。通过修复增设地表、地下截排水设施，阻断水进入基床，是处理基床病害的一种低价、简单、有效且对运营影响小的措施。具体的整治方法有修补路肩裂缝，疏通路肩截水沟，做好地表排水，防止地表水下渗，在路基一侧或两侧加深侧沟、留泄水孔，并在侧沟靠基床侧做好反滤层；在侧沟下或内侧下修纵向渗沟或加深原有盲沟，增设盲沟检查井，改善盲沟排水能力，疏通盲沟排水通道等。

(6)暗挖基床表层落道、切割支承层、桩板结构整治上拱变形

近年来，高速铁路路基上拱变形问题突出，多条铁路先后发现了路基上拱变形现象，病害原因比较复杂，基床上拱变形病害整治难度大，尤其是无砟轨道，上拱变形发生后整治非常困难。发现病害后，首先应建立有效的变形监测系统，特别是深层变形监测系统，根据监测结果确定整治措施，并验证整治效果。目前提出的措施主要有暗挖基床表层落道、切割支承层和桩板结构。

暗挖基床是在不破坏轨道结构的基础上，主要靠人工开挖操作，效率较低，但对运营影响较小，适用于无断道施工条件且天窗点较短的段落，如图 4.13 所示。

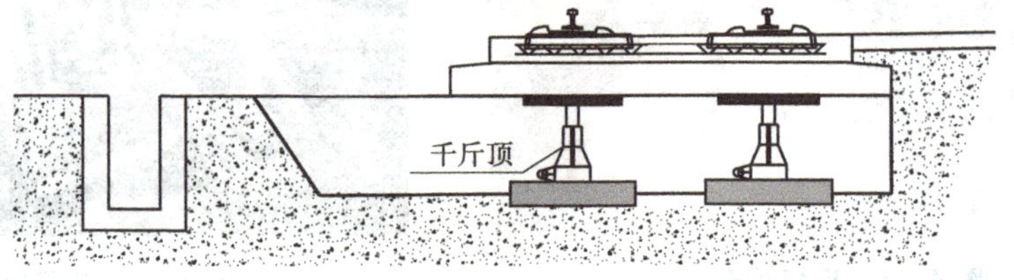

图 4.13 暗挖基床示意图

切割支撑层通常采用绳据法切除一定厚度支撑层进行道床板落道整治，该方法不破坏轨道板，但是要减薄支撑层厚度，机械化程度较高，但是每天机具的进出较为费时，适用于天窗点较长或者是有断道施工条件的地方，在高速铁路的道岔区的应用应慎重。

桩板结构是由钢筋混凝土桩基和钢筋混凝土承载板组成的一种承力结构，如图 4.14 所示。承载板承受轨道及列车荷载并传递至桩基，通过桩基传递给地基。用桩板结构需要破坏轨道结构，施工期间要求断道，对运营影响非常大，适用于开通运营前或者有断道封闭施工条件的地方。

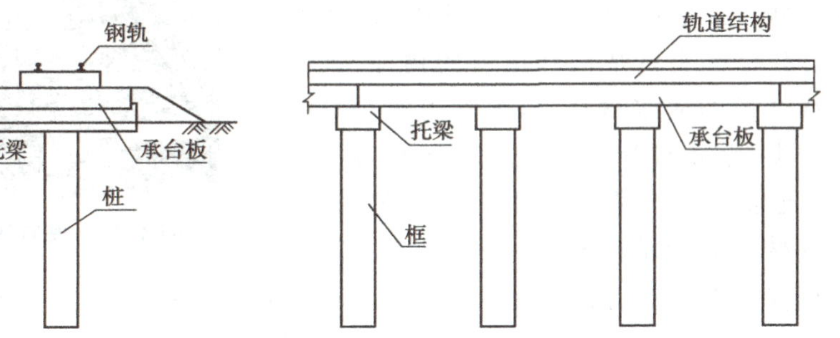

图 4.14　桩板结构示意图

典型案例：

某高铁受列车荷载的作用，整体道床破损、纵横向裂缝交错。其中道床外沿纵向裂缝长达 5 m，最大下沉量为 3 cm，横向裂缝贯穿道床造成线路竖向、横向起伏较大，严重危及行车安全。通过分析，该段线路下沉主要原因为：道床施工时虚渣清理不彻底，加之地下水长期浸泡软化，在列车动载作用下产生抽吸喷浆、翻浆冒泥，随着细颗粒的流失，出现空洞，进而产生道床下沉。根据病害的成因及现状，制定了“机械抬升＋注浆填充”的病害整治方案。先修补整体道床裂缝及支撑块破损，然后在道床两侧及中心处安装轻型千斤顶，采用液压伺服系统控制各台抬升设备抬升道床，并根据线路监测数据实时调整各处抬升高度，如图 4.15 所示。各处达到预定抬升高度后，进行注浆填充作业，注浆材料采用高分子加固材料，如图 4.16 所示。经过整治后，根据车载仪器及现场监测未发生新的变形，整治效果良好。

图 4.15　现场抬升

图 4.16　注浆填充

4.3.2 沉降病害

路基沉降主要由两部分组成，包括地基土的沉降和路堤填土的沉降，因高速铁路对路基填料和压实标准的严格要求，填土本身发生的沉降所占比例较小，但也有因碾压密实度达不到要求造成的本体沉降，除此之外沉降主要由软弱地基压缩变形或发生侧向位移引起。

监测重点主要是竖向位移；检测重点包括填料是否合格，防排水措施是否有效、完善，地基条件是否恶化。

沉降病害整治维护要结合病害产生的原因进行，常用的整治维护措施有注浆法、灌入固化物、注浆抬升技术等。

(1)注浆法。注浆法主要用于处理地基土的沉降病害。通过形成桩土复合地基提高基底强度和承载力，控制基底变形，其原理与处理基床病害相同，不再赘述。布置方式为在路堤坡脚处斜向布置桩孔，加固基底软弱土层，如图 4.17 所示。

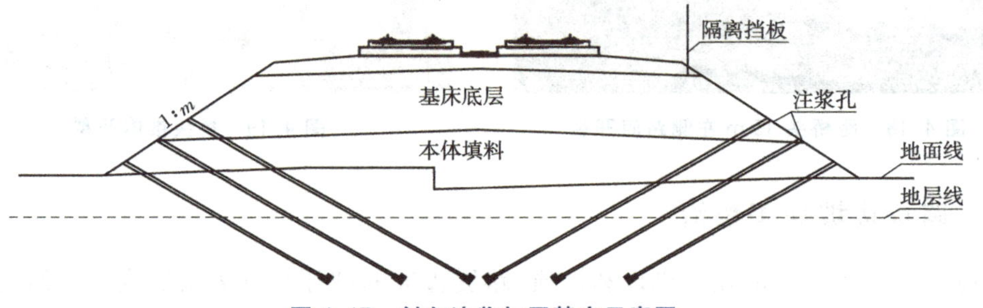

图 4.17 斜向注浆加固基底示意图

(2)灌入固化物及注浆抬升技术。灌入固化物是通过注入的浆液填充、渗透和挤密作用以及与土体发生的化学反应提高土体的工程性质，其原理与处理基床病害相同，不再赘述。注浆抬升技术是通过持续的注浆，浆体不断在土体中扩张，先在地基中形成持力层，然后浆液在压力的作用下，挤向土体，并在土体中形成球状或者圆柱状的浆柱，浆柱和土体相互挤压，当浆柱体积增大到一定程度后便开始对土体产生顶升作用。为防止浆液外渗，更好地达到向上顶升效果，可在路基两侧设置旋喷桩止水帷幕，也可通过在轨道结构下注入化学材料，通过注入压力与材料反应膨胀共同作用抬升支撑混凝土板。这两种注浆方式都可用来处理路基基床填土沉降引起的病害，但受注浆工艺、注浆材料、注浆压力和注浆量等多项参数影响，很难精确控制抬升量，因此施工中应同步监测路基面变形，且要配合调整扣件或垫调高垫块精调轨面标高。

典型案例：

以某铁路桥路过渡段沉降为例：工点填方 6～8 m，基底为硬塑状黏土，采用 CFG 桩加固，过渡段采用级配碎石掺 3%水泥填筑。通过监测数据发现开通运营后 1 年内累积沉降 4 cm，调查发现路肩和桥头锥体开裂，如图 4.18、图 4.19 所示。经取样检测，过渡段填筑密实度未达设计要求，填料黏粒含量超规范许可，且经监测发现地面并无沉降现象，分析为路基填筑不密实、填料不合格引起的本体沉降。加固措施为两侧边坡斜向注浆加固本体，经整治，沉降稳定，目前运营情况良好。

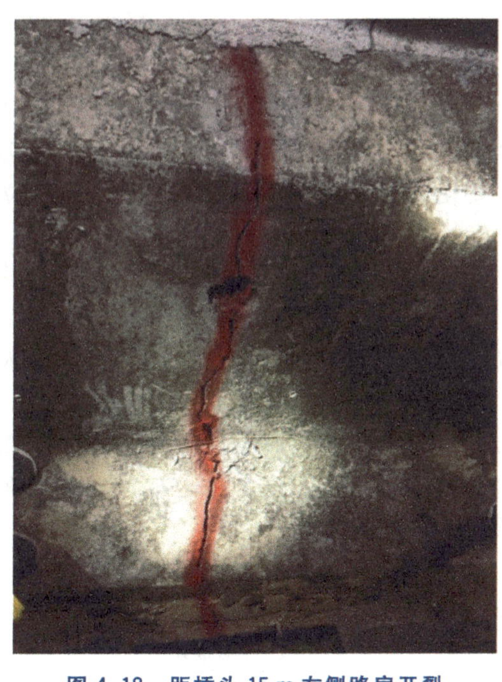

图 4.18 距桥头 15 m 左侧路肩开裂

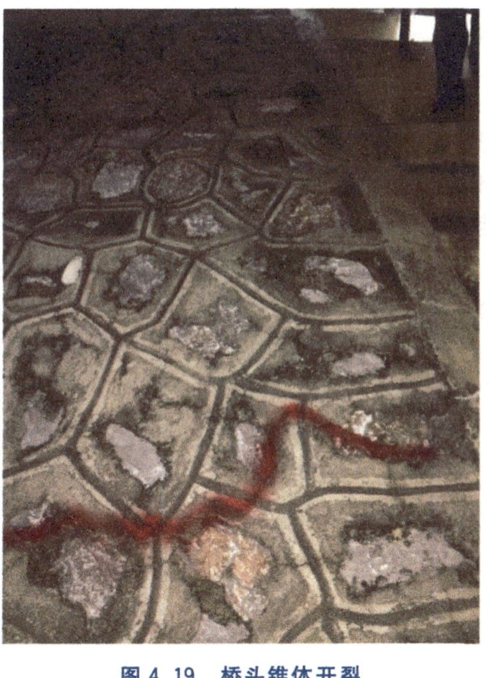

图 4.19 桥头锥体开裂

4.3.3 路堤边坡病害整治

根据边坡病害不同的发生机理和性质，路堤边坡的破坏可分为浅层或局部溜坍或整体深层破坏。

监测重点为地表变形监测，包括水平位移和竖向位移；检测重点包括填料是否合格，防排水措施是否有效、完善，深层破坏时需核实地基条件是否恶化。

常用的整治措施有加强完善排水系统、加强边坡防护、设置反压护道和增设支挡防护等措施。

(1)恢复完善排水设施。水是发生边坡病害的直接原因或重要诱因，表水下渗会降低岩、土体的力学指标，造成边坡发生溜塌。对于路基边坡病害整治，应在加强和完善防排水的基础上进行。核查路肩处、各级平台、边坡防护工程是否有裂缝，路堑侧沟、路堑天沟、平台截水沟及吊沟是否通畅和无积水，各支挡结构的泄水孔是否有效。及时修补裂缝、疏通淤塞，必要时设置深层排水孔或支撑渗沟排除路堤填土或路堑边坡内的积水。

(2)设置反压护道。反压护道是依据力学平衡原理，在路堤坡脚填筑一定宽度和高度的护道，以增加抗滑力矩，提高边坡的稳定性，控制边坡变形的发展。这种方法施工简便，不影响线路运营，能快速地起到效果，经常作为边坡剪切滑动病害的第一步整治措施。但该方法土石方用量多、占地面积大，需要病害点有车行道，选用时，要考虑工点的具体情况。

(3)增设支挡工程。一般路堤的浅层破坏、溜坍、冲刷掏蚀通过清方、回填设置混凝土骨架护坡即可解决病害；对于深层或整体破坏则需严谨的监测和检测，详细分析病害原因，采取加固措施。

典型案例：

以某铁路路堤桩板墙工点为例：该工点填方6～8 m，坡脚设置路堤桩板墙，如图4.20所示。通过监测数据发现2017年7～8月桩板墙顶少量水平位移（1～2 cm），遂加密监测频率，监测发现因受持续暴雨影响，变形加剧，最大高达1天内变形3 cm，最大累积水平位移11 cm，出现严重险情，如图4.21所示。铁路局果断采取限速措施，组织各方现场抢险，根据检测分析该段路堤填料饱水后土压力增加、基底严重软化恶化了抗滑桩锚固条件，路堤桩板墙发生了整体倾斜。

图4.20　工点概貌

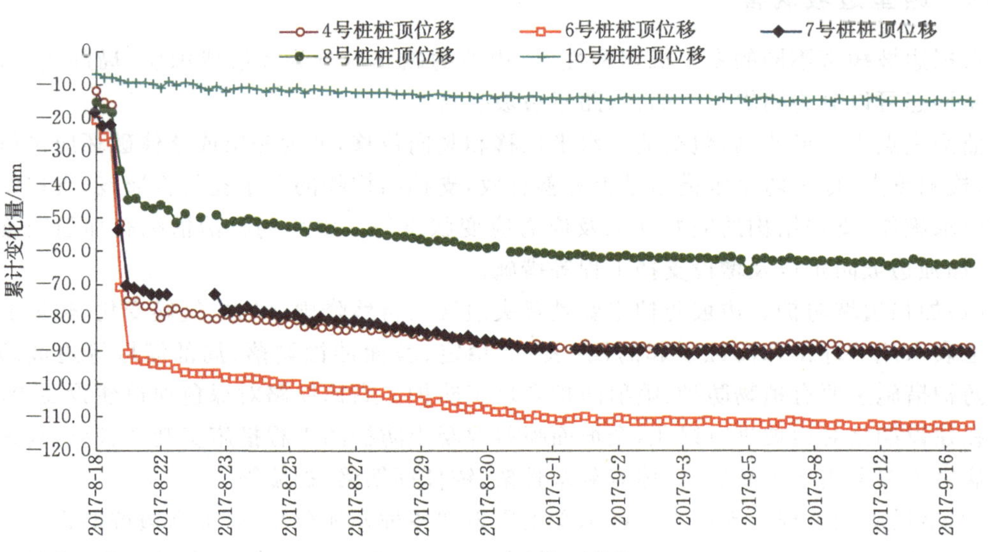

图4.21　水平位移监测数据

现场采取了临时钢支撑（图4.22）、坡脚堆载反压、大规模填土反压（图4.23）的措施，控制变形的发展，然后采取分级回填反压、坡面绿化防护，并设置侧向抗滑桩加固措施，确保工点的永久稳定性，如图4.24所示。

图4.22　坡脚临时钢支撑

图4.23　大规模反压

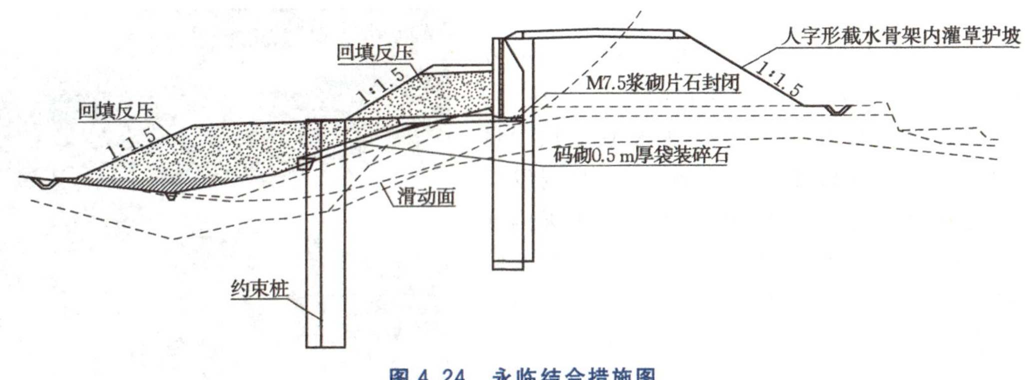

图 4.24 永临结合措施图

4.3.4 路堑边坡病害

根据边坡病害不同的发生机理和性质，边坡的破坏可分为浅层或深层、局部或整体，根据路基形态可以分为路堤边坡病害、路堑边坡病害。

监测重点为变形监测，包括地表水平位移和竖向位移，如为深层或整体破坏应进行深孔测斜；检测重点：地表防排水措施是否完善有效，支挡结构物的泄水孔是否通畅，支挡结构是否按要求施作，支挡结构的完好性以及应力应变状态等。常用的整治措施有加强完善排水系统、加强边坡防护以及增设支挡工程等措施。

(1)加强边坡防护。边坡防护主要是解决边坡在自然降雨、风力、气候变化、边坡岩质风化及地表水流的冲刷和淘蚀引起的浅(表)层稳定、坡面冲蚀剥落、局部溜塌等边坡防护问题。防护措施主要有植物防护、喷射防护和圬工防护。高速铁路对绿色通道建设要求较高，一般在建设期已对边坡进行绿化，全坡面喷射混凝土防护的工程措施美观度较低，高速铁路边坡病害主要采用圬工防护，具体有截水骨架、锚杆框架梁、护墙等。

(2)增设支挡工程。支挡工程可承受土压力和各种外加荷载，以提高边坡的稳定性和控制边坡的变形量。常用的支挡结构有重力式挡土墙(图 4.25)、桩板式挡土墙、锚杆挡土墙(图 4.26)、土钉墙(图 4.27)、抗滑桩和预应力锚索(图 4.28)等。根据具体病害点的地形情况、山体和地基的工程地质及水文条件、施工对运营线路的施工干扰程度、施工条件等因素确定合理可行的整治方案。

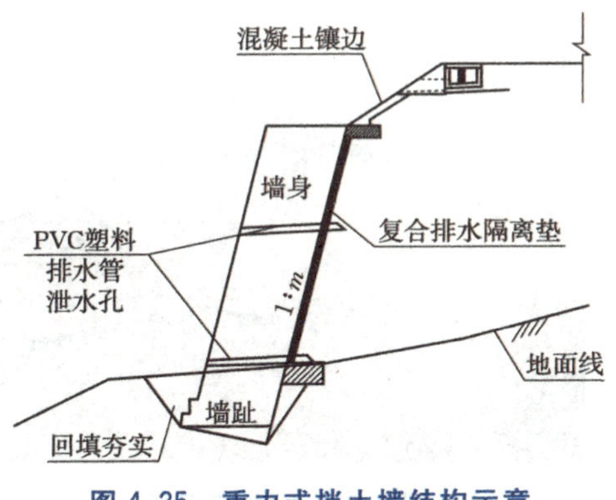

图 4.25 重力式挡土墙结构示意

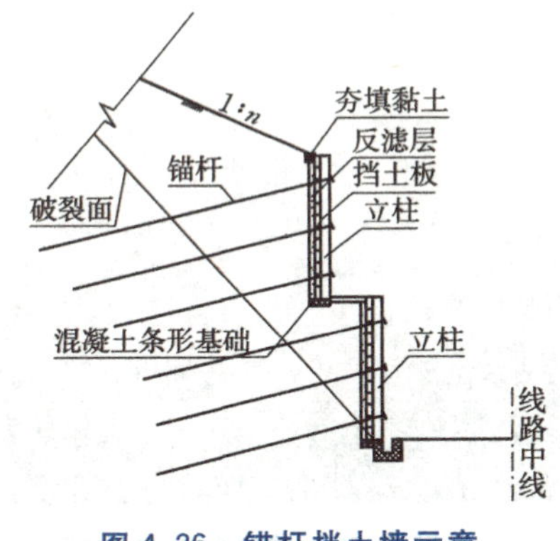

图 4.26 锚杆挡土墙示意

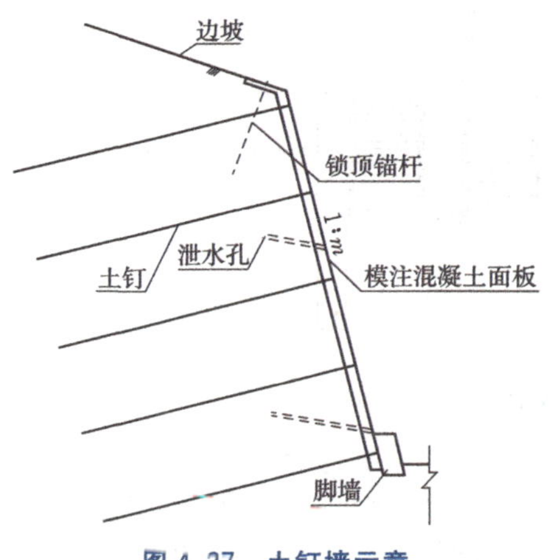

图 4.27　土钉墙示意

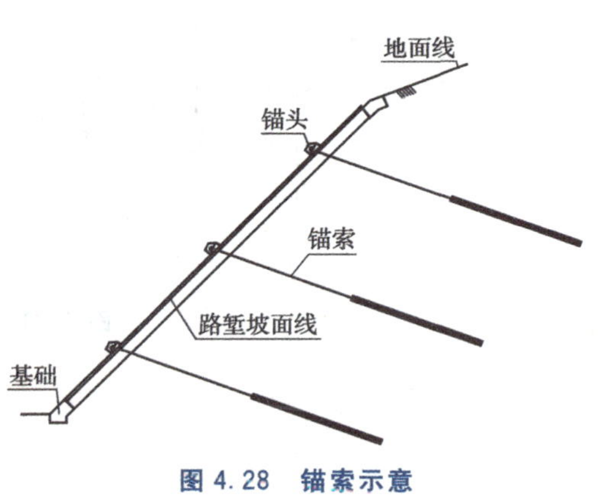

图 4.28　锚索示意

典型案例：

以贵州某路堑工点为例：该工点为堑顶自然山坡受扰动后形成边坡滑移，导致堑顶红线外多户民房开裂成为危房(图 4.29)，并且地坪也产生了裂缝(图 4.30)。经现场研究，于路堑顶民房下方设置一排抗滑桩确保边坡稳定和居民安全，鉴于抗滑桩施工存在风险，布设了自动变形监测系统。在抗滑桩施工期间，通过监测数据发现数个桩井附近土体异常变形，立即通知施工人员撤离，随后增加反压措施后再行施工抗滑桩。后续监测变形不再发展，施工顺利完成，边坡病害整治成功。

图 4.29　路堑边坡及堑顶

图 4.30　地坪开裂照片

4.3.5　滑坡、岩堆病害

滑坡、岩堆对铁路工程影响巨大，尤其是大型滑坡、岩堆，在新建铁路阶段首先选择绕避，实在无法绕避的应严格进行稳定性检算，综合采取排水、拦挡、清方或反压的措施进行整治。

监测重点：变形监测，包括地表位移和深层位移，地下水位监测。检测重点：地表防排水措施是否有效完善，支挡结构物的泄水孔是否通畅，支挡结构是否按要求施作，支挡结构的完好性以及应力应变状态等。

常用的整治措施有加强完善排水系统、加强边坡防护和增设拦挡工程等措施，如图 4.31 和图 4.32 所示。

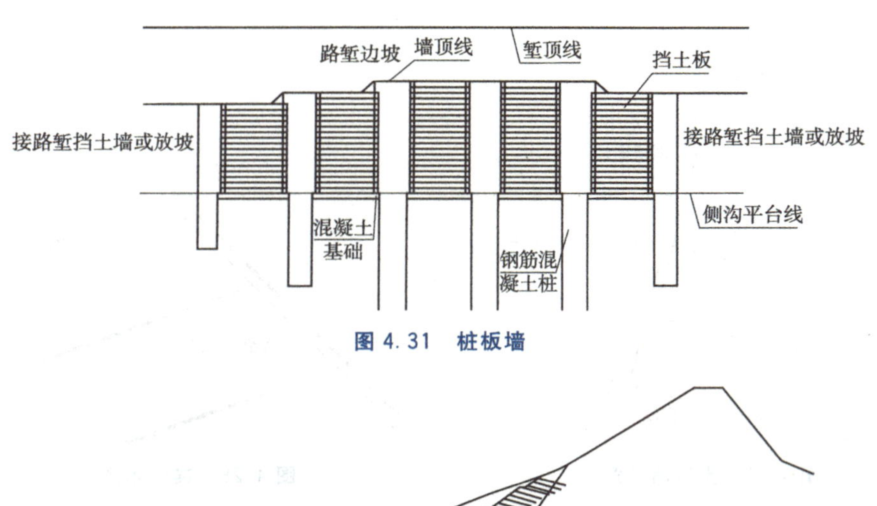

图 4.31 桩板墙

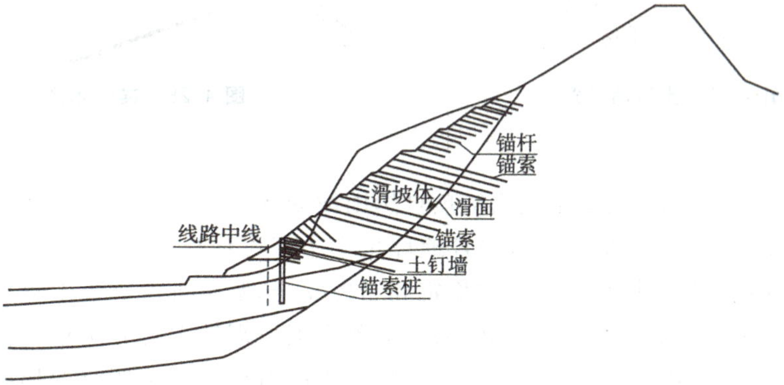

锚杆
锚索
滑坡体
滑面
线路中线
锚索
土钉墙
锚索桩

图 4.32 锚索桩

典型案例：

以贵州某铁路滑坡工点为例：该工点为斜坡软基(半堤半堑)扰动后形成滑坡，经变更设计，滑坡前缘设置一排抗滑桩，路肩设置桩板墙，为确保滑坡整治的安全进行，布设了自动变形监测系统。施工期间，通过监测数据发现右侧路堑开挖基坑存在变形突然增大现象，施工风险急剧增加，立即通知施工人员撤离，人员撤离当晚路堑边坡发生开裂垮塌，并拉裂堑顶道路及民房。

根据现场调查及检测分析：该段路堑施工期坡面防护措施施作不及时并违反设计进行大拉槽开挖施工，其间适逢降雨，多因素叠加导致路堑边坡开裂，加剧了滑坡发展。

现场增加临时反压回填措施(图 4.33)，并采用侧沟外设置大平台＋路堑桩板墙永久防护方案，监测显示经整治后滑坡体已稳定(图 4.34)。

图 4.33 路堑开裂反压

图 4.34 滑坡整治完成照片

4.3.6　崩坍、危岩落石病害

危岩落石病害严重影响高速铁路运营安全，新建线路时应首选绕避方案，如无法绕避需进行整治时，应采取清方、明洞、防护网、危岩加固或支顶等综合措施进行根治。若为既有高速铁路，由于爆破清除的方法对运营线路干扰太大，应采取以上措施结合监测与预警治理病害，确保高速铁路运营安全。

监测重点主要有危岩体的变形情况、防护结构的应力应变状态、异物侵限监测。

(1)拦截类工程措施主要有落石平台、落石坑、落石沟、拦石墙、柔性防护格栅网、被动柔性防护网、主动柔性防护网、引导防护网等。落石平台、落石坑、落石沟、拦石墙要求崩坍落石的山坡坡脚或下部有平缓地段，且与线路有适当的距离。柔性防护格栅网由型钢立柱及其基础，柱间设置的钢丝绳、钢丝网组成，如图 4.35 所示，一般设置于路堑挡墙墙顶、路堑边坡平台或堑顶等位置，高度 1.5～2 m，防护能级较低，用于拦截较缓上坡上或铁路边坡上坠落的小落石。被动柔性防护网由型钢立柱及其基础、锚拉钢丝绳、环形网、钢丝网和消能装置组成，如图 4.36 所示，高 4～6 m，落实防护能级可达 5 000 kJ。主动柔性防护网由设置于坡面的钢丝绳锚杆，挂缠绕型环形网及钢丝网组成，如图 4.37 所示，把可能发生落石的区域罩起来，主要起围护作用，限制落石运动范围，部分抑制崩塌的发生。引导防护网由设置于防护边坡顶部的钢柱及其基础和上拉锚绳、钢丝绳锚杆和覆盖在边坡上的钢丝网组成，如图 4.38 所示，用于拦截并引导落石至规定的区域，控制落石轨迹，一般应结合落石拦挡结构配合使用。

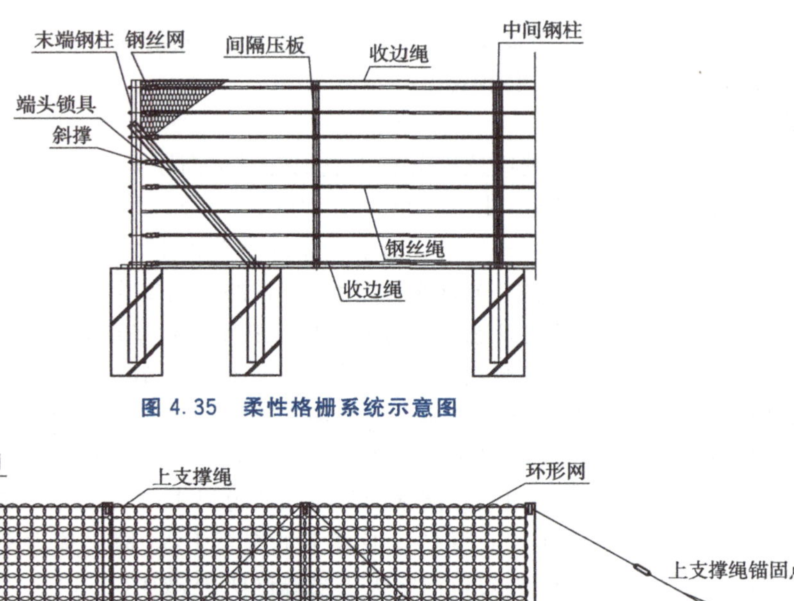

图 4.35　柔性格栅系统示意图

图 4.36　被动防护网示意图

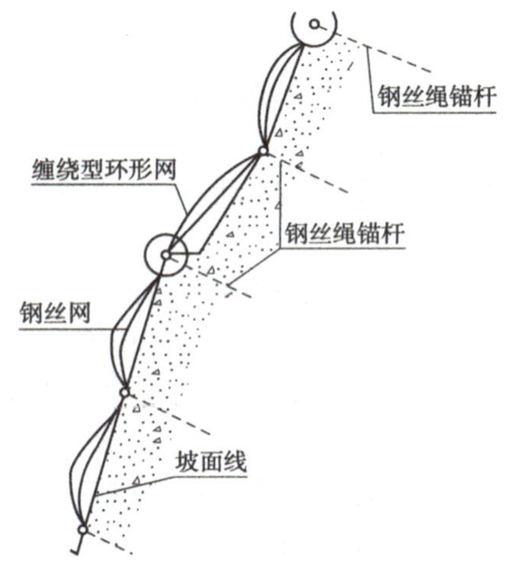

图 4.37　主动柔性防护网护坡代表性示意图

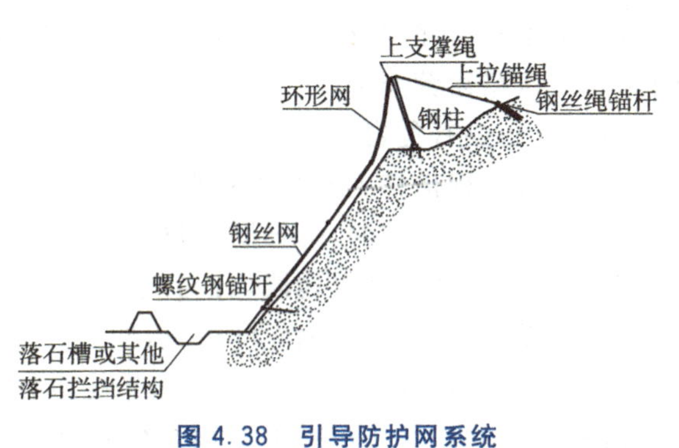

图 4.38　引导防护网系统

(2)遮栏类应用于规模较大的崩塌落石，遮栏建筑有各种明洞和棚洞，基础要求与工程造价均较高，且对既有线影响大。

(3)支挡加固类可用于处理不宜或难于消除的大危岩或不稳定的大孤石。具体方法有：支顶墙、支柱法，支顶上部探头、下部悬空的危岩；锚索加固法，利用锚索的预应力，提高危岩的稳定性。

(4)监测预警。对于范围大、数量多、危石分散、彻底清除整治困难的崩坍落石地段，应设置监测报警装置，以防发生事故。

典型案例：

成贵高速铁路某隧道进口危岩落石工点地处云贵高原低、中山峰丛谷地地貌，该危岩落石属上方陡崖＋下方斜坡型，陡崖高约 60 m 为断层形成，崖面节理裂隙发育，局部多形成倒悬体，下方斜坡自然坡度 30°～50°，坡面堆积体以落石为主。如图 4.39 所示，该工点的地质情况复杂，危岩落石岩体破碎、节理裂隙发育，对铁路运营安全影响较大。

该工点采用分期分批的动态设计原则，Ⅰ期工程在陡崖崖顶及斜坡上设置四道被动防护网及一道组合式钢轨防护栅栏，并采用浅孔微差控制爆破方法清除陡崖顶部的松动倒悬体。Ⅱ期工程采用“下部混凝土支顶＋局部锚索纵梁支顶＋崖面清方及坡面防护”的整治方案：在倒悬危岩体下间隔 4 m 设置一道钢筋混凝土锚索(杆)支顶纵梁，支顶纵梁底部立于钢筋混凝土扩大基础及托梁之上，支顶纵梁每间隔两道锚索(杆)设置一道钢筋混凝土横梁，支顶纵梁、横梁之间的空档部分采用 C35 混凝土填充至于纵、横梁顶面平齐；支顶顶面崖体采用两级清方，并采用锚杆框架梁和锚索板＋喷锚网防护，如图 4.40 所示。

4.3.7　岩溶、采空区塌陷

岩溶与采空地基在上部荷载作用下引发的路基基底病害，最为突出的表现特点为地面塌陷成坑，导致路基突发性地下沉坍塌，直接危及铁路的行车安全。

图 4.39 工点概貌

图 4.40 工点整治后

监测重点为变形监测，主要为竖向位移，鉴于岩溶塌陷与地下水位波动密切相关，病害工点、岩溶高风险工点应进行地下水位监测，检测重点主要是注浆等加固措施的效果检验。

常用的整治措施：既有线发生病害后首先应回填塌陷坑，保证轨道的安全，然后利用综合勘探方法，如物探、钻探、钎探、触探、调查测绘等方法，查明地质与水文条件、洞穴的位置与形态以及充填情况，并在此基础上分析、研究洞穴的发展与线路的关系，合理选择恰当的工程处理措施。具体的处理措施有压力注浆，回填混凝土、浆砌片石或碎石，桩板结构跨越。

(1)压力注浆。对于小型空洞、半充填或充填溶洞或溶蚀破碎带可采用压力注浆处理，工艺如图 4.41 所示，注入的浆液一方面形成一定厚度的浆液帷幕，隔断地表与地下水、孔隙水与岩溶水之间的力学联系，杜绝土体潜蚀的发生，从而达到防止地面塌陷的目的[26]。该方法工期短、见效快，对线路运营影响小，易于施工。

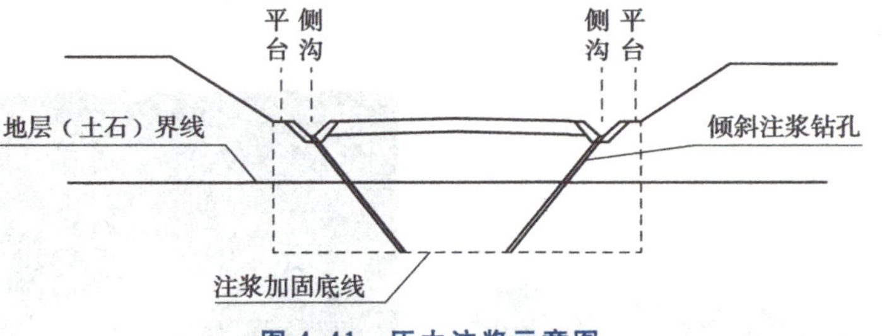

图 4.41 压力注浆示意图

(2)回填混凝土、浆砌片石或碎石。对于大型溶洞、溶洞群和采空区，可以采用回填混凝土、浆砌片石或碎石的处理措施[27]，溶洞下部主要灌注混凝土，防止浆材过多漏失。接近顶板部分，当混凝土的自身流动无法保证顶板充填密实时，可灌注水泥砂浆或压水泥浆。混凝土凝固后可以在病害范围形成支脉相连的有效刚体，增强路基的稳定性。

(3)桩板结构。对于难以处理的溶洞、极易塌陷区可采用桩板结构跨越，该处理措施需长时间断道、破坏轨道结构且费用很高。

典型案例：

广西某高铁车站通车运营后，先后发生多次岩溶塌陷，如图 4.42 和图 4.43 所示。重新采用多道地震面波以及地质雷达法进行探测。根据物探初步结果布设钻探取芯、注水试验孔。检测结果显示该车站部分地段岩溶发育，取芯揭示均为全充填、半充填型溶洞，局部存在空洞及土洞，并且与路基软弱土体存在一定连通性，仍存在易塌陷区异常。通过水位监测分析塌陷原因主要为：

①网络状岩溶管道发育、竖向裂隙发育、灰岩质纯、易潜蚀土层、地下水位浅等集中并存的特殊岩溶水文地质环境是塌陷内因。

②房建基坑开挖抽排地下水导致路基段地下水频繁波动，并沿下伏岩溶通道潜蚀上覆土层中细粒物质，是导致岩溶塌陷的主要外因。

③地下水在旱季、雨季发生周期性波动，土石界面起伏较大，并沿下伏岩溶裂隙通道潜蚀上覆土层中细粒物质。

图 4.42 雨季塌陷点情况

图 4.43 非雨季塌陷点情况

整治措施：对该车站岩溶发育段采用分别封锁上下行线，封锁股道中线位置布置 2 排悬挂式止水帷幕直孔，每排间距 2 m，梅花形布置，压浆孔深度 20～30 m，如图 4.44 和图 4.45 所示。发育段起终点处各设置 2 排隔离帷幕。帷幕施工完成后针对不能封锁的动车线采用加密斜孔方式进行整治。

图 4.44 白天封闭股道整治

图 4.45 夜间利用天窗时间

4.3.8 冻胀融沉病害

由于冻土区的气温变化引起土体冻融过程中性质发生变化，发生路基冻胀、沉降和裂缝等变形现象。路基冻害分布广、时间长、影响大，寒冷的气候条件是其形成的外因，而土的特性是其内因。对于寒冷区修建高速铁路，其路基冻胀与防治更是不可回避的难题和挑战。

一旦发生冻胀融沉病害后，首先应认真进行调查，识别冻胀发生部位、形状、高度、起落及发展过程，了解冻胀土层的性质、结构及水文地质条件，分析冻胀产生的原因和变化规律，然后提出相应的整治措施。冻胀防治工程措施主要针对导致冻胀产生的主要因素进行，包括保温、土体加热、隔排水以及通过土体改良和换填消除或减弱土体的冻胀敏感性等。

监测重点为变形监测，主要为竖向位移，鉴于冻土与气候密切相关，病害工点、高风险工点应进行地下水位监测、土体含水量监测。

冻土冻胀融沉病害常用的整治措施有：加强防排水，清筛道砟、置换不良填料、设置保温隔温措施，主动保护冻土处理措施及热管热棒处理等[28]。

(1)加强防排水。基本原则是上封十下排，即封闭路基面，疏通路基基床、本体下渗水，施作埋深保温排水盲管。具体方法有，对无砟轨道两线间混凝土封闭层离缝采用变形协调能力强、粘结性能好且具有一定自愈能力的密封材料封闭；疏通电缆槽[29]、路肩泄水孔、排水沟、盲沟等排水设施，使其排水通畅；在基床或本体中钻孔，并安装透水土工布包裹的花管排除路基中的水；在路堑侧沟底部新增或加深盲沟，疏导地下水或降低地下水位。采用沥青混凝土封闭无砟轨道轨道板以外路基面，沥青混凝土材料能够有效防止表水下渗，提高基床刚度，提高基床的温度适应性及抵抗变形能力。

(2)清筛道砟。道砟在长期使用过程中，会混入风积泥砂与污物，道床的振捣会使砟石破碎，基床翻浆也会使砟石充填泥浆，它们都会使道床板结，因而在冻结过程中也会产生不同程度的冻害。因此，对板结道床进行清筛，可消除由此产生的表层冻害。

(3)置换不良填料。对冻害严重处挖除强冻胀性的土，换填与相邻地段土体相同特性的土或非冻胀性的土，使线路纵向的冻胀量保持一致。此措施可较为彻底的根治冻害，但对运输影响较大。

(4)设置保温隔温措施。将XPS或EPS保温板铺设在道床下的路基表面，应用其良好的保温隔热性能，减少路基土体的冻结深度，以防止或减少土体的冻胀。既有线采用这种方法时铺设时间、可铺设位置受限，不易施工。

(5)主动保护冻土处理措施。由于多年冻土和季节性冻土病害产生的机理不同，在路基病害防治中处理措施也有所不同。在多年冻土地区遵循保护冻土原则的方法应用最为广泛，如遮阳棚、通风、热棒、抛石路堤、抛石护坡、变导热系数材料、人工冻结等。在青藏铁路的建设中，以程国栋为首的我国学者创新性地提出了冷却路基土体的技术路线，实现了保护多年冻土的原则从被动到主动、设计思想从静态到动态、工程措施从单一到综合的转变。

(6)热管热棒技术。采用热棒治理多年冻土区路基冻害的措施如图4.46所示。热棒是一种气液两相对流循环系统装置，在多年冻土区其下部为蒸发段，插入路基中，上部为冷却段置于路基外侧，能有效地降低地温，提高冻土地基承载力，防止路基发生融沉病害。而在季节性冻土区，其工作机理基本相反，蒸发段置于路基外侧，通过吸收太阳辐射热量及电加热将里面的液体加热为气体输入路基中部分，插入路基的部分为凝结段，气体冷凝释放热量从而起到提高土体地温降低路基冻结深度的作用。

图4.46 热管热棒加固冻土

典型案例：

哈大高速铁路是我国在严寒地区修建的第一条高速铁路，所采用的防冻胀措施需要通过长期监测验证其效果。哈大高速铁路沿线高寒、富水以及季节性冻土的存在，对实现路基状态参量（变形、应力、地温、含水量等）的长期自动监测提出了严峻挑战。每断面的监测内容有沉降变形、地温、土体应力、含水量共计四种监测项目[30]。为了反映路桥（或路涵）过渡段的不均匀变形情况，选取辽宁开原路涵过渡段、吉林德惠路桥过渡段、黑龙江双城路涵过渡段等三处过渡段进行监测。测点布设基本方案为：在所选取的过渡段区域，自桥涵框架边缘处沿线路方向 30 m 范围内的路肩表面布设一条沉降监测线，每 5 m 布置一个测点，每条监测线共布置 6 个监测点，基准点固定在桥涵框架梁上。该布设方案可以监测出路基表面相对于桥涵的相对沉降变形和路桥（或路涵）过渡段的不均匀变形情况[31]。

哈大高速铁路路基长期自动监测所选择的传感器主要技术指标见表 4.6。

表 4.6 传感器系统组成

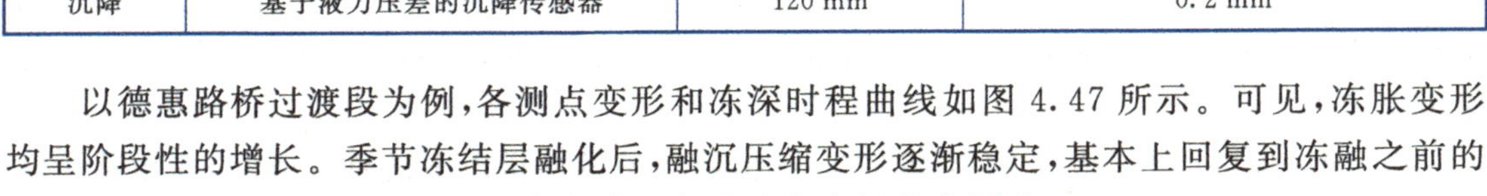

监测内容	传感器类型	测量范围	测试精度
地温	热敏电阻温度传感器	−40 ℃～+60 ℃	−20 ℃～+20 ℃范围内为 0.03 ℃
土压力	BY-1 型土压力传感器	0～300 kPa	1%F.S
含水量	SWR3 型含水量传感器	0～100	3
沉降	基于液力压差的沉降传感器	120 mm	0.2 mm

以德惠路桥过渡段为例，各测点变形和冻深时程曲线如图 4.47 所示。可见，冻胀变形均呈阶段性的增长。季节冻结层融化后，融沉压缩变形逐渐稳定，基本上回复到冻融之前的状态，经过监测表明此过渡段的冻胀融沉变形基本在规范范围内。

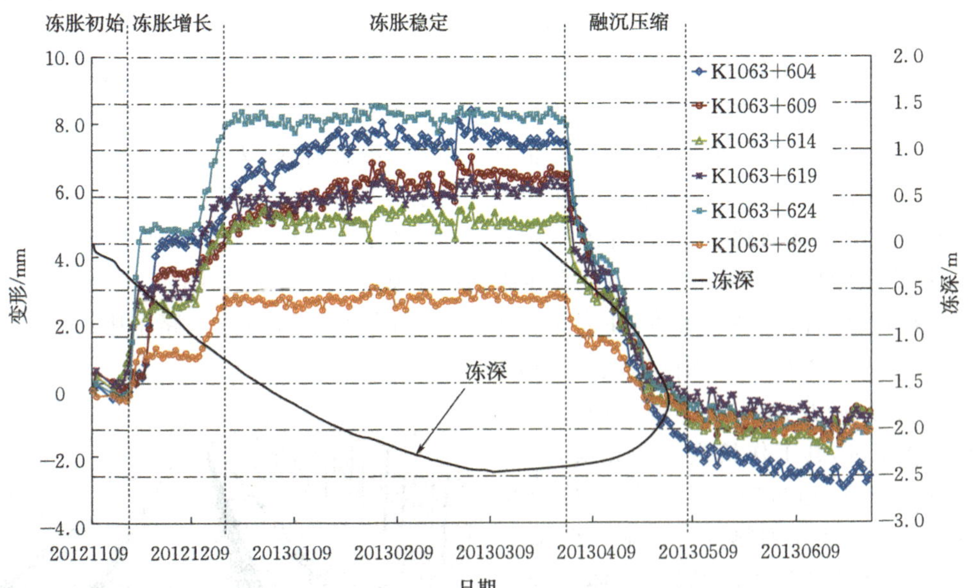

（a）2012～2013年各测点变形和冻深时程曲线

图 4.47

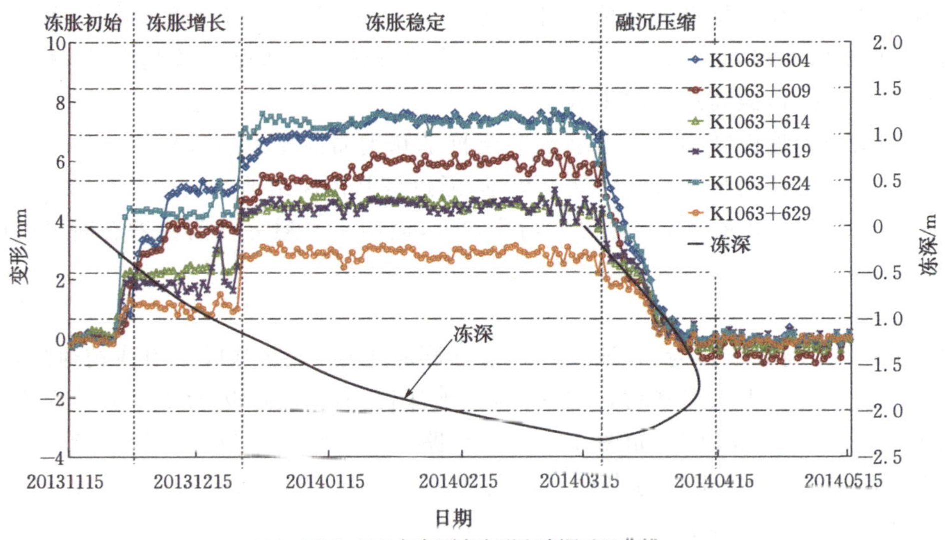

(b) 2013~2014年各测点变形和冻深时程曲线

图 4.47 德惠路桥过渡段测点变形和冻深时程曲线

4.3.9 特殊岩土病害

我国分布广泛的特殊土主要有膨胀土(岩)、黄土和盐渍土。膨胀土(岩)均具有显著的吸水膨胀、体积增大,失水收缩、土(岩)体开裂破碎的特征。黄土结构疏松,孔隙多且大,一个显著的特点是在天然状态下,未受水浸湿的黄土具有较高的强度,较小的压缩性,但当遇水浸湿后,土颗粒就会崩解、溶蚀和湿陷,导致路基稳定性差和发生溶陷变形。盐渍土富含硫酸盐、碳酸盐和氯化物等盐类物质,这些盐类成为土颗粒之间胶结物的主要成分,干燥状态下具有强度高、压缩性小的特点,但遇水后可溶性盐类溶解,土体在荷载或自重作用下下沉,发生溶陷;在温差大温度变化大的地区,盐类的体积时缩时胀,发生盐胀。虽然这几种特殊土发生病害的成因不同,但病害类型和整治措施类似。

监测重点主要是变形监测,主要为竖向位移,鉴于这几种特殊土与气候密切相关,病害工点、高风险工点应进行地下水位监测、土体含水量监测。

常用的整治措施:

(1)加强防排水。水是特殊岩土产生病害的重要原因,整治病害的关键是加强路基防排水,可通过疏通、修复和增设地表、地下截排水设施,修补既有护肩、边坡裂缝,铺设土工合成材料隔水层等方法阻断水下渗到特殊岩土中。加强边坡防护,采用兼具排水和支撑作用的骨架、支撑渗沟、框架梁加固边坡,增加边坡的植物防护,减少边坡的干缩湿胀效应。

(2)换填处理。将基床一定范围内强度不符合要求的填土挖除,置换强度高、性能稳定的级配碎石或其他工程材料,施工需采取封锁线路、揭盖施工或架空轨道、限速行车的方案,且施工进度较慢,若地段较长时,对行车干扰较大。

(3)支挡加固。对于失稳变形的膨胀土路基,可设置支挡工程,提高边坡的整体稳定性。

(4)回填加固。对已查明的暗穴要迅速予以整治,可以采取灌砂、灌浆、开挖回填等措施。对于处理暗穴的范围应考虑其发展趋势,如发展指向路基时,应及早及时堵住处理[32]。

(5)压力注浆或高压旋喷桩处理。对于发生溶陷变形的黄土和盐渍土路基,可采用压力注浆或高压旋喷桩处理,通过钻孔或插入花管,将改良浆液压入路基及基床,压密土体使凝固体和土体复合受力,提高路基的承载力。

(6)桩板结构。桩板结构是由钢筋混凝土桩基和钢筋混凝土承载板组成的一种承力结构,承载板承受轨道及列车荷载并传递至桩基,通过桩基传递给地基。用桩板结构需要破坏轨道结构,施工期间要求断道,对运营影响非常大,适用于开通运营前或者有断道封闭施工条件的地方。

典型案例:

以广西地区某高铁项目为例:该项目通过强膨胀土地区,路基以低填浅挖通过,设计采用换填、设置沥青混凝土水泥基材排水封闭层、加深盲沟的措施,运营 2 年后出现连续的胀缩变形,最大上拱 50 mm 以上,如图 4.48 所示,路肩部位出现了纵向贯通裂缝。通过监测发现具有明显的季节性变化和与降雨量密切相关,与膨胀土遇水膨胀、失水收缩的特性一致,如图 4.49 和图 4.50 所示。

图 4.48 路肩部位纵向贯通裂缝

图 4.49 上拱后路肩与电缆槽

图 4.50 通过集水井发现盲沟积水

通过现场调查、检测发现,换填厚度不足,换填料不符合要求,地下排水设施失效,盲沟基本不排水,原设计断面如图 4.51 所示。分析病害原因为排水失效导致膨胀土地基泡水膨胀,加之换填料厚度及性质不符合要求,上覆压力不够,导致上拱病害,轨道变形监测数据如图 4.52 所示。

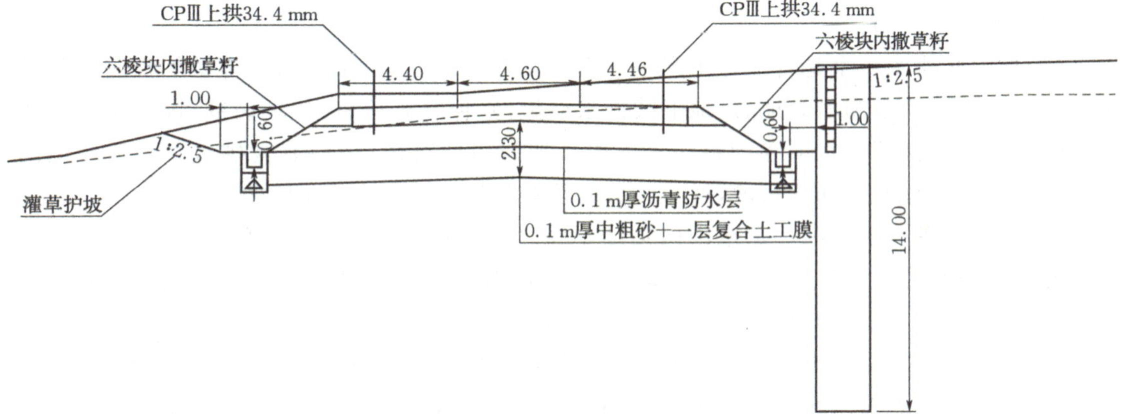

图 4.51 强膨胀土地段路基设计断面(单位:m)

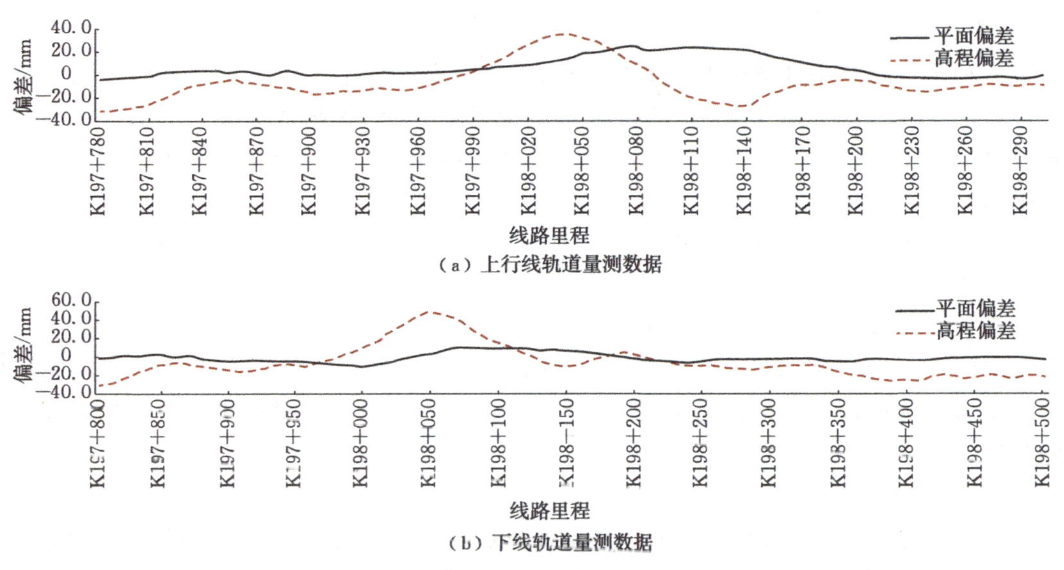

图 4.52　轨道量测数据

采用了加深盲沟，加大盲沟排水坡度，加强地下水引排等整治措施，如图 4.53 所示，经整治病害得到有效缓解。

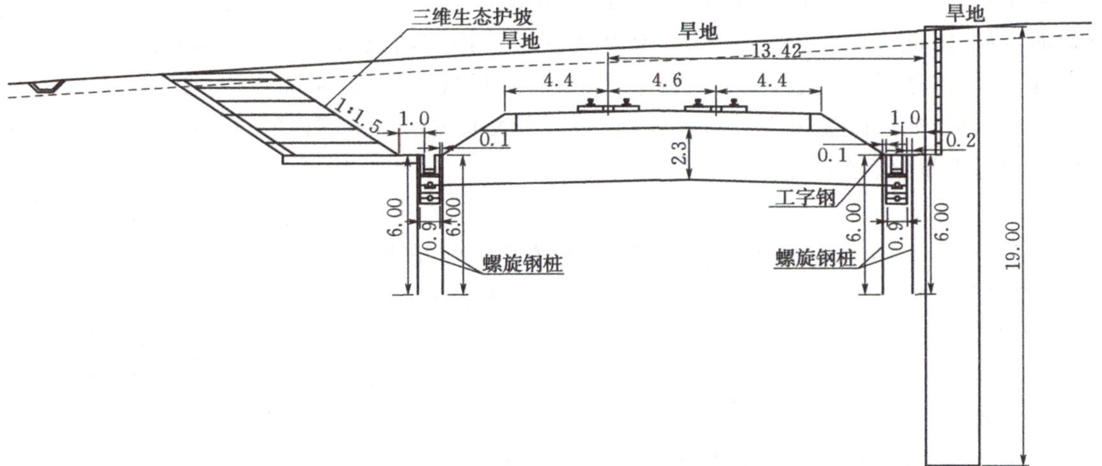

图 4.53　整治加固措施断面图(单位:m)

4.3.10　其他病害(浸水、风沙、雪害、泥石流)

1. 浸　　水

滨河、河滩、海滩和水库(塘)地区，一侧或两侧边坡被长年或季节性浸水，除具有一般路堤的荷载及气候等因素的影响外，还要受水的浸润、水位变化(浮力、渗透动水压力)和水流及波浪的冲击作用，当路堤缺乏足够的防护时，易出现路基变形、边坡溜塌失稳等病害。

监测重点主要为变形监测和水位监测。

常用的整治措施：主要有干砌(条)石、浆砌石或混凝土块、模袋混凝土、混凝土板护坡、抛石踩防护、土工合成材料或金属石笼防护等。

2. 风　　沙

风沙地区铁路路基沙害类型主要有三种：对工程构筑物的风蚀、对路基的掩埋以及风沙流。风沙病害应根据当地气象、工程地质、水位地质，充分掌握风沙的分布范围、风沙类型、严重程度及施工条件，采用疏导、截挡、稳固、植物防沙相结合的原则确定整治方案。风沙防护包括路基两侧的平面防护和路基边坡防护。平面防护分为植物防沙和工程防沙，植物防沙一般用于有水源可利用或年平均降雨量大于 250 mm 的地区，通过设置防护林、种植当地沙生植物固沙、阻沙。

监测重点一般可结合工务巡检进行。

常用的整治措施：平铺不被风吹蚀的材料盖于沙丘或沙地上固沙、设置沙障或阻沙结构物。路基边坡防护指采用植物或工程措施防护边坡，一般高速铁路在建设期已对边坡进行较强防护。

3. 雪　　害

积雪的防治应建立于大量的数据及气象观测基础上，做到有的放矢。路基面积雪的防治措施要根据地形、地势、断面形状、积雪灾害严重程度综合确定。对于轻度雪害地区，应该以挡雪为主；对于重度雪害地区，应该以导雪为主。积雪防治应尽量就地取材，减少工程成本。

监测重点为降雪量监测，一般可结合工务巡检进行。

常用的整治措施：在路基面范围一定距离处设置阻挡风雪气流的设施，使气流难以带走路基面雪粒，降低气流壮大的趋势；在路基两侧设置挡雪墙或防雪栅等防雪设施，或者种植防雪林，用以挡住风雪气流，减少气流中的雪粒，降低气流速度，阻隔积雪；在上风侧路肩处设置下导风板，通过改变风雪气流速度场分布，增大通过路面范围内气流速度来减小路基面范围内的降雪量，疏导来雪。

4. 泥 石 流

泥石流是一种突发性的泥沙搬运现象，其爆发突然、来势迅猛，淤埋冲毁路基，堵塞小桥涵，对铁路危害较大。其整治措施有生物措施和工程措施两种。生物措施，主要指保护与营造森林、灌木丛和草本植被，减少泥石流的土体补给量和削减泥石流形成的水体补给量，逐步减轻泥石流的危害程度。生物措施效果较慢，往往要配合工程措施，以提高铁路建筑物抵御泥石流的能力。

监测重点为降雨量监测，结合拦挡措施的应力应变监测、水位监测。

常用的整治措施：排输利导类和拦截类，排输利导类如导流堤、排导沟、急流槽等工程措施，通过控制组成泥石流的土体物质和雨洪径流，削弱泥石流能量和下泄总量，减小泥石流对铁路的危害。拦截类如修建护堤、挡墙、拦渣墙、顺坝（丁坝）、石笼等设施，抵制和消除泥石流对铁路主体的冲刷、撞击或淤埋等危害。

参考文献

[1] 陈孟乔，刘建坤．多年冻土区铁路路基养护管理信息系统的开发[J].铁路计算机应用，2009，18(08)：16-18.

[2] 中华人民共和国铁道部，高速铁路无砟轨道线路维修规则（试行）：铁运〔2012〕83 号[S]，

北京：中国铁道出版社，2012.
[3] 仇金庭.高速铁路路基病害成因分析[J].铁道建筑技术，2014(1)：23-26.
[4] 郝广明.既有高速铁路路基变形监测技术应用探讨[J].北京测绘，2018，32(11)：1331-1334.
[5] 龚晓南，岩土工程变形控制设计理论与实践[M].北京：中国建筑工业出版社，2018.
[6] 国家铁路局，铁路路基设计规范：TB 10001—2016[S].北京：中国铁道出版社，2017.
[7] 中华人民共和国铁道部，高速铁路工程动态验收技术规范：TB 10761—2013[S].北京：中国铁道出版社，2013.
[8] 铁道部运输局，铁路路基大维修规则：铁运〔2008〕96 号[S].北京：中国铁道出版社，2008.
[9] 杨广庆，苏谦.路基工程[M].北京：中国铁道出版社，2018.
[10] 师杨杨.高速铁路路基沉降病害整治技术研究[D].石家庄：石家庄铁道大学，2016.
[11] 尉海荣.边坡排水和防冲刷措施[J].青海交通科技，2011(6)：46-47.
[12] 王清海.铁路路基岩溶地面塌陷模型分析与讨论[J].路基工程，2010(4)：151-153.
[13] 蔡德钩.高速铁路季节性冻土路基冻胀时空分布规律试验[J].中国铁道科学，2016，37(3)：16-21.
[14] 刘华，牛富俊，牛永红，等.结构型式对寒区高铁路基冻结特征影响试验研究[J].岩土力学，2015，36(11)：3135-3142.
[15] 王心同，王连俊.中俄高速铁路路基主要技术标准对比研究[J/OL].铁道标准设计：1-6[2019-07-26].https://doi.org/10.13238/j.issn.1004-2954.201810150003.
[16] 王翔，王波，汪正兴.高速铁路运营期基础沉降长期监测技术研究[J].铁道工程学报，2017，34(5)：11-14，64.
[17] 沈宇鹏，田亚护.路基稳定性监测技术[M].北京：机械工业出版社，2016.
[18] 张冠军，张志刚.高速铁路运营监测内容与方法研究[C]//第十三届中国科协年会第 12 分会场-测绘服务防灾与应急管理学术研讨会论文集，2011.铁道第三勘察设计院集团有限公司，2011.
[19] 中国铁路总公司.铁路工程沉降变形观测与评估技术规范：Q/CR 9230—2016[S].北京：中国铁道出版社，2016.
[20] 焦广彦，王涛.黄土路基客运专线沉降监测技术研究[J].测绘与空间地理信息，2015，38(6)：90-91，93.
[21] 郄国增.膨胀土特性分析[J].河北水利，2018(6)：38-39.
[22] 李朝辉，张柯宏，程谦恭，等.高铁路堤中改性膨胀土工程应用特性试验研究[J].铁道科学与工程学报，2017，14(3)：445-454.
[23] 刘宏，田景富，雷建海.某高陡边坡结构特征与地质灾害防治[J].地质灾害与环境保护，2005，16(3)：246-249.
[24] 刘宇.地质灾害实时监测与信息管理集成系统关键技术研究[D].重庆：重庆大学，2015.
[25] 韩子夜，薛星桥.地质灾害监测方法技术现状与发展趋势[C]//中国灾害防御协会.全国突发性地质灾害应急处置与灾害防治技术高级研讨会论文集，2010.
[26] 华丽晶.芜铜铁路狮子山站岩溶塌陷路基勘察与整治研究[J].铁道工程学报，2014(1)：

32-36,100.
[27] 李晓梦.浅谈铁路路基施工技术与防护措施的施工[J].科技创新导报,2009(26):69.
[28] 姜永伟.既有铁路路基边坡防护技术[J].资源信息与工程,2017,32(5):171-172.
[29] 李井元,丁兆锋.高速铁路无砟轨道路基排水设计[J].高速铁路技术,2013,4(4):78-80.
[30] 孙宝臣,张玉芝,李剑芝,等.严寒地区高速铁路路基稳定性长期监测研究[J].铁道工程学报,2015,32(1):22-26.
[31] 张玉芝,杜彦良,孙宝臣.季节性冻土地区高速铁路路桥过渡段路基变形特征分析[J].中国铁道科学,2016,37(1):39-45.
[32] 陆新铜.黄土地区既有铁路路基病害整治及加固技术[J].河南科技,2010(12):4-5.

5 高速铁路桥梁检测监测与维护技术

本章首先介绍我国高速铁路桥梁常用的结构形式，常用跨度混凝土箱形简支梁和连续梁，以及高速铁路设计验算采用的荷载和荷载组合。然后给出常用跨度桥梁和特种大跨桥梁运营性能的检定及通常技术指标，为高速铁路桥梁的状态检监测及评定提供技术支持。在介绍高速铁路桥梁现有检测项目、指标和检测技术的基础上，简要阐述现代检测新技术的发展趋势。大跨度桥梁健康监测系统主要介绍监测的目的、功能、内容及相应的传感器选型，并给出健康监测系统成功的应用案例。针对高速铁路桥梁运行中少数的典型病害，介绍响应的维护方法和技术，以及面向大型桥梁的现代维修养护系统。

5.1 高速铁路桥梁结构形式及荷载

我国高速铁路与普通铁路差别较大，大量线路采用刚度大、变形小的桥梁代替路基的形式，以满足高速铁路平顺性的严格要求。目前，高速铁路桥梁累计长度约占线路总长度的50%，京津、合福和京沪高速铁路桥梁占比达到80%以上，可见桥梁在高速铁路线路中占有非常重要地位，部分主要高速铁路或客运专线桥梁占比统计如图5.1所示[1]。

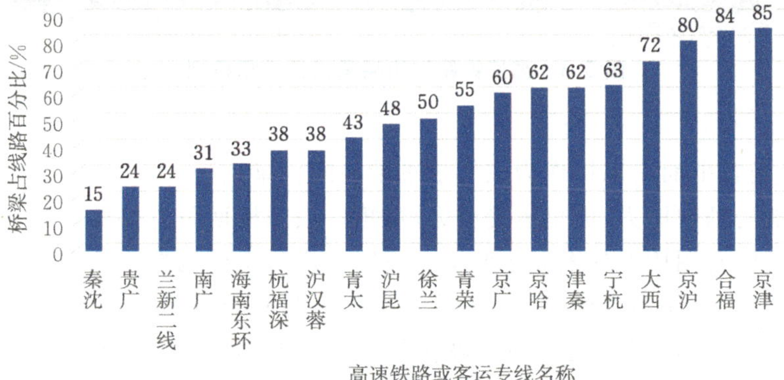

图5.1 部分主要高速铁路或客运专线桥梁占比统计图

5.1.1 高速铁路桥梁结构形式

桥梁结构形式多样，可按功能、外形、材料、受力特点等方法分类，高速铁路桥梁按结构外形并考虑受力特点可分为梁式桥、拱式桥、斜拉桥和悬索桥[1]。

1. 梁 式 桥

梁式桥一般指在竖直平面内由水平梁或平行弦式桁架结构来承受竖向荷载作用的桥梁。在竖向荷载作用下，梁发生弯曲变形并产生竖向挠度，梁截面内产生弯矩和剪力。梁式桥主梁按建造材料分为混凝土梁、钢梁和钢—混凝土结合梁；按受力特点分为简支梁桥、连续梁桥和连续刚构桥等。混凝土桥梁因刚度大、变形小、噪声低、耐久性好、造价较低、建设周期短、养护工作量少、能很好满足高速铁路的运营要求等特点，而得到广泛应用，混凝土梁式桥常用桥型如图 5.2 所示。混凝土梁桥自重大，桥梁经济跨度有很大局限性，混凝土梁简支梁桥跨度一般不超过 50 m。钢桁架梁桥自重轻、跨越能力强、刚度大、变形小，普遍应用于普速铁路和高速铁路，适宜跨度在 200 m 以内，钢桁架梁式桥常用桥型如图 5.3 所示。

（a）混凝土简支梁桥

（b）混凝土连续梁桥

（c）混凝土连续钢构桥

图 5.2　高速铁路混凝土梁式桥常用桥型

（a）钢桁架简支梁桥

（b）钢桁架连续梁桥

图 5.3　高速铁路钢桁架梁式桥常用桥型

2. 拱 式 桥

拱式桥是在竖直平面内以拱作为主要承重结构的桥梁，其主要承重部分是拱肋、拱圈或拱桁架，拱主要承受轴向压力，但也承受剪力、弯矩。按照桥面位置拱式桥分为下承式、中承式和上承式，拱式桥常用桥型如图 5.4 所示。按照主拱与桥面构造之间的相互作用，拱桥分为简单体系拱桥和组合体系拱桥两类。组合体系拱桥具有跨越能力强、结构刚度大、形式多样、外观轻盈等优点，能较好地满足列车高速行车的要求，因此在高速铁路中被大量采用。高速铁路拱式桥中常用的拱结构形式有：钢筋混凝土拱、钢管混凝土拱、钢箱拱、钢桁拱等。钢筋混凝土拱经济跨度在 250 m 以内，钢拱桥跨度可达 300～400 m。

（a）下承式钢桁架拱桥

（b）中承式钢拱桥

（c）上承式钢拱桥

图 5.4　高速铁路钢拱桥常用桥型

3. 斜拉桥

斜拉桥是拉在桥塔上的多根索拉撑主梁的一种桥梁结构体系，由承压索塔、受拉索和承受压弯的梁组合而成，可看作拉索代替支墩的多跨弹性支承连续梁。斜拉桥减小了梁体弯矩、降低了建筑高度，减轻了结构重量，提高了跨越能力，是大跨桥梁的主要桥型。高速铁路斜拉桥的主塔多为混凝土结构，主梁为混凝土、钢或钢—混凝土组合梁结构，斜拉索以密索体系为主。目前斜拉桥跨度已突破千米，高速铁路公路两用沪苏通长江大桥斜拉桥主桥跨度为 1 092 m，如图 5.5 所示。

图 5.5　沪苏通高速铁路公路两用长江大桥

4. 悬索桥

悬索桥是以受拉的缆索或链索作为主要承重构件的桥梁，由悬索、索塔、锚碇、吊杆、桥面系等部分组成。悬索桥可以充分利用钢材（钢丝、钢缆等）的抗拉强度，具有用料少、自重轻的特点，因此悬索桥是跨越能力最大的一种桥型，现有材料基础上，其理论跨度可超过 5 000 m。大跨悬索桥加劲梁采用颤振临界风速较高的流线形钢箱梁和钢桁梁，大跨特别是超大跨的高速铁路悬索桥宜采用公铁合建的形式，世界首座高速铁路和公路两用悬索桥五峰山长江大桥主跨达 1 092 m，2020 年 12 月通车运营，五峰山悬索桥效果如图 5.6 所示。

图 5.6　五峰山高速铁路公路两用悬索桥

5.1.2　高速铁路常用跨度梁型

国内外高速铁路桥梁以预应力混凝土简支或连续箱型梁为主，法国、韩国以连续梁结构为主，德国、意大利连续梁和简支梁各半，日本与我国台湾地区以简支梁为主。2003 年建成的秦沈客运专线，采用了双线整孔箱梁、多片式 T 梁、连续结合梁、刚构连续梁等结构。

我国高速铁路在吸取国外桥梁设计经验、国内科研攻关和工程实践基础上，逐步建立了自己的高速铁路桥梁技术体系。标准工艺预制、专用设备运架的预应力混凝土双线简支箱梁桥受力明确、构造简单、质量可靠、耐久性好、施工快捷，成为我国高速铁路桥梁的主要结构形式，部分高速铁路线路双线简支梁占比统计情况见表 5.1。预应力混凝土双线简支箱梁桥跨度梁型有 20 m、24 m、32 m、40 m、44 m 和 56 m，其中以 32 m 梁型为主，部分采用 24 m 梁型，少量采用跨度 40 m、44 m、56 m 梁型。此外高速铁路预应力混凝土箱型双线连续梁也占有一定比例，其梁型布置一般为(32＋48＋32)m、(40＋56＋40)m、(40＋64＋40)m、(48＋80＋48)m、(60＋100＋60)m 等[1]。

表 5.1 部分高速铁路双线简支梁占比统计情况表

线路名称	线路长/km	桥梁总长/km	桥梁比例/%	简支梁桥总长/km	简支梁桥占比/%
京津城际	118	97	82	93	96
武广高铁	868	352	40	331	94
京沪高铁	1 318	1 059	80	956	90
甬台温客专	282	88	31	79	90
郑西高铁	459	210	46	192	92
合武高铁	284	67	24	60	89
温福客专	298	75	25	65	87
石太高铁	118	37	31	30	82
福厦客专	264	72	27	49	68
合宁高铁	99	18	19	12	63

5.1.3 桥梁荷载分类和组合

荷载选定是桥梁计算的关键工作，荷载种类、形式和大小选择准确与否，关系到桥梁结构在寿命期限内的安全性和经济性。随着桥梁工程技术的发展，工程科研人员对桥梁结构所受荷载的研究认识越来越深刻。例如，对大跨径桥梁结构，风荷载、地震荷载的重要性愈发凸显；在预应力混凝土桥梁结构运营过程中逐渐认识到预应力、混凝土收缩徐变、温度变化对结构自身的重要影响。随着新型大跨结构的应用，荷载及其可能出现的组合变得更加复杂，故有必要对桥梁结构所受的荷载进行长时间的监测和更深入的研究。

1. 荷载分类[2-5]

荷载可分为主力(包括恒载和活载)、附加力和特殊荷载。主力为结构计算时必须考虑的经常作用的荷载；附加力为计算结构部分时虽不经常起作用，但在荷载组合时必须考虑的荷载；特殊荷载是根据桥梁结构特性、桥址环境和施工方法，要特别考虑的荷载。荷载分类及具体名称见表 5.2 所示，高速铁路竖向活载采用中华人民共和国铁路标准活载，列车竖向静活载图式(ZK)如图 5.7 所示。各荷载取值算法参考《高速铁路设计规范》(TB 10621)、《铁路桥涵设计规范》(TB 10002)。

表 5.2 高速铁路桥梁荷载分类和组合

荷载分类		荷载名称	荷载分类	荷载名称
主力	恒载	结构构件及附属设备自重	附加力	制动力或牵引力
		预加力		支座摩阻力
		混凝土收缩和徐变的影响		风力
		土压力		流水压力
		静水压力及水浮力		冰压力
		基础变位的影响		温度变化的作用
	活载	列车竖向静活载		冻胀力
		公路(城市道路)活载		波浪力
		列车竖向动力作用	特殊荷载	列车脱轨荷载
		离心力		船只或排筏的撞击力
		横向摇摆力		汽车撞击力
		活载土压力		施工临时荷载
		人行道人行荷载		地震力
		气动力		长钢轨纵向作用力(伸缩力、挠曲力和断轨力)

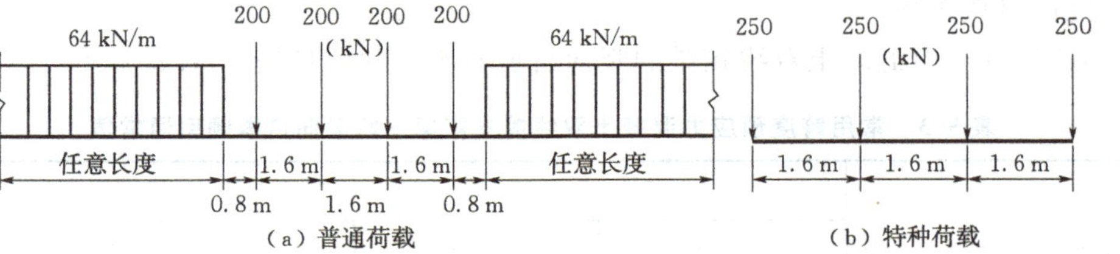

图 5.7 高速铁路列车荷载图式

2. 荷载组合

桥涵结构设计应根据结构的特性，按表 5.2 所列的荷载，就其可能的最不利组合情况进行计算和验算，荷载组合要求如下：

(1)若杆件的主要用途为承受某种附加力，则在计算此杆件时，该附加力应按主力考虑。

(2)流水压力不与冰压力组合，两者也不与制动力或牵引力组合。

(3)船只或排筏的撞击力、汽车撞击力，只计算其中的一种荷载与主力相组合，不与其他附加力组合。

(4)列车脱轨荷载只与主力中恒载组合，不与主力中活载和其他附加力组合。

(5)地震力与其他荷载的组合应符合现行《铁路工程抗震设计规范》(TB 50111)的相关规定。

(6)无缝线路纵向作用力不参与常规组合，其与其他荷载的组合按相关规定执行。

5.2 高速铁路桥梁性能检定指标

高速铁路桥梁应具有足够的竖向及横向刚度，以保证列车高速通过时，桥梁结构振动不激烈、车轮不脱轨、客车过桥时有良好舒适性。本节在《高速铁路桥梁运营性能检定规定(试行)》(TG/GW 209—2014)、《高速铁路工程动态验收技术规范》(TB 10761—2013)和《高速铁路设计规范》(TB 10621—2014)等规范及国内外高速铁路设计和试验研究基础上，重点介绍时速 250 km 和 350 km 的高速铁路常用跨度桥梁和特种大跨桥梁结构的自振频率、梁体竖向刚度和动力响应等技术指标限值要求，桥梁运营性能参数一般不允许超过其规定的通常值，如测试中发现有超过通常值的情况，需要检查车辆和桥梁是否存在隐藏的病害，并及时分析原因。桥梁运营性能指标可界定高速铁路桥梁工作状态，为检测试验评定和监测系统分级预警值提供技术依据[6-13]。

5.2.1 常用跨度桥梁特性

《高速铁路桥梁运营性能检定规定(试行)》(TG/GW 209—2014)规定了高速铁路常用跨度 19.5 m、23.5 m、31.5 m、39.1 m 预应力混凝土双线简支箱梁和(32+48+32)m、(40+56+40)m、(40+64+40)m、(48+80+48)m、(60+100+60)m 预应力混凝土双线连续箱梁及桥墩的检定技术参数通常值，近似梁型可以参考选用[6-8]。

1. 梁体自振特性

(1)竖向自振频率

常用跨度预应力混凝土双线箱梁的竖向自振频率通常值见表 5.3、表 5.4。

表 5.3 常用跨度预应力混凝土双线简支箱梁一阶竖向自振频率通常值

线路设计速度	轨道结构类型	跨度							
		19.5 m		23.5 m		31.5 m		39.1 m	
		梁高/m	频率/Hz	梁高/m	频率/Hz	梁高/m	频率/Hz	梁高/m	频率/Hz
250 km/h	有砟轨道	—	—	2.20	7.0	—	—	—	—
		—	—	2.50	7.8	2.50	5.0	—	—
		—	—	2.80	8.4	2.80	5.5	—	—
	无砟轨道	—	—	2.50	8.2	2.50	5.3	—	—
350 km/h	有砟轨道	—	—	—	—	3.05	5.9	—	—
	无砟轨道	2.45	9.90	3.05	9.60	3.05	6.2	3.75	5.5

注：1. 表中梁高(h)为跨中梁高，设计速度 250km/h 的 23.5 m 和 31.5 m 简支箱梁：当 2.2 m$\leqslant h \leqslant$2.3 m 时，可采用梁高 2.2 m 对应的通常值；当 2.3 m$\leqslant h \leqslant$2.7 m 时，可采用梁高 2.5 m 对应的通常值；当 2.7 m$\leqslant h \leqslant$2.9 m 时，可采用梁高 2.8 m 对应的通常值。

2. 对非通用参考图的双线简支箱梁，可按跨度线性内插计算通常值。

表 5.4 常用跨度预应力混凝土双线连续箱梁一阶和二阶竖向自振频率通常值

线路设计速度	轨道结构类型	一阶频率/Hz	二阶频率/Hz	适用跨度/m
250 km/h	有砟轨道	$340/L^{1.2}$		$32 \leqslant L \leqslant 100$
	无砟轨道	$360/L^{1.2}$		
350 km/h	无砟轨道	$400/L^{1.2}$		

注:1. 表中跨度 L 以 m 计。

2. 表中通常值适用于采用通用图的常用三跨一联连续箱梁,一阶竖向自振频率的通常值采用中跨跨度计算,二阶竖向自振频率通常值采用边跨跨度计算。

3. 非通用图三跨一联的双线连续箱梁(边跨跨度≥32 m,中跨跨度≤100 m)可参照执行。

(2)阻尼比

常用跨度预应力混凝土双线简支箱梁的一阶竖向阻尼比通常值为2.0%~3.5%,常用跨度预应力混凝土双线连续箱梁的一阶竖向阻尼比通常值为0.5%~2.0%。

2. 梁体竖向刚度

(1)梁体竖向挠跨比

动车组列车静活载换算至ZK静活载作用时,常用跨度预应力混凝土双向箱梁梁体竖向挠跨比通常值见表5.5、表5.6。

表 5.5 常用跨度预应力混凝土双线简支箱梁跨中挠跨比通常值

线路设计速度	轨道结构类型	跨度							
		19.5 m		23.5 m		31.5 m		39.1 m	
		梁高/m	挠跨比	梁高/m	挠跨比	梁高/m	挠跨比	梁高/m	挠跨比
250 km/h	有砟轨道	—	—	2.20	1/7 700	—	—	—	—
		—	—	2.50	1/9 500	2.50	1/4 800	—	—
		—	—	2.80	1/12 000	2.80	1/6 500	—	—
	无砟轨道	—	—	2.50	1/9 700	2.50	1/5 000	—	—
350 km/h	有砟轨道	—	—	—	—	3.05	1/7 200	—	—
	无砟轨道	2.45	1/11 000	3.05	1/15 000	3.05	1/7 900	3.75	1/7 400

注:1. 表中梁高(h)为跨中梁高,其他参考自振频率通常值规定。

2. 对于非通用参考图的双线简支箱梁,可按跨度线性内插计算通常值。

表 5.6 常用跨度预应力混凝土双线连续箱梁中跨跨中竖向挠跨比通常值

线路设计速度	轨道结构类型	跨度				
		48 m	56 m	64 m	80 m	100 m
250 km/h	有砟轨道	1/5 500	1/5 000	1/4 500	1/4 000	1/3 500
	无砟轨道	1/5 800	1/5 200	1/4 700	1/4 200	1/3 700
350 km/h	无砟轨道	1/6 000	1/5 500	1/5 000	1/4 500	1/4 000

注:表中通常值适用于采用通用图的常用三跨一联连续箱梁,采用非通用图的三跨一联双线连续箱梁(中跨跨度≤100 m)可参照选用。

(2)梁端竖向转角

当动车组列车静活载换算至 ZK 静活载作用时，常用跨度预应力混凝土双向箱梁每孔梁梁端竖向转角通常值见表 5.7、表 5.8。

表 5.7 常用跨度预应力混凝土双线简支箱梁每孔梁梁端竖向转角通常值

线路设计速度	轨道结构类型	跨度							
		19.5 m		23.5 m		31.5 m		39.1 m	
		梁高/m	转角/‰	梁高/m	转角/‰	梁高/m	转角/‰	梁高/m	转角/‰
250 km/h	有砟轨道	—	—	2.20	0.45	—	—	—	—
		—	—	2.50	0.35	2.50	0.65	—	—
		—	—	2.80	0.30	2.80	0.50	—	—
	无砟轨道	—	—	2.50	0.30	2.50	0.65	—	—
350 km/h	有砟轨道	—	—	—	—	3.05	0.45	—	—
	无砟轨道	2.45	0.30	3.05	0.25	3.05	0.40	3.75	0.45

注：1. 表中梁高(h)为跨中梁高，其他参考自振频率通常值规定。

2. 对非通用参考图的双线简支箱梁，可按跨度线性内插计算通常值。

表 5.8 常用跨度预应力混凝土双线连续箱梁边跨梁端竖向转角通常值

线路设计速度	轨道结构类型	转角/‰	适用跨度/m
250 km/h	有砟轨道	0.60	$32 \leqslant L \leqslant 60$
	无砟轨道	0.55	
350 km/h	无砟轨道	0.50	

注：表中通常值适用于采用通用图的常用三跨一联的双线连续箱梁边跨，采用非通用图的三跨一联双线连续箱梁(中跨跨度≤100 m)可参照选用。

3. 动力响应

(1)竖向动力响应

①动力系数

常用跨度预应力混凝土双线简支箱梁动力系数 $1+\mu$ 的通常值为

$$1+\mu=1+\mu'+0.5\mu'' \tag{5.1}$$

$$\mu'=\frac{K}{1-K+K^4}, K=\frac{v}{7.2n_0 \cdot L} \tag{5.2}$$

$$\mu''=\frac{1}{100}\left[56 \cdot e^{-\left[\frac{L}{10}\right]^2}+50 \cdot \left[\frac{n_0 \cdot L}{80}-1\right] \cdot e^{-\left[\frac{L}{20}\right]^2}\right] \tag{5.3}$$

式中 v——动车组列车速度，km/h；

n_0——实测简支箱梁一阶竖向自振频率，Hz；

L——简支箱梁跨度，m；

常用跨度预应力混凝土双线连续箱梁动力系数 $1+\mu$ 通常值见表 5.9。

表 5.9 常用跨度预应力混凝土双线连续箱梁动力系数 $1+\mu$ 通常值

线路设计速度	轨道结构类型	动力系数	适用跨度/m
250 km/h	有砟轨道	$1+\frac{1.8}{L_{\varphi}^{0.5}-0.2}$	$32\leqslant L\leqslant 100$
350 km/h	无砟轨道	$1+\frac{2.0}{L_{\varphi}^{0.5}-0.2}$	

注：1. 表中通常值适用于采用参考图的常用三跨一联的连续箱梁。

2. L_{φ}为影响线加载长度(m)，三跨一联连续箱梁取平均跨度乘以 1.3，当计算L_{φ}小于最大跨度时，取最大跨度。

②动车组列车单线运行时，常用跨度预应力混凝土双线箱梁梁体跨中竖向振幅通常值见表 5.10、表 5.11。

表 5.10 常用跨度预应力混凝土双线简支箱梁梁体跨中竖向振幅通常值(mm)

线路设计速度	轨道结构类型	跨度			
		19.5 m	23.5 m	31.5 m	39.1 m
250 km/h	有砟轨道	—	0.25	0.30	—
350 km/h	无砟轨道	0.30	0.20	0.35	0.25

表 5.11 常用跨度预应力混凝土双线连续箱梁梁体跨中竖向振幅通常值(mm)

线路设计速度	轨道结构类型	跨度							
		32 m	40 m	48 m	56 m	60 m	64 m	80 m	100 m
250 km/h	有砟轨道	0.25	0.40	0.30	0.40	0.35	0.85	0.70	0.60
350 km/h	无砟轨道	0.25	0.30	0.40	0.65	0.35	0.45	0.45	0.45

注：表中通常值适用于采用通用图的常用三跨一联的连续箱梁。

③动车组列车单线运行时，常用跨度预应力混凝土双线箱梁梁体跨中竖向振动加速度(20 Hz 低通)通常值见表 5.12、表 5.13。

表 5.12 常用跨度预应力混凝土双线简支箱梁梁体跨中竖向振动加速度通常值(m/s^2)

线路设计速度	轨道结构类型	跨度			
		19.5 m	23.5 m	31.5 m	39.1 m
250 km/h	有砟轨道	—	0.40	0.40	—
350 km/h	无砟轨道	0.30	0.40	0.30	0.25

表 5.13 常用跨度预应力混凝土双线连续箱梁梁体跨中竖向振动加速度通常值(m/s^2)

线路设计速度	轨道结构类型	跨度							
		32 m	40 m	48 m	56 m	60 m	64 m	80 m	100 m
250 km/h	有砟轨道	0.30	0.35	0.30	0.35	0.25	0.40	0.30	0.20
350 km/h	无砟轨道	0.20	0.20	0.20	0.30	0.20	0.20	0.20	0.20

注：表中通常值适用于采用参考图的常用三跨一联的连续箱梁。

(2)横向动力响应

①动车组列车单线运行时，常用跨度预应力混凝土双线箱梁梁体跨中横向振幅通常值见表 5.14、表 5.15。

表 5.14 常用跨度预应力混凝土双线简支箱梁梁体跨中横向振幅通常值(mm)

线路设计速度	轨道结构类型	跨度			
		19.5 m	23.5 m	31.5 m	39.1 m
250 km/h	有砟轨道	—	0.15	0.15	—
350 km/h	无砟轨道	0.10	0.15	0.15	0.10

注：当横向强振频率与墩梁一体横向自振频率接近时，梁体跨中横向振幅最大值不宜大于通常值的 2 倍。

表 5.15 常用跨度预应力混凝土双线连续箱梁梁体跨中横向振幅通常值(mm)

线路设计速度	轨道结构类型	跨度							
		32 m	40 m	48 m	56 m	60 m	64 m	80 m	100 m
250 km/h	有砟轨道	0.10	0.10	0.10	0.15	0.15	0.10	0.10	0.15
350 km/h	无砟轨道	0.10	0.10	0.10	0.15	0.15	0.10	0.10	0.15

注：1. 表中通常值适用于采用通用图的常用三跨一联的连续箱梁。

2. 当横向强振频率与墩梁一体横向自振频率接近时，梁体跨中横向振幅最大值不宜大于通常值的 2 倍。

②动车组列车单线运行时，桥墩墩顶横向振幅通常值见表 5.16。

表 5.16 桥墩墩顶横向振幅通常值

线路设计速度	通常值/mm	适用范围
250 km/h	$\frac{H_p}{55B}+0.02$	$0.5\leqslant\frac{H_p}{B}\leqslant4.2$
350 km/h	$\frac{H_p}{60B}+0.03$	

注：1. 表中通常值适用于双线桥梁的实体墩、空心墩和双柱墩。

2. H_p为墩全高(自扩大基础基底或桩基础承台底至墩顶)(m)；B 为墩身横向平均宽度(m)。

3. 当横向强振频率与墩梁一体横向自振频率接近时，墩顶横向振幅最大值不宜大于通常值的 2 倍。

(3)钢轨支点横向位移

动车组列车单线运行时，350 km/h 高速铁路无砟轨道桥梁相邻梁端或桥台与桥端两侧钢轨支点的横向相对动位移通常值为 0.5 mm。

(4)支座横向位移

动车组列车单线运行时，高速铁路桥梁活动支座的横向动位移通常值为 0.2 mm。

5.2.2 特种大跨桥梁特性

《高速铁路桥梁运营性能检定规定(试行)》(TG/GW 209—2014)适用于高速铁路跨度 100 m 及以下，采用 ZK 活载设计的常用跨度预应力混凝土双线箱梁桥运营性能的检测和评定，缺乏针对特种大跨度桥梁结构的运营性能测试评定技术指标。对高速铁路特种大跨度桥梁结构的动力性能指标，因缺少规范和标准，应按具体情况具体分析的原则，针对具体桥梁结构，结合实际运行的列车荷载与速度，进行车桥耦合振动分析和专项测试，据此判断桥梁的横竖向刚度是否满足要求。大跨度钢拱桥一般刚度较大，相关实验研究较少，这里主要介绍大跨度斜拉桥桥梁特性[11-13]。

1. 梁体自振特性

(1)竖向自振频率

我国部分高速铁路大跨度斜拉桥一阶竖向自振频率实测值见表 5.17。动车组列车以 160～275 km/h 通过时，实测竖向强振频率在 1.7～3.2 Hz 之间。梁体一阶竖向自振频率通常由主跨控制，可近似取一阶竖向自振频率 $f=180/L$，L 为主跨跨度，以米(m)计。

表 5.17 高速铁路部分特种大跨桥梁实测一阶竖向自振频率

桥　型	桥梁名称	跨度/m	实测值/Hz
斜拉桥	韩家沱长江大桥	81＋135＋432＋135＋81	1 阶对称竖弯：0.47
斜拉桥	天兴洲长江大桥	98＋196＋504＋196＋98	1 阶对称竖弯：0.41
斜拉桥	黄冈公铁两用长江大桥	81＋243＋567＋243＋81	1 阶对称竖弯：0.37
斜拉桥	安庆长江铁路大桥主桥	101.5＋188.5＋580＋217.5＋159.5＋116	1 阶对称竖弯：0.37
斜拉桥	铜陵长江公铁大桥	90＋240＋630＋240＋90	1 阶对称竖弯：0.33

(2)横向自振频率

我国部分高速铁路大跨度斜拉桥一阶横向自振频率实测值见表 5.18。动车组列车以速度 160～280 km/h 通过时，实测横向强振频率在 1.5～3.5 Hz 之间。梁体一阶横向自振频率与主跨跨度及主桁宽度基本成幂函数关系，可近似取一阶横向自振频率 $f=1.3(L/B)^{-0.6}$，L 为主跨跨度，B 为主桁宽度，以米(m)计。

表 5.18 高速铁路部分特种大跨桥梁实测一阶横向自振频率

桥　型	桥梁名称	跨度/m	实测值/Hz
斜拉桥	韩家沱长江大桥	81＋135＋432＋135＋81	1 阶对称竖弯：0.31
斜拉桥	天兴洲长江大桥	98＋196＋504＋196＋98	1 阶对称竖弯：0.29
斜拉桥	黄冈公铁两用长江大桥	81＋243＋567＋243＋81	1 阶对称竖弯：0.23
斜拉桥	安庆长江铁路大桥主桥	101.5＋188.5＋580＋217.5＋159.5＋116	1 阶对称竖弯：0.25
斜拉桥	铜陵长江公铁大桥	90＋240＋630＋240＋90	1 阶对称竖弯：0.27

2. 梁体竖向刚度

(1)梁体竖向挠跨比

高速铁路桥梁一般通过竖向活载作用下最大挠度或挠跨比最大限值来保证竖向刚度。对于大跨度斜拉桥的竖向挠跨比，世界各国没有明确的标准，国内外已建的大跨度铁路桥梁挠跨比见表 5.19。

表 5.19 国内外部分大跨度铁路(公铁或公轨)斜拉桥桥主跨挠跨比实测值和设计值

桥梁名称	大桥特征	主跨/m	实测值	设计值
沪苏通长江大桥主桥	公铁两用,钢桁梁斜拉桥	1092	—	1/709
铜陵长江公铁大桥	公铁两用,钢桁梁斜拉桥	630	1/878	1/711
宁安安庆长江大桥	公铁两用,钢桁梁斜拉桥	580	1/977	1/707
黄冈公铁两用长江大桥	公铁两用,钢桁梁斜拉桥	567	1/1 058	—
天兴洲长江大桥	公铁两用,钢桁梁斜拉桥	504	1/1 096	1/500
丹麦—瑞典厄勒海峡桥	公铁两用,钢桁梁斜拉桥	490	—	1/408
韩家沱长江大桥	双线铁路,钢桁梁斜拉桥	432	1/866	1/799
日本岩黑岛桥	公铁两用,钢桁梁斜拉桥	420	—	1/435
日本柜石岛桥	公铁两用,钢桁梁斜拉桥	420	—	1/396
阿根廷巴拉拿河桥	公铁两用,钢箱梁斜拉桥	330	—	1/355
芜湖长江大桥	公铁两用,钢桁梁矮塔斜拉桥	312	—	1/557
德国赛弗林桥	双线铁路,钢箱梁斜拉桥	302	—	1/223
前南斯拉夫萨瓦河桥	双线铁路,钢箱梁斜拉桥	254	—	1/500

从表 5.19 可看出,将竖向挠跨比设计值拟定为 1/500～1/800,实测值一般小于 1/800,对于主跨跨度在 400～650 m 范围的大跨度斜拉桥,1/800 可作为斜拉桥主跨跨中挠跨比的参考值。

(2)梁端竖向转角

对于大跨度斜拉桥因其挠度变形曲线较和缓,挠跨比不宜成为主要关注的控制指标,梁端竖向转角对行车安全和舒适的影响更为显著,且梁端转角过大会影响轨道稳定性,导致轨道养护工作量增大。表 5.20 给出了我国部分高速铁路大跨度斜拉桥梁端竖向转角的实测值。除韩家沱长江双线大桥外,其余桥梁梁端竖向转角均小于 1.0‰。建议考虑 ZK 活载设计时,采用上限值 1.0‰作为斜拉桥梁端竖向转角的参考值;仅采用中—活载设计时,可将 1.5‰作为斜拉桥梁端竖向转角的参考值。

表 5.20 高速铁路部分斜拉桥实测梁端转角值

桥 型	桥梁名称	跨度/m	实测值/‰	设计值/‰
斜拉桥	韩家沱长江大桥	81+135+432+135+81	1.14	—
斜拉桥	天兴洲长江大桥	98+196+504+196+98	0.79	—
斜拉桥	黄冈公铁两用长江大桥	81+243+567+243+81	0.88	—
斜拉桥	安庆长江铁路大桥主桥	101.5+188.5+580+217.5+159.5+116	0.59	1.43
斜拉桥	铜陵长江公铁大桥	90+240+630+240+90	0.62	0.90

3. 动力响应

(1)竖向振幅

大跨度斜拉桥梁体跨中竖向振幅一般随着行车速度的提高而增大,动车组列车以速度180～280 km/h 通过时,跨中竖向振幅在 1～5 mm 之间变化。

(2)动力系数

桥梁结构的动力系数可以从动挠度、动应变实测波形分析计算获得。动车组列车单线运行时,部分高速铁路大跨度斜拉桥跨中主桁下弦杆、斜杆和端横梁实测应变动力系数最大值见表 5.21。从表中可以看出,承受局部活载的杆件动力系数实测值大于整体受力杆件动力系数实测值;由于线路等级等方面的差异,动力系数实测值差别较大,可将 1.25 作为斜拉桥动力系数的参考值。

表 5.21 高速铁路斜拉桥实测应变动力系数最大值

桥 型	桥梁名称	跨度/m	端横梁	边跨	次边跨	主跨
斜拉桥	韩家沱长江大桥	81＋135＋432＋135＋81	1.21	1.18	1.13	1.1
斜拉桥	天兴洲长江大桥	98＋196＋504＋196＋98	1.11	1.11	1.06	1.07
斜拉桥	黄冈公铁两用长江大桥	81＋243＋567＋243＋81	1.13	1.15	1.04	1.07
斜拉桥	安庆长江铁路大桥主桥	101.5＋188.5＋580＋217.5＋159.5＋116	1.22	1.2	1.19	1.16
斜拉桥	铜陵长江公铁大桥	90＋240＋630＋240＋90	1.14	1.13	1.17	1.12

(3)竖向振动加速度

大跨度斜拉桥梁体跨中竖向振动加速度与行车速度的关系不明显,动车组列车以速度180～280 km/h 通过时,跨中竖向加速度在 0.05～0.15 m/s^2 之间变化。

(4)梁体横向振幅

大跨度斜拉桥梁体跨中横向振幅与行车速度的关系不明显,动车组列车以速度 200～280 km/h 通过时,跨中横向振幅在 0.2～2.5 mm 之间变化。

(5)桥墩横向振幅

高速铁路斜拉桥桥墩横向宽度较大,一般桥墩横向刚度大于主桁的横向刚度,实测桥墩横向振幅非常小,桥墩横向振幅非斜拉桥横向动力响应的控制因素。

对于大跨度斜拉桥,由于线路等级、跨度等差异,不同桥梁实测动力响应差别较大,运营性能测试时,应保存首次运营性能试验的数据,以便在后续的桥梁试验中对比分析。

4. 车桥耦合作用的安全性和平稳性

大跨度高速铁路桥梁上列车运行的安全性主要涉及车辆在桥上是否出现脱轨,车辆动力学上用脱轨系数 Q/P、轮重减载率 $\Delta P/P$、轮对横向水平力 Q 等几个参数来限定。除了行车安全性问题外,车辆运行的平稳性也是判定桥梁竖向和横向刚度是否满足要求的一个重要指标,通常用车体加速度指标和旅客乘坐舒适度指标来评定,《高速铁路设计规范》(TB 10621—2014)、《铁路桥涵设计规范》(TB 10002—2017)等对车辆参数限值采用相同的评价标准,评定指标见表 5.22。

表 5.22 列车运行安全性和平稳性指标

序 号	参数名称	参数限值	说 明
1	脱轨系数	$Q/P\leqslant 0.8$	
2	轮重减载率	$\Delta P/P\leqslant 0.6$	
3	轮对横向水平力	$Q\leqslant 10+P_0/3$	P_0为静轴重
4	车体竖向振动加速度/$(m\cdot s^{-2})$	$\alpha_z\leqslant 1.3$	半峰值
5	车体横向振动加速度/$(m\cdot s^{-2})$	$\alpha_y\leqslant 1.0$	半峰值
6	平稳性指标/$(m\cdot s^{-2})$	$W\leqslant 2.5$ 优	
		$2.50<W\leqslant 2.75$ 良	
		$2.72<W\leqslant 3.00$ 合格	

注:Q 为车轮作用于钢轨上的横向力,单位 kN;ΔP 为轮重减载量,单位 kN;P 为车轮作用于钢轨上的垂直力,P_0为车轮静轮重,单位 kN。

5.3 高速铁路桥梁检测技术

本节主要介绍高速铁路桥梁日常检查、周期检查工作的内容、项目、指标及检测方法。桥梁的日常检查一般采用目测方法、简单工具、视觉技术进行定性和定量测量。主要检查设备状态变化较快和直接影响行车的部位,对已发生病害的定时观测。设备每月或每季度检查一遍,长大桥梁每日检查一次。桥梁的周期检查包括定期检查、特别检查、检定试验。定期检查主要是对重点病害的定期观测监视和设备春秋季检查。病害严重、发展较快、危及行车安全的桥梁,应按规定的期限和要求进行定期观测监视。特别检查是由技术人员使用专用仪器进行的检查,如桥梁界限检查、梁跨挠度和拱度测量、梁跨结构断面及平面测绘、混凝土梁裂纹和中性化程度探测、钢梁涂膜裂化程度测定、支座转角位移测量、墩台变形测量等。为掌握桥梁技术状态,了解结构特性,查明病害情况,对大跨度、新型结构、出现严重病害和受损伤危及行车安全的桥梁应进行检定试验,以确定桥梁的承载、抗洪、抗震能力,规定列车运行条件,分析病害原因及危害程度,提出加固措施[14]。

5.3.1 桥梁日常检查

高速铁路桥梁日常检查一般采用目测方法,或配简单工具进行测量记录,常备的仪器设备有照相机、直尺、钢卷尺、工具锤、扳手、望远镜、放大镜、记号笔等。现场在“桥梁日常检查记录表”上登记检查项目的缺损类型。发现桥梁重要部件存在明显缺损时,应及时向上级提交专项报告。以下对桥梁表观及各部分结构的日常检查项目及指标进行阐述。

高速铁路桥梁从建筑材料分主要有混凝土桥、钢桥和钢—混凝土组合桥;从结构形式分主要有梁式桥、拱式桥、斜拉桥和悬索桥。桥梁日常检查虽然面对的桥梁类型各异,但桥梁建筑材料和结构类型有相同和相通之处,所以检查项目、关注指标和采用的检查技术几乎相同。基于此,按如下结构类型分类对桥梁日常检查项目及指标进行汇总,详见表 5.23。

表 5.23 不同类型桥梁日常检查主要检查项目及指标汇总表

序号	结构类型	检查项目	主要关注指标
1	混凝土构件	梁及构件	蜂窝、麻面、剥落、露筋、孔洞、碳化、腐蚀、位移、裂缝
		桥墩	蜂窝、麻面、剥落、露筋、孔洞、碳化、腐蚀、沉降、倾斜、裂缝
		桥台	剥落、空洞、孔洞、碳化、腐蚀、沉降、倾斜、裂缝
		墩台基础	冲刷、掏空、剥落、露筋、冲蚀、沉降、滑移、倾斜、裂缝
2	钢结构构件	表面涂装	脱落、起泡、裂纹、腐蚀
		螺栓连接	螺栓缺失、断裂、松动、锈蚀、杆滑移；连接板变形、开裂、锈蚀
		焊缝连接	焊缝脱落、开裂、锈蚀；连接板变形、开裂、锈蚀
3	支座	盆式支座 钢支座	组件缺失、损坏、磨损、开裂、锈蚀、脱焊；支整体座位移、转角超限；支承垫石破裂、变形
4	伸缩装置	伸缩缝	伸缩缝凹凸不平、伸缩缝锚固区缺陷、伸缩缝破损、伸缩缝失效
5	梁式桥	主梁	预应力构件损伤(锚头、钢绞线、齿板等)；跨中挠度过大
6	刚拱桥	钢架拱	主拱圈变形、主拱圈裂缝、横梁变形、开裂、基础变位、拱脚开裂
		桁架拱	杆件变形、钢材锈蚀、节点松动、焊缝开裂、基础变位、拱脚开裂
		吊杆系统	锚铟区开裂、钢丝锈蚀、系杆锈蚀等
7	斜拉桥	斜拉索系统	拉索锈蚀、断丝、滑移变位、涂层损坏、锚固区损坏；护套裂缝、护套锈蚀；防护层破损；锚杯积水、锚具内潮湿、防锈油结块、锚具锈蚀；减振装置损坏等
		索塔	裂缝、锚固区渗水、剥落、露筋、钢筋锈蚀
		主梁	参考混凝土梁或钢结构构件

5.3.2 桥梁周期检测

高速铁路桥梁，除日常检查养护外，还应进行周期检测，以保证结构安全与使用的可持续性。周期检测项目一般在开始运营后第 1 年，每半年观测 1 次，以后可以根据情况每年检测 1 次或者检测周期更长。

1. 上部结构检测

(1)上拱度测量

选择典型的桥梁孔跨预设测点，用精密水准仪测量上拱度，5 年后上拱度稳定可不再测量。测量应在恒载、气温比较恒定的夜间或阴天条件下进行。

(2)斜拉索、吊杆系统检测

每年应对斜拉索系统进行全面的检测，用振动传感器采用频率估算法检测斜拉索力，或压力传感器检测斜拉索力，并与竣工数据比较，验证索力变化是否大于 10%。

(3)拱肋变位测量

可在拱肋全桥通视位置设置固定观测点。使用全站仪及相应的配套设备，通过基准定位点，对拱肋的变位进行测量。

2. 支座结构检测

每年借助检查车或通过检查梯，使用清扫工具、工具锤、直尺、裂纹观测仪、记号笔、照相机等工具对支座精细检查一次。

(1)支座及其组件检测内容有：对活动支座进行极限位移量的测量记录，对照该类支座的设计限量值进行检查；检查连接系统中锚碇螺栓的连接状况，阻尼器与耳板连接处销轴状况；钢阻尼支座阻尼器中心距尺寸。

(2)支座垫石检查内容有：目测连接部位是否出现裂缝，支座钢板与垫石是否固定牢靠，混凝土局部是否存在缺陷[15]。

3. 下部结构检测

(1)墩台变位观测

一般在墩台顶面的下游两端且能全桥通视位置设置固定观测点。使用精密水准仪、全站仪及相应的配套设备，通过国家水准点和基准定位点，对桥墩台的沉降和变位进行测量。

(2)墩台基础病害检测

可使用水下摄影、摄像或人工摸探判断水下墩身和基础有无裂损、冲空。对初步判断存在严重病害的墩台及基础，可通过设置振动传感器，测量墩台顶水平横向振幅、频率、加速度和波形与同类型墩台检测结果对比，以此来确定该墩台及基础的病害程度。

5.3.3 现代桥梁检测技术

铁路桥梁日常检查一般采用目测或简单工具测量方法，对检查项目和指标进行定性描述和粗略测量。常备的仪器设备有照相机、工具尺、水准尺、工具锤、扳手、望远镜、放大镜、裂缝读数仪、激光测距仪、手持探伤仪等。具体检测实施参考相关检测手册。

在外观检测方面，由于高速铁路桥梁特殊的地理位置，传统的检测车、搭设检查平台等手段难以深入，而且效率低，还存在重大安全风险。目前，随着爬行机器人、潜水机器人、机器视觉等技术的发展，高速铁路桥梁的安全检测技术也取得一定的突破，且设备趋向自动化和人工智能方向发展。

1. 检测设搭载机器人

桥梁检测过程中，桥梁高塔、高墩、底部、主梁侧面检测是检测工作中的关键部分，但这些部位对于人工检查来说很难进行。爬壁机器人是科学家受壁虎的运动机理启发研制出的可吸附于壁面的仿生机器人，可在竖直壁面、顶板面等进行灵活的运动，携带一定检测设备完成桥梁检测作业任务。水下机器人由水下机器人和云控制台组成，自带推进动力和水下摄像设备，在操控下实施航行、潜水和水下摄像等作业，已逐步取代潜水员在水下摄像危险且繁重的作业。

2. 机器视觉技术

基于机器视觉的自动化、智能化检测技术在桥梁上得到的初步应用，主要集中在混凝土构件表观病害、裂缝和钢结构表面的涂装、螺栓脱落、松动的获取技术上，在病害的自动识别方面仍停留在理论研究阶段，应用于实际工程还有一定距离。

3. 无 人 机

利用无人机机动性强、效率高、拍摄分辨率高的特点，进行外业的巡检任务，该项技术目前已广泛应用于桥梁的外观质量检测领域。搭载普通相机和激光雷达，通过多个不同视角的相机采集高分辨率纹理，激光雷达采集距离精度较高的点云数据，两者结合构建高质量的实景三维模型。

5.4 高速铁路桥梁健康监测与系统

5.4.1 监测的目的和功能

健康监测系统的基本功能与目的，归类如下：

(1)验证设计理论与方法，为改进设计规范和方法提供资料；

(2)为新技术、新材料的应用提供验证和评价资料；

(3)为掌握结构性能的演化规律，为结构可靠性、耐久性以及剩余寿命评估提供长期跟踪资料；

(4)及时获取荷载和结构响应的异常信息，尽早对结构的损伤或性能退化做出识别和预警，保证结构的安全运营；

(5)捕捉地震、台风、爆炸、火灾等偶发事件的全过程，为结构灾后评估提供技术支持；

(6)为结构的维修、加固、改建提供参考资料和技术支持。

在验证设计、积累资料、捕捉偶发事件等方面，监测系统可以得到相对直接的应用。通过实际运营状态的监测，可对比分析评价结构设计中采用的假设和设计参数是否准确并对结构设计提出建议。一些将施工期监测与运营期监测相结合的监测系统，通过对结构“诞生”过程的跟踪监测，可以更好地掌握结构的基本特性和运行规律，建立结构的健康档案和评价基准。健康监测对一些偶然性灾害过程的捕捉，监测资料对结构的震后评价和维修决策将发挥不可替代的作用[16]。

损伤识别、性能评价属于健康监测的深层应用。结构和人类不同，通常它们没有统一的健康评价指标。对每个结构运营状态的全程监测有助于建立各自的健康指标和评价基准。基于此，通过实际运营环境下结构响应监测结果的分析，结合结构损伤识别技术的应用，实现对结构在长期运营后或灾后可能处于的各种非健康状态的识别诊断。

5.4.2 桥梁健康监测内容

大跨度桥梁结构体系一般采用拱结构、斜拉体系、悬索结构等，因此在竖向和侧向(横向)荷载作用下，其内力与变形都很复杂。受力和变形也易于受温度与日照等环境因素的影响，特别在风与地震这样的随机动荷载作用下，结构响应常常会超出设计的预期。而且大跨度桥梁结构的服役年限长，对安全性和耐久性都有更高的要求。因此，为了保证结构在使用期间的安全，对其进行健康监测是十分必要的。根据桥梁规模、受力特点、复杂性和重要性，可按表 5.24 选择合理监测内容[16,17]。

表 5.24 桥梁结构健康监测内容

监测内容类别		监测参数	监测参数选择		
			梁桥	拱桥	斜拉桥
环境荷载监测类	风速	桥面风速	△	○	○
		拱顶风速	—	○	—
		塔顶风速	—	—	○
	温度	空气温度	△	△	○
		混凝土表面温度	△	△	○
		钢结构表面温度	△	△	○
		主缆、锚碇及索鞍内温度	—	—	—
	湿度	环境湿度	△	△	△
		梁内湿度	△	△	○
		塔内锚碇区湿度	—	—	○
		主缆、锚碇及索鞍内湿度	—	—	—
	雨量	桥面雨量	△	△	△
	地震	地震加速度	△	△	△
	船撞	桥墩加速度	△	△	△
行车条件		列车速度	△	△	△
		列车编组及轴重	△	△	△
结构响应监测类	振动	主梁竖向振动加速度、振幅	△	△	○
		主梁横向振动加速度、振幅	△	△	○
		主梁纵向振动加速度、振幅	△	△	△
		桥墩顶纵向和横向加速度、振幅	△	△	△
		拱顶三向振动加速度	—	○	—
	变形	主梁挠度	○	○	○
		主梁横向位移	△	△	○
		梁端纵向位移	△	△	○
		支座位移	△	△	△
		基础沉降	△	△	△
		承台倾斜	△	△	△
		拱顶偏位	—	○	—
		拱脚偏位	—	○	—
		塔顶偏位/倾角	—	—	○
		主缆位移	—	—	—

续上表

监测内容类别		监测参数	监测参数选择		
			梁桥	拱桥	斜拉桥
结构响应监测类	应变	主梁断面应变	○	○	○
		体内或体外预应力筋应变	△	—	—
		主拱断面应变	—	○	—
	基础冲刷	基础冲刷深度	△	△	△
	索力	吊索(吊杆、斜拉索)索力、振动加速度	—	△	△
	裂缝	钢筋混凝土	△	△	△
	腐蚀	钢筋腐蚀	△	△	△
		吊索(吊杆、斜拉索、主缆)	—	△	△
	疲劳	斜拉索	—	—	△
		钢箱梁	○	△	○
		吊索	—	△	—
温度调节器		钢轨温度	△	△	△
		基本轨位移	△	△	△
		剪力架及钢枕偏移	△	△	△
视频监测		桥梁实时工作状态			

注:○表示必选监测项;△表示可选监测项;—表示不包含项。

1. 环境荷载监测

(1)风荷载

大跨度桥梁结构对风荷载较为敏感,风速矢量是重要的监测参数。对于桥塔部分一般监测水平风速,可采用二维风速仪。对于主梁部分一般应该采用三维风速仪监测三向风速,以便分析竖向风荷载对桥面结构的作用。基于对风速的长期监测,可获得桥址的平均风特性、强风的脉动特性和强风下桥梁结构的动态响应等。

(2)温度荷载

大跨度桥梁结构对温度荷载的反应十分显著,温度在结构中还会形成明显的温度梯度,因此,在桥梁监测系统中温度监测测点数量常常是大量的。对主要结构部分都应该布置温度测点,通常包括桥塔不同高度截面、拉索、吊杆、主缆、主梁截面等,尤其是钢箱梁截面,在日照作用下顶底板温差十分显著,应该进行重点监测。通过温度监测,可获得桥址的常年气温变化规律,可对桥梁结构的年温差、日照温差、骤然降温等温度作用特性和结构响应进行分析,对桥梁结构运营状态分析与评价具有重要的作用。

(3)腐蚀作用

大型桥梁结构的服役年限,一般要几十年甚至上百年,耐久性是十分重要的。混凝土劣化、钢结构锈蚀等直接影响结构的使用寿命。钢筋腐蚀检测方法很多,电化学检测方法是目前最为常用的方法。电化学检测方法通过测量混凝土保护层不同深度的线性极化电阻、断路电压、电阻率、氯离子浓度和混凝土的温度等来推算腐蚀深度和腐蚀速率。通过耐久性监测技术，可以及时掌握材料的老化退化程度和发展趋势，从而对结构的安全性和使用寿命做出评估。混凝土耐久性的演变是一个较为缓慢的过程，因此，对耐久性的监测一般不要求动态实时监测，而采用人工定期读数就能满足要求[16]。

2. 列车信息监测

该模块包含列车车号识别、行车速度监测，全面监测列车过桥时脱轨系数、减载率、列车型号和车速，从而分析列车过桥对桥梁结构响应的影响。可以用动态称重系统监测列车轴重[16]。

3. 动态特性监测

结构的动态特性是反映结构本身健康状态的重要指标。结构的损伤或老化，会不同程度地引起结构参数如结构质量、刚度和阻尼的变化，进而引起结构自振频率、振型等动力特性的改变。通过对结构动力特性的监测，应用结构参数和损伤识别技术，有助于对结构的健康状态做出定性和定量的评价。所以结构的动力特性监测是结构健康监测的一项主要内容。结构加速度响应是常被用来分析和识别结构模态参数的基本数据[16]。

4. 结构响应监测

(1)变形监测

许多桥梁结构在出现危险之前都发生较大的变形。变形监测目的是实时了解结构的变形情况与变形的性质，以掌握结构性态的变化，分析结构变形规律、变形速率与变化趋势，可以预警结构的隐患，以确保结构的变形在设计容许范围内[16]。

沉降与倾斜监测一般属于静态变形监测，监测方法包括常规地面测量方法、近景摄影测量以及特定条件下采取一些特殊的测量方法。

对于沉降观测，从分析变形过程出发，变形速度值比变形绝对值具有更重要的意义。地基允许变形值包括沉降量、沉降差、倾斜和局部倾斜等。

倾斜观测主要是为了保证桥、桥塔轴线的位置所进行的竖向监测，即垂直度监测，它是反映施工质量、地基沉降和结构状态的综合因素。

对于大跨度桥梁结构，在温度、风、车辆等荷载作用下，主梁会发生较大的竖向和侧向位移，桥塔也会产生较大的水平位移。过大的位移容易引起结构损坏或失稳，从而影响结构的可靠性和安全性，因此对结构的位移监测与控制是桥梁结构健康监测的重要内容。

(2)应力/应变监测

大型桥梁结构常包含有桥塔、桥墩、主梁等重要的关键构件和一些结构重要节点和关键部位。这些构件、节点和部位的强度降低或损伤，容易引起结构局部或者整体的不稳定甚至倒塌，引发安全事故。需要监测的重点部位包括桥塔根部、塔梁结合部、拉索锚固区、主梁典型截面、应力集中部位等。因此，对这些构件的受力状态进行监测，及时发现异常表现和局部损伤部位是结构健康监测的重要内容。

(3)索力的监测

对于索桥，斜拉索、主缆、吊杆都是关键承重构件，对车辆、强风和温度荷载通常都较为敏感。这些构件的内力直接反映结构的状态。结构发生损伤或状态的改变，都可能引起索力的改变和重分配。

5. 其他监测内容

地震、船(对于航道桥)荷载也是健康监测系统的荷载监测内容之一,主要特点是具有显著的偶然性。与传统监测技术相比,在线健康监测系统的重要特点之一在于能够实现对偶然性灾害发生过程的记录,为结构的灾后评估和振动响应分析提供依据[16]。

6. 传感器类型选择

桥梁结构健康监测系统的基本监测功能是通过传感器子系统实现的,合理选择和布置传感器是保障结构监测质量的前提,应本着技术先进、经济合理、性能可靠适用、长期稳定、满足监测要求的目的确定传感器类型[17]。桥梁监测内容与监测传感器类型选择对应见表 5.25。

表 5.25 桥梁监测内容与传感器类型对应表

监测内容类别		监 测 参 数	监 测 仪 器
环境荷载监测类	风	风速、风向	超声风速仪、螺旋桨式风速仪
		风压	风压仪
	温度	空气温度、混凝土表面温度、钢结构表面温度、主缆、锚碇及索鞍内温度	光纤光栅温度传感器、数字式温度传感器、热电偶式温度传感器、热敏电阻式温度传感器
	湿度	环境湿度、梁内湿度、塔内锚碇区湿度、主缆、锚碇及索鞍湿度	湿度计
	雨量	桥面雨量	雨量计
	地震	地震加速度	地震仪(三向加速度计)
	船撞	桥墩加速度	加速度计
行车条件		列车速度	磁钢、测速雷达
		列车编组及轴重	磁钢、轴重衡
结构响应监测类	振动	主梁、桥墩顶部、拱顶三向振动加速度	加速度传感器(压电式、压阻式、电容式、力平衡式)
	变形	主梁挠度、主梁横向位移、梁端纵向位移、支座位移、基础沉降、承台倾斜、拱顶和拱脚偏位、塔顶偏位/倾角、主缆位移	位移计、北斗、GPS、全站仪、连通管液位传感器、激光图像法、倾角仪、测斜管
	应变	主梁断面应变、预应力筋应变、主拱断面应变	压阻应变传感器、振弦式应变传感器、光纤光栅应变传感器
	基础冲刷	基础冲刷深度	水下摄像机、水底探测雷达
	索力	吊杆、斜拉索索力和振动加速度	压力表、压力传感器、加速度传感器、磁通量传感器、光纤光栅传感器
	裂缝	钢筋混凝土	柔性导电涂料、长标距 FBG、BOTDA、机敏网格、声发射传感器

续上表

监测内容类别		监 测 参 数	监 测 仪 器
结构响应监测类	腐蚀	钢筋腐蚀	阳极梯、腐蚀测试单元
		吊索(吊杆、斜拉索、主缆)	声发射传感器
	疲劳	斜拉索、钢箱梁、吊索	压阻应变传感器、振弦式应变传感器、光纤光栅应变传感器
温度调节器		钢轨温度	温度传感器
		基本轨位移、剪力架及钢枕偏移	位移计
视频监测		桥梁实时工作状态	高清摄像机

5.4.3 健康监测系统实例

高速铁路桥梁在列车高速通行时动力振动效应非常显著。桥梁发生病害或结构受损伤后，桥梁结构容易出现较大振动，降低列车乘坐舒适性甚至危及高速行车安全。因此，高速铁路桥梁健康监测应长期监测桥梁的自振特性、车桥耦合振动特性等相关动力特性。

目前国内已有相关普速铁路桥梁的检定规范，而针对高速铁路桥梁特别是大跨桥梁的相关性能评定研究很少。因此，在高速铁路桥梁健康监测系统的研究中，需要深入开展针对高速铁路桥梁安全性能评定方面的相关研究[17-19]。

1. 南京大胜关长江大桥概况

南京大胜关大桥是京沪高速铁路和沪汉蓉铁路共用的越江通道，桥梁同时搭载南京市的双线地铁，主桥上部结构为(108＋192＋2×336＋192＋108)m 的连续钢桁拱梁，其中 336 m 的主跨名列世界同类高速铁路桥梁之首。桥梁立面布置如图 5.8 所示，桥梁横截面布置图如图 5.9 所示。

该联钢桁梁由三片主桁架组成，每两片主桁间的中心距皆为 15.0 m，上游侧是两线沪蓉铁路；下游侧是两线高速铁路。在两边桁的外侧，各外挑 5.5 m 的悬臂托架，支撑城市轻轨铁路，结构总宽 41.0 m。

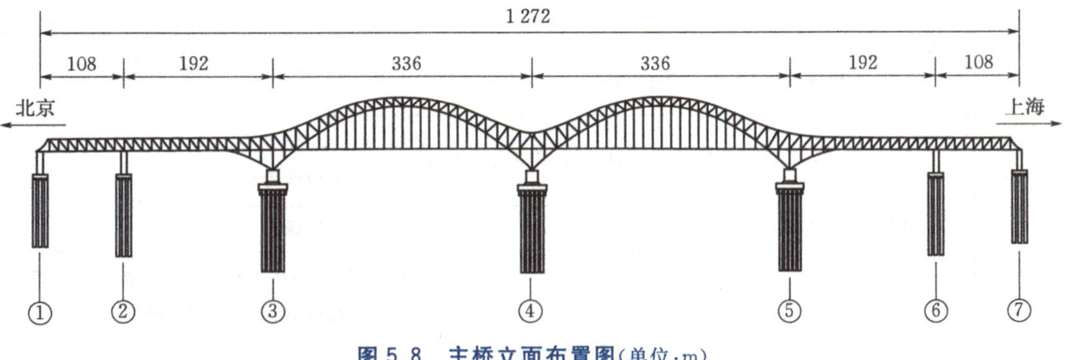

图 5.8 主桥立面布置图(单位：m)

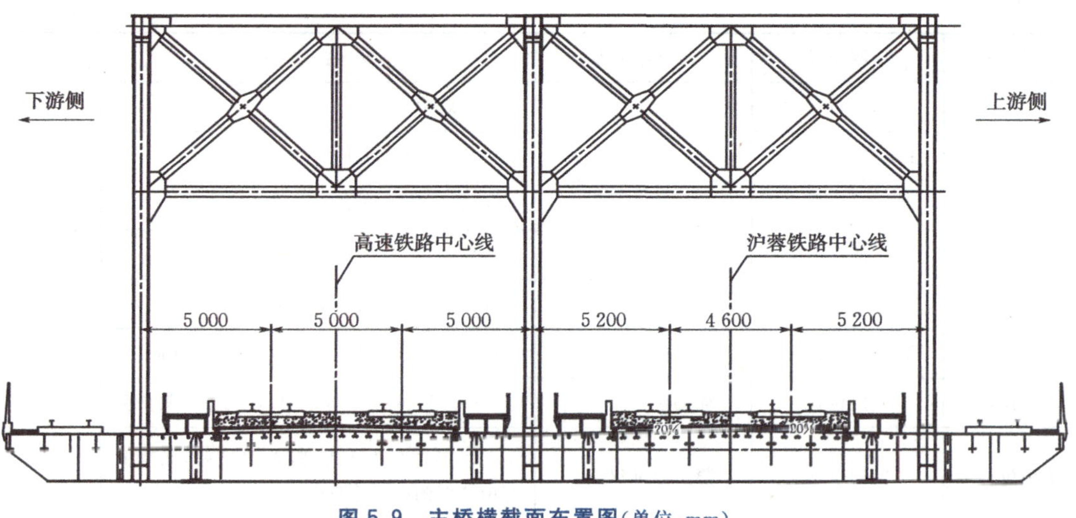

图 5.9 主桥横截面布置图(单位:mm)

2. 监测系统概况

南京大胜关大桥结构健康监测系统于 2011 年 6 月建成投入使用,对主桥重点结构部位实施长期在线监测。监测的主要内容有桥址环境监测、钢结构动应力监测、动力响应监测、位移变形监测、特殊部位监测、行车监测等。监测测点布置见表 5.26。

表 5.26 南京大胜关大桥结构健康监测系统监测测点布置表

监测类型	监测项目	传感器类型	安装位置	数量
环境监测	大气温湿度	空气温湿度计	上海侧南拱脚桥面	1
	风速风向	机械式风速仪	北京侧拱顶	1
列车风	风速风向	三向超声风速仪	上海侧南拱脚桥面	1
结构温度	钢结构温度	光栅温度传感器	北京侧跨中钢梁弦杆,北京侧跨中桥面板下方和横梁下翼板	18
	混凝土温度		京沪线、沪汉蓉线道砟槽	2
钢结构动应变	弦杆应变	光栅应变传感器	北京侧次边跨钢梁弦杆	6
	钢桁拱应变		拱顶、拱背、拱脚	16
	吊杆应变		北京侧主跨第 1 第 2 吊杆	4
	系杆应变		北京侧主跨跨中	4
	横梁应变		横梁下翼缘	2
	节点应变		北京侧主跨跨中节点焊缝	4
	桥面板应变		桥面板下方	2
	温度补偿	光栅温度传感器	与北京侧主跨跨中刚应变测点对应	12

续上表

监测类型	监测项目	传感器类型	安 装 位 置	数量
动力响应	主梁竖向加速度	振动加速度传感器	各跨跨中	6
	主梁横向加速度		主跨、次边跨跨中	4
	主梁竖向振幅	振动加速度传感器	主跨、次边跨跨中	4
	主梁横向振幅		各跨跨中	6
	吊杆纵横向振动		北京侧主跨跨中吊杆纵横桥向	2
	墩纵横桥向振动		6 号、7 号、8 号桥墩纵向，7 号桥墩横向	4
支座位移	支座位移	伸缩仪	4 号、5 号、6 号、8 号、9 号、10 号墩两侧支座	12
结构位移	竖向位移	静力水准仪	北京侧主跨 1/4 跨、跨中、3/4 跨，北京上海南北两侧次边跨跨中	9
行车状态	列车车速	测速雷达	京沪和沪汉蓉双线轨道	4

3. 桥梁振动监测与分析

为监测高速列车作用下的大胜关大桥主梁振动加速度响应，分别在主梁次边跨（②③墩、⑤⑥墩）跨中、主跨（③④墩、④⑤墩）跨中截面处各安装 1 个竖向加速度传感器和 1 个横向加速度传感器。振动加速度传感器的采样频率为 200 Hz，北京侧主跨跨中某日 24 h 横向振动加速度和竖向振动加速度数据如图 5.10、图 5.11 所示。结构健康监测系统为深入研究大胜关大桥的动力性能和车桥共振特性提供了新的技术手段，长期监测结果表明：

（1）高速列车通过时，大桥主梁振动加速度非平稳振动特性明显，竖向加速度响应明显大于横向加速度响应，竖向和横向振动加速度峰值曲线均呈现出明显的随机性。

（2）大桥主梁竖向和横向振动存在明显的共振现象，列车行驶于中间车道时存在多个共振车速点[19-22]。

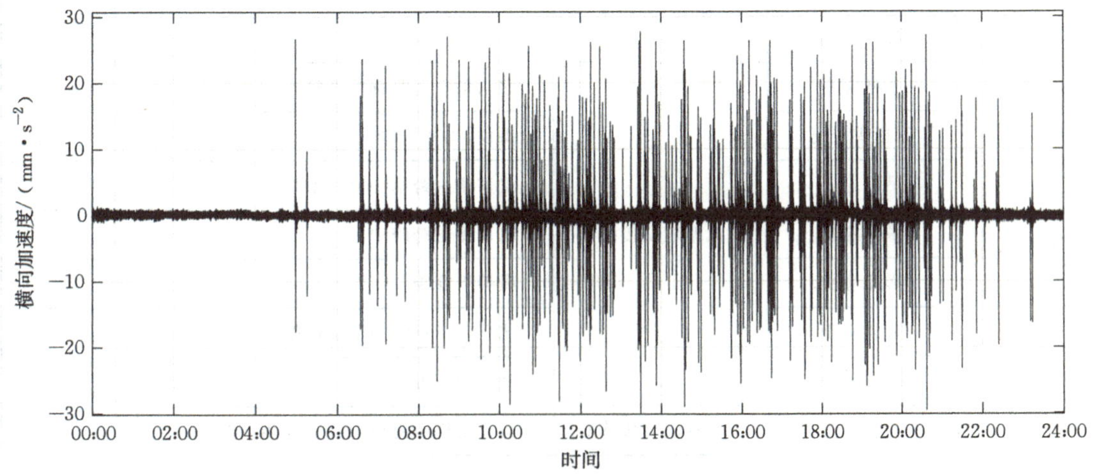

图 5.10　横向振动加速度某日 24 h 监测数据

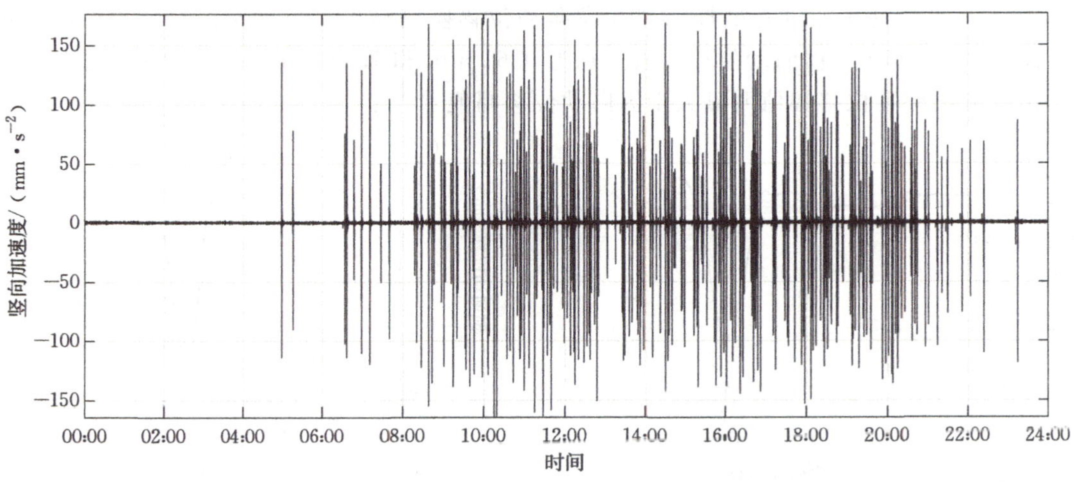

图 5.11　竖向振动加速度某日 24 h 监测数据

挖掘高速列车荷载和环境作用下，主梁振动加速度分布规律与桥上列车组合形式、列车车速、结构温度、桥址环境风速等相关关系，揭示大跨度桥梁的动力性能特征及损伤破坏机理是重要研究方向。

4. 吊杆振动监测与分析

大胜关大桥健康监测系统在北京侧主跨跨中截面的吊杆上各安装 1 个横向（横桥向）速度传感器和纵向（顺桥向）速度传感器，以长期监测高速列车通过时吊杆的振动响应。2 个速度传感器的采样频率均为 200 Hz，其位置布置如图 5.12 所示。

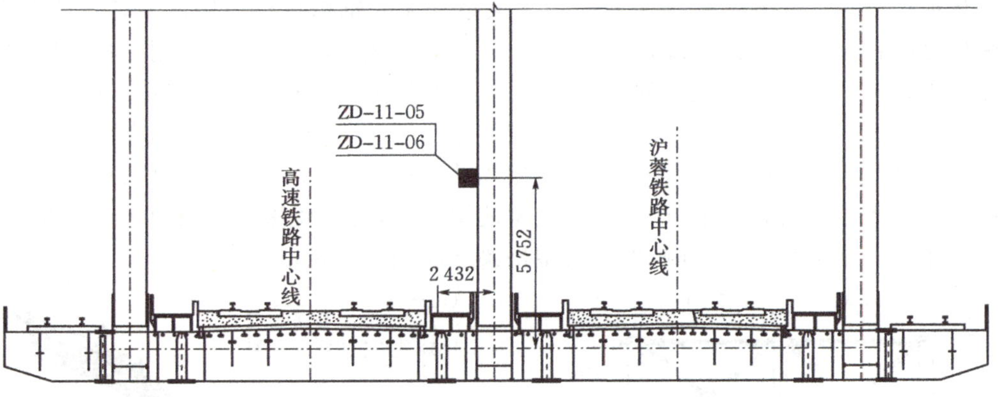

图 5.12　北京侧主跨跨中截面吊杆速度传感器布置图（单位：mm）

采用振动速度积分获得动位移时程的方法来考察大胜关大桥吊杆动位移的长期变化规律。由于所采集的速度数据为离散数据，因此需要对其进行梯形数值积分，即

$$T(f)=\frac{t_2-t_1}{2}[f(t_1)-f(t_2)] \tag{5.4}$$

式中　$T(f)$——对振动速度数据积分所得的动位移值；

t_1,t_2——某 2 个相邻振动速度数据所对应的时间（$t_1<t_2$）；

$f(t_1),f(t_2)$——t_1 和 t_2 时刻所采集到的振动速度值。

吊杆动位移监测结果：单次列车通过时吊杆纵向和横向动位移的典型监测结果如图

5.13 所示。高速列车通过时吊杆纵向和横向动位移监测结果均呈现出明显的单峰曲线形式。图 5.13 中纵向和横向动位移幅值分别为 0.61 mm 和 1.31 mm。高速列车通过时钢桁拱桥吊杆的横向动位移幅值明显大于纵向动位移幅值[23,24]。

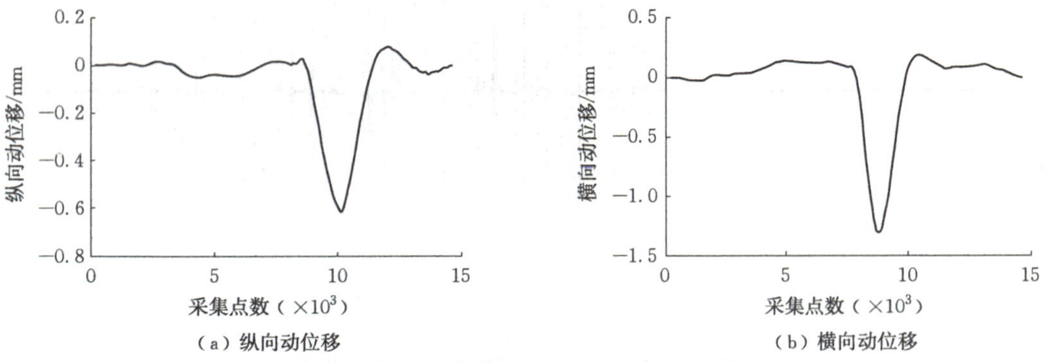

图 5.13　单次列车通过时吊杆纵向和横向动位移监测结果

5. 温度对支座位移影响

桥梁伸缩性能是桥梁总体健康状态的重要指标，活动支座是保证桥梁良好伸缩性能的关键构件，因此对活动支座的滑动性能评价是判断桥梁伸缩性能优劣的重要手段。研究表明，温度场会对桥梁支座产生明显的纵向静位移响应。

图 5.8 跨中截面 1—1 的温度传感器布置如图 5.14 所示，①墩支座纵向位移 WY_1 按时间日尺度分析主桁下弦杆平均温度 WD_1[$WD_1=(WD_{01}+WD_{02})/2$]与 WY_1 的线性相关性如图 5.15 所示。由支座纵向静位移的时变监测规律得知，大胜关大桥球型钢支座的纵向静位移与环境温度场变化存在较为明显的相关关系。大跨钢桁拱桥结构体系具有较大拱高，导致弦杆之间存在较大竖向温差，对支座纵向静位移产生影响，温度场作用下各支座的纵向静位移并不是独立而是相互联系的，有必要深入研究温度场对桁架静应变的影响，揭示各支座纵向静位移之间的内在联系，进而判断桥梁伸缩支座性能的优劣。此外，在高速列车荷载作用下，支座的位移时程曲线中存在众多小振幅动位移，小振幅动位移往复累积造成支座疲劳磨损和橡胶密封圈液化外泄，严重缩短支座使用寿命，有必要深入研究列车荷载和温度场作用对支座多尺度动位移的影响，揭示大型桥梁支座的破坏机理[25]。

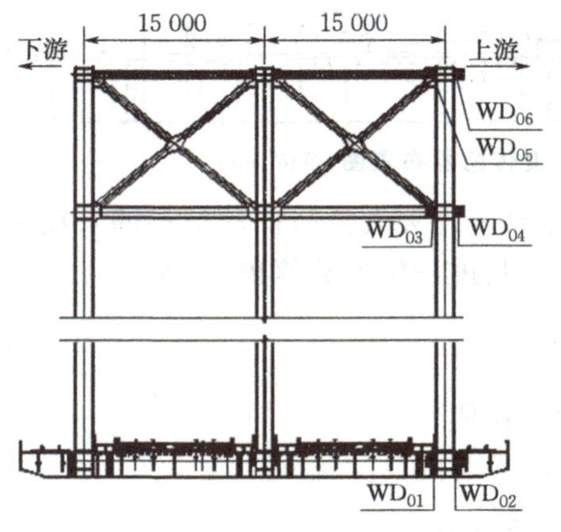

图 5.14　跨中温度传感器布置图(单位：mm)

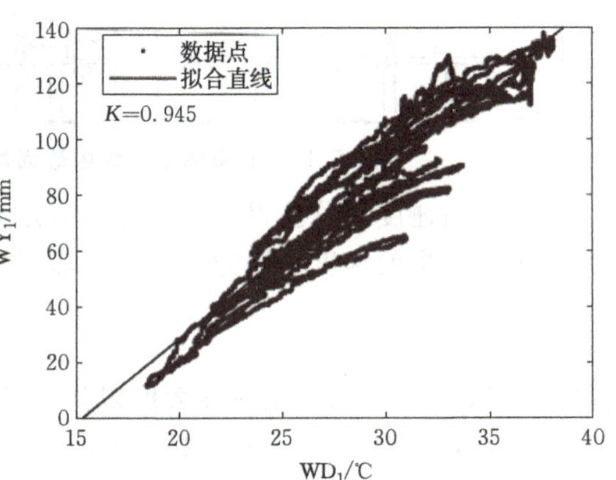

图 5.15　20d 温度与支座位移相关性散点图

5.5 高速铁路桥梁现代维护

高速铁路列车运行速度快、密度大，对设备可靠性和列车运行安全要求很高。由于设计、施工、后期维护不善或者自然灾害等原因，建成运营的高速铁路桥梁已经表现出一定数量的病害，若不及时采取合理维修养护措施，将直接影响桥梁结构的使用性能甚至危及行车安全，这使高速铁路桥梁养护维修部门面临极大挑战。本节以高速铁路桥梁上部结构、支座和下部结构为对象，分别介绍其主要病害及成因分析，现代维护方法及维护技术，现代养修装备等，最后介绍桥梁维护系统需求及其功能、使用方法等[26,27]。

5.5.1 上部结构维护

1. 混凝土桥跨

(1)混凝土桥跨常见病害

①混凝土保护层碳化。

②因风化作用、碱性集料反应、化学腐蚀、冻融剥离、磨耗等造成梁体裂缝、钢筋锈蚀、混凝土保护层开裂、桥面防排水体系不良引起的病害。

③横向连接件断裂、脱焊或松动，横向振动偏大。

④结构由于混凝土收缩徐变、温度变化、车辆撞击、地震等导致永久变形。

⑤连续梁、刚构桥等由于地基不均匀沉降产生变形和裂缝。

⑥预应力混凝土梁上拱度过大，有效预应力不足；预应力筋锈蚀；张拉锚具锚下混凝土的纵向裂缝，长度一般不超过梁高，主要由锚下局部应力集中产生的劈裂拉力所致。

⑦预制构件安装时，预埋铁件焊接措施不当，使铁件附近混凝土产生的裂缝。

⑧沿预应力钢束的纵向裂缝，主要为预应力钢束保护层过薄，钢束处局部应力过大产生劈裂或是混凝土保护层碳化后钢筋锈蚀所致。

⑨跨中下挠过大，超过规范容许值，但跨中截面不一定开裂。

⑩预应力混凝土 T 梁的横隔板断裂。

(2)混凝土桥跨养护与加固

①日常养护

铁路混凝土桥梁日常养护工作主要指采用专用的各种修补材料，对各种常见病害进行维修，修补方法有裂纹注浆、表面涂装、保护层修补等。

②加固方法

铁路混凝土桥梁加固的目的有两个方面：恢复或提高梁体的承载能力(纵向加固)；提高桥梁的横向刚度(横向加固)。

纵向加固主要解决的问题有：因钢筋锈蚀造成的梁体承载能力下降；恢复或提高梁体的承载能力；恢复或提高预应力梁的有效预应力及抗裂性能。铁路混凝土桥梁纵向加固较为常用的方法有加大截面法、粘贴钢板或高强纤维体、外预应力加固法等。

2. 钢结构桥跨

(1)钢梁保护涂装

钢梁涂装主要指钢梁表面喷涂油漆，作用是保护钢梁不受自然界的侵蚀，可以有效防止钢梁生锈。钢梁涂装常见病害有脱落、起泡、裂纹、腐蚀等，应定期进行涂装维护，涂装失效后及时重新涂装。

(2)高强度螺栓联结

高强度螺栓联结常见病害包括螺栓缺失、断裂、松动、锈蚀，连接板变形、开裂、锈蚀。对经检查判明有严重锈蚀(有肉眼可见的锈蚀麻面)、裂纹或折断的高强度螺栓应立即更换。运营线上更换大型节点高强度螺栓，每次同时更换数量不得超过该节点处每根杆件上高强度螺栓总数的 8%，对于螺栓数量较少的节点则要逐个更换。高强度螺栓不得超拧和欠拧(实际预拉力大于或小于设计预拉力 10%)、漏拧、松动、断裂或缺栓，杆件不得有滑移。

(3)钢梁焊缝连接

钢梁常见病害有焊缝脱落、开裂、锈蚀，连接板变形、开裂、锈蚀等。运营线上手工施焊不能保证质量，故养护时不得用电焊补强的方法加固焊缝或焊补钢材的裂纹。焊缝断裂和钢材裂纹修理一般采用下列方法：

①临时措施：在裂纹的尖端钻与钢板厚度大致相等的圆孔，裂纹的尖端必须落入孔中。但垂直于主拉应力方向的裂纹不得钻孔。

②永久性加固：采用高强度螺栓联结的拼接板进行永久性加固。

(4)钢结构杆件

钢桁架杆件容易发生的弯曲及损伤病害，超过容许限度时，应进行整修、加固或更换。①弯曲杆件的矫正，一般用整直器和千斤顶、滑车组进行矫正、整治。②杆件伤损的修补，用高强度螺栓连接拼接的方法进行加固；杆件、拼接板损坏或扭曲严重，无法修整，应更换新杆件。③必要时更换杆件。

3. 拉索和吊杆

(1)影响斜拉桥梁安全的重要病害

斜拉桥建成通车后，由于车辆荷载、温度和其他环境因素的作用以及材料本身某些随时间变化特性的影响，桥梁结构将出现一些危及桥梁安全的病害，主要有：

①主梁和索塔轴线空间位置的偏离

主梁和索塔轴线的空间位置是衡量斜拉桥是否处于正常工作状态的一个重要指标。病害主要表现形式：单塔斜拉桥索塔轴线向主跨(河跨)方向倾斜或双塔柱斜拉桥两索塔倾向河跨或两索塔同向倾斜；主梁波状起伏，桥面系严重开裂，合龙段下凹不平，主梁跨中挠度过大，出现裂缝，尤其是受力裂缝。斜拉桥的索塔和主梁轴线的实际位置偏离设计位置时，存在于索塔和主梁内的轴向力就会在塔和主梁内产生附加弯矩，附加弯矩加剧塔、主梁轴线偏离正常位置，影响桥梁安全。

②斜拉索索力偏差过大

斜拉桥拉索索力的变化是衡量斜拉桥是否处于正常工作状态的一个重要指标。斜拉桥是一种内部高次超静定结构，当实际索力偏离了设计索力，会使索塔和主梁产生弯矩，影响主梁和索塔轴线空间位置。

③斜拉桥拉索钢丝锈蚀，截面削弱，出现裂纹，锚固系统锈蚀

斜拉桥的拉索是斜拉桥的主要受力构件，当斜拉桥的防护层、钢拉索及锚固系统锈蚀严重，引起拉索失效，则整座桥梁将面临倒塌的危险。

④斜拉索振动异常

异常的振动会引起拉索疲劳损伤，损坏索的钢套筒、套筒帽及其固定螺栓、拉索的防振阻尼器及索的护套，缩短拉索的使用寿命。控制斜拉索振动的阻尼器，应具有良好、稳定的消能作用，有效控制斜拉索振动。

(2)斜拉索和锚具病害与维养

①不锈钢管护套有松动、脱落、锈蚀，连接处有渗水、漏水等，应固定回位、除锈。

②套管破裂，雨水的渗入腐蚀斜拉索，应及时更换套管。

③斜拉索钢丝有锈蚀时，应及时进行防锈处理。

④经常检查下锚头及垫板处的排水小孔，保持排水畅通。

⑤锚头锈蚀时应及时进行防锈处理。

⑥用套筒压注水泥浆防护的斜拉索，当其金属套筒腐蚀，护套内高强度钢丝已经锈蚀，必须更换斜拉索。

⑦以热挤高密度聚乙烯作护套的工厂成品索，如护套内有裂缝，套内钢丝有轻微锈蚀，应清除浮锈，钢丝表面涂防锈涂料或防锈油后热补乙烯护套。

⑧斜拉索端部应力较集中处发现钢丝有应力腐蚀或氢致腐蚀迹象(如钢丝上有腐蚀凹坑、剥蚀等)，应立即更换拉索。

⑨金属护套内压注水泥浆防护的斜拉索，金属套筒腐蚀，但钢丝仍未锈蚀的，仅换金属护套比全索更换经济，施工条件许可情况下，可更换金属护套，重新压注水泥浆。

⑩斜拉索钢锚箱如发现裂纹发展，不得随意补焊，可以采用 $\phi6 \sim \phi8$ mm 钻孔止裂。钻孔必须钻掉裂纹尖端部分。如裂纹未进一步发展，可以不作进一步处理。如发现裂纹进一步扩展，需深入分析研究，采取合适的加固方案，如高强度螺栓连接或焊补。由于锚箱为承受巨大集中力的结构，此种修补需十分慎重，应中断行车甚至考虑进一步卸载。焊补时气温要高于 10 ℃，先计算气刨刨去的范围和深度，研究补焊程序，并由合格焊工施焊。最好采用热量较小的 CO_2 气体保护焊，补焊最好一次完成，焊后控伤。构件较大、较厚时，应考虑预热。此后的营运中仍需观测该处是否有新裂纹产生。

斜拉索和拱桥柔性吊杆应具有良好外防护套。采用螺纹连接的刚性吊杆连接部位应具有良好防锈保护和密封性，防止雨水及潮湿空气进入。

(3)吊杆病害及更换

吊杆的常见病害与斜拉索类似，相关病害及维养措施不再赘述。对吊杆体系钢—混凝土桥，吊杆使用一定时间或损伤后，经常需要更换吊杆，其作业流程如下：

①用大型型钢在桥面两侧用拉杆对拉，使桥面系在平面系内保持整体。

②拆除要更换吊杆处的人行道板，解除相应的桥面连接，每次不大于三道缝。

③安装临时吊带，用千斤顶将旧吊杆调整至不受力状态。

④截断旧吊杆从上、下两端取出。

⑤对原拱肋进行扩孔，安装新导管，用环氧砂浆填充孔隙，准备安装新吊杆。

⑥安装新吊杆，调整好高程，将临时吊带上的荷载分级逐步卸载至新吊杆上。

⑦拆除临时吊带，对新吊杆安装保护罩，内灌防腐油。

⑧重复以上步骤，更换下一吊杆。

5.5.2 支座系统维护

支座系统作为高速铁路桥梁的重要组成部分，对桥梁结构有着非常重要的影响。我国高速铁路桥梁支座的滑动部件采用纯聚四氟乙烯板（或改性超高分子量聚乙烯板），并用硅脂润滑。高速铁路桥梁一般采用盆式橡胶支座、球形钢支座，大跨度梁也可采用铰轴滑板支座，墩台基础工后沉降大的桥梁应采用调高支座，地震设防地段可采用抗震支座。

1. 支座常见病害

支座是桥梁上部结构和下部结构的连接构件，可有效地传递上部结构所受荷载，并适应温度荷载、混凝土收缩徐变、活载产生的位移等。实际工程由于设计、施工、维修及管理等原因会引起支座各种病害。例如，支座设计时由于支座形式选择不当、布置方式错误等导致出现限制移动装置等失效或者损坏；支座材料选择不当或养护不到位造成支座过早损坏、老化；支座安装误差和主梁倾斜使支座受力不均，支座产生脱空现象；荷载作用或地质不良造成墩台不均匀沉降，上部结构发生偏移以及剪切变形过大等造成支座受力不均、偏移等。

2. 支座养护与更换

支座位置不正、滑行、歪斜超过容许限度，或支座病害严重时，可采用顶起梁身法，对支座进行整正、维修和更换。

顶梁所用千所顶的数量和负载能力，应根据梁身及桥面重量来选定，为保证施工安全，千斤顶的起重能力必须大于计算荷载的50%～100%。新式钢梁，一般起顶横梁均预留有放千斤顶的位置；旧式钢梁，其端部横梁下无法起顶横梁时，可采用临时木撑顶紧后起顶。起顶连续梁时，应同时起顶本联内的全部支座，并应事先计算各支点的反力，用带压力表的油压千斤顶进行不致改变梁跨各杆件受力情况而发生裂纹或损坏。钢筋混凝土梁或预应力混凝土梁可在支座附近梁梗下起顶。对于双梗式梁，也可采用钢轨做成扁担形放在梁梗下用两台千斤顶将梁抬起。

5.5.3 下部结构维护

高速铁路桥梁墩台是桥梁的最下部，由钢筋混凝土建成，使用过程中可能受到车船的撞击，河水的冲刷、侵蚀或者由于荷载作用、地质条件不良、自然环境的侵蚀，甚至还可能承受地震力作用等，尤其是基础产生不均匀沉降、滑移、倾斜等问题时，将会使墩台受到影响而产生很大的破坏，所以在使用多年后容易产生各种缺陷和病害。

1. 墩台主要病害

墩台常见病害表现：水平、竖向和网状裂缝；混凝土脱落、空洞、材料老化；受外力冲击产生破坏；钢筋外露和锈蚀；墩台变形、位移等。对于桥梁的墩台基础结构，不均匀沉降、基础的滑移和倾斜、不许可的冲刷或掏空是其主要病害。

2. 墩台养护与加固

(1)日常养护

桥梁墩台的日常养护包括:清除墩台顶面的污秽、防止顶面积水、疏通和改善排水设备、修补或添设防水层;用水泥修整有空洞、蜂窝、剥落、局部表面破损及损坏的支承垫石等;用环氧树脂砂浆修补或压注浆液处理稳定的裂缝。

(2)墩台加固

为确保桥梁的使用安全,实际工程中一般根据墩台基础所处环境、病害积累严重程度、结构形式等进行不同方式的维修加固。基础加固一般采用扩大基础加固法、增补桩基和改良地基法等对其进行有效加固。墩台一般常用钢筋混凝土套箍或护套加固桥墩或者桥台出现的贯通裂缝,用支撑法或者增建挡土墙法处理墩台的滑移。若桥台产生滑移倾斜等,可对桥墩设置支撑加固,新建辅助挡十墙对其倾斜进行修正,或者减轻桥墩所承受荷载。

5.5.4 现代维护系统

为保障桥梁的工作状态和通行能力,以科学、安全、高效管理大桥运营为目标,在满足现有标准要求的基础上,综合运用现代化的测试技术、信息处理技术和管理手段,将设计阶段及施工过程的数据引入运维与养护环节,形成桥梁的全生命期的数字化维护系统。系统以桥梁运营安全与维护为服务对象,依托移动互联网、云计算、大数据等现代信息技术,以结构物联网为感知基础,集检查、检测、监测、养护管理信息于一体,通过数据分析技术使维修养护决策更加科学,确保运营安全。

1. 现代化运维管养需求

(1)多源、异构数据的融合与处理

从信息的角度出发,桥梁管理、养护工作可以看成一个从数据采集到应用的过程,应该尽可能全地获取桥梁全寿命的数据,包括桥梁规划、设计阶段信息;结构数值模型及计算分析数据;施工监控及施工记录;日常人工检查、桥梁定期检测数据及结构状态评价;桥梁环境及结构健康监测数据;交通信息、灾害、事故信息及 GIS 系统等多源数据。大型桥梁管养数据的类型不断丰富,日益呈现出明显的异构和大数据特性,为充分利用数据价值,现代化桥梁养修管理系统必须具备实现海量多源异构信息存储和处理,数据特征挖掘、多源异构数据融合,智能分析等方面能力的技术水平。

(2)结构状态实时快捷评定及信息适时推送

交通基础设施发生的损伤、灾害、事故在时间、空间上的随机性,及其发生后的重大经济损失和恶劣社会影响,要求现代化桥梁管养平台在结构日常运营、灾后及特殊事件后应该具备实时在线的结构状态智能诊断和快速评定的能力,在此基础上才能采取相应养修计划或管控措施,实现科学、快捷响应。

而且,针对结构所处不同特定状态,系统平台自主面向不同职能、权限以及需求的对象群体,适时向对象的不同客户端发送其权限范围内的合理信息,帮助相关人员各司其职,及时做出合理处置,可有效减小乃至避免重大损失。

(3)数据可靠保证

结构数据信息是后续所有工作的基础,失真的数据将会导致后续所有的工作和流程失去意义,数据可靠性保证包含两方面需求,一方面是数据从感知、传输、存储到处理完整性保障,尽可能保障数字化管养系统生命期内信息的准确和完整;另一方面是互联网时代的数据信息安全保证,避免恶意侵入、删改和毁坏数据信息。

2. 运维平台功能及框架

随着“大智移云”(大数据、人工智能、移动互联网及云计算)、物联网及 BIM(Building Information Modeling)为代表的新信息技术的广泛应用,传统土木行业正经历向智慧产业发展的信息革命。依托现代信息技术,搭建桥梁数字化运维管理平台逐渐成为可能。

(1)运维平台主要功能

从功能实现看,平台可分为 3 大主要功能模块,如图 5.16 所示。

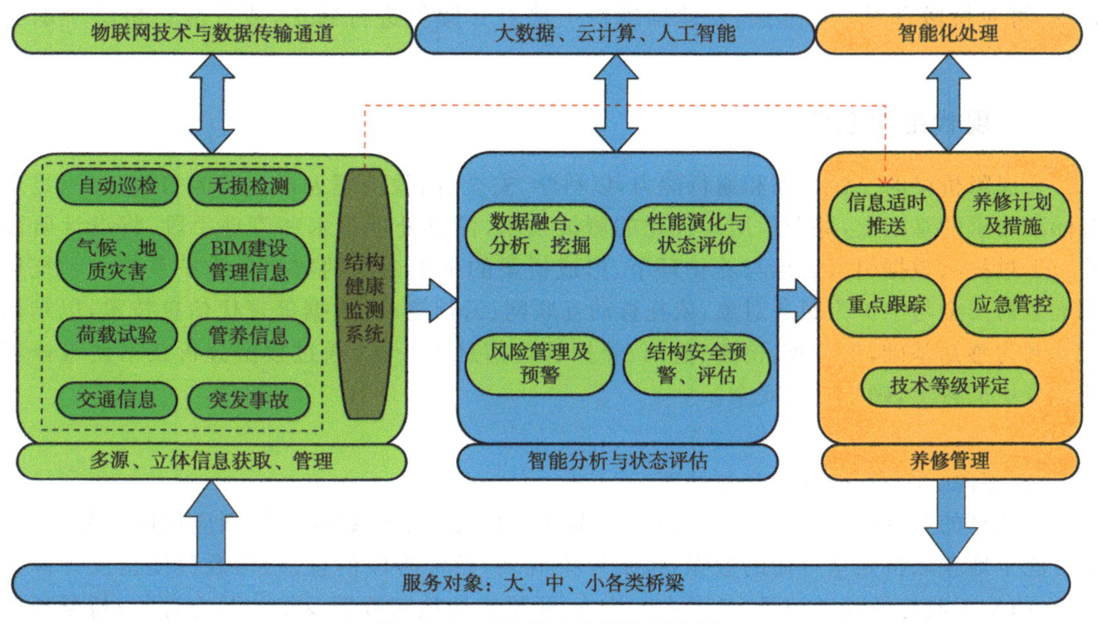

图 5.16 平台的功能模块划分图

①多源、立体信息获取、管理模块

主要完成平台信息的收集与管理功能,由结构监测子系统、BIM 建设管理子系统、桥梁长期监测子系统、交通监测子系统、电子化检查子系统、多源信息接入与数据管理子系统共同组成。

a. 结构监测子系统

结构监测子系统结合大桥结构和运营特点,合理选择监测内容和布置监测测点,通过一定的采集和传输策略,自动获取结构作用及响应数据,使用数据处理和控制设备对采集到的数据作进一步处理,为安全报警与状态评估子系统提供分析数据,并有选择、有层次地存储于数据管理子系统中。

b. 交通监测子系统

交通监测子系统覆盖范围为铁路列车信息监测和桥区行车状况的视频监测。实现交通安全监控,分析交通状况,统计交通流量,由列车信息监测模块、视频监测组成。

列车信息监测:该模块包含列车车号识别、行车速度监测,全面监测列车过桥时脱轨系数、减载率、列车型号和车速,从而分析列车过桥对桥梁结构的影响。

视频监测:视频监测主要是人工难于到达的重要部位表观病害监测、梁端列车行车状态及温调器工作性能监测、航道监控。

c. 电子化检查子系统

实现检查信息化与智能化,检查人员可以手持检查终端,进行现场拍照、数据录入等操作,在现场或回养护中心后将数据导入数据库,管理人员在养护中心或通过远程网络查看数据,掌握桥梁结构各构件的技术状态,汇集和完善其技术及管理资料,为日常养护维修和大中修计划提供依据和支撑。在维修养护实施过程中做好维修日志,并每年将桥梁观测、养护资料报送主管部门,为桥梁运营安全评估提供依据。

d. BIM 建设管理子系统

采用专业软件对桥梁进行全桥建模,以 BIM 模型为信息载体,主要提供桥梁设计、建设阶段的 GIS、基础信息、3D 电子施工日志、可视化交底、进度管理、报表中心、施工监控、安全质量管理等信息。

e. 多源信息接入与数据管理子系统

管理系统运营后的所有动静态数据(包括前期大桥的设计资料、施工期资料、实时监测数据、报警评估数据、桥梁加固信息、养修信息、系统管理信息),并接入灾害、气候、交通、物流等方面数据,完成数据的归档、查询、存储。建立大桥管理系统的中心数据库及数据存储仓库,向后续模块提供有效的信息源。

②桥梁智能分析与状态评估模块

重点实现以下功能:

a. 海量数据处理与挖掘

实现对数据的清洗、提纯、存储、管理、挖掘等功能。依托海量数据的融合与分析,能够对自动化监测数据进行统计、对比分析、趋势分析和相关性分析,将海量数据信息化、知识化,输出友好、可视、客观、智能的数据分析结果,为管养决策提供准确的依据和支持。

b. 结构性能演变分析与评价

针对选定的评价对象或评价内容,根据设定的评价指标体系及评价标准把当前需要重点控制的结构性能和历史状态对比的分析结果在系统中进行全面的展现。方便管养人员或专家对桥梁结构的性能演变进行查询、统计和评价。

c. 安全报警与状态评估

主要实现以下功能:(a)利用各类监(检)测数据对桥梁基准数据进行修正,建立系统运行时的基准数据库,用于桥梁结构状态评估和高速列车桥梁行车安全状态评定。(b)提出明确的报警指标及分级报警体系,能够通过设置明确的阈值,对实时监测结构状态参数信号进行判断和分级报警。(c)能够综合各种监测数据和分析结果,对结构异常状态进行识别和诊断,并对结构技术状态和行车安全进行总体评价。(d)根据预警、评估结果,提出针对性管养措施。

d. 风险管理及预警

针对大桥运营期间可能发生的各种风险事态和紧急事故，全面分析、评估其对大桥运营管养、人员伤亡、结构状态、行车安全的影响；研究制定相应的管理策略、应急预案及养护要点；降低风险事态管理措施引发的次生灾害，提高大桥运营安全保证程度，降低寿命周期管养成本。

③桥梁养修管理模块

在现有技术规范及养修管理体系框架下，依托数字化运维平台，在实现现有常规养护措施及养修方式基础上，还可进一步实现以下功能：

a. 管养计划制定及桥梁快速修复

将性能评估结果、风险预警数据、交通流特性、材料物流管理数据、人力资源数据、天气情况、修复工序等信息进行综合分析，在满足桥梁快速修复和更换的相关技术需求基础上，智能生成合理的人员、设备、物资养修实施计划，通过移动网络给相关参与人员发布任务安排和任务提醒，实现资源最省、效率最高、影响最小的桥梁维护加固。

b. 管养措施的经济模型

通过长期的数据积累，建立起常见管养措施的经济模型，对投入产出效益进行分析，结合桥梁结构健康长期监测数据，获取结构长期性能演变规律与寿命预测，逐步建立健全桥梁生命周期内的养护维修策略，并建立桥梁养护维修决策模型。

c. 应急管控

在大数据背景下，应急管控将变得更加智能和高效，比如可根据以往极端天气桥梁结构响应、灾害数据档案，利用气象卫星数据锁定极端天气，实时对桥梁多尺度数值模型以及列车行车安全等情况进行后台并行验算，做出灾害等级评价和对结构性能影响评价，自动输出预控决策并分发到不同用户端，提醒工作人员开展安全维护工作。

d. 行车安全及信息推送

大数据背景下，通过建立个人或车辆的数据库，挖掘出该车辆或驾驶员的行车习惯和个人偏好，再结合桥面交通事故数据、天气环境数据，结构响应数据发布更加个性化的交通提示或安全预警，让管养平台也能为个人提供定制服务。

e. 养修跟踪

实现对设备日常检查计划、故障抢修计划、大中维修计划的实施进行跟踪管理，对维修所需的人力、财力、物力进行资源安排，实现对维修实施情况和维修质量评价的查询、统计；实现各级工作人员实时查看维修计划安排及完成情况。

(2)平台物理架构及层次

为保证上述功能模块的实现，运维平台的物理架构如图 5.17 所示。

总体架构在我国现有法规、规范框架下搭建，依托现代信息技术和管养体系，从物理关系上可分为感知和网络层、云平台和数据资源层、数据服务层、管养应用层和用户访问层等层面。

系统各功能模块间数据融合途径和协同工作框架如图 5.18 所示。绿色箭头连接部分表示共用，蓝色箭头表示数据单向流动，红色箭头表示数据输出与反馈双向流动。

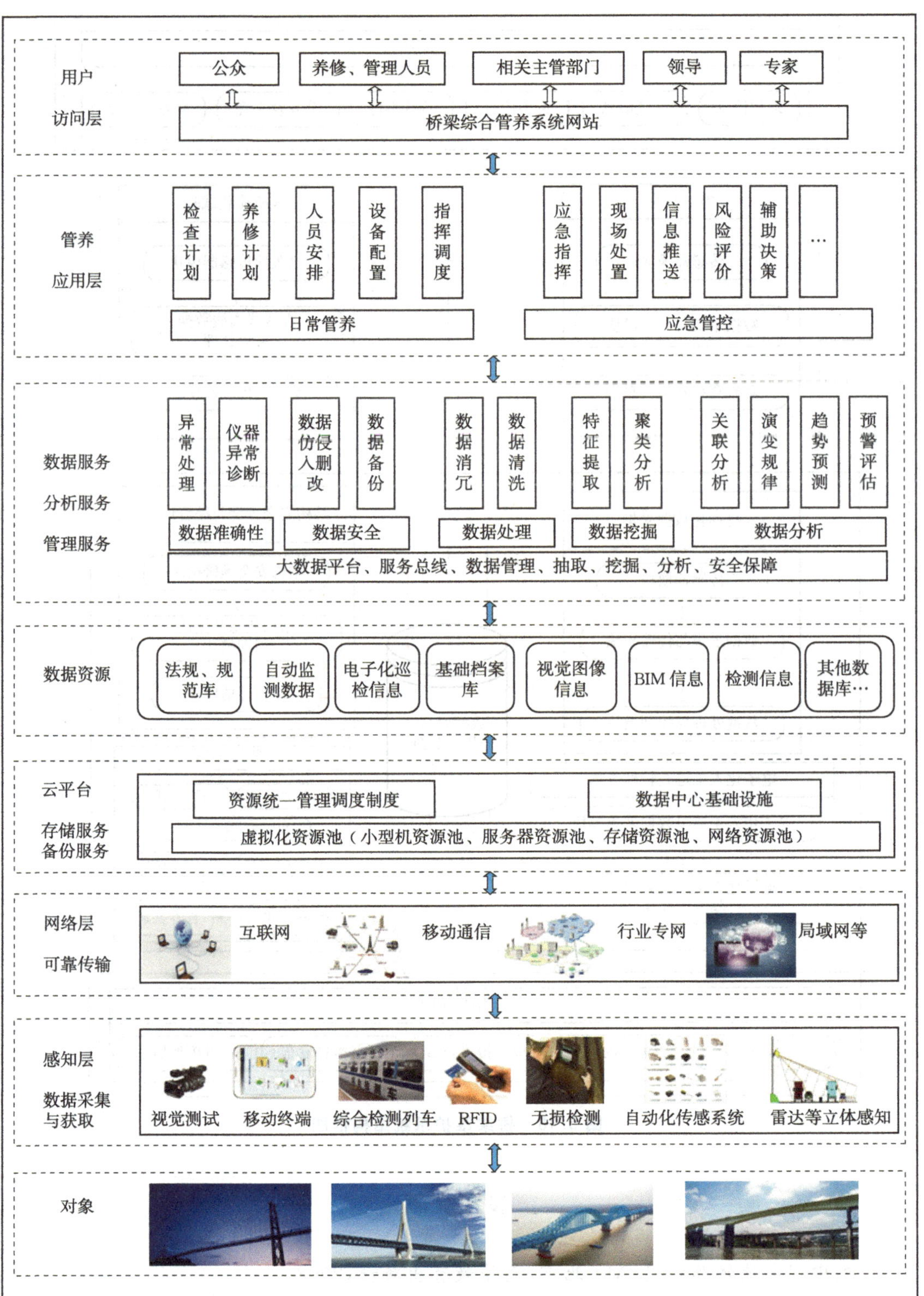

图 5.17 桥梁运维平台物理架构

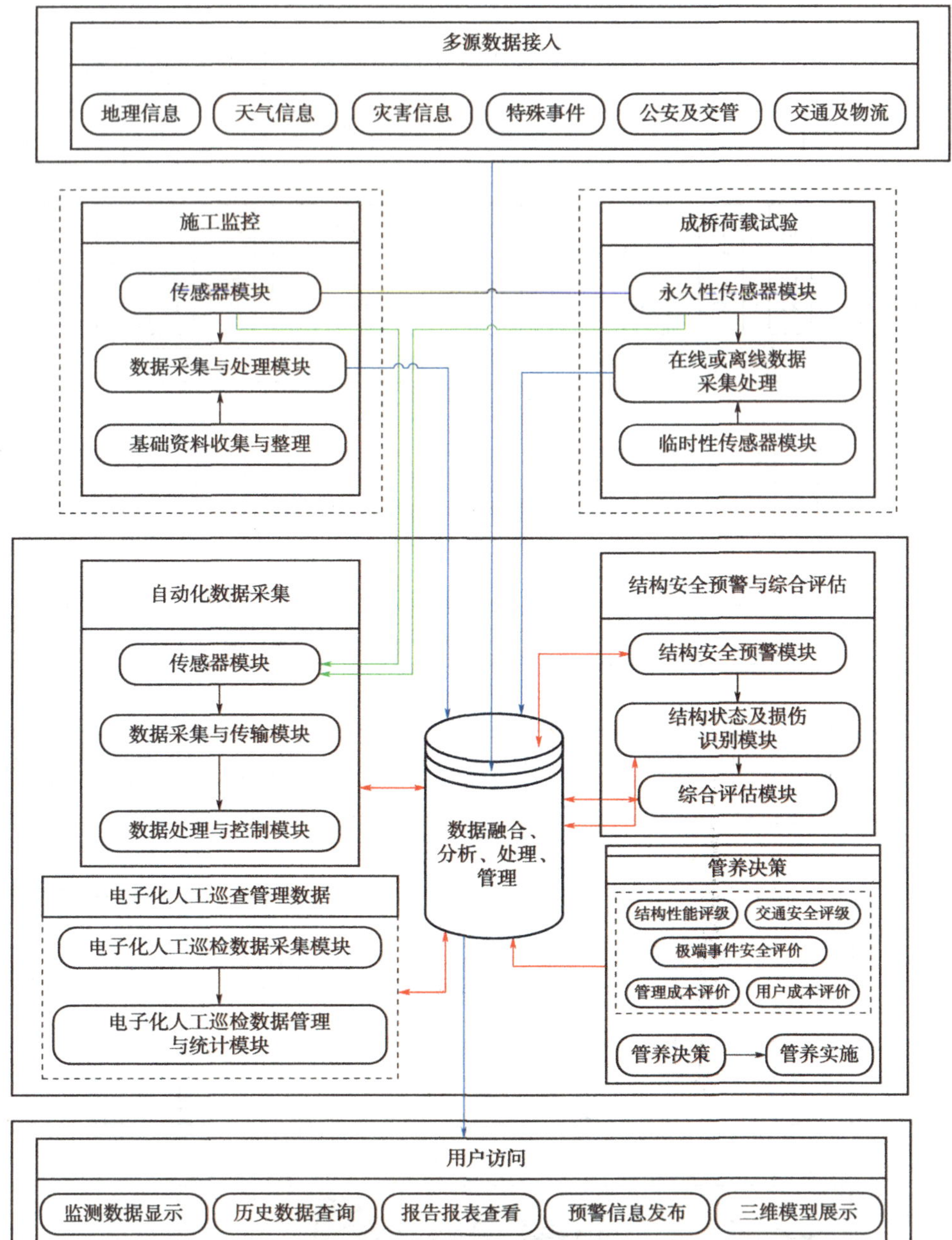

图 5.18　桥梁维护系统结构框图

参考文献

[1] 郑健.中国高速铁路桥梁[M].北京:高等教育出版社,2008.

[2] 中华人民共和国国家铁路局.高速铁路设计规范:TB 10621—2014[S].北京:中国铁道出版社,2015.

[3] 中华人民共和国国家铁路局.铁路桥涵设计规范:TB 10002—2017[S].北京:中国铁道出版社,2017.

[4] 中华人民共和国国家铁路局.铁路桥涵混凝土结构设计规范:TB 10092—2017[S].北京:中国铁道出版社,2017.

[5] 李玲英.高速铁路中小跨度桥梁活载设计标准的研究[D].长沙:中南大学,2011.

[6] 中华人民共和国铁道部.铁路桥梁检定规范:铁运函〔2004〕120 号[S].北京:中国铁道出版社,2004.

[7] 中国铁路总公司.高速铁路运营性能检定规定(试行):TG/GW 209—2014[S].北京:中国铁道出版社,2014.

[8] 姚京川.高速铁路常用跨简支箱梁运营性能检定[J].中国铁道科学,2017,38(2):34-41.

[9] 姚京川,尹京,王巍,等.高速铁路桥梁运营性能检定技术深化研究[R].北京:中国铁道科学研究院,2014.

[10] 董振升.高速铁路三跨连续梁运营性能评价指标研究[D].北京:中国铁道科学研究院,2018.

[11] 杨宜谦,姚京川,孟鑫,等.时速 300～350 km 高速铁路桥梁动力性能试验研究[J].中国铁道科学,2013,34(3):14-19.

[12] 刘鹏辉,姚京川,尹京,等.时速 200～250 km 高速铁路桥梁动力性能试验研究[J].土木工程学报,2013,46(3):1-7.

[13] 王巍,姚京川,刘鹏辉,等.我国高速铁路桥梁动态测试技术的新进展[J].中国铁路,2013(02):48-51.

[14] 崔玲枝.高速铁路混凝土梁桥典型病害仿真分析及对策研究[D].成都:西南交通大学,2018.

[15] 庄军生.桥梁减震、隔震支座和装置[M].北京:中国铁道出版社,2012.

[16] 孙宗光,陈一飞.桥梁结构健康监测分析与评价[M].北京:中国建筑工业出版社,2017.

[17] 张宇峰.桥梁结构健康监测与状态评估[M].上海:上海科学技术出版社,2018.

[18] 高芒芒,赵会东,许兆军.高速铁路大跨度桥梁基于服役状态的健康监测指标研究[J].中国铁路,2019(1):15-20.

[19] 施洲,蒲黔辉,岳青.基于健康监测的高铁大型桥梁运营性能评定[J].铁道工程学报,2017(1):67-74.

[20] 丁幼亮,王超,赵瀚玮,等.基于加速度监测的大胜关大桥车—桥共振分析[J].铁道工程学报,2016(9):48-54.

[21] 丁幼亮,王超.基于加速度监测的大胜关大桥车—桥共振分析[J].铁道工程学报,2016,33(9):48-54.

[22] 赵瀚玮,丁幼亮,李爱群,等.大跨多线高速铁路钢桁拱桥车—桥振动安全预警研究[J].中国铁道科学,2018,39(2):28-36.

[23] 耿方方,卞宇,丁幼亮.大胜关大桥吊杆振幅的长期监测与分析[J].铁道建筑,2017,57(11):25-28.

[24] 丁幼亮,王超,王景全,等.高速铁路钢桁拱桥吊杆振动长期监测与分析[J].东南大学学

报(自然科学版),2016,46(4):848-852.

[25] 王高新.大跨铁路钢桁拱桥结构服役状态监测与安全评价方法研究[D].南京:东南大学,2017.

[26] 胡进森.高速铁路大跨径连续梁桥悬臂施工控制关键技术研究[D].长沙:长沙理工大学,2011.

[27] 焦胜军.高速铁路桥涵施工与维护[M].成都:西南交通大学出版社,2017.

6 高速铁路隧道检测监测与维护技术

目前高速铁路隧道病害状况频发，有些已威胁到行车安全，本章立足于高速铁路隧道病害的常见形式，介绍可靠的隧道病害检测监测与整治方法，并为隧道日常的维修保养提供系统完整的数据与技术支撑，最终形成从日常维护、检测评估到病害维修的技术体系。

6.1 高速铁路隧道发展和运营维护现状

6.1.1 高速铁路隧道发展现状

随着中国高速铁路的崛起，作为支撑高速铁路基础设施的重点学科——高速铁路隧道工程也得到了快速发展，为中国高速铁路的技术进步增添了动力。普速铁路隧道，一般断面较小，长大隧道少，遇到不良地质时尽量绕避，修建技术相对简单。而高速铁路需要采用直线或大曲线半径，很难绕避不良地质或障碍物，需要采用隧道方案下穿通过，有时“明知山有虎，偏向虎山行”，这给隧道工程建设带来很大的挑战。高速铁路隧道具有断面大、长隧道多、施工风险大和耐久性要求高等特点，往往成为控制全线工期的重、难点工程。所以，高速铁路隧道工程是高速铁路工程建设的重中之重。

我国高速铁路隧道技术在近十几年得到了快速发展。我国台湾台北至高雄高速铁路，全长 345 km，于 2007 年 1 月 5 日正式通车，共有隧道 48 座，总延长 47 km，是中国最早通车的有隧道工程的高速铁路。中国大陆第一条通车运营的有隧道工程的高速铁路是沪汉蓉客运通道中合肥至南京铁路，该项目全长 148 km，于 2008 年 4 月 18 日开通运营，仅有 2 座隧道，全长 2 005 m。此外，我国正在建设的高速铁路隧道长度约 2 900 km，加上正在设计和规划的高速铁路隧道，高速铁路隧道总长度将超过 10 000 km。我国已经成为名副其实的高速铁路大国、隧道大国，并初步形成了一套完整的中国标准的高速铁路隧道技术体系。

截至 2020 年底，我国已投入运营的高速铁路总长约 3.79 万 km，投入运营的高速铁路隧道共 3 631 座，总长约 6 003 km，其中特长隧道 87 座，总长约 1 096 km，成为全世界拥有高速铁路隧道最多的国家。我国正在建设的有隧道工程项目的高速铁路共 47 条，总长约 8 327 km；共有隧道 1 811 座，总长约 2 750 km。其中，特长隧道 50 座，总长约 645 km。其中设计速度为 300～350 km/h 的高速铁路隧道共 1 566 座，累计长度约为 2 344 km；设计速度为 250 km/h 的高速铁路隧道共 245 座，累计长度约为 406 km。截至 2020 年底，我国规划的有隧道工程项目的高速铁路共 93 条，总长 20 970 km；共有隧道 3 525 座，累计长度约为 7 966 km。其中，特长隧道 134 座，总长 1 867 km[1]。

6.1.2 高速铁路隧道运营病害现状

随着工程技术的不断发展，铁路隧道发展趋势是越修越长、越修越多，对运营管理技术的要求也越来越高，铁路隧道的增多使得铁路隧道病害具有数量大、类型多、维护工作量大的特点[2-5]。

根据相关调研，我国早期运营的铁路隧道中，有半数以上存在各类不同程度的病害，如渗漏水、衬砌裂损、基底病害等；现阶段高速铁路隧道较以前隧道质量有显著提高，但也存在不少各类不同程度的病害。这些病害从不同程度上危及行车安全，因此如何利用成熟技术和新型材料，高效、便捷、安全地整治好各类病害，确保铁路运营隧道的耐久、畅通，是一个普遍、严峻且亟待解决的问题。

据相关调查，隧道出现衬砌开裂变形或渗漏水等病害多发于其投入运营 5～10 年间，随着高速铁路隧道运营期限的增加，隧道病害及维修养护成为新课题。

在隧道病害统计中，开裂和渗漏水是主要病害，其次为变形侵限和掉块，而二衬厚度不够及强度不足也占有一定的比例。而且，许多隧道往往不止一种病害，而是多种病害同时发生，例如掉块的隧道几乎都存在开裂问题，开裂的隧道大都存在着渗漏水现象，而二衬强度不足，厚度不够的隧道一般均出现了不同程度的开裂问题。

据相关调研资料，大部分病害形式都与隧道开裂有关，所以，许多国家和学者对隧道裂缝形成机理及治理进行了相关研究。

许多国家都有专门的科研机构从事钢筋混凝土在荷载作用下裂缝的研究及相应的规范编制工作，如美国混凝土协会 ACI224 委员会，英国水泥与混凝土协会 C & CA 及其规范 BS 8110、BS 8001，德国钢筋混凝土协会及规范 DIN 1045—1972，法国规范 CCBA，欧洲混凝土协会 CEB，欧洲混凝土协会—国际预应力协会(CEB－FIP)等。国内有众多大学及科研机构也做了大量研究工作并编制了钢筋混凝土有关裂缝方面的设计规范。

在隧道衬砌裂缝的产生原因和治理措施方面，日本的研究较多。Toshihiro Asakura (1906)利用对隧道衬砌的初期、中期检测，将衬砌塑缝的产生和治理分为三个方面进行研究：①针对围岩压力产生的裂缝；②针对衬砌劣化产生的裂缝；③针对漏水和冻害产生的裂缝。国内对于隧道衬砌裂缝的开裂机理也做了一定研究，在试验研究方面，隧道衬砌结构极限状态试验明确了隧道衬砌结构极限状态概念，在较低荷载作用下，隧道衬砌混凝土截面即出现开裂，将出现 1 个或同时 2 个截面破损，但结构并未破坏，仅是结构塑性变形增加，还可以继续承载，只有当出现了 3 个以上截面破损时，结构才不能承载。软弱围岩复合式隧道村砌的模型试验研究，对直墙式与曲墙式隧道衬砌的变形、承载能力与破坏特征进行比较，表明曲墙式隧道结构优于直墙式隧道衬砌，复合式衬砌均属剪塑破坏，其中曲墙式复合衬砌破坏部位在拱肩至墙底处，而直墙式复合衬砌在拱肩与墙底两处附近破坏。在理论研究方面，采用正反有限元方法分析了围岩偏压对隧道衬砌开裂的影响，认为偏压会引起衬砌开裂，治理隧道衬砌开裂应结合监测的裂缝发展变化特征和隧道地质情况进行结构受力分析，查找原因，进行综合治理。在现场调研分析方面，三公符隧道的裂缝监测工作，表明双连拱隧道裂缝主要是由衬砌混凝土温度不均、基底沉降不均、隧道处于偏压状态及施工工序不合理等原因造成的，其中由后面三者引起的裂缝对隧道结构安全影响较大。

在隧道检测方面，采用车载检测装置是今后发展的趋势。中国铁道科学研究院集团有限公司研制的轮轨式高速铁路隧道检查车以国内最先进的客车车体为平台，集成地质雷达检测系统、激光断面扫描仪、线阵相机和新型液压控制机械臂等系统装备，实现了检测距离自动保持、障碍物自主识别躲避以及高速高清成像等功能，具备时速 350 km、时速 250 km 的单、双线运营高铁隧道衬砌内部及表面状态质量检测能力。

目前，隧道病害原因已经在试验研究、理论分析、现场调研分析等方面进行了大量的研究，对病害成因有了较为清晰的认识，并形成了相应的维修技术，对经过隧道病害维修的结构，尚需要进行全程监测，确保隧道结构安全，满足高铁运营要求。

6.2 高速铁路隧道病害检测与评估

6.2.1 高速铁路隧道病害检测

运营高速铁路隧道具有天窗时间短、操作空间有限、干扰因素多、检测精度要求高等特点，所以其对检测方法提出了更高的要求，除采用常规地质雷达法、回弹测试混凝土强度检测方法外，还可采用声波、瞬变电磁、瑞雷法、高密度电阻衬砌表面数码摄像及三维激光扫描等检测方法。

1. 地质雷达

地质雷达是一种新型的无损检测仪器，是一种利用高频电磁波探测结构工程质量的无损检测方法。该方法利用高频电磁波以宽频带短脉冲形式，通过发射天线定向送入探测体，经过存在电性差异的介质反射后返回，被接收天线接收。接收天线在接收到回波后，直接传输到接收机，信号在接收机经过整形和放大等处理后，经电缆传输到雷达主机，经处理后，传输到微机。在微机中对信号依照幅度大小进行编码，并以伪彩色电平图/灰色电平图或波形堆积图的方式显示出来，经滤波等数字处理后，可用来判断探测体的深度、大小和方位等特性参数。

地质雷达主要包括发射机、接收机、天线、分离器、信号处理机和成像显示设备等。典型的地质雷达系统组成如图 6.1 所示。

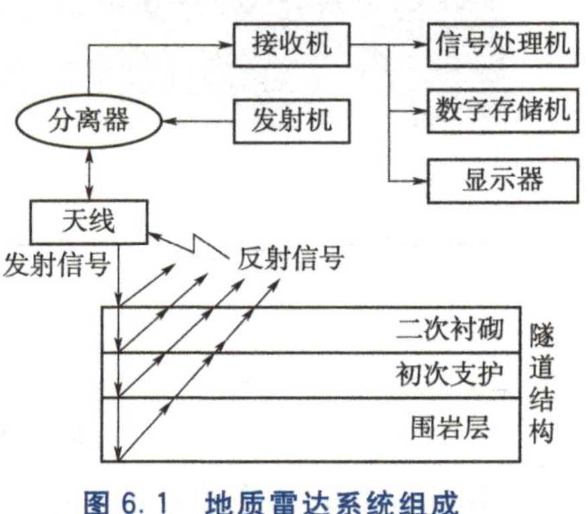

图 6.1 地质雷达系统组成

地质雷达在进行隧道质量检测时具有以下优点：①检测效率高。地质雷达的天线不需要和地面接触，整个仪器从数据采集到处理成像一体化，操作简单，采样迅速，因而检测效率较高。②无损性检测。由于地质雷达是利用高频电磁波来检测目标结构，因而其探测具有非破坏性。③高精度。地质雷达的检测分辨率可达厘米级，深度符合率可以小于 5 cm，相比其他无损检测，精度较高。④宽频带。无载波脉冲地质雷达由于发射接收基带脉冲、非调制信号，具有极宽的频带，能利用信号处理技术，提高探测能力和分辨能力。⑤抗干扰能力强。地质雷达的天线通常是封装于只对接触面开口的金属壳内，它只能接收接触面直达波和来自接触面以下的回波信号，其他外界电磁干扰很难进入系统，所以地质雷达工作较稳定，可以在各种环境下进行检测工作。⑥使用灵活方便。地质雷达整机重量和体积都较小，技术集成度高，操作简单，携带方便，使用极其灵活。

利用探地雷达进行实地检测，对得到的雷达数据进行处理分析，可以清楚地判别隧道中存在的病害信息，取得良好的效果。图 6.2 为某隧道的衬砌雷达图像及分析结果。

衬砌厚度如图 6.2 所示，衬砌厚度最薄处大约有 23 cm，最厚处有 108 cm。距测量原点 5 m 范围内有钢拱架存在，钢拱架位置用红色圆点标出。

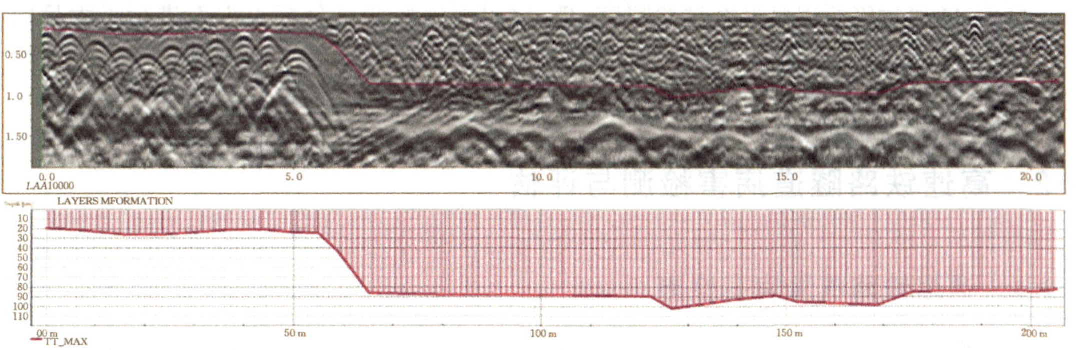

图 6.2 某隧道的衬砌雷达图像(一)

由图 6.3 可见，衬砌厚度最薄处大约有 32 cm，最厚处大约 55 cm，衬砌厚度示意中可见，钢拱架位置见图中红色圆点。

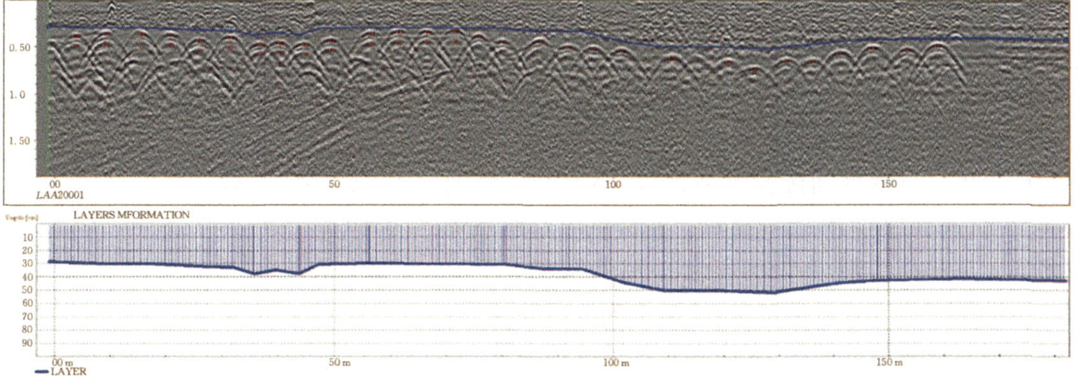

图 6.3 某隧道的衬砌雷达图像(二)

由图 6.4 可见，在距测量原点 4 m 的里程上，深度 30 cm，有一衬砌内部的空洞存在。由图 6.5 可见，在距测量原点 1.7 m 的里程上，深度范围是 20～60 cm 的衬砌有空洞及不密实现象。

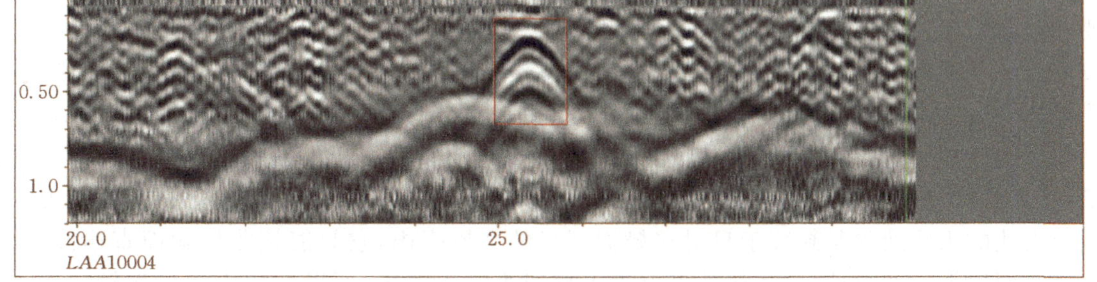

图 6.4 某隧道右边墙 DK1318＋615～622 的雷达图像

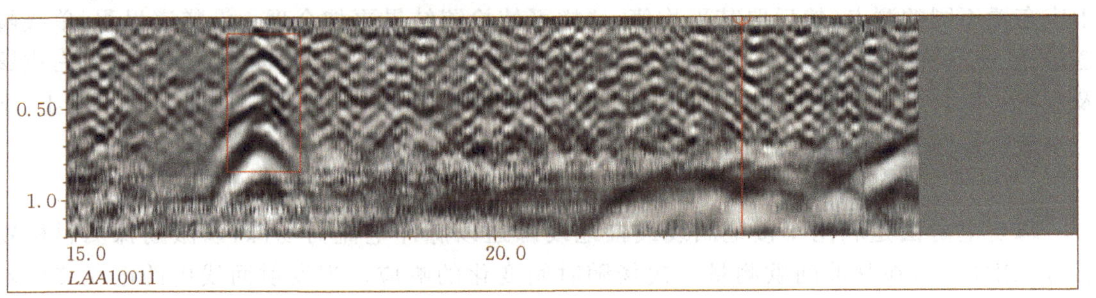

图 6.5 某隧道右边墙 DK1319＋212～220 的雷达图像

2. 激光断面仪

激光隧道断面检测仪(图 6.6)能快速精确检测各类隧道限界,并可与设计限界自动进行数据比较;主要用于工程施工、竣工验收检测等,可检测隧道(涵洞)的开挖断面、工程限界、隧道(涵洞)变形等。其采用掌上电脑控制仪器测量,测量用户界面友好,操作简单。可以迅速检测当前隧道断面,向前检测隧道断面,围岩变形量测量并配套后处理软件完成数据处理操作。测量方式分为手动检测法、定点检测法和自动测量法。

3. 混凝土无损检测仪

混凝土多功能无损测试仪(图 6.7)主要应用于建筑结构物、桥梁、隧道、水利、市政等大型工程项目的混凝土结构中常见缺陷的检测,包括表面缺陷(裂缝深度、表层刚性)、内部缺陷(内部空洞、表层剥离)、内部强度、结构厚度的检测。其功能强大,基本满足了除钢筋外混凝土结构物的各种测试要求;并具有丰富的图形图像处理机能。具有技术先进,测试范围广,测试方便、灵活、快速,性能可靠等优点,并拥有大量的工程应用实践,具备雄厚的技术支持能力。

图 6.6 激光断面仪

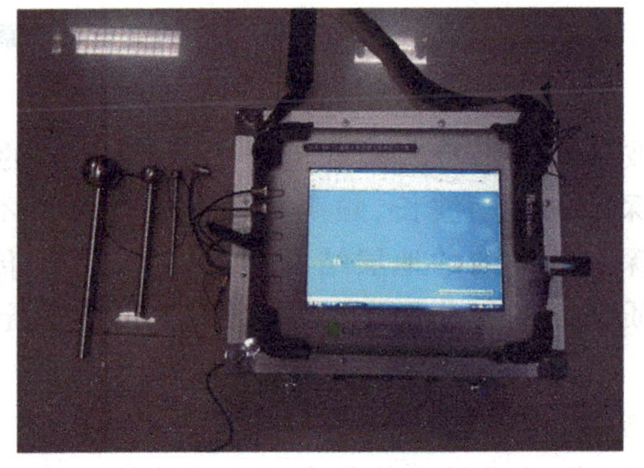

图 6.7 混凝土多功能无损测试仪 SCE-MATS-B

4. 声波检测仪

声波法是用人工方法激发频率在数赫兹至数百千赫兹的声波向被测介质(衬砌混凝土、道砟、混凝土铺底或仰拱、岩体)传播,观测声波在介质中传播的情况和特性,分析确定介质的物理力学性质的检测方法。适用于检测隧底仰拱层、填充层厚、混凝土单轴抗压强度等级、混凝土裂损状态及混凝土内部缺陷等。检测时根据隧道不同区段衬砌强度的差异,布置多个测站,以便更客观地反映隧道的病害状况。同时为保证检测结果的可靠性,在同一测站中应布置不同的测点，然后取其平均值，这样可使检测结果更加合理。沿隧道里程，单线隧道每 20 m、双线隧道每 10 m 布置一个测试断面，每个断面布置 5 个测点，即拱顶、左右拱腰及左右边墙各 1 个。有仰拱的隧道应在隧道底部增加 1～3 个测点。隧底检测时，在上、下行轨道轨枕两侧布置测点，测点间距 5～10 m。

5. 瞬变电磁

瞬变电磁法是利用不接地回线或接地线源通以脉冲电流为场源，以激励探测目标物感应二次电流，在脉冲间歇测量二次场随时间变化的响应。当发射回线中的电流突然断开时，在介质中激励出二次涡流场（激发极化场），二次场从产生到结束的时间是短暂的，这就是“瞬变”名词的由来。在二次涡流场的衰减过程中，早期以高频为主，反映的是浅层信息；晚期以低频为主，反映的是深层地下信息。研究瞬变电磁场随时间变化规律，即可探测不同导电性介质的垂向分布，根据它的衰减特征，可以判断地下地质体的电性、规模、产状等，主要用于隧底吊空、不密实，含水、裂损等参数检测。瞬变电磁法原理及示意如图 6.8 所示。

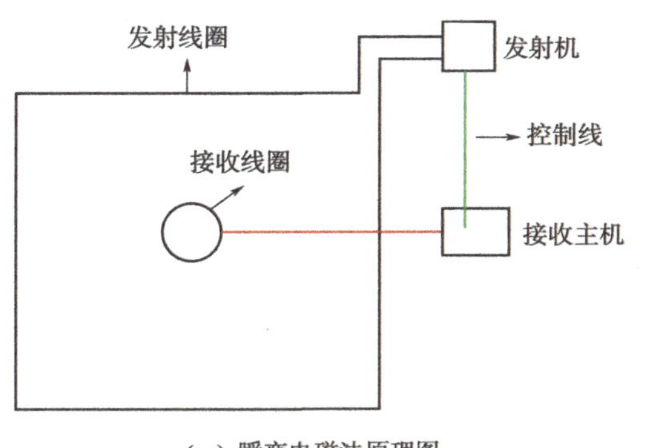

（a）瞬变电磁法原理图

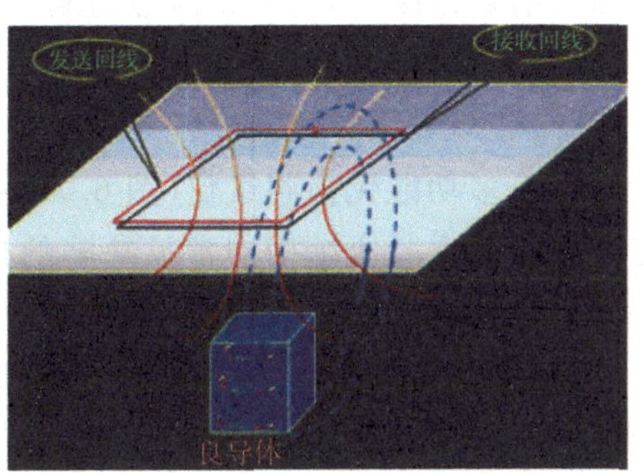

（b）TEM工作布置示意图

图 6.8 瞬变电磁法原理及示意

6. 瑞 雷 波

瑞雷波是一种沿自由表面传播的振动波，它的传播速度与介质密度有关，所能达到的有效勘查深度与振动波长、频率有关。通过测量不同频率成分瑞雷波的传播速度就可以确定一定深度范围内的地层结构情况，这是因为传播速度的变化反映了振动波经过一定范围内介质密度的变化情况，而振动频率可以确定探测目标物的深度，工作原理如图 6.9 所示。

7. 高密度电阻

高密度电阻法是综合物探方法中铁路隧道病害调查的有效方法之一，以岩、土体的导电性差异为物理基础，通过观测和研究人工建立的地下稳定电流场的分布规律从而达到解决地质问题的目的。高密度电阻法和常规电阻法一样，在地表水平、地下半空间被导电性均匀、各向同性的岩石所充满的特定条件下，若通过地面的点电流源 A(+)和 B(−)向地下供入电流强度 I 时，根据点源电场的基本公式，很容易写出地面任意两点 M 和 N 处的电位 U_M、U_N，从而可以根据公式推出电阻率 ρ。A_M、A_N、B_M、B_N 分别为各电极间的水平距离。工作原理如图 6.10 所示。

高密度电阻法兼具剖面法与电测深法的效果，具有点距小、数据采集密度大等特点，能反映出仰拱混凝土垫层、岩石及水囊等情况，高密度电阻法测量的二维地电断面能较直观地反映不同性质岩、土体的界限、密实度、含水情况及异常体位置、埋深等地质信息。

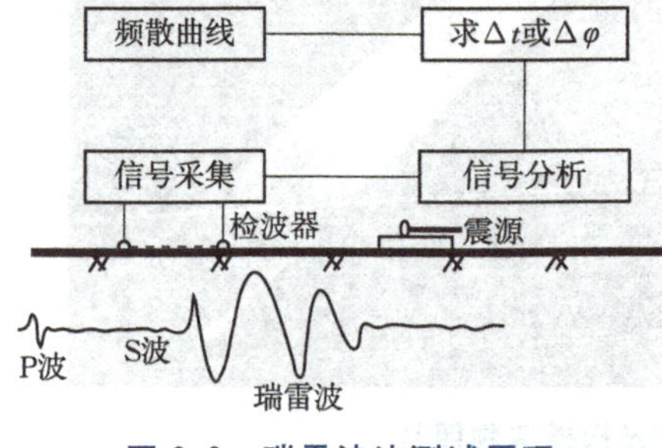

图 6.9 瑞雷波法测试原理

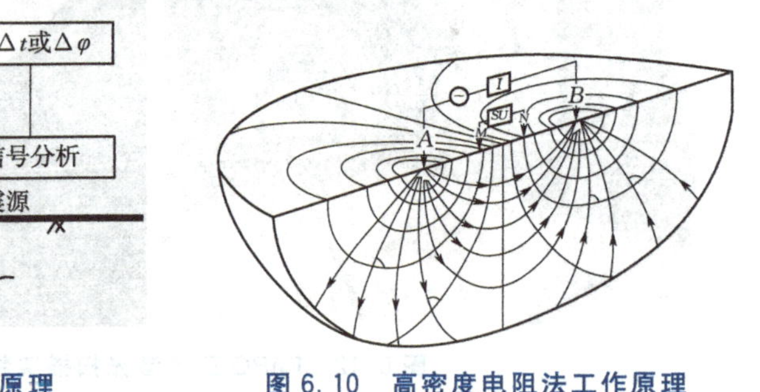

图 6.10 高密度电阻法工作原理

8. 衬砌表面数码摄像系统

衬砌表面数码摄像系统依据系统功能的要求，系统硬件由摄像设备、主机、输入输出设备三部分组成，软件部分由图像处理及评估分析两部分组成。摄像设备用于图像采集，主机用于控制系统的执行，输出输入设备用于图像的输入和图形的输出，其系统构成示意图如图 6.11 所示。

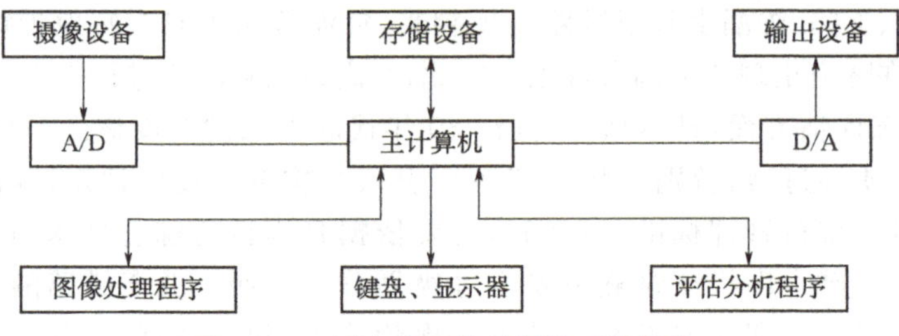

图 6.11 衬砌表面数码摄像系统结构

从衬砌表面数码摄像系统结构图中可以看出整个系统的实现过程，即 A(摄像设备采集图像)→B(A/D 转换)→C(变成计算机能够处理和识别的数字图像，并存储在存储设备中)→D(采用图像处理技术对图像进行处理，从中提取有关病害数据)→E(根据所提取的数据，对病害进行评估分析)→F(D/A 转换、输出文件)。

隧道衬砌表面由于有外力作用、材料劣化、施工设计不善或渗水漏水等多种因素的影响，而产生病害。其病害表现的形式为形变、挤出、开裂、移动、错位、腐蚀、炭化、剥落、剥离、压溃、渗水、漏水等。数码摄影的主要内容就是记录这些异常现象的位置、长度、宽度、范围及状态。

9. 三维激光扫描技术

三维激光扫描原理是采用激光技术，每秒测量大量的点，根据点坐标对其扫描环境生成精准的 3D 图像，产生复杂环境和几何结构的详细三维信息。隧道的量测监测对于环境和测量点数等要求较高，传统的测量方式对于隧道的监测有一定的局限性，无法满足隧道监测精度的要求。三维激光扫描技术弥补了传统测量技术的缺陷，是测量领域向前跨出的一大步。随着三维激光技术的不断发展及完善，在隧道的量测监测方面，从三维数据采集到施工、运营等监测结果的生成，已经具备了成熟的一体化解决方案。其适用于新建隧道超欠挖测量，运营隧道限界、病害等情况的检测。三维激光扫描技术检测实例如图 6.12 所示。

 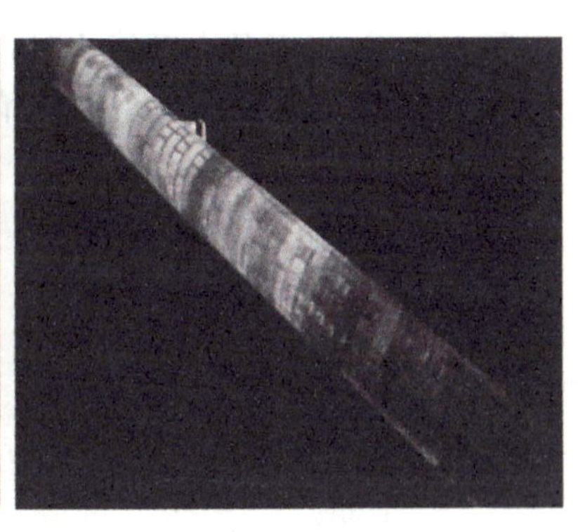

图 6.12 FARO 三维激光扫描实物照片

6.2.2 高速铁路隧道状态评估

与普速铁路和重载铁路的隧道不同，高速铁路对隧道结构状态的安全等级划分标准要求更加严格，对于普速铁路或重载铁路隧道来说较小的隧道缺陷或病害，在高速铁路隧道中可能会造成影响行车安全的灾难性后果，对高速铁路安全运营是极大的考验。普通铁路隧道可以在衬砌开裂、破损、下陷、渗漏水甚至线路出现翻浆、冒泥等病害时短暂地带病运行，而高速铁路安全运营不允许隧道出现该类病害现象。因此，对高速铁路隧道进行安全评估尤为重要。

国外隧道状态评估方面，日本从 20 世纪 80 年代起引入健全度概念，对结构剩余寿命进行评估，获得了实质性进展，特别是将专家系统引入结构健全度的评定，铁路隧道养护技术标准是《铁道构造物维持管理标准》(2006)，主要依据日本铁道综合技术研究所多年的研究成果编制而成，利用健全度将铁路隧道安全等级划分为 4 级。关于铁路隧道的检查分为初期检查和运营后的检查，即新竣工的隧道进行现状检查，建立数据库档案，运营后进行隧道的日常检查、定期检查与专项检查，与初期状态进行对比，对劣化的程度及其发展便有了判据。美国则以结构损伤度的概念，进行结构物损伤评估方法的研究，也取得了一定的进展。在欧洲，瑞士联邦铁路公司专门制定了隧道检查维修标准，隧道在使用过程中从普通的常规检查到定期的、不间断的检查，一直到实时的全过程跟踪监测，都有其相关的工作流程、反馈程序以及维修对策。

我国已有隧道状态评估方法基本为定性分析。定性指标在实际操作中容易受人为因素影响，如不同研究与技术人员根据各自的经验对病害判别得出的结果有所差别。

1. 隧道衬砌状态分类

根据隧道衬砌正常使用和行车安全的要求，衬砌分完好、缺陷和病害三类。

(1)完好指隧道衬砌结构状态符合设计要求，无任何缺陷或病害。

(2)缺陷是指隧道交付运营时已存在的可见或隐蔽质量缺陷，主要指衬砌厚度不足、衬砌混凝土强度不足、衬砌背后有空洞或回填不密实、基底不密实等。

(3)病害是指隧道交付运营时已存在的或运营期间出现的影响衬砌使用寿命或行车安全的劣化状态，主要指衬砌漏水、衬砌位移或裂纹、衬砌变形、净空不足、衬砌压溃或剥落、衬砌腐蚀、整体道床裂损、仰拱或底板裂损、基底结构软化及翻浆等。

2. 隧道衬砌评估量化指标

隧道服役状态量化指标主要包括上部衬砌厚度及混凝土强度、衬砌裂缝(形状、位置、宽度、长度、深度等)、钢筋直径及间距、衬砌背后空洞(规模、形状)、衬砌材料劣化、衬砌变形、衬砌渗漏水情况、填充层及仰拱厚度与混凝土强度、基底结构裂损情况、基底吊空、基底密实程度、基底翻浆冒泥情况等。

3. 隧道衬砌安全评估依据

铁道部对既有铁路隧道曾先后制定了《铁路桥隧建筑物劣化评定标准·隧道》(TB/T 2820.2—1997)、《铁路隧道衬砌质量无损检测规程》(TB 10223—2004)、《铁路运营隧道衬砌安全等级评定暂行规定》(铁运函〔2004〕174 号)等标准规定,将铁路隧道病害进行了分类分级,并给出了病害劣化标准、等级评定方法和判定标准。

(1)根据基底衬砌厚度确定缺陷等级见表 6.1。

表 6.1 隧道衬砌厚度缺陷的量化指标

缺陷项目	严重程度	缺陷等级			
		1	2	3	4
		轻微	较严重	严重	极严重
衬砌厚度不足	$1>h_1/h\geqslant 0.90$	L_c 不限	—	—	—
	$0.9>h_1/h\geqslant 0.75$	$L_c<5$	$L_c\geqslant 5$	—	—
	$0.75>h_1/h\geqslant 0.60$	—	$L_c<5$	$L_c\geqslant 5$	—
	$h_1/h<0.6$	—	—	$L_c<5$	$L_c\geqslant 5$
衬砌混凝土强度不足	$1>q_1/q\geqslant 0.85$	L_q	—	—	—
	$0.85>q_1/q\geqslant 0.75$	$L_q<5$	$L_q\geqslant 5$	—	—
	$0.75>q_1/q\geqslant 0.65$	—	$L_q<5$	$L_q\geqslant 5$	—
	$q_1/q<0.65$	—	—	$L_q<5$	$L_q\geqslant 5$

注:1. L_c、L_q 分别为厚度和强度测线长度;h_1、h 分别为实际厚度和设计厚度;q_1、q 分别为实际强度和设计强度。
2. 监测衬砌厚度当相邻测线三条及以上均连续不足时,其缺陷等级应提高一级。
3. 检测断面衬砌混凝土的最低强度当低于平均值的 0.85 时,其缺陷等级应提高一级。
4. 表中数据用于双线及多线铁路隧道时,应适当修正测线连续长度。

(2)根据基底不密实的量化指标确定缺陷等级见表 6.2。

表 6.2 隧道衬砌背后空洞回填不密实、基底不密实的量化指标

缺陷项目	缺陷等级			
	1	2	3	4
	轻微	较严重	严重	极严重
衬砌背后空洞	$L_c\leqslant 1$	$1<L_c\leqslant 3$	$3<L_c\leqslant 5$	$L_c>5$
回填不密实	$L_c\leqslant 3$	$3<L_c\leqslant 9$	$9<L_c\leqslant 15$	$L_c>15$
基底不密实	$L_c\leqslant 3$	$3<L_c\leqslant 9$	$9<L_c\leqslant 15$	$L_c>15$

注:1. L_c 为测线长度。
2. 衬砌背后未回填深度及直径大于 10 cm,即属于空洞。
3. 衬砌背后有空洞或回填不密实,当位于拱脚以上 1 m 范围时,其缺陷等级应提高一级。
4. 表中数据用于双线及多线铁路隧道时,应适当修正测线连续长度。

根据隧道衬砌病害的量化指标（表 6.3）确定仰拱或底板裂损等级和基底结构软化、翻浆病害等级。

表 6.3 隧道衬砌病害的量化指标

序号	病害项目	病害等级			
		1	2	3	4
		轻微	较严重	严重	极严重
1	衬砌漏水	拱部有季节性滴水、边墙有季节性淌水	拱部有滴水、边墙有淌水	拱部滴水呈线、边墙淌水流泥、隧底涌水、结冰侵限	拱部漏水直击接触网，影响正常运营
2	衬砌裂纹	衬砌有收缩裂纹或环向裂纹	裂纹多于三条、有交叉；裂纹长度小于 5 m、宽度小于 3 mm	裂纹呈网状、有剥落掉块可能；裂纹长度 5～10 m，宽度 3～5 mm；裂纹错位长度小于 5 m、宽度小于 3 mm	裂纹呈网状、有剥落掉块；裂纹长度大于 10 m、宽度大于 5 mm；裂纹错位长度大于 5 m、宽度大于 3 mm
3	衬砌位移或变形（以速度 v 计）		v<3 mm/年	3 mm/年≤v≤10 mm/年	v>10 mm/年
4	净空不足		侵入隧道建筑限界	侵入直线建筑接近限界	侵入超级超限货物装置限界
5	衬砌压溃或剥落	衬砌有局部风化剥落	拱部压溃范围小于 1 m^2，剥落掉块厚度小于 30 mm	拱部压溃范围大于 1 m^2 小于 3 m^2，剥落掉块厚度 30～50 mm	拱部压溃范围大于 3 m^2，剥落掉块厚度大于衬砌厚度的 1/4
6	衬砌腐蚀		衬砌腐蚀厚度小于设计厚度的 1/5	衬砌腐蚀厚度大于设计厚度 1/5，小于或等于 2/5	衬砌腐蚀厚度大于设计厚度 2/5
7	整体道床破损	整体道床有局部轻微裂损	整体道床变形、错牙、下沉小于 3 mm	整体道床变形、错牙、下沉小于 3～5 mm，可能影响轨道稳定	整体道床变形、错牙、下沉大于 5 mm，已经影响轨道稳定
8	仰拱或底板裂损	连续长度小于或等于 1 m	连续长度大于 1 m，等于或小于 3 m	连续长度大于 3 m、等于或小于 5 m	连续长度大于 5 m
9	基底结构软化、翻浆	基底结构局部软化、翻浆	基底结构软化、翻浆，轨道几何尺寸变化较小	基底结构软化、翻浆较严重、轨道几何尺寸变化较大	基底结构软化、翻浆严重、轨道几何尺寸变化异常

4. 隧道衬砌安全评定等级

(1)根据隧道衬砌缺陷及病害的分布情况,应分段评定隧道衬砌缺陷及病害的等级。当同一地段有多项缺陷或病害项目时,应按严重程度最高的项目判定其等级。

(2)隧道衬砌安全等级分段评定时,其每段的长度不宜小于隧道内净空最大宽度。否则,应视为相邻段病害等级中高等级地段。

(3)隧道衬砌安全等级不仅与竣工时衬砌的状态有关,而且与运营期间通过的机车车辆轴重、运量及养护维修是否到位有关。推定隧道衬砌状态的变异原因时,除应充分考虑各种因素的影响外,尤应注意具有主导性的因素。

(4)隧道衬砌的安全等级,可按衬砌状态及危及行车安全的程度划分为完好(D)、轻微(C)、较严重(B)、严重(A1)、极严重(AA)五个等级,并按表6.4规定的标准评定。

表6.4　隧道衬砌安全等级评定标准

项　目	安全等级										
	D	C	B			A1			AA		
	完　好	轻　微	较严重			严　重			极严重		
衬砌病害等级	无病害	1	2	2	2	3	3	3	4	4	4
衬砌缺陷等级	无缺陷	1	2	1	1* 3* 4*	3	2	1* 3* 4*	4	3	1* 2* 3*
围岩级别				Ⅳ～Ⅵ			Ⅳ～Ⅵ			Ⅳ～Ⅵ	
地下水状况				发育			发育			发育	
对行车安全的影响		无影响	病害有发展,尚未产生影响			病害发展较快,存在危及行车安全可能			已经危及行车安全		

注:表中当衬砌缺陷等级为注有“*”者时,该段衬砌等级应通过综合判释确定。

6.3　高速铁路隧道病害分类及成因分析

6.3.1　衬砌渗漏水

隧道衬砌渗漏水是围岩含水和衬砌存在缺陷的综合反映,是隧道工程易出现的病害。渗漏水多发生在施工过程中的施工缝、沉降缝、伸缩缝、衬砌质量不良处以及发生裂损的薄弱部位。

1. 渗漏水类型

衬砌渗漏水按照出水量的大小和形态,通常分为渗水、滴水、淌水及冒水。隧道渗漏水如图6.13所示。

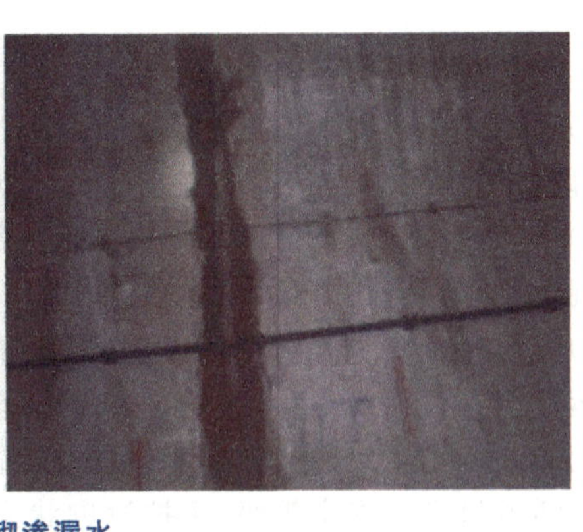

图 6.13 衬砌渗漏水

2. 渗漏水危害

(1)电力牵引区段拱部漏水，会造成接触网跳闸、放电漏电，影响安全运营，造成人身伤害。

(2)寒冷和严寒地区隧道漏水会造成边墙结冰、拱部挂冰，侵入限界，影响隧道正常使用。还会造成衬砌冻胀裂损和洞内线路冻胀起伏不平等病害。

(3)洞内线路排水不良地段，造成土质和软岩地基的基底结构翻浆冒泥、整体道床下沉裂损病害，冒水多发生在衬砌及隧底，隧底的回水易引起隧道底板上拱。病害导致道床不稳固，线路轨距水平变形超限，影响运输及安全，增加养护维修工作量。

(4)洞内漏水潮湿，降低轮轨黏着力，加速钢轨扣件和管线的锈蚀，加速胶垫腐朽，缩短线路设备使用寿命。

(5)隧道内环境水中含有侵蚀性介质时，造成衬砌混凝土和砂浆腐蚀损坏，降低衬砌的支承能力，增加维修费用。

(6)少数隧道暴雨后隧道衬砌或铺底破损涌水，淹没轨道，冲空道床，危害更为严重。

3. 渗漏水原因

在隧道穿越含水地层时，地层中的一些固有的地下水通道被隧道截断，隧道本身所拥有的空间就成了此处地下水汇集的良好场所，处于此种环境中的隧道由于多种原因，隧道易出现渗漏水。

(1)不良的地质环境。隧道穿越漂卵石类土、节理发育岩层、溶洞、暗河等。

(2)结构自身缺陷。防排水设计中勘察不详细，防排水材料性能差，混凝土抗渗等级低，防、排水措施不完善等，防腐蚀设计时衬砌未作防腐设计，衬砌腐蚀破坏而漏水等。

(3)施工不良。材料方面骨料污染、拌和不良、水灰比控制不良，工艺上灌注混凝土捣固不良、模板漏浆、封顶不良、背后空洞、三缝(施工缝、变形缝、伸缩缝)处理不良等。

6.3.2 衬砌裂损

隧道衬砌是承受围岩地层压力、防止围岩变形坍落，以及阻挡地下水渗漏的结构物。由于隧道衬砌受地层压力、地下水压力、围岩膨胀性或冻胀性压力、腐蚀性介质和温度的作用以及施工中人为不良因素的影响等，致使隧道衬砌在运营中产生裂损变形、开裂、掉块等，影响隧道的正常使用，统称为隧道衬砌裂损病害。

1. 衬砌开裂类型

大量的调研表明，运营隧道有不同程度的开裂，多为环向裂缝和施工缝开裂，其中部分隧道亦出现不同程度的纵向裂缝及斜裂缝，对隧道衬砌结构危害较大，由此导致的防水板外露、钢筋变形弯曲、扒皮掉块偶有发生。隧道典型裂损情况如图 6.14 所示。

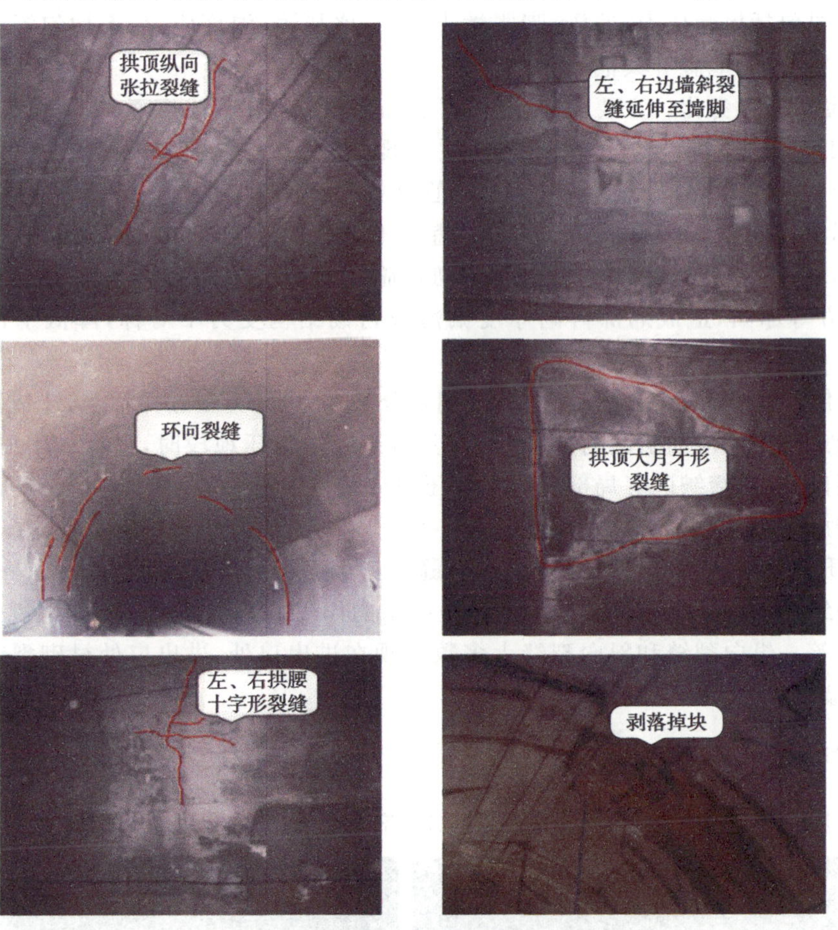

图 6.14　隧道裂损情况

2. 衬砌裂损危害

环向裂纹：主要由纵向不均匀荷载、围岩地质变化、沉降缝等处理不当引起，多发生在洞口或不良地质地带与完整岩石地层的交接口处，一般对衬砌结构正常承载影响不大。

纵向裂缝：纵向裂缝平行于隧道轴线，其危害性最大，发展可引起隧道掉拱、边墙断裂，甚至整个隧道塌方。

斜向裂缝：一般和隧道纵轴呈 45°左右，常因混凝土衬砌的环向应力和纵向应力组合而成的拉应力形成，其危害性仅次于纵向裂缝，其降低衬砌结构对围岩的承载能力。

衬砌裂损还可能导致侵入建筑限界，使隧道净空变小，影响超限货物通过。拱部衬砌掉块，影响行车及人身安全。裂缝漏水，可造成钢轨扣件锈蚀，道床翻浆，寒冷地区产生冻害。

3. 衬砌裂损成因分析

隧道衬砌裂损产生的原因是复杂的、多方面的，裂损发展形式不同，其产生的原因也不相同。形变压力、松动压力作用，地层沿隧道纵向分布及力学性态的不均匀作用，温度和收缩应力作用，围岩膨胀性或冻胀性压力作用，腐蚀性介质作用，施工中人为因素，运营车辆的循环荷载作用等，均可能是隧道衬砌结构物产生裂损的原因。

(1)衬砌外力作用。衬砌外力作用是指由于围岩及环境的变化而施加在衬砌上的作用力变化。主要包括松弛压力、偏压、膨胀性土压力、水压力、温度应力、不均匀沉降产生的结构应力及车辆荷载、地震等其他荷载作用。

(2)衬砌材质的劣化。主要为混凝土碳化、冻害使混凝土产生麻面、表面剥落及侵蚀等。

(3)施工工艺与质量控制效果差。主要表现为施工没有处理好施工缝、变形缝(温度缝、沉降缝)；施工技术条件限制，施工质量管理松弛和不善，混凝土材料检验不力，施工配合比控制不严，水灰比过大，混凝土捣固质量不佳，拱部浇筑间歇施工形成水平工作缝，混凝土模板不平顺等因素，使修成的隧道衬砌在施工缝处产生裂缝；施工欠挖、模板拱架支撑变形、塌方等原因，造成局部衬砌厚度偏薄或衬砌结构受力不对称，降低了衬砌承载能力等。

(4)设计因素。隧道设计时，因围岩级别划分不准、衬砌类型选择不当，造成衬砌结构与围岩实际荷载不相适应而引起衬砌裂缝病害；隧道穿过偏压地段时，没有采用偏压衬砌；隧道穿过断层破碎带、褶皱区等局部围岩松散压力或结构力较大的地段，衬砌结构没有相应地采取加强措施等。

(5)地质因素。地质因素对隧道衬砌裂缝的产生有很大影响。地质因素是一些纵向裂缝和斜向裂缝产生的主要因素。地质因素包括水的作用、复杂地质条件，如地震带、断裂带、滑坡及偏压等。纵向裂缝和斜向裂缝大多数出现在进出口处，进出口处衬砌裂缝主要是由于偏压、滑坡、水的作用等地质因素产生的。

6.3.3 衬砌厚度不足及背后空洞

衬砌厚度不足及背后空洞是常见的隧道病害类型，如图 6.15 和图 6.16 所示。

图 6.15 衬砌背后空洞

1. 衬砌厚度不足及背后空洞危害

衬砌厚度不足会恶化隧道衬砌结构受力，改变衬砌刚度，直接导致衬砌结构承载能力降低，在外界应力较大的情况下，使得隧道衬砌结构产生较大的变形，严重的情况下甚至发生衬砌断裂、坍塌等灾难性后果。

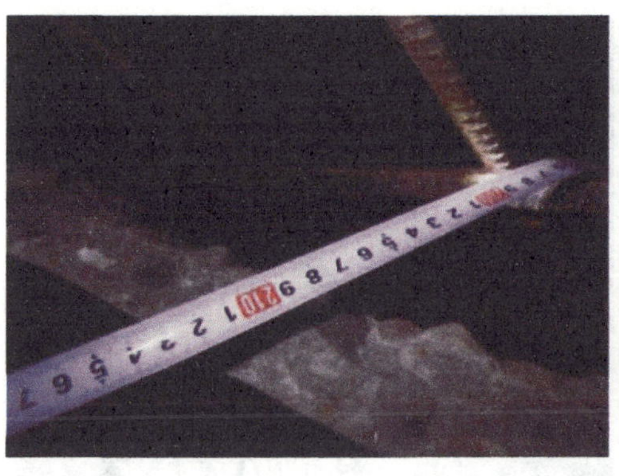

图 6.16 衬砌厚度不足

衬砌背后存在空洞时，二次衬砌的受力及围岩应力状态及调整过程均会发生改变，即由于空洞的存在，围岩失去应有的支护而松弛、变形，导致围岩失稳、脱落，严重时会发生突然性崩坍。大型空洞存在时，若上部围岩脱落，会产生集中荷载作用在衬砌上，导致衬砌结构开裂破坏。同时空洞也是地下水的存储空间及渗漏水的通道，是隧道渗漏水的隐患所在。

2. 衬砌厚度不足及背后空洞成因分析

造成隧道衬砌厚度不足及背后空洞多为隧道施工时造成的，由于施工单位技术参差不齐，且有部分施工单位偷工减料或者不严格按照设计进行施工。运营期衬砌材料劣化、剥落等情况也会导致衬砌厚度不足。

在隧道初支施工时，由于爆破效果不好，造成超挖，而又未进行回填作业或是回填未满等原因混凝土往往难于灌注饱满，这是造成模筑混凝土厚度不足及背后空洞的主要原因。

6.3.4 衬砌压溃与错台

衬砌压溃与错台是运营铁路隧道衬砌受到挤压而开裂，当外力继续增大时，衬砌将逐渐失去承载力，出现压溃及错台现象。继续发展下去，还会出现衬砌剥落，直至突然崩塌。由此可见，衬砌压溃及错台其实是某种衬砌开裂病害发展的结果。

1. 压溃及错台类型

衬砌压溃及错台是在衬砌开裂部位出现的一种现象。衬砌在此处逐渐失去承载能力，裂缝两侧衬砌块体相向运动，接触面挤压出衬砌粉末、小粒和碎块，并由表及里，由接触面向两侧蔓延发展。一般按发生部位分为拱顶压溃、拱腰压溃错台及边墙压溃错台，隧道典型压溃及错台如图 6.17 所示。

2. 衬砌压溃及错台危害

(1)拱顶衬砌压溃后，一方面容易造成拱顶混凝土掉块，影响行车安全，另一方面，如压溃地段靠近接触网，压溃范围较大时，容易造成接触网掉落等重大事故。

(2)拱腰及边墙衬砌错台后，容易引发拱腰及边墙混凝土垮塌，影响隧道整体安全性。

3. 衬砌压溃及错台原因分析

(1)衬砌发生压溃及错台的外因

①松弛压力。松弛压力是围岩松弛、不能自持而作用在衬砌上的荷载。其发生机理，对

图 6.17 隧道衬砌压溃及错台典型图

于硬岩而言，系节理面的结合力因风化和水的作用而降低，最终导致围岩松弛；对软岩、土砂一类围岩，则因干湿的反复和冻结、融化的反复而松弛。以上松弛现象，当衬砌背后有施工留下的空洞或土砂流失形成的空洞时，更容易发生。

②偏压。衬砌出现偏压的情况很多，偏压对衬砌的破坏作用是严重的。当两侧围岩压力不同或不对称时，一侧拱肩附近是主动土压，迫使他侧拱肩附近的断面上抬，压向围岩，由此产生被动土压的作用区域。从拱顶到拱肩断面上抬的部分，最易产生局部压溃现象。

③膨胀性压力。膨胀性土压对衬砌的压力主要是侧向的。隧道断面从左右挤出的结果，拱顶多数上抬，此区域变为被动区域。如拱背后有空洞，围岩软弱时，拱顶会产生局部压溃。

④冻胀压力。冻胀压力对衬砌造成的破坏与膨胀性压力极其类似，也会使拱顶产生局部压溃。

(2)衬砌发生压溃及错台的内因

①材质极度劣化。当衬砌材料因种种原因(如水泥质量不良、骨料不洁、碱骨料反应、施工不当、养生不良、反复冻融、火灾、化学腐蚀等)引起劣化时，衬砌的承载能力会极度降低，在实际外荷载作用下，衬砌受到压力最大的部位有可能出现压溃现象。

②设计缺陷。设计对围岩级别及不良地质判断严重失误，致使设计衬砌类型不当、厚度严重不足，终因承载力不足出现压溃现象。

③施工不良。在地质不良处施工时，常因怕引发坍塌而存在局部严重开挖不足的情况，出现二衬厚度不足，此处就极易出现压溃，以及在开挖遭遇坍塌处，施工单位常为减少材料消耗故意不充分回填，有意在衬砌背后留下空洞，空洞处衬砌在受到外部压力时常会出现压溃。

6.3.5 衬砌冻害

1. 冻害类型

衬砌冻害对轨面上部结构表现为：渗漏的地下水通过混凝土裂缝逐渐渗出，在渗出点出口处受低温影响积成冰柱，尤其在施工接缝处渗水点多、结晶明显，累积十至几十厘米厚的冰溜(又称为挂冰)。如不清理，冰溜越积越大，侵入限界，危及行车安全。

对轨面下部结构表现为：隧道排水沟槽设施保温不良引起冰冻，导致水沟地下排水困难，因结冰堵塞，使水沟(管或槽)冻裂破损，地下水不易排出，衬砌周边因水结冰而冻胀，致使隧道内各种冻害接踵而来。

对围岩表现为：隧道砌筑在围岩良好地段，一旦衬砌壁后有空隙，渗透岩层的地下水，在排水不通畅时水就积在衬砌与围岩间，结冰冻胀产生冻胀压力，传递给衬砌。

衬砌冻害如图 6.18 所示。

图 6.18 衬砌冻害

2. 冻害危害

隧道冻害导致隧道拱部衬砌发生变形与开裂、隧道边墙变形严重、隧道内线路冻害、衬砌材料冻融破坏、隧底冻胀和融沉等。

3. 冻害成因

(1)寒冷气温的作用。隧道冻害与所在地区气温(低于 0 ℃或正负交替)有直接关系。

(2)季节冻结圈的形成。沿衬砌周围各最大冻结深度连成一个圈称为季节冻结圈。隧道的排水设备如埋在冻结圈内，冬季易发生冰塞。在冻结圈范围内的岩土，由于受强烈频繁的冻融破坏，风化破碎程度与日俱增，也是冻害成因之一。

(3)围岩岩性、隧道设计和施工等其他影响因素。

6.3.6 基底下沉及翻浆冒泥

高速铁路隧道因建设质量高，运营时间不长，尚未出现翻浆冒泥等现象，但在以往修建的普速铁路隧道中，隧道仰拱及填充层因为本身施工质量缺陷，导致填充层内部出现空洞，容易引起隧道基床下沉，边沟倾斜，严重时边墙挤进，有地下水的地方，往往伴有翻浆冒泥发生，对行车安全有很大影响。

1. 病害类型

基底下沉主要表观特征为水沟盖板和挡砟墙有明显的下沉痕迹，线路标高变化较快，列车通过时有不同程度的振动。既有铁路隧道基底下沉如图 6.19 所示。

基底翻浆冒泥主要表现在隧道道床的翻浆及两侧水沟内出现泥浆，普速既有铁路隧道基底翻浆冒泥如图 6.20 所示。

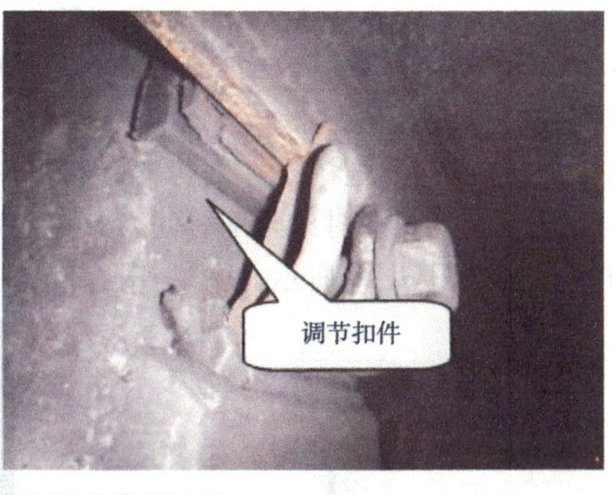

图 6.19 既有铁路隧道基底下沉

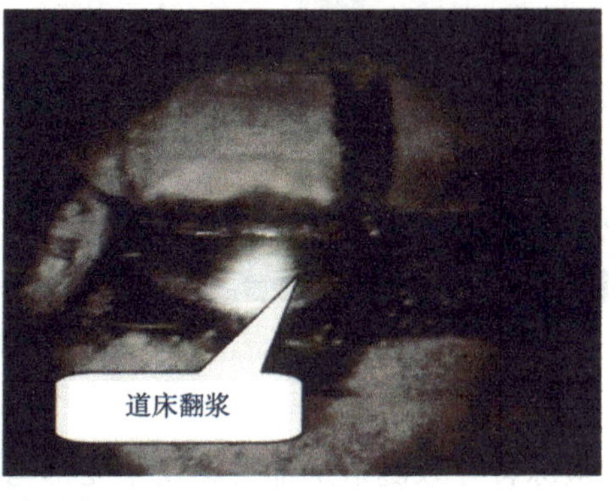

图 6.20 普速既有铁路隧道基底翻浆冒泥

2. 成因分析

既有普速铁路隧道基底病害形成原因复杂，主要归纳总结为以下几方面：

(1)基底结构层状剥离、地下水的存在及大轴重列车重复作用是产生基底下沉及翻浆冒泥病害的主要原因。在列车动荷载长期频繁反复冲击下，加之地下水的存在，形成基底分层拍打及水力冲刷效应，基底软弱夹层中的细颗粒被地下水冲走，出现空洞，导致隧道基底结构脱空，形成简支结构，素混凝土底板开裂破损，导致基底下沉与翻浆冒泥。

(2)设计标准偏低是产生基底病害的另一个原因。由于大部分既有铁路隧道修建时期较早，设计标准偏低，部分地段未设置仰拱，而铺底一般情况下也只有 25 cm 厚的素混凝土，使基底结构承载能力储备不足。此外，隧道排水设施设置不够合理，如排水沟底设置过高等。

(3)施工质量问题也是产生基底病害的重要原因。隧道施工时，铺底或仰拱下部的部分余渣未完全清理干净，导致隧道铺底混凝土下部存在虚渣，虚渣及裂隙发育的岩体均有可能在列车动荷载反复作用下，因应力集中而破碎，从而引起不均匀沉降，导致底板开裂。

(4)养护维修不到位也加剧了隧道基底病害。由于受到经费、天窗时间、施工空间等条件的限制，部分既有铁路隧道从未进行过彻底的检修，致使水沟长期堵塞，地下水无法排出隧道外，沿混凝土薄弱部位、裂缝、泄水孔等进入道床，进一步加剧了底板破损。同时，当出现基底病害时也只进行注浆等临时补救措施，遗留问题较多，病害处理治标不治本。

6.3.7 隧道底鼓

隧道底鼓(底板隆起)指洞室开挖后由于应力调整及水压的作用,导致底板变形并向上隆起的现象。近年来,隧道发生底鼓开裂情况较为频繁,且由于危害大、处理困难,给铁路运营带来了较大的损失,且呈现愈演愈烈之势,如图 6.21 所示。

图 6.21 隧道底鼓

1. 隧道底鼓危害

隧道底鼓对隧道底板造成危害,加速隧道边墙的内部收敛,引起支护发生破坏,造成仰拱变形、开裂。隧道底鼓造成隧底上抬变形,不仅恶化和危及列车运营环境,更重要的是使隧道衬砌发生变形和破坏,严重时,破坏道床并有可能导致隧道整体失稳,时刻危及列车运行安全。

2. 隧道底鼓成因分析

隧道底鼓产生的原因,一般按形成机制分为三类:一是开挖形成的应力重分布超过围岩强度而发生塑性变化,即岩体开挖引起的应力重分布超过岩体强度时岩体不断屈服和破坏的结果,即挤压性变形产生的底鼓;二是岩石中的某些矿物和水反应而发生膨胀变形产生的底鼓;三是地下水压力过大造成的整体道床抬升。

6.4 高速铁路隧道病害整治技术

6.4.1 衬砌渗漏水整治技术

1. 凿槽引排法

(1)适用范围

适用于既有隧道边墙竖向施工缝、变形缝及其他竖向裂缝出现“淌水”等严重渗漏水害部分。

(2)整治步骤

①根据边墙竖向裂缝渗漏水严重程度和隧道壁后空洞积水和围岩富水情况,依次在渗漏水裂缝的拱脚、边墙中部、边墙下部选择性钻设 1～3 排集水孔,如图 6.22 和图 6.23 所示。

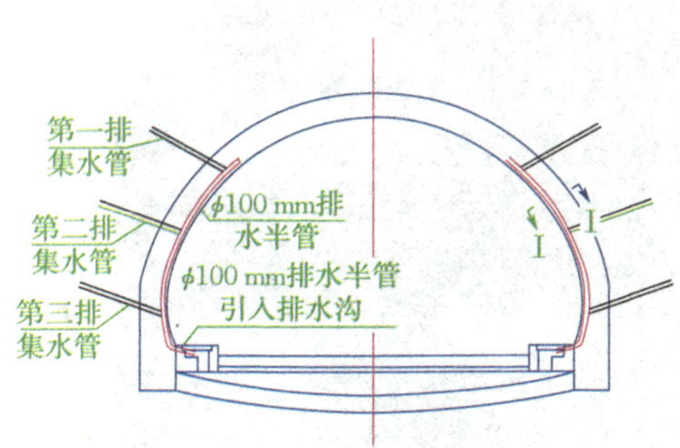

图 6.22 凿槽引排剖面布置示意图

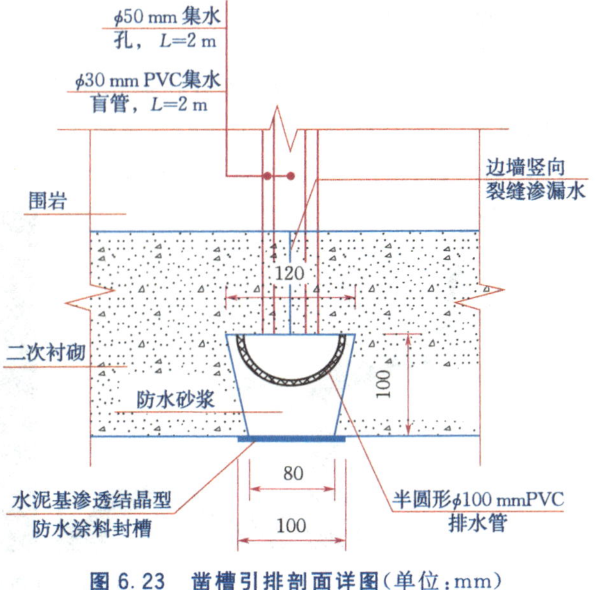

图 6.23 凿槽引排剖面详图(单位:mm)

②盲管外裹无纺布,外缠细铁丝固定,管两头以麻筋、破布塞紧。

③沿渗水裂缝处自上而下开凿倒梯形引水槽,内置入半圆形排水管并固定,防水砂浆填充管外槽体。

④用水泥基渗透结晶型防水涂料封槽。引排水流统一通过引排管进入隧道内侧沟,排出洞外。

(3)工程案例

某高铁隧道边墙、轨道板里层和踏步与道床板间的边沟等位置渗水,采用凿槽引排法进行渗漏水整治,如图 6.24 所示。

图 6.24 边墙开箱设暗管

2. 高压针注法

(1)适用范围

隧道拱顶、拱腰及边墙渗漏水裂缝。

(2)整治步骤

高压灌注法整治施工步骤如图 6.25 所示。

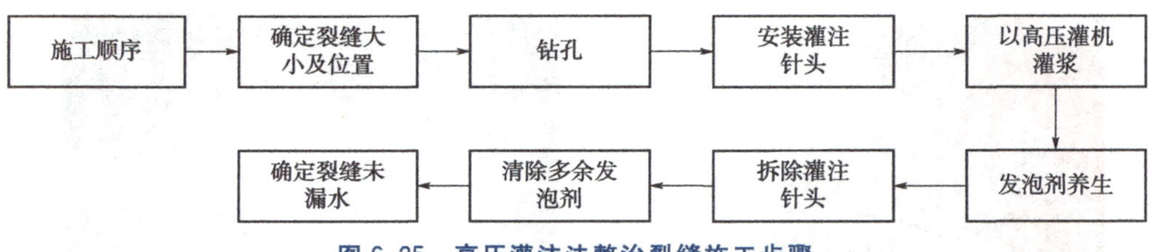

图 6.25 高压灌注法整治裂缝施工步骤

施工工艺流程：

第一步：在裂缝两侧倾斜钻孔至结构体厚度之一半深，孔距 25～30 cm 为宜，钻至最深处后一次埋设止水针头，由于一般结构体龟裂属不规则形状，特别注意钻孔时须与破裂面交叉，注射才会有效果。

第二步：止水针头设置完成后，以高压灌注机注入单组分油溶性聚氨酯灌浆材料至发现发泡剂至结构表面渗出。

第三步：灌注完成后，即可去除止水针头。

第四步：若渗水情况依然无法改善时，再以单组分水溶性聚氨酯灌浆材料补修即可。

第五步：灌注完成后，即可去除止水针头。

高压灌注法整治裂缝示意如图 6.26 所示。

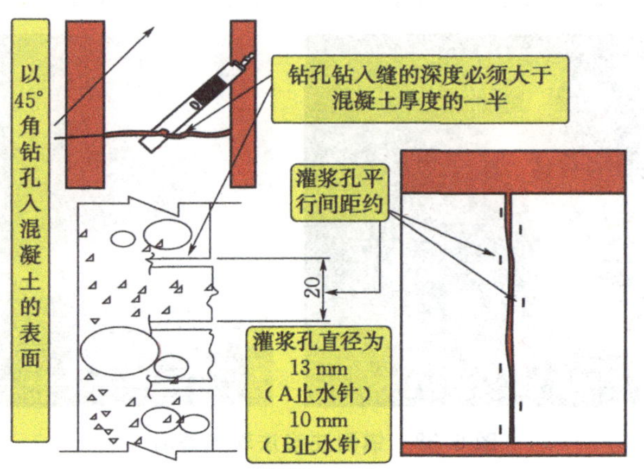

图 6.26 高压灌注法整治裂缝示意

(3)工程案例

某高铁隧道衬砌拱顶、边墙渗漏水严重，采用高压灌注水溶性聚氨酯材料进行整治，如图 6.27 所示。

通过高压灌注法整治后，基本消除了该隧道衬砌渗漏水情况，整治效果明显。

3. 锚固灌注法

(1)适用范围

适用于衬砌结构受力导致的裂缝，同时伴有渗漏水情况。

(2)施工工艺流程

凿除混凝土→衬砌打磨→裂缝清理→埋设注胶管→裂缝封闭→封闭实验→裂缝注胶→打设锚杆→粘贴钢带。

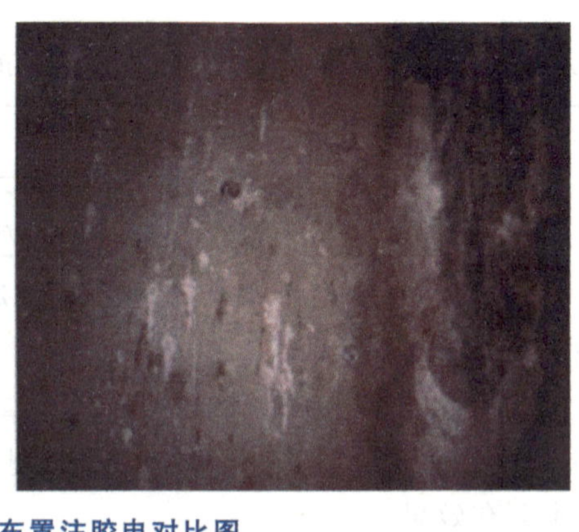

图 6.27 整治前后布置注胶电对比图

（3）工程案例

某铁路隧道左右两侧拱腰出现水平纵向裂纹，长度 39m，裂缝渗漏水，冬季有结冰现象。通过分析可知，该隧道拱顶衬砌纵向裂缝的主要原因为施工质量较低，且衬砌厚度不足、强度偏低及施工超挖区域未回填同标号混凝土或片石混凝土造成拱顶背后存在空洞所致。在两侧围岩压力作用下，两侧拱腰受到拉应力作用，拱顶受到压应力作用，衬砌厚度与强度不足区段两侧拱腰形成拉裂性裂缝。采用锚固灌注法进行了纵向裂缝整治，如图 6.28 所示。

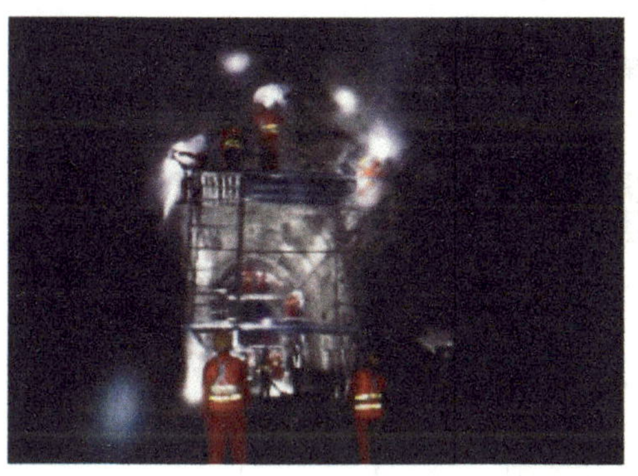

图 6.28 锚固注浆法现场整治

（4）整治效果评价

该隧道左右两侧拱腰出现水平纵向裂纹采用锚固灌注法整治完成后，渗漏水现象消失，衬砌结构状况稳定，整治效果明显。

4. 钻孔降压法

（1）基本原理

通过降压孔把隧道底板下水的压力释放出来达到降压的效果。防止水压过大造成隧道底板渗水或湿迹。

（2）适用范围

主要适用于隧道内道床板渗水，同时通过钻孔降压亦能缓解隧道整体结构承受的水压力，对隧道上部渗漏水的整治也能起到一定效果。

（3）主要工序

钻孔降压法主要工序如图 6.29 所示。

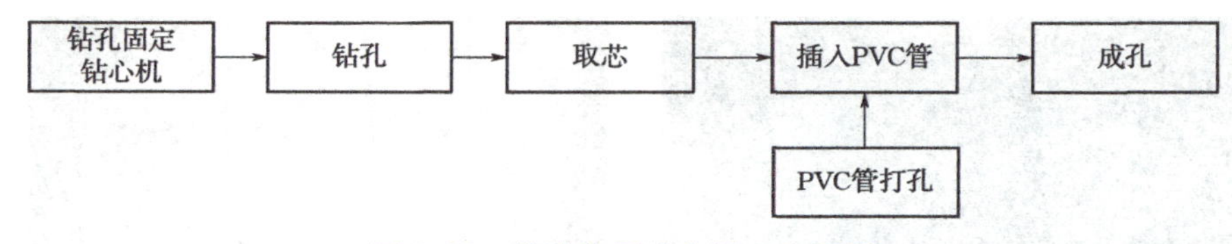

图 6.29 钻孔降压法主要工序流程

(4)工程案例

某高铁隧道衬砌背后水压力高,导致隧道衬砌渗漏严重,影响线路及设备的正常服役,采用钻孔降压法进行整治。

钻孔降压法对高压富水区隧道道床板渗水整治效果明显。该隧道通过施作降压孔,基本控制住了隧道基底冒水问题,同时大大缓解了该区段隧道上部衬砌渗漏情况。

6.4.2 衬砌裂损整治技术

1. 衬砌干裂缝整治技术

(1)普通干裂缝整治技术

①整治技术:注胶粘合法,注胶材料一般选择环氧类材料。

②适用范围:衬砌施工缝等受到温度应力等较小应力作用导致开裂的普通干裂缝。

③主要施工工艺流程如下:

衬砌表面清理→裂缝识别与标记→裂缝表面打磨→裂缝宽度量测→裂缝封闭→注胶孔成孔及注胶嘴安装→注胶→取芯抽检→裂缝涂装。

(2)受力型干裂缝掉块整治技术

①整治技术:锚杆+裂缝修补+粘贴玻璃纤维布+H 型钢+空洞填充。

②适用范围:由于衬砌结构受到围岩压力等较大应力造成的衬砌开裂。

③施工工艺流程:

锚杆打孔→错牙混凝土凿除及打磨→封闭裂缝→空洞填充→粘贴玻璃纤维布→安装 H 型钢拱架。

2. 衬砌掉块整治技术

针对衬砌开裂掉块,某研究院提出了波纹板整体防护技术。适用于衬砌出现密集交叉裂缝,进而导致衬砌掉块的工况。施工工艺流程:锚杆钻孔→铺设波纹板→安装锚杆→空洞填充→锚杆注浆。

某隧道拱顶、拱腰交叉裂缝,且延伸至起拱线,现有裂缝宽 5~10 mm,局部错牙 3~5 mm,部分区段出现掉块现象。分析认为施工时衬砌背后留有空洞,没有充分回填,且衬砌混凝土施工质量较差厚度不足,随着地质变化的进行,空洞上方岩块突然掉落形成集中荷载作用,在拱顶及拱腰部分形成交叉网状裂缝,部分呈椭圆形或半月形裂缝。

传统衬砌密集交叉裂缝或导致衬砌掉块的整治技术为衬砌套拱,耗费大量人力物力,影响正常运营。采用波纹板整体防护技术施工工艺简单,即可防止衬砌掉块、渗漏水,又能起到结构受力支撑的多重作用,可大面积推广使用。波纹板防护完成效果如图 6.30 所示。

图 6.30 波纹板防护完成效果

6.4.3 衬砌背后空洞整治技术

1. 轻型膨胀聚氨酯材料填充技术

(1)适用范围

针对隧道拱顶大面积空洞,某研究院提出采用轻质发泡材料进行填充,该材料施工方便,发泡效果较好,最高发泡信数为 10 倍,密度约为 100 kg/m^3,需采用专用高分子注胶机进行施工。

(2)主要工艺流程

轻质发泡材料施工工艺:现场材料实验→灌注泵组装→连接灌注管→灌注材料→换管→灌注结束→专用清洗剂清洗。

2. 泡沫混凝土填充技术适用范围

泡沫混凝土是在普通混凝土中加入一定比例的发泡剂搅拌均匀,浇注成型。常被用于隧道空洞填充、车站顶板覆盖层以及其他工程项目。泡沫混凝土施工工艺如图 6.31 所示。

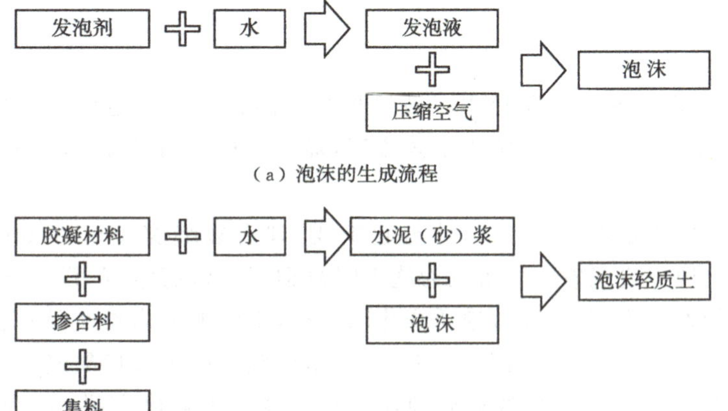

图 6.31 泡沫混凝土施工工艺流程

6.4.4 衬砌压溃与错台整治技术

1. 套衬整治技术

(1)适用范围

适用于隧道拱部开裂严重,拱顶压劈掉块,拱腰纵裂错台,但开裂的衬砌仍然具有一定的承载能力,而且边墙基本完好的情况;不宜采用喷锚治理的,而又未达到重建严重程度的隧道。

(2)工艺流程

凿除侵限混凝土→将原衬砌混凝土表面凿毛→用水冲洗干净→绑扎钢筋→混凝土施工。

2. 拆换衬砌整治技术

(1)适用范围

适用于衬砌严重变形,其断面大部分侵入建筑限界,必须拆除扩大限界的情况。

(2)工艺流程

拆换衬砌按照“先拱后墙,边拆边换,先加固后拆换“的原则进行。其主要施工工艺流程如下:

开槽(隔离拆除段与非拆除段)→拆除衬砌混凝土→初支加固或拆换→监控量测→盲管施工→土工布防水板施工→钢筋绑扎→混凝土施工。

6.4.5 隧道冻害整治技术

1. 衬砌挂冰电伴热整治技术

针对高寒地区隧道采用普通半管排水冬季冻结,进而导致上部衬砌挂冰问题,某研究院提出了电伴热半管排水技术,电伴热半管集排水、保温为一体,很好地解决了隧道上部衬砌挂冰问题,降低了冬季隧道打冰工作量。

上部衬砌挂冰电伴热整治技术主要施工流程如下:

衬砌凿槽→钻设引水孔→设置乱丝盲管→埋设排水盲管→设置电伴热系统→槽体封堵→表面处理。

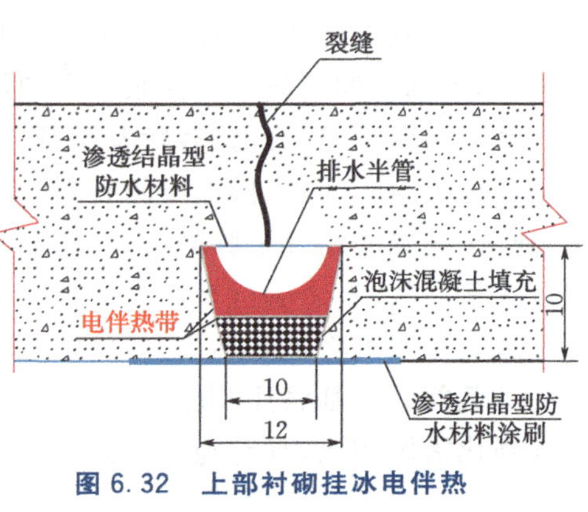

图 6.32 上部衬砌挂冰电伴热整治技术(单位:cm)

2. 水沟结冰“电伴热面板+水沟保温”整治技术

针对高寒地区隧道水沟结冰问题,某研究院提出了“电伴热面板加热+水沟保温”的综合整治技术,电伴热面板低压供电安全可靠,发热面积大、效率高,抗腐蚀能力强,施工安装方便,同时通过温度及融冰传感系统做到恒温自动控制。水沟保温通过铺设聚氨酯保温材料及新型保温橡胶水沟盖板来实现,能很好解决水沟冰害问题。隧道水沟结冰“电伴热面板+水沟保温”整治技术施工流程如下:

水沟清理→铺设电伴热面板→布设电伴热面板控制系统→设下层水沟盖板→在下层混凝土水沟盖板上铺设聚氨酯保温层→铺设上层水沟保温橡胶盖板。

3. 衬砌冻胀喷射聚氨酯保温整治技术

针对高寒地区隧道衬砌冻胀破坏问题,某研究院提出了衬砌表面喷射聚氨酯保温技术,其施工工艺简单可行，保温效果明显。

具体施工工艺流程如下：

衬砌表面清理→喷刷聚氨酯防潮底漆→喷涂第一遍聚氨酯保温材料→继续分层喷施聚氨酯保温直至符合要求→检查聚氨酯保温层厚度→修整聚氨酯保温层厚度→喷刷界面剂→抹聚苯颗粒找平层→刮抹抗裂砂浆复合耐碱玻纤网格布。

隧道衬砌冻胀喷射聚氨酯保温现场施工如图 6.33 所示。

图 6.33 衬砌冻胀喷射聚氨酯保温现场施工图

6.4.6 基底下沉及翻浆冒泥整治技术

1. 锚注一体化通用整治技术

既有铁路隧道基底下沉的根本原因在于基底承载能力不足，可能是基底破损、基底存在空洞、基底混凝土（围岩）强度不足等导致，加之地下水的存在，又会出现翻浆冒泥病害。因此，可采取提高基底承载能力的方法进行整治。注浆作为目前隧道病害最为常用的整治方法，由于其施工工艺简单、造价相对较低而受施工人员的青睐。注浆能填充基底空洞，从而达到提高基底承载能力的目的。但是目前主要以普通水泥浆液为主，强度、粘结性、耐久性等指标达不到设计要求，往往只能缓解病害，运营一段时间后病害重复发生，耗费大量人力物力，达不到预期的效果。注浆效果如何，取决于浆液的选择及注浆施工工艺。

针对运营铁路（普通、客货及重载）隧道基底结构下沉、基底翻浆冒泥等病害，结合既有铁路隧道天窗时间短、操作空间有限、施工环境恶劣、限速条件苛刻等限制条件，研发具有憎水、速凝、高强的高分子胶凝材料，研制集锚固、注胶为一体的新型加固型锚杆，某研究院提出了快速高效、不影响行车运营的铁路隧道基底病害基底锚注一体化通用强化技术。

隧底锚固可将铺底结构、注胶填充层及围岩连成一体，增强隧道基底整体性，提高隧道基底承载能力。基底注胶能起到基底挤水、填充空洞、固结虚渣的作用。基底锚注一体化与其他强化措施相比，具有施工工艺简单，在既有铁路隧道基底强化及病害整治中具有极强的实施性。

隧底锚固可将填充层、仰拱及围岩连成一体，增强隧道基底整体性，提高隧道基底结构承载能力，采用特制胀壳式预应力注胶锚杆，其既能提供预应力锚固基底，又是注胶材料通道。锚杆沿线路方向在两侧轨枕头及线路中心处各布置一排，梅花形布置，间距 1.8 m，竖直设置，深度 1.5～2.5 m。

隧底锚固施工工序如下：步孔→扒渣下管→钻孔→锚固。基底注胶作用分析如图 6.34 所示。

（1）注胶材料

注胶材料可选用改性聚氨酯加固材料，其黏度低，能很好地渗入细小裂缝中，胶结能力强，能与地层形成很强的粘合。憎水：能在水中反应，生成物不溶于水。速凝：2 min 初凝、30 min 内强度达到 50MPa。具有强度高、不变质、不老化、无污染等特点。改性聚氨酯加固材料注入水、泥浆等液体中后，由于具有憎水性其自身进行反应，将水或泥浆排开，自动填充空隙，并将虚渣、石子等固结。

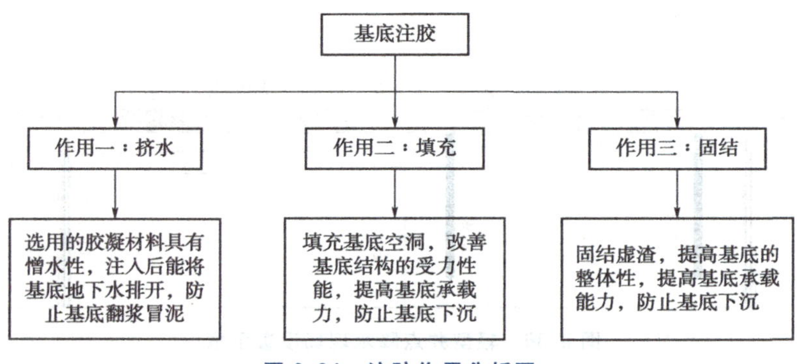

图 6.34　注胶作用分析图

(2)注胶设备

注胶设备可选择气动注胶泵，适用于树脂、溶剂等液体介质的压送，主要应用于煤矿、隧道等工程中双组分材料的输送、混合。其适用于单、双液注浆；设计结构简单、性能稳定，使用可靠，寿命长。在易燃、高爆、淋水、尘埃大等工作环境下也可使用。体积小、重量轻、移动搬运方便。配气换向装置技术先进，能够改变压气的流量，进行无级调速。注浆压力低时大流量，注浆压力升高时小流量(0～20 MPa)。在浆液比要求严格的条件下一泵就可实现双液注浆。进出口均采用快插接口，连接吸排料管方便快捷，密封可靠。

(3)注胶施工工艺流程

材料性能现场检验→设备安装及调试→回料测试调试胶液→注胶施工→清洗设备。

2."轻型井点降水＋注浆"复合式强化技术

针对隧道基底翻浆冒泥，某研究院提出"轻型井点降水＋注浆"复合式强化技术，轻型井点降水能降低地下水位，保持基底干燥，同时注浆能填充基底空隙，提高基底的完整性，能有效提高基底承载能力。通过有针对性的降水及注浆复合式整治，能有效地控制病害的发展。

轻型井点降水是一种人工降低地下水的方法，将井管插入基底含水层内，井管上部与总管连接，通过总管利用抽水设备将地下水从井管内不断抽出，使原有地下水位降到基底以下，保证基底干燥无水。设计时先要根据涌水量进行降水计算，然后确定降水方案，选择合理的降水及注浆设备和参数。轻型井点降水系统构造示意如图 6.35 所示。

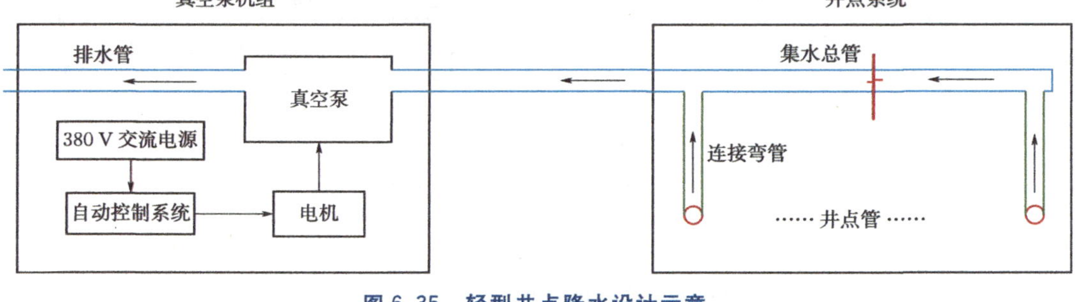

图 6.35　轻型井点降水设计示意

井点降水的设置需综合考虑计算结果、病害情况、施工工期、工程造价及现场环境等因素，一般为在隧道两侧降水及注浆加固，即在隧道两侧均设置井点降水系统，在重车线轨枕头两侧注浆加固，如图 6.36 所示。

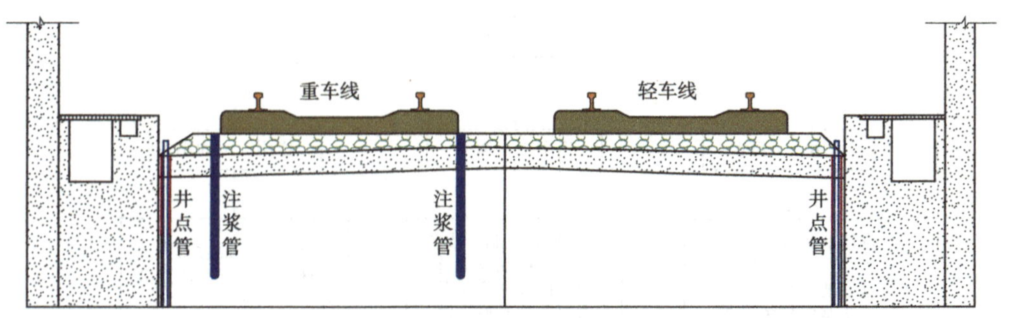

图 6.36 轻型井点降水现场设置示意

为防止注浆时造成井点管堵塞，要求注浆施工需在轻型井点降水施工前完成。井点降水工艺流程如下：测设井位→钻机就位→钻孔→沉设井点管→回填滤料→洗井→封填孔口→连接集水总管→安装抽水机组→试抽、验收。

6.4.7 隧道底鼓整治技术

1. 仰拱拆除重建

一般产生底鼓区段，仰拱已发生结构性破坏，修复的难度较大，采用仰拱拆换，拆换后需加深仰拱，增大仰拱矢跨比，增强仰拱材料设计参数，提高仰拱抵抗底部围岩隆起变形的能力。

2. 底板锚固

底板锚固能改善隧道基底结构受力，较好解决隧道底鼓问题。如某隧道底鼓设计方案中底板锚固锚杆采用 ϕ22 mm 钢筋锚杆，长度 3 m，纵向间距 1 m，上部设置垫板锚头。锚杆布置应与注浆孔间隔布置，底板锚固如图 6.37 所示。

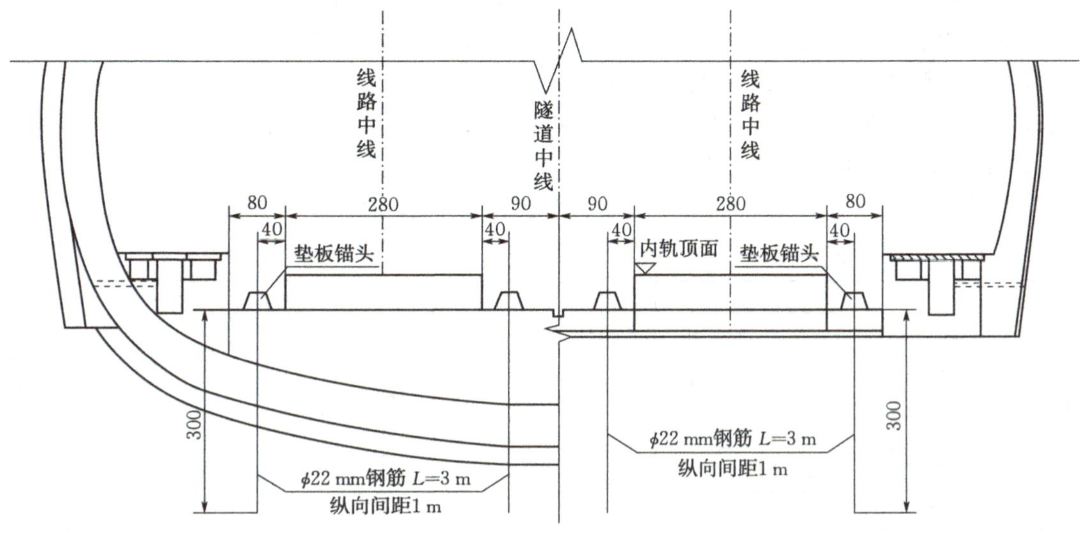

图 6.37 底板锚固设计示意（单位：cm）

3. 泄水降压或注浆堵水

针对地下水造成的底鼓，主要采用以“排”为主、以“堵”为辅的措施，“排”主要是结构外排水泄压，消除源头；“堵”是结构内对各结构层之间进行堵水，防止渗水对结构的破坏；同时对于须进行地下水排放量控制区域，换“排”为“堵”。通常采用的“排”措施是钻孔插管，“堵”措施为注浆封堵。局部地区也配合地锚，对基底进行加固。注浆堵水如图 6.38 所示。

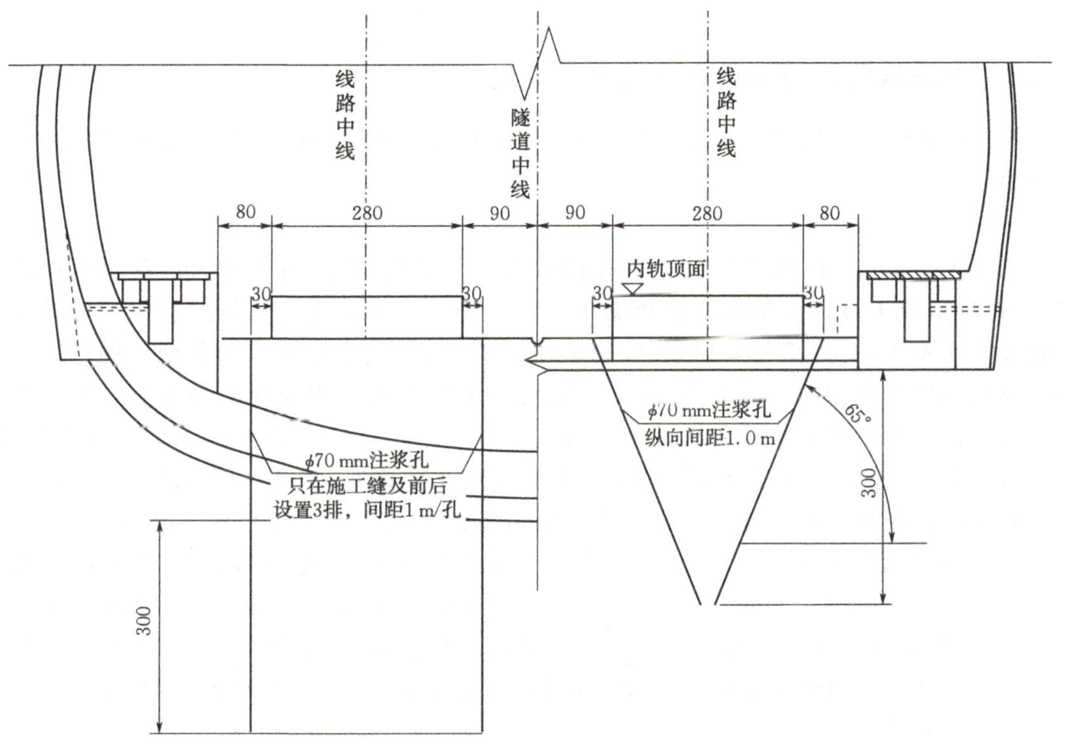

图 6.38 注浆堵水设计示意(单位:cm)

地下水排水可采用埋管的方式，即在隧道侧沟、中心水沟中间隔预埋排水管，对地下水进行排泄。目前我国铁路隧道设计中均未考虑仰拱底的排水问题，而地下水是造成目前底鼓现象的主要因素之一，且地下水区段在勘察设计阶段是难以准确量化的。故此，进行提前的泄水管预埋可以有效解决地下水对底鼓的影响。如某隧道双侧水沟及中心排水管设置泄水降压管，间距 1 m/孔，有仰拱地段深度应至仰拱下 50 cm，无仰拱地段深度应至水沟底 50 cm 处，采用粒径 10～15 mm 碎石填充，其双侧水沟泄水降压管设计同单线隧道，如图 6.39 所示。

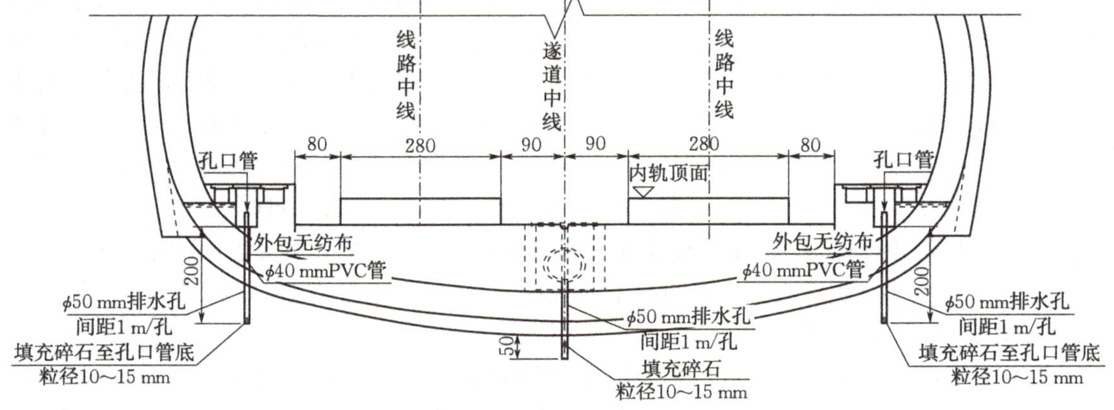

图 6.39 双线有仰拱隧道排水降压处理(单位:cm)

6.5 高速铁路隧道结构智能监测及管理系统

6.5.1 高速铁路隧道结构智能监测研究现状

国内外的很多专家在隧道的监测方面做了大量的工作，为隧道的监测提供了很好的借鉴和参考。

1. 国外现状

荷兰于 2000 年在铁路隧道施工过程中进行了结构特性、隧道动力现状等方面的监测，并将隧道施工过程大量的监测数据用于指导施工。韩国在高速铁路(HRS)隧道安装了健康监测系统，对内部衬砌形变、喷射混凝土应力、地下水水位以及其他问题进行实时监测或周期性监测(Lee J. S. 2001)，在多数情况下该系统会周期性的将变形数据与所设定的安全标准做对比，当形变超过某一程度，系统会自动向维护工程师发送报警信号。Lee J. S. 于 2004 年利用健康监测系统采集的隧道变形数据，通过一种新的系统识别方法来判断隧道的损伤和损伤部位[6]。葡萄牙里斯本技术大学地质技术中心 C. Dinis da Gama 认为，出于隧道建设及运营的安全性需要，需要可靠的监测和数据处理方法。瑞士 Aemberg Measuring Technique 公司研制了一套全自动隧道断面收敛及投射系统 TMS，它由 Leica TPS 激光全测站仪加上伺服电动的驱动定位装置，再配合即时收敛及投射软件组成。韩国 Aceco 公司研发了隧道收敛监测系统。该系统能够较为便捷的测量隧道出现的各种变形、倾斜[7-9]。

2. 国内现状

广州龙头山隧道采用了远程自动监测系统，该系统由本地子系统(包括测量子系统、本地控制及数据处理子系统和无线发射子系统)和远程监测子系统(包括数据接收子系统及数据处理子系统)构成，其中本地测量子系统实现了对拱顶沉降、锚杆应力、二次衬砌钢筋应力和二次衬砌混凝土应变四个方面的远程自动监测；无线传输子系统采用基于 Web (Internet)及 GSM 中 GPRS 的无线远程数据传输方式，实现了对隧道监测数据的远程无线传输[10-11]。

南广铁路燕子山二号隧道监控量测采用隧道变形自动监测系统，其中隧道变形系统由硬件系统和软件系统两部分组成。硬件系统：由激光发射装置、接收靶、采集控制箱及现场总线构成，通过在隧道内或洞口固定点设置激光定位器，测试点设置接收靶，激光定位器光斑投射至接收靶面，接收装置图像传感器采集激光光斑图像，通过特定图像处理算法，计算出光斑的位置坐标，通过测试坐标值与初始坐标值的比较可求得测点位水平及垂直位移值。测点位置同时设置激光定位装置指向下一接收装置，可实现级联。测试数据通过现场总线传输至洞口监测计算机，数据通过有线或无线网络可传输至 Web 服务器，实现广域的结构安全监测管理。软件系统由中铁西南科学研究院自主开发，主要有监测数据输入、数据分析处理、统计报表输出等功能[12-14]。

从以上国内外的研究实例看出，目前，针对隧道施工期进行的监测开展较多，而针对隧道运营期进行的监测较少。为了能够长期、更有效、更方便快捷的监测隧道的健康状况，掌握隧道围岩、隧道结构的变化规律，需要能同时满足施工期间以及隧道运营后长期的远程自动监测系统出现。

通过对运营期隧道进行的长期监测，可及时掌握隧道的运营情况，发现潜在安全隐患，为采用预防、加固和维修等措施提供依据，同时还可以为保证隧道的长期运营安全和安全保障提供基础数据。

6.5.2 高速铁路隧道结构自动监测管理系统应用实例

1. 工程概况

某高速铁路隧道通车不到两年出现严重病害，部分里程段隧道二衬拱顶位置出现二衬错台、开裂及掉块现象，接触网保护线被砸断，接触网吊柱倾斜，线路被迫中断行车，极大地影响了线路的正常运营，也为线路的长久运营安全构成了潜在威胁。

根据衬砌加固要求，确定洞内结构 DK120＋360～＋878 和 DK120＋933～＋960 为套衬加固段，DK120＋878～＋933 为拆换加固段。为保证结构运营安全，分别选取拆换段和套衬加固段典型断面进行结构应力的长期实时监测，及时掌握隧道抢修加固结构受力状态，为隧道安全运营提供技术数据。

2. 衬砌结构病害治理方案

受自然灾害影响，该隧道 DK120＋360～＋960 段洞内衬砌混凝土局部掉块、剥离，CPⅢ测绘结果异常，根据衬砌加固要求，洞内结构加固处理的同时，预埋结构监测元件。

(1)拆换段

对隧道内拱部破损严重的 DK120＋878～＋933 段，采用拆除后重新施作的处理方案，拆除内容包括拱墙衬砌及水沟侧沟电缆槽。拆换段新施作的拱墙衬砌采用 C40 钢筋混凝土，主筋采用 ϕ22 mm 钢筋，每 2 根一束，纵向每延米 5 组(10 根)，间距 20 cm，新施作混凝土钢筋通过植筋与原仰拱钢筋连接；水沟侧沟电缆槽按照原设计恢复。

(2)套衬段

对 DK120＋360～＋878、DK120＋933～＋960 段，在原衬砌内侧增设厚 30 cm 的 C40 模筑钢纤维混凝土套衬，钢纤维 60 kg/m^3。套衬内设置 H175 型钢钢架，钢架纵向间距 1m，在钢架底部及接头位置设置锁脚锚管及钢架固定钢筋，钢架间采用 ϕ25 mm 钢筋纵向连接，钢筋与钢架焊接。钢架底部布设 ϕ130 mm 钢筋混凝土钻孔灌注桩，桩长 6 m，内置 4 根 ϕ22 mm 钢筋笼；钢筋笼主筋通过钢架底部的钢板预留 ϕ42 mm 的钻孔与钢架笼焊接为一个整体。

3. 监测系统设计原则

国内针对隧道施工期间结构受力状态的监测较多，但在高速铁路运营线隧道内进行尚属首次。此类监测应坚持长期、自动、无人值守、实时的原则，监测工作可满足实时性和长期性；既应服务于隧道内外抢修加固，又应服务于长期监测；既可作为独立系统长期运行，也可预留与其他系统的数据接口；可供监测单位监测管理，也可适时移交运营管理单位。这对监测仪器和监测系统的精度、长期可靠性等提出了较高要求。

(1)先进性。综合当前最新的研究成果，采用先进的感知技术和信号传输技术。

(2)模块化。系统软、硬件部分均采用模块化设计，每个模块各自完成一个特定的子功能；各功能模块之间既相互独立又相互关联，避免发生故障后产生联动影响。

(3)开放性。具有直观友好的可视化人机交互界面,能实现通过网络传输,共享数据和图形,用户通过客户端可以方便地登录和查看。

(4)可靠性和容错性。选用国内外技术成熟、性能兼容的产品和技术,保证系统各项功能和指标的实现,同时保证系统的长期可靠性。

(5)易操作性和维护性。系统正常运行后易于管理、易于操作。对操作人员及维护人员的技术水平及能力的要求不高。选用产品时,考虑以后升级换代以及系统维护和调整的方便性,使系统长期保持正常运转。

4. 系统设计思想

从信息化角度出发,系统的核心在于从数据的采集、传输、融合、分析、处理、应用的整个流动过程,可以实现结构安全监测为目标,各个层级的数据不断向上流动提供服务,同时又能依托数据服务层进行反馈控制,建立专业的大数据服务中心,通过对海量数据的挖掘分析,实现信息融合和统一服务。可实现广义多方参与的监测—评估—控制—再监测的闭环信息反馈功能,其主要功能包括传感器和信息感知、评估决策、性能控制。传感器和其他监测设备是一种现场设备,能够监测、感知结构响应;评估决策是结构性能、状态的把握以及技术状况的等级评定;系统具有规范化、开放性的接口,便于与其他第三方系统实现数据共享。

根据上述设计思想,为了保障系统长期稳定运行,并使整个系统具有良好的扩展性及移植性,提出了下面基于 RESTful 的 SOA 架构系统框图,如图 6.40 所示。

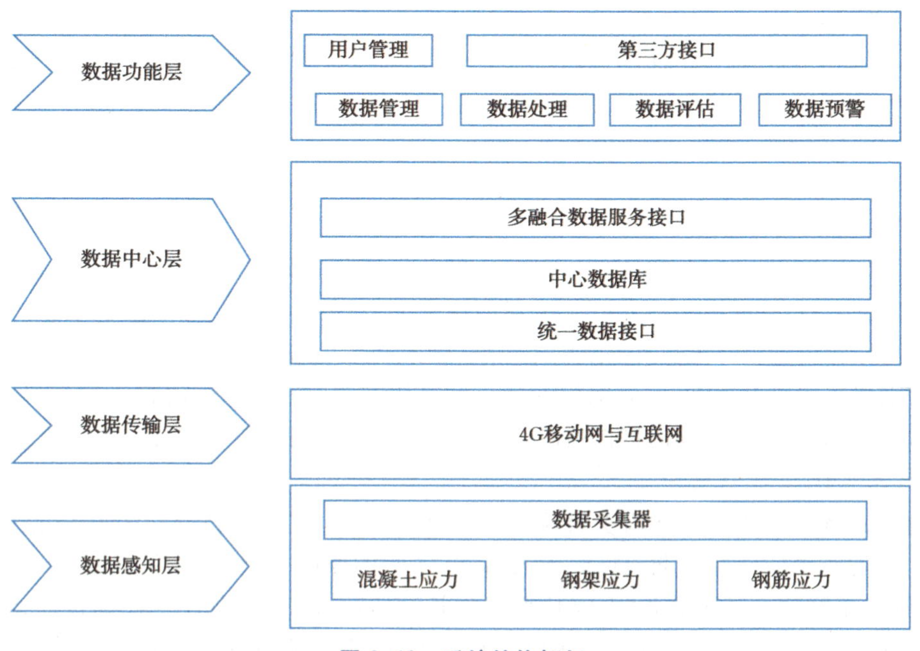

图 6.40 系统结构框架

系统数据的南北向,通过分层设计,下层为上层提供服务,服务接口采用 RESTful 规范。平台数据的东西向,采用对等层监控,通过相对独立的分层监控,对监测系统各个功能模块的运行状态、运行参数、采集数据质量等进行监视、控制及预警。

5. 测试系统组成

(1)系统设备架构

自动监测系统的整体设计如图 6.41 所示，现场应力计、钢筋计等传感器通过数据扩展模块传输到现场采集终端。现场采集终端根据既定采集策略采集数据，经由光—电转换设备、数据传输光缆、洞外数据传输中心的光电转换设备和 DTU 无线传输模块传至数据服务中心；数据服务中心完成数据处理、分析后，将数据结果和预警信息发送至综合预警平台。

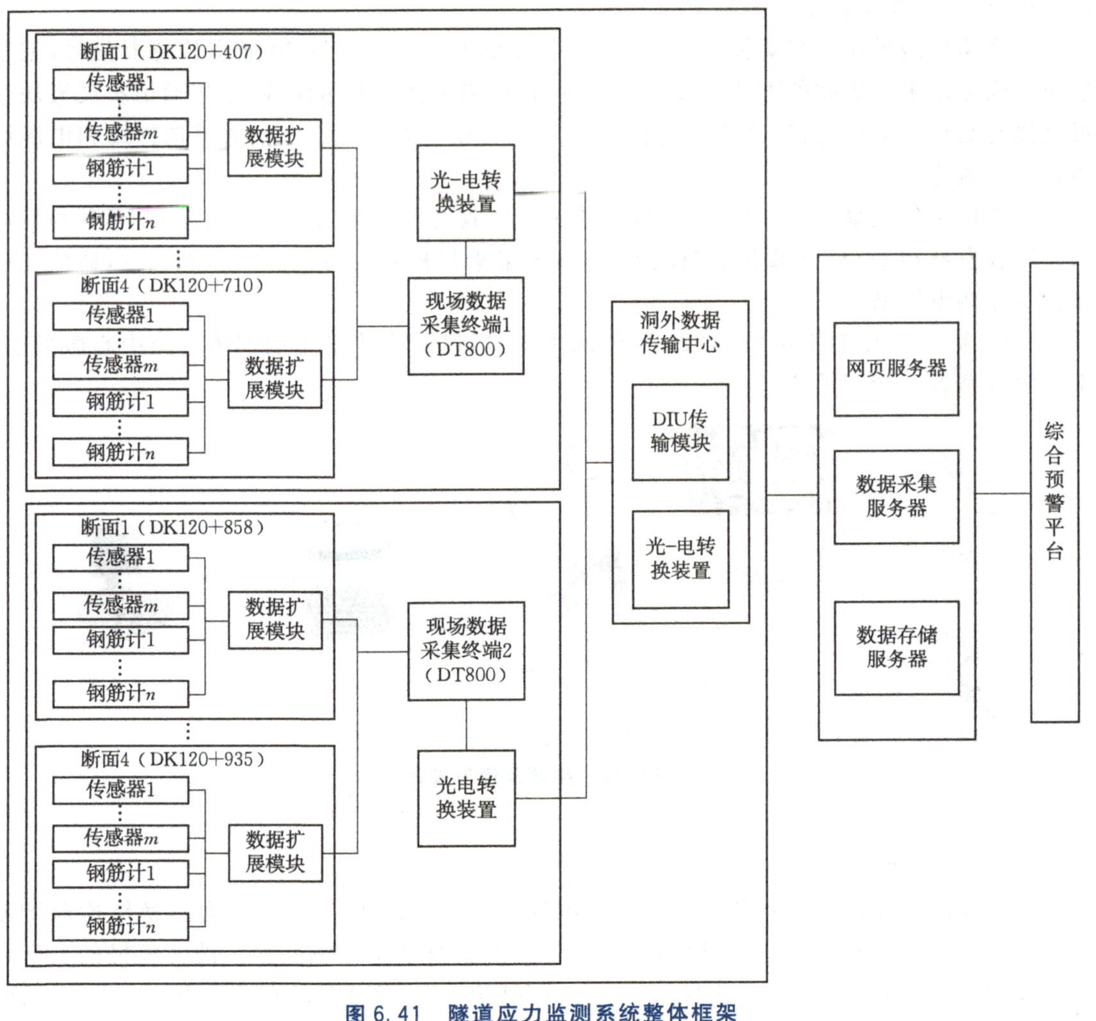

图 6.41 隧道应力监测系统整体框架

根据广泛调研结果和厂家推荐选择可靠性、耐久性均较好的数据采集仪和采集通道扩展模块。

①采集通道扩展模块。采集通道模块 20 个接线端，支持振弦、电压、电流、频率、电阻、桥路、应变、差阻、温度等信号；包括信号防雷器、与 RTU/MCU 通信电缆；标准量钣金密封防护机箱，防护等级 IP66，外形尺寸(mm)：380×380×210；重 9 kg。工作温度：−45 ℃～70 ℃，相对湿度小于 98%RH。

②数据采集仪。数据采集仪(DT85G)可连接采集通道扩展模块 8 个。支持电压、电流、频率、电阻、桥路、差阻、温度等信号;有线或无线通信接口:USB、RS-232、以太网,支持 TCP/IP,Web,FTP,ModBus;数据存储 128 MB 内存及 U 盘,掉电保护;LCD 显示;供电电压范围:10～30 V(DC)。

(2)通信系统架构

通信采用有线和无线相结合的方式,如图 6.42 所示。

①传感器到采集通信模块采用四芯电缆传输测量信号,传感器与采集模块之间无需电源连接;四芯电缆布置于一侧隧道电缆槽。

②通信扩展模块为采集模块的扩展,每个采集扩展模块提供 20 通道传感器信号,采集模块之间可以采用级联的方式连接,连接线包括通道选择线和电源线;采集通道扩展模块也可直接与数据采集仪连接,连接线包括通道选择线和电源线;通信盒、通道选择线和电源线布置于一侧隧道电缆槽。

③数据采集仪采用 220 V 电源供电,通过光纤收发器连接到数据传输光缆上,并与洞口的光纤收发器和 DTU 无线传输模块连接;数据采集仪机箱布置在隧道左侧边墙,通信光纤布置于左侧电缆槽。

④DTU 无线传输模块采用 220 V 电源供电,通过网络将采集数据传输至中心服务器。中心服务器设在管理单位处。

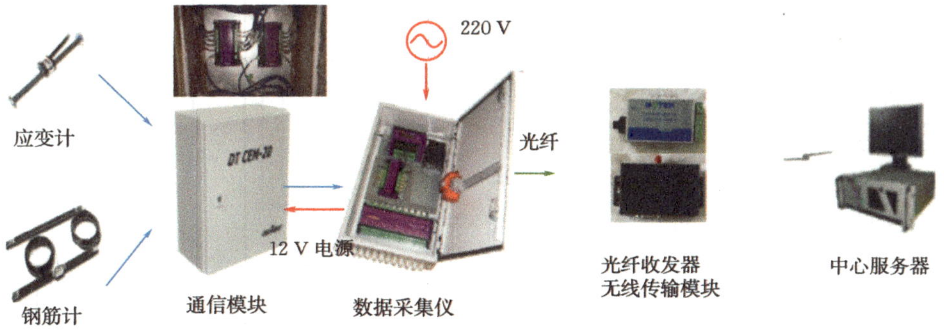

图 6.42　电源及通信设计

6. 监测实施效果

(1)监测断面

拆换段内选择衬砌结构破坏严重的 DK120＋891 和 DK120＋912 为拆换结构监测断面,临近拆换段的 DK120＋858 和 DK120＋935 为套衬结构监测断面。破坏较轻的长区段套衬段内选择了 DK120＋407、DK120＋490、DK120＋526 和 DK120＋710 共 4 个监测断面。监测断面纵向分布如图 6.43 所示。

(2)监测项目及元件

经过广泛的调研,选择目前最简单也是最可靠的埋入振弦式应变计(基康 BGK-4200)、钢筋计(基康 BGK-4911)进行隧道加固结构的混凝土应力、钢架应力和钢筋应力量测。监测断面测试项目及测点数量见表 6.5。

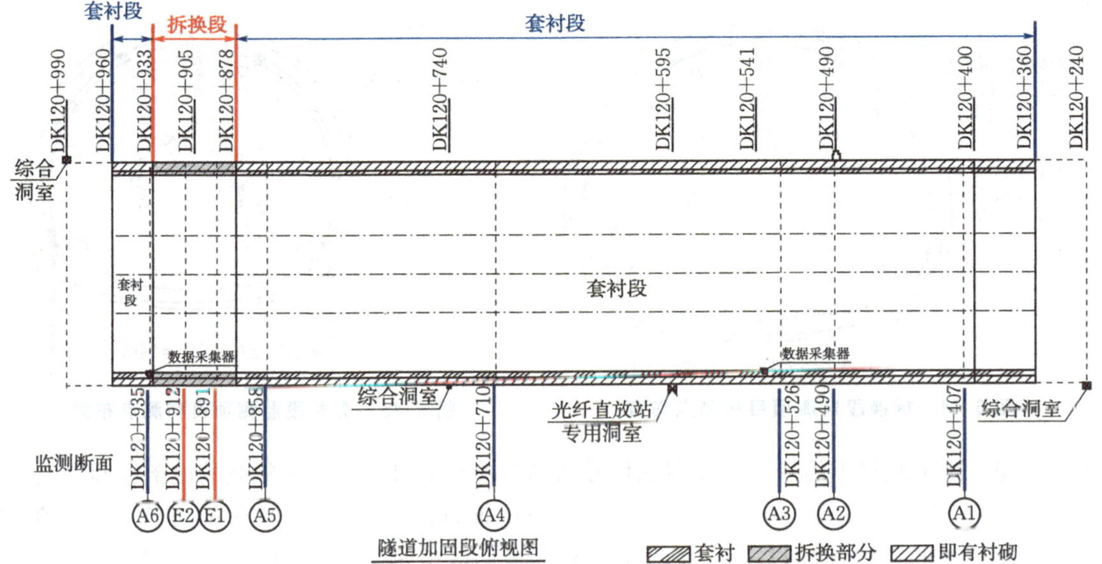

图 6.43 监测断面选择

表 6.5 监测断面测试项目及测点数量

量测断面类型	项　目	量测仪器	断面测点数	断面数	合计	备　注
A 型	混凝土应力	埋入振弦式应变计（基康 BGK-4200）	18	6	108	用于套衬段
	钢架应力	钢筋计（基康 BGK-4911）	9		54	
B 型	混凝土应力	埋入振弦式应变计（基康 BGK-4200）	9	2	18	用于拆换段
	钢筋应力	钢筋计（基康 BGK-4911）	18		36	
合计				8	216	

BGK－4200 型振弦式应变计、BGK-4911 型振弦式钢筋计均具有耐用、可靠、易于安装和读数等优点，并不受潮湿、电缆长度和接触电阻影响。已在多项工程应用，证明具有长期的稳定性。

(3)测点布置

测点分别布置在拱顶、拱腰、拱脚、墙腰和墙脚等关键截面。套衬和拆换段的断面测点布置分别如图 6.44 和图 6.45 所示。

(4)量测元件布设

①BGK－4200 型振弦式应变计

标准量程 3 000 $\mu\varepsilon$，直线非线性度≤1%F. S，多项式非线性度≤0.1%F. S，灵敏度≤1 $\mu\varepsilon$，测温范围－20 ℃～＋80 ℃。

应变测量采用振弦原理：一定长度的钢弦张拉在两个端块之间，端块牢固置于混凝土中，混凝土的变形使得两端块相对移动并导致钢弦张力变化，这种张力的变化使钢弦谐振频

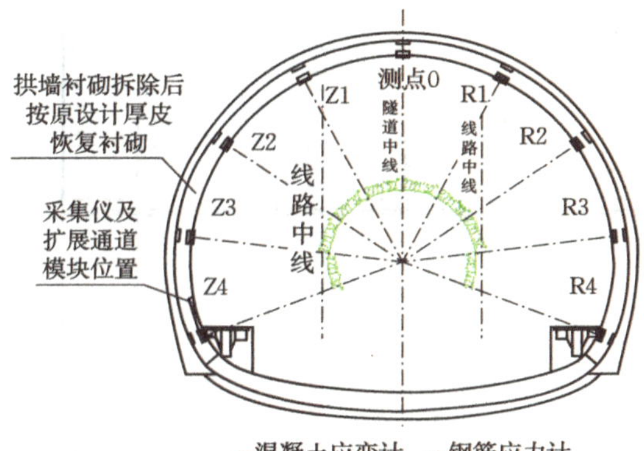

图 6.44　拆换段监测项目和测点布置

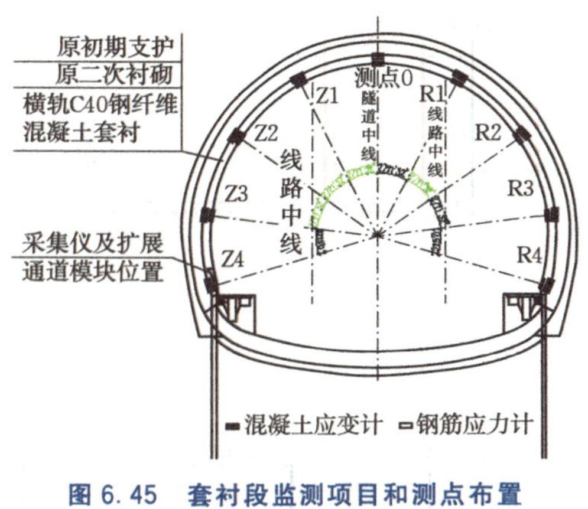

图 6.45　套衬段监测项目和测点布置

率的改变来测量混凝土的变形。仪器的信号激励与读数通过位于靠近钢弦的电磁线圈完成。

安装时，先将应变计安装到混凝土结构相应位置，再进行混凝土喷射或浇筑。安装期间须当心避免对两端块施加过大的力。可用绑扎丝直接将仪器绑扎到仪器的保护管上就位。绑扎丝不能捆得太紧，同时必须小心以免振捣器损坏电缆，在仪器半径 1 m 范围内禁止用机械振捣器振捣而应该采用人工振捣。安装示意如图 6.46 和图 6.47 所示。

②BGK-4911 型振弦式钢筋计

直径 22 mm，量程 300 MPa。仪器原理与埋入振弦式应变计相同。

通常是与钢筋计直接焊接到现场的待测钢筋或钢架的相应位置，钢筋计有足够的长度，以保证在不损坏其内部的应变元件前提下焊接就位。焊接时应确保钢筋计中心部分不会变得太热引起线圈骨架和防护环氧树脂融化，从而导致元件的损坏。为了防止该种情况发生，应在焊接部位和仪器中心 30 cm 段放置湿抹布或焊接时在钢筋计中间部位浇水。同时，焊接时还要当心不要损坏或高温损坏电缆。特别注意的是电缆头的金属线头不要搭接在钢筋网上，以防止焊接时形成回路产生电弧打火而损坏。焊接完后，仪器电缆应顺钢筋走线，用尼龙扎线每隔 1 m 绑扎好，避免用铁丝绑扎线固定，以避免电缆因此损伤。

当安装钢筋计时，一定要注明所有仪器的位置和编号，这对进行数据处理时，提供正确的率定系数和确定应力特性是非常必要的。

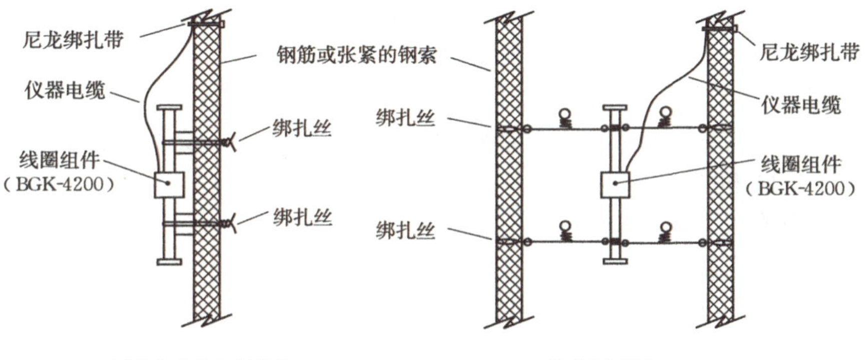

图 6.46　应变计固定示意

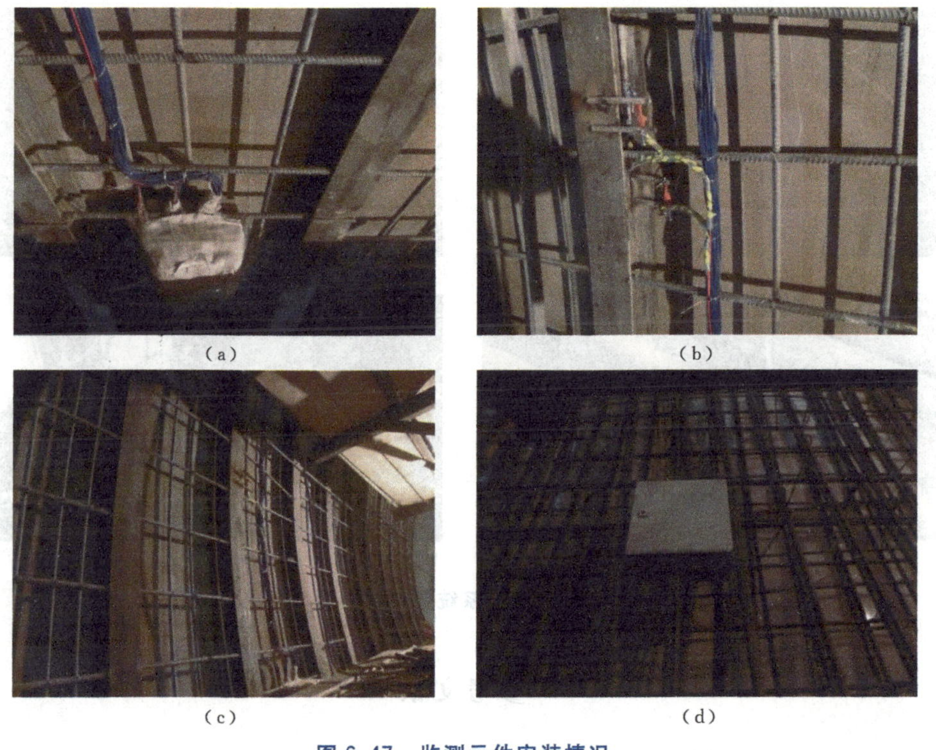
(a)　(b)　(c)　(d)

图 6.47　监测元件安装情况

图 6.48　测试断面接线和人工读数

BGK-4200 型振弦式应变计与 BGK-4911 型振弦式钢筋计配有率定表，该率定表给出了读数数值与荷载之间的关系，同时也给出了初始零读数与仪器系数。在安装前应试读数以检查其正常使用功能，安装完成后进行初读数用于后期数据处理及计算。

(5)数据采集和处理

可将 BGK408 振弦式读数仪与传感元件屏蔽电缆直接相连，采取人工读数方式(图 6.48)，或在集线箱内通过数据采集仪、采集通信扩展模块、专用连接线与屏蔽电缆连接，进行数据的自动采集和存储。数据类型分为频率数据和温度数据。电缆芯线的红色和黑色线用于连接振弦传感器，白色和绿色线用于连接半导体温度计。

(6)软件智能管理及预警

数据采集系统及传输系统安装调试(图 6.49)完成后，系统具备自动采集数据并传输给中心服务器进行处理、分析、预警的功能。

系统具有实时数据显示及历史数据查询功能，可生成实时报表。

当软件控制平台中心数据库监测应力达到相应的预警等级时，产生预警信号，系统将预警信息发送给综合预警平台，由综合预警平台按照综合预警标准判断后统一发送预警信息。

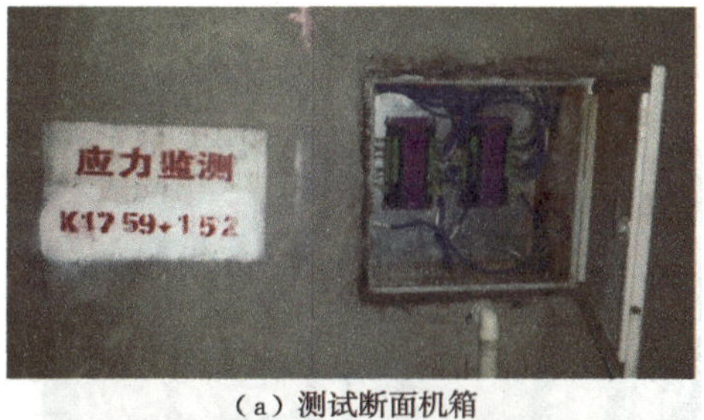

(a) 测试断面机箱

(b) 采集仪机箱

(c) 数据传输光缆

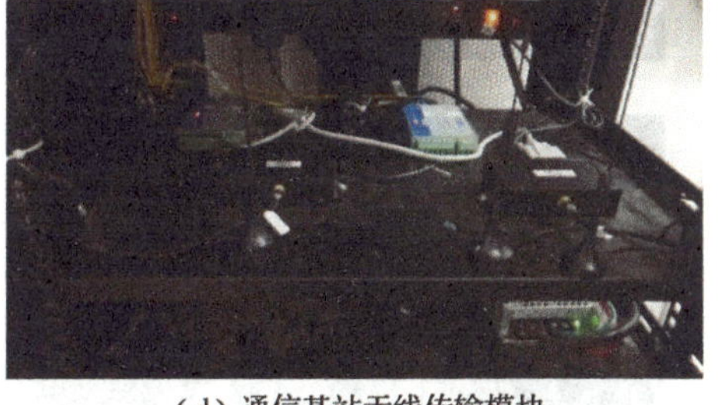
(d) 通信基站无线传输模块

图 6.49 系统调试情况

参考文献

[1] 田四明，王伟，巩江峰.中国铁路隧道发展与展望(含截至2020年底中国铁路隧道统计数据)[J].隧道建设(中英文)，2021，41(2)：308-325.

[2] 赵勇，肖明清，肖广智，等.中国高速铁路隧道[M].北京：中国铁道出版社，2016.

[3] 朱永全，张素敏，张彦兵，等.隧道衬砌结构极限状态的概念及室内试验研究[J].石家庄铁道学院学报，1997(S1)：1-6.

[4] 程桦，孙钧.软弱围岩复合式隧道衬砌力学机理非线性大变形数值分析[J].岩石力学与工程学报，1997(4)：34-43.

[5] 潘洪科，杨林德，黄慷.公路隧道偏压效应与衬砌裂缝的研究[J].岩石力学与工程学报，2005(18)：3311-3315.

[6] JUN S.LEE，Il-YOON ChOI，HEE-Up LEE，et al.隧道检测系统及其在韩国高速铁路隧道的应用[J].中国铁道科学，2004(3)：22-27.

[7] 付军，严新平，刘胜春.盾构隧道健康监测分析与研究[C]//国务院学位委员会、教育部学位管理与研究生教育司.可持续发展的中国交通——2005全国博士生学术论坛(交通运输工程学科)论文集(下册)北京：北京交通大学图书馆，2005.

[8] 王兵.一种隧道变形远程监测系统的研究与应用[D].成都：西南交通大学，2017.

[9] 金晓臻.复杂地质隧道结构安全监测无线数据采集系统研究[D].西安：长安大学，2010.

[10] 邓刘永，谷任国，胡桂衔.龙头山特大断面隧道远程自动监测研究与成果分析[J].工程勘察，2013，41(10)：70-74.

[11] 曾磊，莫海鸿，房营光，等.特大断面隧道远程自动监测方案的研究[J].现代隧道技术，2007(5)：62-67.

[12] 詹显军,王先龙,陈礼伟,等.隧道变形自动监测系统在南广铁路隧道施工中的应用[J].现代隧道技术,2012,49(5):128-131.
[13] 赵东平.海底隧道维修养护若干问题的研究[D].成都:西南交通大学,2008.
[14] 彭海莉.基于 GSM 网络和 Internet 网络的远程采集系统的开发[D].太原:太原理工大学,2005.

7 高速铁路客站检测监测与维护技术

高速铁路客站作为铁路运输中重要的公共建筑进入大规模建设期，在“功能性、系统性、先进性、文化性、经济性”设计要求的指导下，体现先进建造水准、反映时代特色的现代化新型高速铁路客站在全国各地不断崛起。为满足建筑功能需求和独特的空间形态，高速铁路客站逐渐向空间形式多样化、结构立体化、多层化及多功能化方向发展，其中大跨度、大柱网空间结构体系在站房及无站台柱雨棚中的广泛应用成为新时期铁路客站的显著特点。图 7.1 是近年来国内几个有代表性的大型铁路客站工程实例。

(a) 青岛红岛站　(b) 武汉站

(c) 杭州东站　(d) 广州南站

图 7.1　大型高速铁路客站

这些大体量现代高速铁路客站的背后凝聚了国家各方面的资源整合和成百上千工作人员的心血，每一个环节的疏漏都有可能造成人员伤亡和财产损失，所以长期有效的安全生产和运营尤为重要[1]。高速铁路客站屋盖多采用大跨度钢结构屋盖，近年来大跨度钢结构屋盖安全事故得到关注。2004 年，法国巴黎戴高乐机场候机楼钢结构屋盖局部突然坍塌，造成 6 人死亡，3 人受伤，其坍塌原因是安全储备较低，支撑杆和壳体连接处冲剪应力过高，金属构件超过承载能力；2006 年，俄罗斯莫斯科鲍曼市场钢结构屋盖因检修维护不完善、积雪荷载过大坍塌，坍塌面积约 3 000 m^2，造成 57 人死亡；2008 年，济南奥体中心体育馆西北侧屋盖发生火灾，受火钢结构构件变形超限，值得一提的是，该体育馆施工建造时布设了结构健康监测系统，火灾发生时该系统及时预警，监测数据对火灾后结构损伤评估与修复起到了重要指导作用；2018 年，德国曼海姆火车站钢结构屋盖被风掀起，部分钢结构构件和盖板跌落砸损轨道、列车，影响列车运行。大跨钢结构屋盖安全事故示例如图 7.2 所示。

（a）法国巴黎戴高乐机场候机楼屋盖坍塌

（b）莫斯科鲍曼市场屋盖坍塌

（c）济南奥体中心屋盖火灾

（d）德国曼海姆火车站屋盖风掀破坏

图 7.2 大跨钢结构屋盖安全事故

此外，高速铁路客站的非结构构件存在一定的安全隐患，如图 7.3 所示。近几年通过对在役高速铁路客站运营现状普查发现，部分客站屋盖和雨棚的金属屋面板涂装层脱落、锈蚀；压型钢板和檩条弯折变形严重、咬口松脱，压型钢板固定不到位或固定点撕裂，漏雨；非结构构件与结构构件螺栓连接预紧力降低、松动，焊缝连接处裂纹扩展，钢结构构件存在腐蚀、锈蚀等病害。同时，高速铁路旅客车站的围护结构，如玻璃幕墙、外挂石材、保温饰面层，由于横向风载大、结构胶老化、锚固件失效等原因，存在高空坠落的风险，严重时可影响客站的正常运行。

基于上述原因，有必要在大体量和结构复杂的高速铁路客站施工和后期运营中通过一定的研究手段，应用现代传感技术、振动测试理论、数据传输技术、计算机软硬件技术、信号分析与处理技术、人工智能等建立结构健康监测系统[2]，实时监测客站的安全运行情况，在结构出现异常受力状态或处于危险时及时发出报警，以便采取相应的应急措施降低人员和财产损失；在长期服役及遭受灾害性荷载作用时，能够进行安全状态评估；由于大型客站复杂的结构体系和荷载环境，造成工程师很难在设计阶段精准的掌握其行为特性，通过健康监测可以检验工程结构的理论模型和计算假定；在长期服役过程中，综合考虑结构健康监测与日常巡检，科学合理地开展运营维护。

近年来，滨海站、石家庄站、成都南站、济南东站、青岛红岛站、杭州东站、淄博北站、潍坊北站、厦门站、太原南站等国内 20 余个高速铁路客站实施了施工阶段和运营阶段的结构健康监测。结合高速铁路客站健康监测与维护的理论、方法和工程实践，本章主要从高速铁路客站空间布局与结构形式、综合状态性能指标、健康监测、风险控制与维护、健康监测工程实例等五个方面介绍。

(a) 檩条坠落

(b) 型钢板连接点破坏、板件下垂

(c) 玻璃幕墙爆裂坠落

(d) 钢构件锈蚀

图 7.3 部分安全隐患

7.1 高速铁路客站空间布局与结构形式

高速铁路客站是高速铁路网的重要组成部分，是综合交通体系中的重要节点，是区域经济发展的重要引擎。自《铁路旅客车站建筑设计规范》(GB 50226—2007)[3]发布以来，我国已相继建成新型铁路客站 1 000 余座，其中中型及以上铁路客站 300 余座。这批新型铁路客站贯彻国家“创新、协调、绿色、开放、共享”的发展理念，统筹兼顾铁路运输、综合交通体系构建和城市发展等需求，努力追求交通建筑、时代要求和地域环境的有机结合，从设计理念、功能布局、建筑形态、技术创新、运营效果等方面实现了超越。北京南站、上海虹桥站、广州南站、武汉站等大型综合交通枢纽，拉萨站、延安站、苏州站、三亚站、潍坊北站、青岛红岛站等具有浓郁地域特色的铁路客站，都成为铁路客站建设的代表作品，为进一步完善铁路客站建设标准积累了丰富的实践经验。

在全面总结我国近年来铁路客站建设、运营实践经验和科研成果的基础上，贯彻落实“五位一体”总体布局，结合打造现代综合交通枢纽、“零距离”换乘等要求，优化铁路客站功能布局，提高旅客出行质量及效率，国家铁路局发布了《铁路旅客车站设计规范》(TB 10100—2018)[4]。随着经济社会的日益发展，高速铁路客站功能定位越来越高，客站功能已从“单一铁路客运场所”转变成“城市综合交通枢纽”，高速铁路客站的功能、空间布局、结构形式等得到了提升。

7.1.1 空间布局

铁路客站主要角色定位是提供客运服务和进行行车组织工作的主要场所，而且是连接高速铁路与城市的桥梁，是沟通高速铁路与旅客的纽带，是诠释高速铁路服务内涵的载体，是代表铁路和城市形象的标志性建筑。从 1964 年世界上第一条高速铁路日本东海道新干线开通直至如今我国高速铁路网的蓬勃发展，在 50 多年的高速铁路发展历史过程中，高铁客站的基本功能也逐步完善。客站的服务对象决定其基本功能，其服务对象可以归纳为列车、乘客及所在城市，因此其功能是满足列车不断提高的速度和运营效率，流动性乘客日益增强的安全、经济和舒适要求以及解决城市因规模不断扩大而面临的土地资源紧张、交通不便等复杂问题。概括而言其功能定位是满足新时代的旅客运输和城市发展，以流为主、以人为本的综合客运枢纽和城市公共中心。北京南站总体布局如图 7.4 所示。

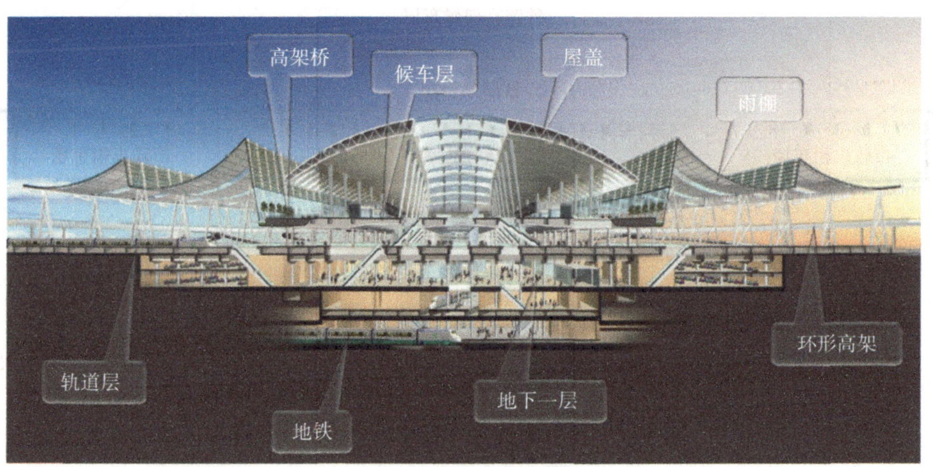

图 7.4 北京南站总体布局

高铁客站的规划和设计是一项涉及多部门、多学科的复杂工程，其中高铁客站的规划和总体布局的研究是客站设计的起点，也是铁路枢纽规划与城市规划相互耦合、多项影响因素相互博弈的逻辑过程和推演结构。客站的总体布局描述客站基本组成部分的规模和空间关系，包括各部分的规模需求、空间布局模式、铁路与各交通方式之间的换乘模式、客站与城市道路的衔接模式等内容。总体布局的影响因素包括以下三个方面：

(1)高速铁路因素：包括高速铁路线路的数量、走向以及线路形式；高铁站房与已经存在站房的关系；高铁站房的运营管理等。

(2)场地及周边因素：包括城市区位、周边交通、用地规模及地形条件、自然景观、周边建筑等。

(3)乘客因素：包括客流量、集散流量、换乘流量等。

与传统铁路客运相比，高速铁路客运具有方便、迅速、舒适、运输能力大等优势。高铁客站设计的基本问题是如何充分发挥上述高速运输的优势，提供安全、高效、舒适的客运服务，同时协调城市交通和各项功能，促进城市发展，实现客运网络节点交通价值和城市公共空间功能价值的平衡，因此高铁客站总体布局的基本原则主要是实现快速集散、便捷换乘和与客站周边及城市的协调发展。

高速铁路客站应根据总体布局的基本原则选择恰当的总体布局方案和模式。高速铁路客站总体上有三种布置方案：完全利用已有站的类型，与已有站合并设置的类型，单独新建的类型。完全利用已有站类型的高速铁路客站基本不改变原有客站格局。与已有站合并设置类型的高速铁路客站可选择与已有站水平并列接合的布局模式，或者竖向重叠接合的布局模式。水平并列接合是指新建或扩建的高速铁路客站与既有客站在平面关系上是并排设置的，根据高速铁路客站的类型不同分为地面线侧式接合、线上高架式接合、高架线下式接合等不同模式；竖向重叠接合是指新建或扩建的高速铁路客站高架于既有站之上或下挖布置于既有站地下，基本模式有高架叠合和地下叠合。单独新建类型的高速铁路客站可以按车场与站房在水平和竖向位置关系采用地面式、线路高架式、地下式、复合式等布局模式[5]。济南车站总体布局如图 7.5 所示。

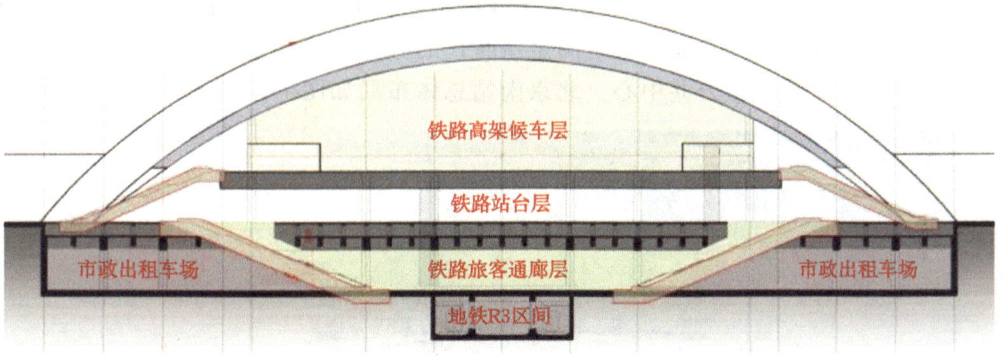

图 7.5 济南东站总体布局

随着高速铁路客站总体布局的不断研究与发展，其总体布局有以下特点：

(1)空间格局立体化：突破传统的广场、站房和站场一字排开的并列式平面布局模式，向竖向多层叠合的立体化空间格局发展。

(2)空间组织复合化：要求客站空间具有多重复合的功能，如站前广场具备交通衔接、城市景观、开敞空间等多重功能，另一方面要求站房各组成部分和空间相互之间穿插、渗透和融合，如不同层面的空间在竖向贯通，楼梯、坡道、自动扶梯等纵横穿插。

(3)空间形态简约化：由于高铁客站人流众多，大型客站流线复杂，需要将空间形态简约化以便可以给旅客一个简单、清晰、明确和易于理解的活动背景，方便旅客快速找到行进方向和服务设施。

7.1.2 平面布局

站房是高速铁路客运枢纽建筑的主体部分，联系着车站的入口区域和站场，内部功能多样，形式复杂。站房的公共区域为旅客提供售票、等候、商业等各项服务的公共区。在铁路客站平面布局的规划中按照使用功能可以将其划分为交通功能和辅助功能两部分。

1. 交通功能

交通功能是客站功能的核心，其组成部分通过组织旅客的行进与停留，完成铁路的运输功能，在交通功能有序组织的基础上，其他功能才得以展开并有机联系为一个整体。站房内有四处具有交通功能的部分，分别是售票厅、候车厅，以及进站和出站厅。

(1)售票厅

售票厅是铁路客站中不可或缺的一部分，经过此处的人流较为复杂，进出站人流均有可能使用到这一空间。传统铁路客站的售票厅出于旅客流线的考虑通常会将其靠近主入口设置，而在高铁客站平面布局的规划中则是由分散式的人工售票点和自动售票区取代以往的集中售票方式，通过传统方式与电子设备相结合的售票方式，将售票区和进站大厅的空间进行整合以实现建筑物内部空间的高效利用。

(2)候车厅

在高铁客站平面布局的规划中候车空间要满足视线开敞通透、空间明亮舒适等基本条件，以人性化设计为基本准则，实现候车厅的布局模式由分散独立型向灵活开放型的逐步转换。高速铁路客站的候车厅多运用先进的建筑结构技术，创造出灵活、多元的复合空间。

(3)进站厅

进站厅是分配进站客流的交通组织功能空间，起到连接室外的站房入口和室内站房部分的作用，厅内需要设置票务、问询、商业和卫生间等服务功能。进站厅的位置一般处于站房的中心，对空间导向性和识别性的要求较高。

(4)出站厅

出站厅是分配到站旅客到其他换乘工具的交通组织功能空间，与城市交通换乘系统衔接紧密。出站厅内人流集中、方向复杂，与进站厅的内部人流方向相反。在高铁客站平面布局的规划中需要错开设置，避免出现反向人流的交叉，厅内要设有补票处、卫生间等辅助功能，出站通道方便旅客换乘地铁、公交、出租车等交通工具，在出口检票处要预留有足够面积的缓冲空间，避免客流量大时产生拥堵。

北京南站平面布置如图 7.6 所示，上海南站平面布置如图 7.7 所示。

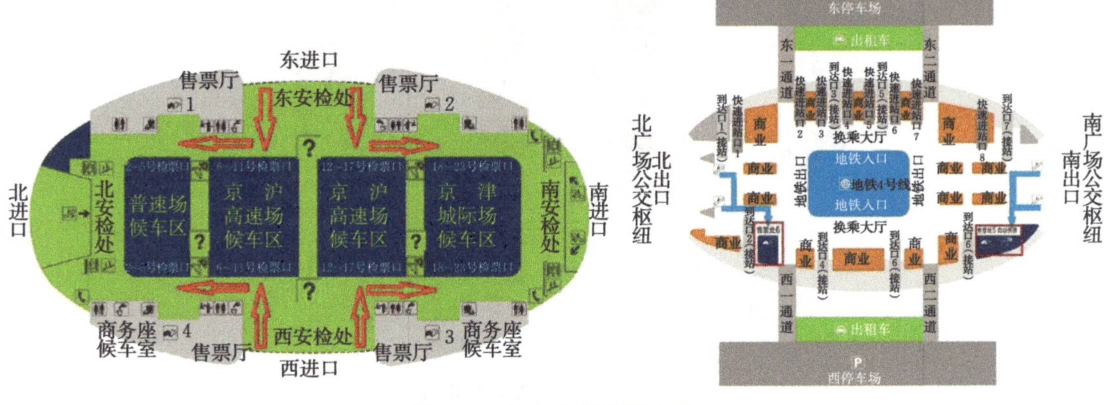

图 7.6 北京南站平面布置

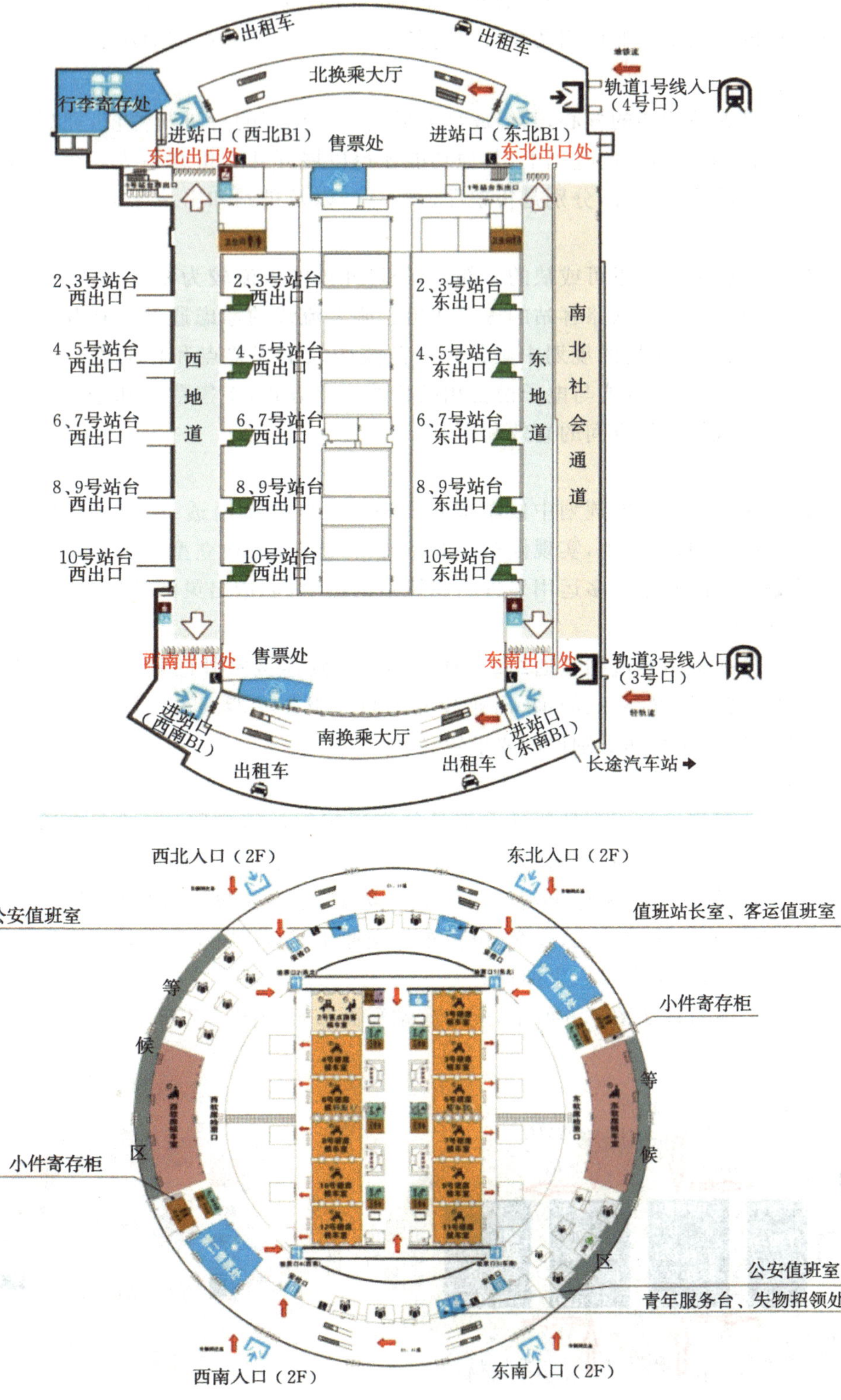

图 7.7　上海南站平面布置

2. 辅助功能

辅助功能用房包括站房中的商业、问询、寄存、卫生间和饮水处等空间，是为旅客提供服务的各项功能设施用房。在高铁客站平面布局的规划中具有辅助功能的空间一般设于较为次要的位置，根据其具体功能的不同，如商业空间常采用集中设置，通常分设于候车厅的两侧，卫生间宜分散设置，问询处宜设置在流线交叉处的醒目位置，并用最简单的形式满足各类功能的需求，以此达到人性化服务的目的。

7.1.3 结构形式

按照高速铁路客站建设的“功能性、系统性、先进性、文化性、经济性”原则，新时期的客站建筑，特别是采用“桥建合一”的客站建筑，在结构体系上有许多相似之处。其结构体系主要有如下形式。

1. 承轨层结构形式

承轨层是整个站房结构中，荷载最为复杂的部分，其需要直接承受列车运行产生的荷载，它与一般建筑结构有诸多不同。按照结构形式的区别，承轨层的结构体系可以分为“梁桥式”和“框架式”两种。

(1)“梁桥式”结构体系：首先形成桥梁结构（梁、墩柱、基础），桥梁结构层作为承轨层成型以后，再以桥墩或梁为基础，在其上建立建筑结构，桥梁结构作为其上建筑结构的支承点，如图 7.8 所示。

(2)“框架式”结构体系：用建筑构件取代桥梁构件来直接承受列车动荷载作用，承轨层的轨道梁作为建筑结构的一部分，支承于建筑构件（框架梁、框架柱）上，如图 7.9 所示。

图 7.8 “梁桥式”结构体系

图 7.9 “框架式”结构体系

2. 高架层结构形式

高架层结构位于站台层之上，由于站房结构的特殊性，框剪、框架—中心支撑等结构形式对高架层均不合适，对于高架层结构而言框架结构体系是最为适宜的形式。对于这种大跨框架结构，主要构件的形式按照构件种类可以分为：

竖向构件：常采用钢管、型钢、钢管混凝土（圆形、矩形）、钢骨混凝土构件等。

水平构件：常采用 H 型钢梁、箱型钢梁或桁架；在某些情况下，采用钢—混凝土组合梁也能取得良好效果。

3. 屋面层结构形式

屋面层的结构形式是典型的大跨结构。目前大跨屋盖结构常用的形式为实腹梁（含桁架、拱等)、网格结构、索膜结构、杂交结构四种。南宁东客站钢屋盖采用网架和部分管桁架组合结构形式;北京南站钢屋盖采用实腹梁与钢桁架结构形式;上海虹桥站 30 m 屋盖采用箱形刚架梁形式,40 m 屋盖采用分叉柱结合张弦梁形式;西安北站站房高架层楼面采用双向钢桁架与钢管混凝土柱框架结构,站房屋盖为大跨度焊接球钢网架结构形式;南京南站钢屋盖采用大跨度网架结构等。从以上站房的屋面平面尺寸及结构形式可以看出,目前国内大型客站的屋面结构以格构式为主,包括桁架、网格结构(含网架结构与网壳结构)等。北京南站、上海虹桥站屋盖分别如图 7.10、图 7.11 所示。

图 7.10　北京南站屋盖

图 7.11　上海虹桥站屋盖

4. 站台雨棚结构形式

无站台柱雨棚(无柱雨棚)是高铁客站雨棚的常见结构形式。无站台柱雨棚跨越整个站台和线路,长度覆盖站台全长,柱子立设于轨道间。构造上,可分为若干个相对独立的结构单元,每个单元由若干榀钢结构桁架组成,每榀桁架包括桁架柱和桁架梁,桁架之间由若干格构梁和檩条连接,桁架柱一般采用独立桩基础,桁架柱与桩基承台采用螺栓并焊接连接[6]。从 2003 年扬州站、北京火车站开始,我国各地陆续修建了大量的无柱雨棚,利用大跨度结构将各站台的雨棚合成整体以形成通透、轻盈的无柱空间。在雨棚的设计中需要综合考虑客站特殊建筑与结构形式,使用性能与安全性能以及较好的视觉效果与较快的施工速度。如果无柱雨棚与站台形成相对封闭空间,过路列车可引发的复杂风场,无柱雨棚存在振动过大的风险。因此各高速铁路客站无柱雨棚的设计基本采用平面钢结构体系,其主要结构形式分为:

(1)立体桁架结构体系

无站台柱雨棚的立体桁架大多采用连续跨带悬挑的曲线桁架形式,如图 7.12 所示。该结构受力明确,计算设计方便,按照桁架所受的弯矩大小确定桁架的外形。

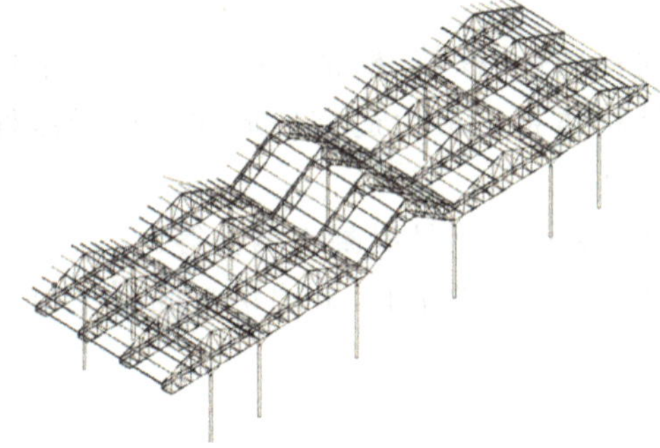

图 7.12　立体桁架雨棚

(2)张弦结构体系

新型的张弦桁架具有自平衡的突出结构优势，在重力荷载的作用下只向下部支撑柱传递竖向反力，受力合理，结构简洁，同时施工安装方便，因此在无站台雨棚的工程应用中占很大比例，如图7.13所示。

图7.13 张弦桁架雨棚

(3)斜拉桁架与斜拉梁结构体系

斜拉结构利用雨棚柱为桅杆柱，通过斜拉索作用于雨棚屋盖结构，大大提高了雨棚屋盖结构的跨度与承载能力。

(4)格构门式刚架与拱架体系

在格构门式刚架与拱架体系中，水平构件一般采用三角立体桁架，竖向构件采用钢管混凝土柱或钢柱。由于高速铁路站台结构跨度较大，会使雨棚结构高度较高。

高速铁路站台雨棚在长期运行、使用过程中，经历时间变化、环境变化以及大风、雨雪等特殊气候条件，其钢结构难免发生各种变形、损伤，存在危及旅客和行车安全的隐患。因此对高速铁路雨棚钢结构进行实时、在线、长期监测已成为其安全评定、运行安全性和可靠性的重要保证措施，开展高速铁路雨棚钢结构健康监测具有重要意义。而随着大型钢结构建筑健康监测技术不断发展，我国在铁路客站工程建设中也逐渐对一些钢结构雨棚开展了健康监测的工作，如北京西站、北京站无站台柱雨棚安全监测工作，沈阳北站无站台柱雨棚安全性评价等。南京南站、济南站雨棚如图7.14、图7.15所示。

图7.14 南京南站雨棚

图7.15 济南站雨棚

5.“桥建合一”结构形式

“桥建合一”结构形式是新时期铁路站房普遍采用的建筑形式，所谓“桥建合一”是指在站房中间层架设铁路桥梁，支撑于埋入地面的桥墩上，上层结构(包括候车大厅、大跨度屋盖等)支撑于铁路桥梁上的竖向结构构件(钢筋混凝土柱、屋盖斜撑等),下层(高架桥以下)设置出站口、换乘大厅和地铁等。这样的设计不仅满足了“以人为本、以流为主”的设计要求,同时也实现了高进低出、旅客零换乘的目标,保证了人群的合理流动。在实际建设过程中,该结构形式以其节约工程用地、提供较大的站内空间、具有强烈的视觉冲击效应,以及实现旅客的零距离换乘等多项特点而得到了广泛应用,如武汉站、广州南站、深圳北站、北京南站、西安北站和上海虹桥站等。但随之而来的问题是,对此类“桥建合一”高架车站而言,由于站房结构是建立在高架桥上,上部大跨度框架结构与高架桥的桥墩共用一个扩大基础,所以高架桥与主体结构实质上连为一个有机整体。

当列车通过、刹车与加速会引起整个站房结构振动。由于站房结构列车线路众多,结构复杂,在一定条件下,列车激振频率与结构自振频率吻合,可引起结构发生较为显著的共振响应。站房结构振动响应过大,将影响候车旅客的舒适性、站房附属结构以及相关仪器设备的正常使用性能、结构疲劳强度。对列车运行下站房结构进行振动监测和振动荷载作用下的动力响应分析评估,能够确保结构在运营期间的安全性和使用性。武汉站桥建合一结构形式如图 7.16 所示。

图 7.16 武汉站“桥建合一”结构形式

7.2 高速铁路客站综合状态性能指标

铁路客站结构设计时,从安全、适用、耐久三个方面规定了服役状态性能指标。客站结构的服役状态性能指标包括整体状态指标和局部状态指标。整体状态指标和局部状态指标之间相互区别并且紧密联系。整体状态指标如变形、自振频率等是对客站进行健康监测、诊断以及各种灾害影响下的损伤预测和识别的主要内容,整体状态的改变会影响局部状态,这些整体状态指标需要通过大量基本构件的局部状态指标如应力、应变及受力状态等来反应,其中关键构件对结构整体状态指标起决定作用。

7.2.1 整体状态指标

高速铁路客站的整体状态指标包括客站的几何状态与振动状态。

1. 几何状态指标

高速铁路客站在运营与服役期间，由于受多种主客观因素的影响，会产生几何状态的改变，几何状态改变如果超出了规定的限度，就会影响建高速铁路客站的正常使用，严重时还会危及建筑物的安全，带来严重的后果。结构的几何状态指标包括挠度、变形与倾斜等。

挠度是指在受力或非均匀温度变化时横截面形心沿与轴线垂直方向的线位移。根据规范规定，对于高速铁路站房的各类结构构件按荷载效应的标准组合及考虑荷载长期作用影响并结合跨度规定相应的挠度限值。

依据《钢结构设计标准》(GB 50017—2017)[7]，大跨度钢结构挠度限值见表 7.1。

表 7.1 大跨度钢结构挠度限值

结构类型		跨中区域	悬挑结构
受弯为主的结构	桁架、网架、斜拉结构、张弦结构等	$L/250$(屋盖) $L/300$(楼盖)	$L/125$(屋盖) $L/150$(楼盖)
受压为主的结构	双层网壳、弦支穹顶	$L/300$	$L/150$
	拱架、单层网壳	$L/400$	—

注：表中 L 为短向跨度或者悬挑跨度。

变形是指结构受外力或非均匀温度变化作用而产生沉降、位移、挠曲、倾斜及裂缝等现象。依据《建筑与桥梁结构监测技术规范》(GB 50982—2014)[8]，变形监测可包括构件挠度、支座中心轴线偏移、最高与最低支座高差、相邻支座高差、杆件轴线、构件垂直度及倾斜。

倾斜是指基础两端点倾斜方向的沉降差与其距离的比值。依据《建筑与桥梁结构监测技术规范》(GB 50982—2014)[8]，受压构件倾斜限值为 $H/1\,000$，且不应大于 25 mm，其中 H 为受压构件高度。

客货共线铁路在中—活载作用下，梁体竖向挠度限值应符合铁路标准《铁路桥涵设计规范》(TB 10002—2017)[9]；城际铁路在设计活荷载作用下，梁体竖向挠度限值应符合铁路标准《城际铁路设计规范》(TB 10623—2014)[10]；在高铁设计活荷载作用下，梁体竖向挠度限值应符合铁路标准《高速铁路设计规范》(TB 10621—2014)[11]。

在列车摇摆力、离心力和风力作用下，梁体水平挠度限值应符合铁路标准《铁路桥涵设计规范》(TB 10002—2017)。

2. 振动状态指标

客站振动包括地震作用引起的结构振动，以及经常发生结构与风耦合振动、列车运行时轨道不平顺引起的振动、客站设备振动、空调设备振动、客站内部人流物流引起的振动等。客站结构特殊的振动状态不仅会引起使用者和旅客的不安，还容易使结构本身产生疲劳振动破坏，缩短客站的使用寿命。客站结构的振动状态指标包括振幅、频率、阻尼等。

振幅：结构振动时离开平衡位置最大位移的绝对值，表征振动最大位移的大小。振幅描述结构振动幅度的大小和振动的强弱。为尽可能地避免结构因沿高度存在振动放大效应而损伤，地基基础处和屋盖处的振幅均不得超过各自的容许幅值。

频率：结构的自振频率反映了结构的刚度及其动力特性，对结构在动力荷载作用下的响应有着根本的影响，频率变化是结构损伤的宏观表现。

阻尼：振动系统在振动中，由于外界作用或系统本身固有的原因引起的振动幅度逐渐下降的特性，以及此特性的量化表征。现行结构设计规范对阻尼比要求，钢筋混凝土结构的阻尼比通常取 0.03～0.08，钢结构的阻尼比通常取 0.01～0.02，对于钢—混凝土结构需根据钢结构和混凝土结构占结构整个刚度的比例取值，一般在 0.02～0.035 之间。

客站楼板的振动会对人群旅客、工作人员带来不舒适感，甚至会使旅客出现紧张恐慌的心理，降低站内旅客的心情愉悦度，并影响工作人员的工作效率，严重时甚至会威胁人体健康，降低结构的适用性。而对于客站结构而言，由列车行驶激励引起的振动不会像地震那样对客站结构产生如倒塌等危害，但由于车致振动具有持续性，随着运营年限的增加，会影响建筑结构的静力状况，甚至可能会引起客站结构的变形、开裂等破坏。

影响人体对环境振动感知的因素有很多，包括主观和客观因素。客观因素包括振动持时、振动频谱、振幅等。主观因素包括人的年龄、性别、健康情况、人对环境振动的固有概念、对振动的主观担忧等。从频率上看，人的可听下限约为 20 Hz，人体可以感知的频率低至 0.5 Hz 或以下。频率范围在 0.1～0.2 Hz 时，会引起人体平衡器官的共振，导致人体眩晕，无法站立等；振动频率范围在 4～10 Hz 时，会引起人体腹腔和胸腔的共振；振动频率在 30～80 Hz 时，会引起人体眼眶部位的共振，列车行驶激励下结构振动的主要频率在 100 Hz 以下，其中 20 Hz 以下的振动可能会与客站结构构件发生共振，进而引发二次固定噪声，影响旅客和工作人员的舒适度。

《建筑工程容许振动标准》(GB 50868—2013)[12]在建筑结构振动舒适度方面对容许振动计权加速度级进行了规定。建筑物内人体舒适性的容许振动计权加速度级宜按表 7.2 的规定确定。生产操作区容许振动计权加速度级包括不同方向的人体全身振动舒适性降低界限容许振动计权加速度级、疲劳—工效降低界限的容许振动计权加速度级。生产操作区容许振动计权加速度级宜按表 7.3 的规定确定。

表 7.2 建筑物内人体舒适性的容许振动计权加速度级(dB)

地点	时段	连续振动、间歇振动和重复性冲击振动			每天只发生数次的冲击振动		
		水平向	竖向	混合向	水平向	竖向	混合向
医院手术室和振动要求严格的工作区域	昼间	71	74	71	71	74	71
	夜间						
住宅区	昼间	77	80	77	101	104	101
	夜间	74	77	74	101	104	101
办公室	昼间	83	86	83	107	110	107
	夜间						
车间办公区	昼间	89	92	89	110	113	110
	夜间						

注：1. 本表适用于建筑物内人体承受 1～80 Hz 全身振动对工作、学习、睡眠等活动不受干扰的人体舒适性；

2. 当建筑物内使用者和居住者以站姿、坐姿、卧姿方式活动，活动姿势相对固定时，应采用水平向或竖向数值；当活动姿势不固定时，应采用混合向数值。

表 7.3 生产操作区容许振动计权加速度级(dB)

界限		暴露时间								
		24 h	16 h	8 h	4 h	2.5 h	1 h	25 min	16 min	1 min
舒适性降低界限	竖向	95	98	102	105	109	113	117	118	121
	水平向	90	95	97	101	104	108	112	113	116
疲劳一功效降低界限	竖向	105	108	112	115	119	123	127	128	130
	水平向	100	105	107	111	114	118	122	123	126

注:本表适用于人体承受1～80 Hz全身振动,并通过主要支承面将振动作用于立姿、坐姿和斜靠姿的操作人员。

7.2.2 局部状态指标

客站结构局部状态指标为构件的应力及应力比、拉(压)力、裂缝、腐(锈)蚀等,其各项内容的含义如下。

应力:结构由于外因(受力、湿度、温度场变化等)而变形时,在结构内各部分之间产生相互作用的内力,在所考察的截面某一点单位面积上的内力称为应力。对于混凝土、钢材、玻璃等建筑材料,依据监测目的,应力限值可取建筑材料设计屈服应力或设计疲劳应力。

应力比:构件服役期间的最小应力与最大应力的比值,或对试件循环加载时的最小荷载与最大荷载的比值,对于大跨钢结构构件,应力比宜控制在0.9以内。

拉(压)力:衡量结构是否处于正常运行状态的重要指标。对构件的受力监测,可为从宏观上评估结构的安全性和耐久性提供依据。

构件的磨损、裂缝以及锈蚀等是对构件外观整体性及物理化学现象的反应,对其进行定期巡检。对于一类环境,裂缝宽度不大于0.3 mm,二类环境,裂缝宽度不大于0.2 mm。依据《建筑与桥梁结构监测技术规范》(GB 50982—2014),腐蚀监测应符合以下规定:腐蚀监测宜选用电化学方法,电化学监测方法可选用电流监测、电位监测,也可同时采用电流和电位监测;腐蚀监测参数可包括结构腐蚀电位、腐蚀电流和环境温度。

7.3 高速铁路客站的健康监测技术

铁路客站在服役环境与荷载条件、结构体系等方面与其他工程结构之间存在较大不同,铁路客站运行服役环境条件恶劣,四季温差及雨雪使结构受到温度应力影响较大,结构易腐蚀,材料易老化;站房屋盖结构复杂,常采用大跨度、大悬挑结构,造型轻巧,结构的基本频率较低、阻尼较小,是典型的风敏感结构类型,在强风作用下必将产生较大的表面风压和静态、动态响应;铁路客站无站台柱钢结构雨棚、站台和轨道层等长期受交变荷载影响,结构对于振动十分敏感,高速列车行车、风振及空调机房等引起的振动对结构都会有一定影响;铁路客站属于大型公共建筑,客流量、车流量巨大,这要求结构具有很高的安全性和耐久性,在极端条件下,如地震、火灾、暴风雪等,有发生灾难性事故的风险。基于高速铁路客站的特殊性和潜在安全隐患,对客站开展健康监测。

7.3.1 钢结构屋盖

钢结构屋盖包括桁架、刚架或拱等平面结构以及网架结构、壳体结构、折板结构、悬索结构等。随着科技的进步，钢结构屋盖逐渐由空间的网架、网壳等结构体系向新型组合结构体系发展，结构形式越来越新颖和复杂。目前，我国 20 余个高速铁路客站钢结构屋盖已建立健康监测系统，能实时监测钢结构屋盖的应变和变形，以及屋盖使用阶段和极端环境下的整体振动；对屋盖在超过一定阈值的强风、暴雪、地震、列车荷载、其他活荷载和恒荷载耦合作用下的结构整体工作状态进行监测，实现对重要杆件应力超界的多级报警和结构应力超界的评估；能对屋盖的环境（温度、风等）进行实测。

在风荷载、雪荷载、温度作用下，结构长期处于疲劳承载、变形与杆件拉压应力反复交替变化等工作状态。特别是风荷载、温度作用复杂、随机性较大，可能会造成结构的局部刚度退化和构件失效。

监测主要分为两个阶段：施工期间和运营阶段，二者应统筹考虑，如图 7.17 所示。施工期间监测宜与量测、观测、检测及工程控制相结合，重点监测的构件和节点包括：应力变化显著或应力水平较高的构件，变形显著的构件或节点，承受较大施工荷载的构件或节点，控制几何位形的关键节点，能反映结构内力及变形关键特征的其他重要受力构件或节点。施工期间监测项目可包括应变、变形与裂缝、环境及效应。变形监测可包括竖向变形与水平变形，环境及效应监测可包括风及风致响应、温湿度及振动[13]。

图 7.17 施工与运营阶段监测

运营监测为长期实时监测，宜采用具备数据自动采集功能的监测系统进行，重点监测的构件和节点基本与施工期间一致，使用期间监测项目可包括变形与裂缝、应变、索力、环境及效应。变形监测可包括结构竖向变形与结构水平变形，环境及效应监测可包括风及风致响应、温湿度、地震动及地震响应、腐蚀等。

大跨度钢结构屋盖在复杂环境及复杂荷载作用下，典型的薄弱部位主要有：屋盖结构最高点（风荷载最大），悬挑部分，支座节点与跨中节点、跨中边节点、变形缝区域的支座及跨中节点、吊点节点等变形控制点、应力集中的位置、动力响应敏感点。

在服役环境与荷载下，铁路客站结构存在很多安全隐患，如钢结构构架锈蚀、构件老化、振动过大、檩条坠落、螺栓松动、焊缝裂纹等。这些安全隐患如不及时监测和维护可能导致结构严重损伤甚至坍塌事故。

依据《钢结构设计规范》(GB 50017－2017)，大跨度屋盖结构应考虑构件变形、支承结构位移、边界约束条件和温度变化等对其内力产生的影响；同时可根据结构的具体情况采用能适应变形的支座以释放附加内力。大跨度钢结构屋盖主要监测内容包括：屋盖关键构件的应变，结构变形，温度场，振动响应，风振及风速等，钢结构屋盖结构健康监测项目见表 7.4。

对于监测点位置和数量，根据结构危险性分析结果，确定结构构件易损部位、结构控制部位和损伤敏感部位，如变形控制点、应力集中的位置、动力响应敏感点等；根据监测的目的和功能要求，如监测的信息类型，预计的结构性能与行为，所要记录的响应数量等；充分利用结构对称性原则，并考虑一定的冗余度；应用有关优化理论进行测点优化等，对于大体量钢结构屋盖，监测点布置简洁，数量不宜庞大。

表 7.4 钢结构屋盖健康监测项目

结构类型	应变监测	变形监测		环境监测		支座		动力特性
		竖向	水平	风	温度	位移	反力	
网架结构	★	★	○	○	▲	○	○	○
网壳结构	★	★	○	○	▲	▲	○	▲
桁架结构	★	★	○	○	▲	○	○	○
悬索结构	★	★	○	○	▲	▲	○	—
悬挑结构	★	★	○	○	▲	▲	▲	○
特殊结构	★	★	○	○	▲	○	▲	○

注：1. ★为应测项；▲为宜测项；○为可测项。
2. 特殊结构是指上述结构以外的结构类型。

1. 钢结构屋盖风振及风速监测

屋盖风荷载监测点选取能够反应环境风荷载特征以及结构体型特征的区域。采用风速仪和风压计测量风速与风向，如图 7.18 所示。屋盖表面动态风荷载流场的测量，考虑到露天环境和雷击，可采用防雷型建筑风载荷压力传感器，如图 7.19 所示。

2. 钢结构屋盖的变形监测

屋盖变形测量需要考虑各个测点的代表性，综合考虑点、线、面的位置，结果能够反映出整体结构的变形特性。屋盖结构的变形监测，通过对监测点三维坐标测量，量化结构构件的变形值。变形量测方法取决于监测结构的类型，大体分为大地测量法、摄影测量法、物理学

图 7.18 风速仪

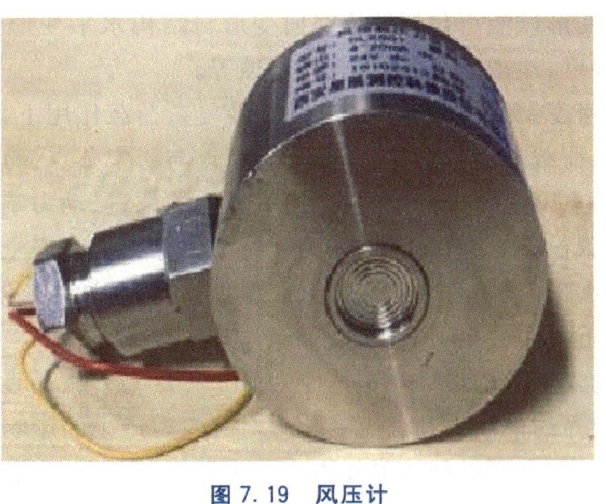
图 7.19 风压计

传感器法、GPS 测量法。屋盖结构变形监测，通常选用水准仪、全站仪等进行定期监测。考虑到后期系统的运行方便程度，各种监测项目主要考虑自动监测，人工监测宜为辅助监测方式。变形监测点如图 7.20 所示。

3. 钢结构屋盖振动监测

对于客站钢结构屋盖存在的振动问题，可分为以下三类：

(1)振动分析。激励条件和系统参数已知时，求解系统的振动特性和响应。

(2)系统识别。激励条件和响应均已知时，识别振动系统的参数。

(3)振动设计和控制。在给定激励条件下，对振动系统的固有特性(或响应)进行设计(或控制)，从而使得结构振动的固有特性或在给定激励下的响应满足一定的条件。

钢结构屋盖的振动频率相对较低，可分析其前几阶模态，依据振动模态选择振动监测点。采用加速度传感器，如图 7.21 所示，采集关键部位的振动响应，进而分析振型、周期等结构的动力特性。

图 7.20 变形监测点

图 7.21 振动监测点

4. 钢结构屋盖应变监测

为了准确测量杆件的内力，屋盖应变计安装应考虑初值问题，安装的时间宜在结构构件吊装之前。对于既有客站吊装已经完成，初值可以采用超声波法、X 射线衍射法、盲孔法等方法进行应力的测量，得到初值。其中盲孔法对构件有损伤，一般不推荐使用；X 射线衍射法需要考虑仪器的测量便捷程度；超声波法相对适合。屋盖的应力监测，重点部位为支座、跨中以及计算机模拟分析或经验分析的易损薄弱部位和受力较大部位。测点选择综合考虑重点性、代表性和可操作性等因素的影响。钢结构屋盖应变监测如图 7.22 所示。

图 7.22 钢结构屋盖应变监测

7.3.2 钢结构雨棚

钢结构雨棚的监测内容一般包括应力应变、振动、变形、温度、湿度、风荷载、雪荷载和锈蚀状态等。

钢结构雨棚监测内容及测点选取原则为：

(1)整体响应监测。对无站台柱雨棚水平构件的振动、位移进行监测，具体部位为悬臂构件端部，简支构件的跨中、连续构件的跨中等部位，水平构件的监测重点应为竖向参数。对无站台柱雨棚竖向构件进行振动、位移监测，竖向构件的监测重点应为水平参数。必要时对易损构件，如屋面板、封檐板进行变形监测。

(2)结构局部响应监测。对关键结构构件的关键部位进行应变监测，具体部位为悬臂构件根部，简支构件的跨中和支座、连续构件的跨中和支座等部位；具有张力构件(索、吊杆、拉杆)的索力监测；腐蚀监测以及约束体系中关键受力支座的反力监测。

(3)监测点选择。对于荷载与环境监测，环境风荷载和列车气动力监测风速和风向，环境风荷载测点选择在雨棚屋面结构的顶部和底部以及雨棚四周，其安装位置能测出风荷载的直接作用；列车气动力监测点选择在雨棚屋面结构的底面、横梁和立柱处，测点位置能测量出列车气动力的风场分布；对无站台柱雨棚的四边，屋面顶面和底面进行温度监测，湿度较大地区的无站台柱雨棚外部和内部进行湿度监测；对雪荷载较大地区的无站台柱雨棚顶部依据体型特征进行积雪深度监测。

对于结构整体响应监测，振动测点选择根据雨棚结构动力计算结果确定，传感器布置能反映出雨棚结构所需监测的振型特点和振型阶数；结构变形监测测点能反映出结构关键构件(包含水平构件和竖向构件)在各种荷载组合下的最大变形和位移。

对于结构局部响应监测，应变监测测点根据结构分析结果选择受力较大或应力比较大构件的关键截面和部位，在受力复杂或易损伤的部位、连接节点和截面布设三向应变测点；索力监测根据雨棚结构特点选择有代表性（张力较大或其变化值较大）的张力构件进行测试，索力监测根据张力构件特点选择适宜的测试方法，采用振动频率法、磁通量测试法、压力传感器法等方法。对雨棚结构易腐蚀部位（湿度较大或腐蚀介质含量较高）的钢结构构件进行腐蚀监测。对大跨度雨棚结构中对结构整体受力影响较大的敏感支座进行反力测试，以检验实际支座与计算模型的一致性。

对于雨棚构件锈蚀监测，因四季温差及雨雪使结构受到温度应力影响较大，钢结构易腐蚀，材料易老化，锈蚀监测宜选用电化学方法，电化学监测方法可选用电流监测、电位监测，也可同时采用电流和电位监测。锈蚀监测位置应根据监测目的，结合工程结构特点、特殊部位、结构连接位置、不同位置的锈蚀速率等因素确定，测点应选择在荷载与侵蚀环境分别作用的代表性区域及侵蚀环境荷载作用下的代表性节点。

7.3.3 承 轨 层

运营期间承轨层结构（含“桥建合一”），满足以下要求之一，建议对相关结构进行监测：

(1)超过 20 m 的预应力承轨梁；

(2)超过 20 m 的框架梁；

(3)受力复杂且支撑密集人群的板；

(4)建桥合一结构。

承轨层结构健康监测内容应结合工程特点可按照表 7.5 选择。

表 7.5 承轨层结构健康监测项目

结构类型	应变监测	钢筋应力	竖向变形	环境温度	动力特性
承轨梁	★	★	○	○	▲
框架梁	★	★	○	○	○
复杂板	★	★	○	○	○
桥梁（建桥合一）	★	★	○	○	★

注：1. ★为应测项，▲为宜测项，○为可测项。

2. 钢筋包括普通钢筋和特殊构件的预应力钢筋时，在条件允许的情况下可以考虑监测预应力钢筋应力。

承轨层一般为混凝土梁、板组成的肋梁楼盖结构形式，是水平承重体系，属于受弯构件。高速铁路候车层混凝土楼盖常用的结构形式除了肋梁楼盖外，还有井式楼盖、密肋楼盖等。

承轨层结构施工过程是荷载及支撑条件时变的过程，建设周期长达几个月甚至几年，受力传力机制在建设期间处于变化状态；加之混凝土在达到所需强度之前有较长的养护期，使得截面抗力低于设计值；对于大跨度结构，混凝土楼盖相比于钢结构屋盖自重大，在卸载阶段结构的支撑形式与正常使用阶段截然不同，结构内力重新分布以适应自身重量。这些影响因素都会影响施工过程中结构的安全性能，以及施工完成后结构的使用性能。因此条件允许时，可实施施工阶段的结构健康监测，并为使用阶段结构安全性能评价提供初始数据。

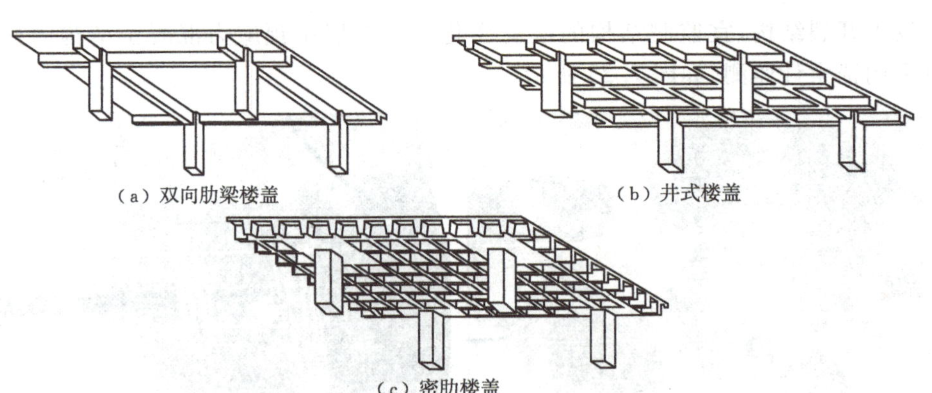
(a) 双向肋梁楼盖　(b) 井式楼盖　(c) 密肋楼盖

图 7.23　承轨层和候车层混凝土楼盖形式

依据结构计算分析结果,承轨梁、框架梁和板的应变测点选内力较大及受力复杂的区域进行布置,如跨中、支座等位置。采用埋入式混凝土应变计或表面粘贴式混凝土应变计,如图 7.24 所示。在承轨层上可采用光纤应变监测,形成光纤传感网络。监测荷载组合条件下结构关键部分的应变变化,获得各种受力模式的结构效应,分析列车移动荷载作用对结构的影响。

图 7.24　埋入式混凝土应变计

在高速铁路列车进站期间,结构受车辆动荷载作用产生变形。应选择测量结果相对稳定、不需要(或者少需要)后期维护的构件进行挠度的量测。考虑到后期维护时,进入轨道的复杂性,尽可能把后期设备维护的需求工作面放在承轨梁下部。竖向变形测点可形成系统,各点测试结果能够形成竖向挠度曲线,反映结构的变形特点。

承轨层结构振动响应监测通常采用加速度传感器,承轨层承受交变荷载大,存在疲劳损伤风险,应采用结构损伤识别与定位精准度高、空间分辨率高、耐久性好的传感器进行监测,构建可以动态获得结构振动数据的传感网络,研究分析列车动荷载作用对结构影响。振动监测位置选取承轨梁跨中,上部有列车动荷载经过时,进行动力特性的监测。

承轨层裂缝监测通常采用量测、观测、检测与监测方法独立或相互结合的方式进行。裂缝长度和较大裂缝的宽度可采用钢尺或机械式测试仪器法测量,对于宽度 1mm 以下的裂缝,可采用电测仪器法。监测裂缝两侧两点位移的变化时可用结构裂缝监测传感器,传感器包括振弦式测缝计、应变式裂缝计或光纤类位移计。已发生开裂结构,宜监测裂缝的宽度变化，尚未发生开裂结构，宜监测结构的应变变化。承轨层中预应力混凝土结构的预应力状态，可以采用锚索计监测，如图 7.25 所示。

图 7.25 预应力锚索计

“桥建合一”客站是一种同时涉及建筑结构和桥梁结构的跨学科结构体系，不能单纯地看成是桥梁结构与上部结构（框架结构、大跨度结构）的简单叠加，分析这种结构的振动问题，需要针对结构的实际受力特点，从基本的力学原理出发进行研究。目前国内外对于“桥建合一”客站结构的环境振动和建筑物振动进行了理论研究与工程实践，制定了对环境和建筑物振动的控制标准。“桥建合一”结构受力复杂、荷载较大，且有动荷载，宜进行内力、振动、变形监测。

目前“桥建合一”站房结构体系的振动监测，包括振动响应和振动激励，通过不同位置传感器监测的加速度、速度、位移及应变数据分析相应的加速度响应幅值、加速度响应分布、加速度响应时程、加速度响应频谱以及竖向振动级。进而对“桥建合一”站房结构体系的振动安全性和使用舒适性进行评估。

振动传感器常用的优化布置方法有：模态动能法，即通过分析选择振幅较大的点，或者模态动能较大的点；有效独立法，目前为止应用最广的一种方法，其基本思想是保留对模态向量线性无关贡献最大的测点，用有限的传感器得到尽可能多的模态信息，从而获得对模态的最佳估计；基于遗传算法的优化，采用可控性和可观性指数来获得所有控制模态的累积性能值，以这些指数为优化指标，使控制器和结构之间有最大的能量传递，根据控制规律使剩余模态的影响最小[14]。

在进行动态响应监测时，测点应选在结构振动敏感处；当进行动力特性分析时，振动测点宜布置在需识别的振型关键点上，且宜覆盖结构整体，也可根据需求对结构局部增加测点；测点布置数量较多时，可进行优化布置。

7.3.4 非结构构件

非结构构件或附属结构是指建筑中结构部分以外的所有构件，非结构构件是建筑达到其预期功能必不可少的部分。高速铁路客站非结构构件一般包括钢结构檩条、玻璃幕墙、装饰板、外墙饰面层等。

1. 钢结构檩条

经热卷板冷弯加工而成，壁薄自重轻，截面性能优良，强度高，材质为 Q195～Q345。常见的钢檩条有Z型钢檩条和C型钢檩条，当建筑要求形成大空间时，也可以采用桁架檩条，其具有刚度大、承载力高、施工方便、整体用钢量经济等优势，正逐步得到推广应用，特别适用于铁路旅客站台这类结构体系。钢结构檩条常见的病害内容有钢结构檩条涂装层脱落、锈蚀，钢结构檩条弯折变形，钢结构檩条固定不到位或固定点撕裂，拉杆螺栓松动、焊缝处出现裂缝等。

对于钢结构檩条出现的安全隐患采取的监测与检测方法包括：

(1)日常定期检查，检查的主要内容是构件表面油漆是否脱落，构件是否锈蚀，构件表面有无裂纹，构件连接是否牢固。

(2)测量仪器检测构件的变形、开裂。

(3)檩条应力应变实时监测。

(4)檩条稳定性进行检测。

(5)制定对应状态评定标准，综合上述监测项目对构件进行状态评定。

2. 玻璃幕墙

由金属结构和墙面块玻璃等材质构成，并悬挂在建筑主体结构上的非承重结构。玻璃幕墙金属结构的主要作用是防风、防雨、采光、隔热保温等，具有建设周期短、重量轻、施工方便等技术优点。但是也具有一定的缺点，比如造价较高、抗力性能差、能量消耗大、安全隐患突出等。尤其是近些年来，某些建筑结构玻璃幕墙发生了爆裂、坠落等安全事故[15]。对于玻璃幕墙出现的安全隐患采取的监测与检测方法包括：

(1)通过运用激光与偏振光学原理，运用无损检测技术对单片、夹层玻璃、中空玻璃的种类与厚度进行监测。

(2)定期对结构胶进行采样实验分析。

(3)日常定期检查，检查的主要内容是玻璃幕墙的积灰污染情况，玻璃有无松动现象，玻璃幕墙构件及连接件状况等。

(4)采用振动传感器对构件进行振动监测。

(5)关键位置的温度、应变和风压监测。

(6)制定对应状态评定标准，综合上述监测项目对构件进行状态评定。

3. 外墙装面层

可分为外墙饰面板、外墙保温系统和外挂石材等。外墙饰面板由聚酯烤漆或氟碳漆、雕花铝锌合金钢板、聚氨酯保温层、玻璃纤维布复合而成，用于高速铁路站房的外墙装饰和节能改造；主要功能为站房建筑装饰、保温节能、隔热隔音、防水防霉。外墙外保温系统和外挂石材在我国已应用多年，存在空鼓、开裂、锚固件松动和高空坠落隐患。

对于外墙装面层出现的安全隐患采取的监测与检测方法包括：

(1)定期检查外墙装面层的外观、松动情况、空鼓情况。

(2)外墙装饰板的粘贴质量检测。

(3)外墙外保温系统的耐候性检测等。

综上所述，非结构构件的检测和监测主要内容是：各类构件的质量控制及缺陷检测，包括各类构件的组装、粘结等安装环节的质量监测；对构件表观状态和受损情况进行监测；通过相应的传感器对非结构构件的强度、变形、振动、温度及风压等项目进行监测。

7.3.5 基于总线的客站监测与数据传输

1. 基于总线的客站监测

现场总线技术在20世纪90年代初研发并取得广泛应用，实现过程自动化、制造自动化、楼宇自动化等领域的现场智能设备互连的通信网络。现场总线的本质含义体现在现场通信网络、现场设备互连、互操作性、分散功能块、通信线供电和开放式互联网络。作为工厂数字通信网络的基础，沟通了施工和使用现场与控制设备之间及与更高控制管理层次之间的联系。它不仅是一个基层网络，而且还是一种开放式、新型全分布控制系统。对于高速铁路站房这类大跨空间结构建立基于分散控制、现场总线的结构健康监测系统的目标是：

(1)现场通信网络。采用现场总线式的健康监测系统，使点对点的数据传输变为多点一线的数据传输，简化传输走线网络，提高采集数据的精度，同时减少数据传输线的长度和安装费用，降低成本。

(2)智能化传感器。传感器是结构健康监测系统的现场级前端设备，智能化传感器是现场总线式监测系统实现现场与总控室信息交互的前提，在监控中心可直接对智能化传感器进行参数调整，还可以预测或寻找故障。提高系统的可控状态，比如当结构处于施工和运营的不同阶段时，可以改变现场级传感器的阈值等信息使其满足两个不同阶段的监测目标。

(3)分层监测。分层监测是根据结构健康监测系统的不同规模，采用不同层次数的分层结构，对信息处理合理分流，避免产生信息处理过度集中的现象，提高信息处理速度。

(4)分散功能模块。分散功能模块包含两层含义，一层含义是将系统部分功能分散集成到传感器，使其成为智能化的传感器模块；另一层含义是传感器子系统构成的不同监测目标的功能模块。采用功能模块的结构健康监测系统的构成形式将更加灵活且简单。

(5)互联网络。各智能化传感器之间和各功能模块之间的信息可以相互交换，使得这些同级的设备之间信息互通，系统各设备可以有效做出自诊断。

鉴于系统长期工作稳定性要求及监测规模，高速铁路站房健康监测系统宜采用集中式数据采集与传输系统。集中式的结构健康监测系统由传感器系统、通信系统、数据采集与处理系统、监控中心四部分组成。基于分散控制、现场总线的结构健康监测系统由传感器子系统、基本控制单元、运行员操作站、工程师工作站、通信系统五部分组成，现场总线布设如图7.26所示。

图7.26 现场总线布设

典型案例：

下面以某高速铁路客站的健康监测系统为例介绍其监测方案。

结构健康监测系统中，需要安装不同种类和数量繁多的传感器以获取结构实时工作状况的信息，不同类型的传感器，具有不同类型的仪器接口。根据传感器输出信号以及各类采集软件的开发需求，将其分为 3 类信号源：光栅光纤信号、模拟电压信号、串口数字信号，分类进行数据采集传输设计，并针对高速铁路站房自动化结构监测系统的监测项目及传感器类型，根据传感器输出信号以及各类采集软件的开发需求，将其划分为 3 类，分别进行相应的数据采集方案设计，具体见表 7.6。

表 7.6 数据采集方案

序 号	采集设备	传感器类型	通信接口和协议
1	光纤光栅应变分析仪	光纤光栅应变计、光纤光栅温度计、锚索计	TCP/IP
2	GTJ 加速度计接线盒 NI PCIe-6323 采集板卡	单向加速度计	TCP/IP
3	串口服务器(数字)	风速仪	RS-232/485/422 TCP/IP

对结构安全状况的分析需基于同一时刻或同一个时间段，所以要求各种仪器能够在同一时刻开始采集，保证分析数据的同步。健康监测系统中时间同步功能的实现是由位于控制中心的应用服务器作为时间服务器，通过校准时间服务器的时间，再通过监测网络时间协议(NTP)为其他采集设备提供时间同步服务，能达到的时间精度为局域网时间精度，能够提供 1ms 的时间精度。时间同步示意如图 7.27 所示。

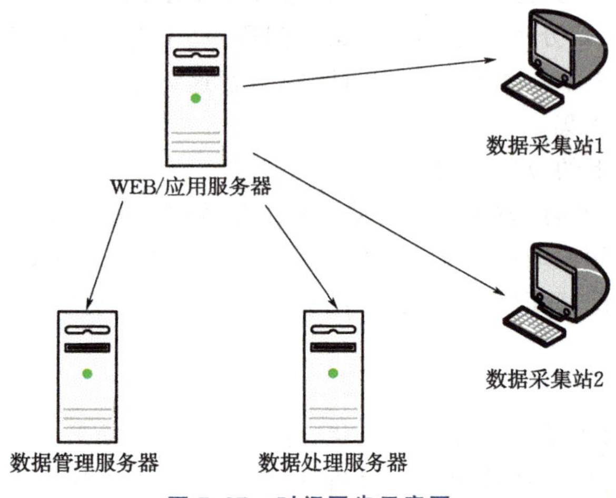

图 7.27 时间同步示意图

在线数据采集与传输系统根据传感器和数据采集设备的不同，支持的采样频率满足系统数据采集要求。系统软件设计考虑灵活性和可配置性，支持通过配置程序修改采样制式和频率，采集制度分为人工干预、环境触发采集、按定制模式采集，三种采集制度根据项目的实际需要可选可调。

数据采集制度需采用阈值和定时两种方式。在监测系统运行的初期，采取 24 小时连续采集的策略；在施工阶段，根据施工进度监测需要确定采集策略，以精准确定结构在施工阶段的初始参数；正式运营阶段，系统运行一段时间后，对数据进行分析，可选择确定触发采集系统的阈值及定时采集的具体时间段。采样频率根据结构的计算分析结果确定，需保证数据具有间隔实时对应关系。

为了保证站房总线未来稳定可靠运行，在站房总线建设初期进行大容量软件、硬件方案配置，并进行破坏性、可靠性、大容量测试。数据采样频率见表 7.7。

表 7.7　数据采样频率配置表

序　号	监测项目	传感器类型	采用频率/Hz
1	风荷载	风速仪	20
2	结构变形	全站仪	—
3	结构振动	单向加速度计	50
4	拉索索力	锚索计	1
5	结构应变	光纤光栅应变计	1
6	结构温度	光纤光栅温度计	1

由于传感器数量众多，如果对监测系统的所有物理量都实时采集，所得到的数据量将是十分庞大的。为减小数据采集量，优化提取结构安全状态重要监测结果，设计针对不同监测目标的海量监测数据采集与处理方案。

(1)常规运营监测

服役期监测系统常规运营监测数据采集方案：风速仪、锚索计分别进行采样频率为 20 Hz、1 Hz 的 24 小时全天连续采集，完整记录环境及结构各监测量的历史时程。对于加速度的采集在每日时段划分出 6 个动态采集时间段，每个时间段长 10 min，加速度计在动态采集时间段内分别进行采样频率为 50 Hz 的动态连续采集，光纤类传感器进行采样频率为 1 Hz 的动态连续采集。

(2)极端特殊事件下的应急监测

当出现极端特殊事件时，系统可以自动开始采集数据。风力大于 6 级时，测试内容为对风速较为敏感的参数，如振动加速度等；气温超过 35 ℃或低于－5 ℃时，测试内容为对温度较为敏感的参数，如关键截面应力、拉索索力等。上述几种特殊情况启动系统运行的时间建议不低于 10 min。

(3)人工控制监测

为了解某一特定时刻某些物理量的变化，可通过人工启动采集系统进行数据采集。该项监测的启动控制软件设置在系统监测分析计算机内，按人工控制监测启动选择的监测项目与监测参数，分级执行相应的监测操作。需要注意的是，在监测启动、监测执行及监测数据采集 3 种操作之间，各预留至少 2 min 设备预热时间。

通过制定上述采集制度，可以大大降低监测数据量，从而节省大量的人力物力及时间。在完成第一年的数据采集之后，原始数据已经比较饱满，即有了相对比较完善的结构安全初始档案，此后可根据情况进行定量监测，即在指定时间或当信号超过一定阈值时才开始采集。这样既能够很好地把握结构在常态下的状况，也可得到其在特殊状况下的安全状态。因此，从第二年开始，可以实现监测的采集数据量少而精，规避了处理工程中海量数据的难题，使所得到的数据饱含丰富的、有价值的信息。

2. 数据传输方案

考虑到数据量以及网络负荷稳定可靠，设计采用实时性强、可靠性高的工业以太网，各高速铁路站房健康监测系统数据传输网络考虑到采集频率、数据类型及数据量的运行速率采用工业以太网，可分为传感器线缆系统、主干网络系统和中心机房网络。网络拓扑结构为星形网络，用即插即用工业以太网交换机级联到主干管理型交换机上。图 7.28 为某高速铁路客站健康监测系统数据传输方案。

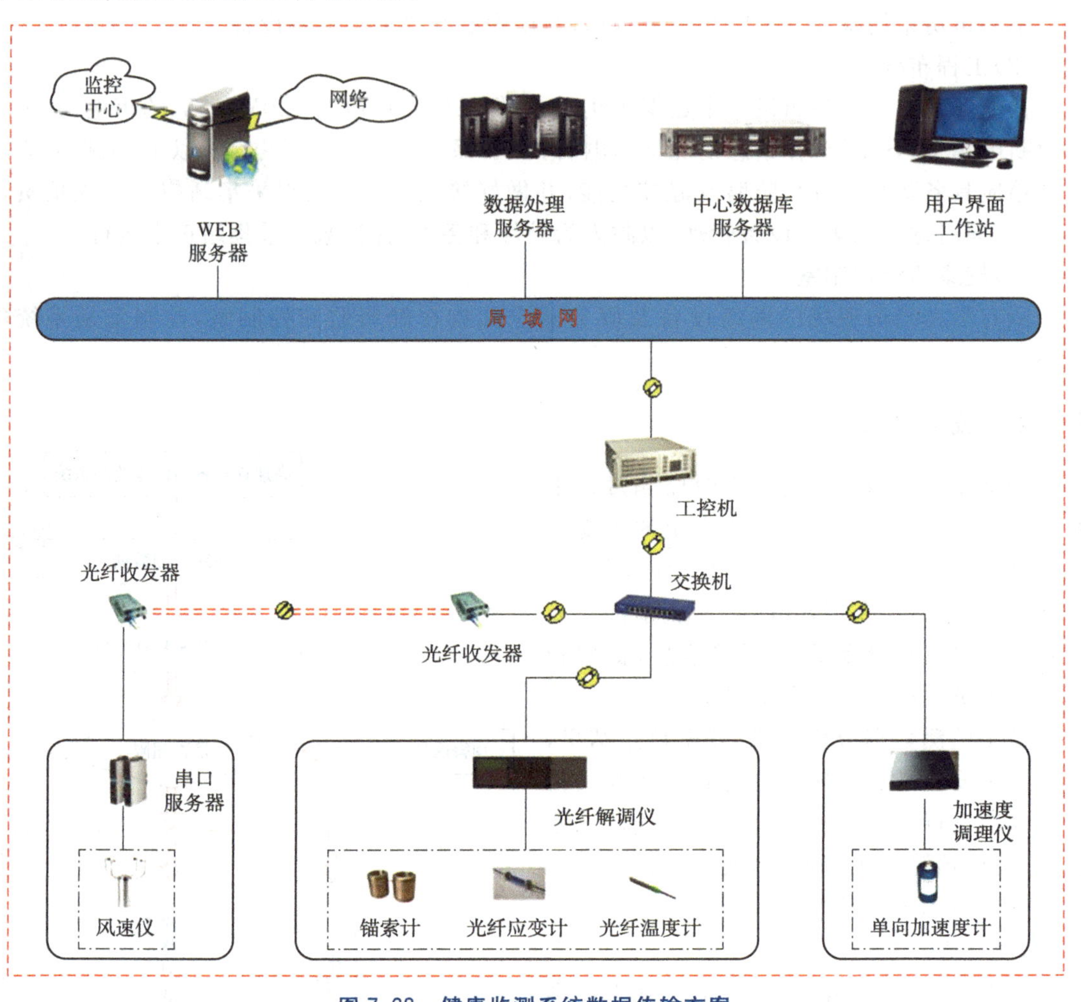

图 7.28 健康监测系统数据传输方案

为保证高速铁路站房工程结构健康监测系统网络工作的正常进行，需将各类信息精确、迅速地传输于各种通信设备、数据处理设备和显示设备之间。在线监测综合布线需要考虑各监测信息快速、便捷、安全和稳定的传输。

(1)布线综合方案

根据健康监测系统的要求,各高速铁路站房工程结构健康监测系统的布线可分为传感器线缆网络、主干网络系统和中心机房网络。

①传感器线缆网络

传感器线缆网络采用总线网络,其拓扑结构采用总线型结构,各子系统传感器通过总线串接至采集器。

②主干网络系统

主干网络系统采用光纤网络,结构外站室设备与中心机房之间通过光纤进行数据通信。其拓扑结构为星形结构,由工业交换机连接各节点。

③中心机房网络

中心机房采用基于 TCP/IP 的总线结构,由中心交换机连接各设备。

(2)工程布线

在高速铁路站房各布设一个数据采集站,数据采集站供电为 220V±5V 的市电,并配有不间断电源 UPS 系统,在紧急情况下断电后,UPS 系统可向设备供电 4 h 以上;数据采集站的外箱应具备防水、防雨、防腐及温控功能,并做好接地保护。数据采集站应由专人负责定期维护,同时做好采集站设备管理,以防人为破坏和丢失,保证数据采集站正常运行。

(3)健康监测控制室

所有不在结构现场的网络设备及服务器全部放在健康监测控制室,控制室是系统的核心。

7.3.6 安全预警

安全预警目的是在结构实时监测过程中对发生的可能威胁到结构运营安全的可变荷载(如风载等)以及结构性能指标(应变等)进行预警,提供结构在特殊气候、荷载条件下或运营状态异常时所触发的预警信息,提醒管理养护人员关注结构的安全状态。

基于监测数据分析结果、安全评定结果,对结构主要监测点的环境与荷载参数和结构性能参数进行预警。对于自动化在线监测系统,其安全预警为在线预警,安全预警模块工作流程如图 7.29 所示。

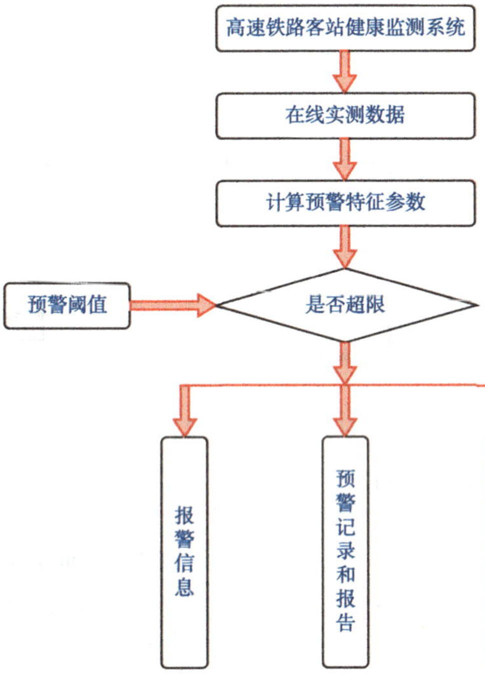

图 7.29 安全预警模块工作流程

1. 预警参数的确定

预警参数是指用于预警的结构特征参数,包括直接测试参数和衍生参数。预警参数的确定需考虑监测系统的测试项目,保证预警参数能被稳定可靠地采集和计算。同时预警参数要能突出地反映结构的受力状态及环境与荷载状况。对于高速铁路客站健康监测系统，建议预警参数见表7.8。

表7.8 预警参数表

序号	监测项目	预警参数
1	风荷载	10 min平均风速
2	结构变形	沉降位移
3	结构振动	振动加速度值
		加速度统计均方根值
		振动频率
4	结构应变	各测点应变值
		应力疲劳计数
5	温度	相对于以往同时期温差变化

2. 预警等级的划分

对于结构危险状态通常采用二级预警。

(1)黄色预警：当发生黄色报警时，提醒管理维护单位应对环境、荷载与结构响应加强关注和跟踪观察。

(2)红色预警：当发生红色报警时，管理维护单位应对环境、荷载与结构性能连续密切关注和跟踪观察，查明报警的原因，采取适当的检查、应急措施以确保结构安全运营，并应及时进行数据分析与结构安全评估。

3. 预警指标的确定

预警指标是预警参数的限值，基于规范限定值、材料容许值、设计最不利值、历史记录、环境条件等参数，参考结构设计方及专家的意见综合研究设置预警指标，预警指标可根据结构自身运营状况进行动态调整。

预警指标阈值的确定建议遵循以下原则：

(1)相应结构设计规范中规定的限值，包括按极限状态理论设计时承载能力极限状态、正使用极限状态规定的限值以及按容许应力法设计时规定的设计容许值等；

(2)结构管理常用的管理措施，如一定风速下对车辆通行的相关规定；

(3)考虑结构安全可靠度采取不同的安全系数进行阈值的分级；

(4)建立在监测数据统计分析的基础上，对阈值进行的调整。

4. 预警条件的确定

预警条件是指处于预警状态时各预警参数和相应的预警指标所满足的条件。建议各类监测项目的参数预警条件如下：

(1)风荷载。当最大平均风速大于设计风速的0.8倍时，进行黄色预警；大于设计风速时，进行红色预警。

(2)结构变形。当变形、沉降位移大于设计值的0.8倍时，应加强观测频率；大于设计值时，采取必要加固措施或请相关专家诊断。

(3)应变。当应变大于设计值的0.8倍时,进行黄色预警;大于设计值或一个月内发现10次以上黄色预警时,进行红色预警。

7.3.7 损伤评估

损伤识别的目的是通过一定的方法来判别结构有无损伤、定位损伤、量化损伤和预测损伤。目前损伤识别方法主要包括静力参数法、动力参数法以及模型修正法等。

静力参数法:是指结构在静力荷载作用下,通过预先在结构特定位置上布设的传感器测量结构在此静力荷载下所发生的静力响应,结构破坏前后的静力响应将发生变化,然后根据响应变化的程度,不断调整待识别参数,使调整后的计算结果与实测信息最大程度地达到吻合,从而得到结构的损伤情况。

动力参数法:由于结构振动特性是其物理参数的函数,结构损伤即意味着结构物理参数的改变,而物理参数的改变必然引起结构振动特性的改变。通过安装在结构上的传感设备,对结构的振动进行实时监测,可以获得结构不同阶段的振动特性;对结构振动特性的变化进行分析及处理,有可能获得结构物理参数的变化情况,从而达到损伤检测的目的。

模型修正法:是一种基于模型的识别方法,为被监测结构建立相应的数学模型,其建模方法一般采用有限单元法。

安全评定是指通过监测数据分析结构当前的工作状态,并与相应的临界失效状态进行比较分析,评价其安全等级。各高速铁路站房工程结构健康监测系统的安全评定方式分为在线评定和离线评定。在线评定利用监测数据评估结构安全状态,形成对结构安全状态的初步判断。离线评定需对采集的各种数据进行深入分析挖掘,给出完整的结构安全状态结论及未来的发展趋势等。

在高速铁路客站服役期间,结构安全状态评定内容根据结构特性确定,以反映各项结构性能状态的指标作为评估内容,主要评估准则如下:

(1)当实测风荷载大于设计值,综合考虑结构受力,应进行安全评估。

(2)当结构监测温度、位移支座侧向与沉降位移、结构位移的数据接近保证结构安全使用的极限值时应进行安全评估。

(3)关键构件的拉压应力小于设计值时,监测点处构件应力状态正常;当拉压应力大于设计值时,监测点处构件应力状态异常,应进行专项检查。

(4)当结构加速度数据发生异常波动时应进行安全评估。

(5)利用应变进行钢结构疲劳状态评估应符合下列规定:

①不出现拉应力的部位可不进行疲劳状态评估;

②可采用容许应力法或疲劳损伤指数法进行监测点处构件疲劳状态评估;

③采用容许应力法进行疲劳状态评估时,当应力最大值小于规范规定的构件疲劳容许应力时,监测点处构件疲劳状态正常;否则,监测点处构件疲劳状态异常,根据下一步进行结构疲劳状态评估[16]。

钢结构疲劳状态分级见表7.9。

表 7.9 钢结构疲劳状态分级

疲劳损伤变量 D 值	构件测点状态
0～0.05	完好状态
0.05～0.20	较好状态
0.20～0.45	中等损伤状态
0.45～0.80	严重损伤状态
＞0.80	危险状态

注：给出的疲劳状态分级未考虑腐蚀对疲劳寿命的影响，当发生腐蚀时应考虑腐蚀对钢构件疲劳寿命的不利影响。

7.4 高速铁路客站风险控制与维护技术

随着经济的发展和生活水平的提高，人们越来越重视各种建筑结构以及生命线工程结构在使用寿命期间的安全性。高速铁路客站结构在长期的服役过程中，由于环境腐蚀、材料老化、荷载的长期效应、疲劳效应与突变效应等灾害因素的耦合作用，将不可避免地导致结构产生损伤积累、抗力减小，甚至在极端情况下导致结构失效。因此对铁路客站进行结构健康监测，将会大大降低事故发生的可能性并减少事故损失。在实际的工程中，在保证结构有足够的安全度，能够满足可能承受的外部荷载作用，具有良好的工作性能与耐久性能，在耦合作用下能够保证结构必要的整体稳定性能的原则下，对铁路客站建立风险等级评价与预警系统，对得到的健康监测和检测信息进行分析，并对结构的有限元模型进行修正和结构损伤辨识、安全评估。在检测过程中，当监测数据发生异常波动，预示结构可能发生局部损伤时，给出黄色预警，提示客站管理与技术人员要组织专家查看现场，认真分析监测数据，查找安全隐患，并制定维修或更换方案。当监测数据接近保证结构安全使用的极限值时，预示结构可能已发生严重损伤，给出红色预警，提示客站管理者立即进行人员疏散，通过相关人员进行结构安全检查和评估。在可能发生事故的前提下，采取相应的安全防控措施。健康监测可降低服役期间内的巡检和维护成本。

7.4.1 运营风险评价

1. 常见风险分析

高速铁路客站风险评价是度量风险事件发生的概率及事故发生后果严重度。高速铁路客站运营过程中存在诸多风险因素，可简要归纳为以下几点。

(1)人员风险。铁路工作人员主要包括铁路建设过程以及铁路运营过程的人员，包括线路施工人员，列车乘务员，调度人员，工务人员，机、车、工、电等段上的人员。人员因素是影响铁路安全极为关键的因素，只要有人员参与的操作就有可能出现失误，从而可能导致故障。因此，应把人员的管理放在重中之重的位置，通过技术层面和管理层面，两方面的约束来最大限度地遏制因人员因素造成的事故。

(2)技术风险。设计过程中对结构使用的建设材料、结构性能状态了解或创新经验不足，或者是所采用的计算分析理论方法和实际有偏差，导致的先天缺陷；施工工艺选择不当，或者是工艺本身存在问题，以及施工过程中的材料质量控制不严，导致原生缺陷；对结构运营面临的危险性分析不足,结构、人员缺乏养护维修技术及经验;材料性能衰减(锈蚀、弹性模量和强度降低),导致结构体系性能下降,表现为结构整体刚度消减、焊缝开裂、螺栓松动;承轨层疲劳性能退化。

(3)环境风险。环境风险分为自然风险和沿线风险。自然风险包括洪水、海啸、地震等一系列风险;沿线风险包括沿线治安和铁路公路互跨等一系列风险。环境风险由于其本身具有很大的难以预测性以及极大的不可抗力,所以给铁路的风险管理带来了很大的困难。

2. 风险评价体系

高速铁路客站风险管理是高速铁路管理中重要的一环。高速铁路客站风险管理是指在对风险分析的基础上,制定包括风险识别、风险评价、风险处理和风险监控等管理方法,其目的是找出潜在的风险,并对其管控。

(1)风险识别

在风险识别阶段,先建立高速铁路客站风险分解结构,即 WBS(工作分解结构),然后分析每一项具体活动中可能出现的风险,最后结合风险识别方法进行反复论证,查看是否遗漏,保证风险识别有效、完整。

(2)风险评价

风险评价是对高速铁路客站的风险因素和程度的估计。对风险因素的风险程度给出一个定性或定量的指标,确定风险事件发生的可能性和产生后果的严重性,以决定是否能够承担当前的风险水平。常用风险评价方法分为三类:定性评价法、定量评价法、定性与定量相结合的综合评价法。

风险评价是复杂的过程。根据实际情况,合理选择风险评价方法,对评价结果有重要影响。具有代表性的风险评价方法包括事故树分析法、专家打分法、概率分析法、决策树分析法、蒙特卡洛模拟法、层次分析法、粗糙集、神经网络法。根据需要,选取合适的评价方法对高速铁路进行风险评价,为高速铁路管理人员提供决策的参考。

上述风险评价方法的优缺点分析见表 7.10。

表 7.10 风险评价方法的比较

风险评价方法	优　点	缺　点
故障分析法	将风险分解为树状结构,直观,具有较强的逻辑性,操作简便,且适用范围较广	分析可能不全面,人为主观性太强
专家打分法	简洁、易实现,评价结果能够较为客观地反应高速铁路的风险因素	专家经验所占比重较大,人为主观性太强
概率分析法	减少人为主观因素的影响,用数字表示更直观	对风险因素幅度变动的概率分布受人为主观因素的影响
决策树分析法	将方案及其概率进行加权求和,对风险值给出综合评价,使结果更为客观	方案的选取、期望值、概率值的确定都受到人为主观因素的影响
蒙特卡罗法	仅通过计算随机样本得到风险率的概率分布,来发现风险的规律。	若要得到问题的最优解,需通过枚举,进行多次模拟

续上表

风险评价方法	优　点	缺　点
层次分析法	能定性与定量相结合的处理多目标、多因素的复杂系统，简单实用。可靠度比较高，误差小	层次结构中的指标要求两两独立，风险因素的比较受主观因素影响大，可能使权重不一致
粗糙集	具有很强的知识获取能力，依靠实验观测数据，不需要任何先验信息就可以发现隐含关系	需要大量的实验观测数据。容错能力和推广能力相对较弱
模糊评价法	根据模糊数学的隶属度理论把定性评价转化为定量评价。结果清晰，系统性强的特点，能较好地解决模糊的、难以量化的问题	不能解决评价指标间相关造成的信息重复问题，隶属函数、模糊相关矩阵等的确定方法有待进一步研究
神经网络法	弱化了人为因素对评价的影响，能处理非线性、非局域性的问题。具有自适应能力、良好的容错性	没有明确的解析表达式，不能处理因果关系问题。需要大量的训练样本

(3)风险处理

风险处理是对风险评价结果进行处理，根据风险水平拟定相应的解决方法，减少事故的发生，降低事故的严重程度以及事故造成的损失程度。一般合理的风险处理方法有三种：一是主动采取措施，在初始阶段就规避风险；二是采取措施降低风险水平，从而控制风险的作用范围；三是采取措施将风险转移，减轻风险后果对风险主体的影响。

(4)风险监控

跟踪观察风险处理结果。风险监控就是观测处理措施是否达到了预期的效果，及时对风险处理计划进行修改。持续检测是保障风险水平处于可接受状态，是风险管理必不可少的环节。

3. 评价指标构建原则

在构建风险评价指标体系时，选取的指标越多，构建的指标体系越复杂，而且可能会掩盖了重要因素的影响；选取的评价指标偏少，则风险评价过程极其简单，得到的评价结果难以全面系统地反应评价对象的客观情况。因此构建风险评价指标体系时需要遵循的原则有：

(1)科学性原则

隧道运营安全风险的发生与其在运营过程中安全状态危险性具有绝对的确定性，对指标的评价必须持有遵循客观的科学态度，使客观知识与专家经验互补，避免凭借现场人员的主观臆测去确定评价指标。科学性原则使得评价指标的外延和概念具有明确性，杜绝了概念模糊的弊端。

(2)系统性原则

指标的选取要能够全面和系统地反映高速铁路安全风险因素的特征，自上至下应当有明确的层次结构，指标之间的从属关系应当明朗，必须服从整体的风险评价目标和功能，评价结果真实可靠。

(3)稳定性原则

风险指标应当呈现较好的稳定性，不能由于某些指标较小的变化导致评价结果出现大的偏差而脱离客观实际。对于那些受偶然因素影响而波动较大的指标尽量不要选取。所以，在构建评价指标体系时，应当选取有规律性、灵敏性的评价指标，以避免评价结果出现大的波动。

(4)可量化原则

由于指标的量化更能够直观地反映出人们对事物的感知程度，在进行广义的多指标评价时应当采用定性与定量指标相结合的方式，需要转换角度将定性的指标通过量化表现出来，才能揭示评价目标的本质。

4. 风险评价指标体系

风险评价指标体系的建立是一个过程，需要经过一定的步骤，体系的建立需全面完整，才能够反映研究对象的整体信息。通过深入现场调研，组织并听取现场专家的意见与建议，并查阅大量相关的文献资料，从“人—物—管—环”4 个方面进行考量，以此进行指标体系的构建。风险评价指标体系建立步骤如图 7.30 所示。

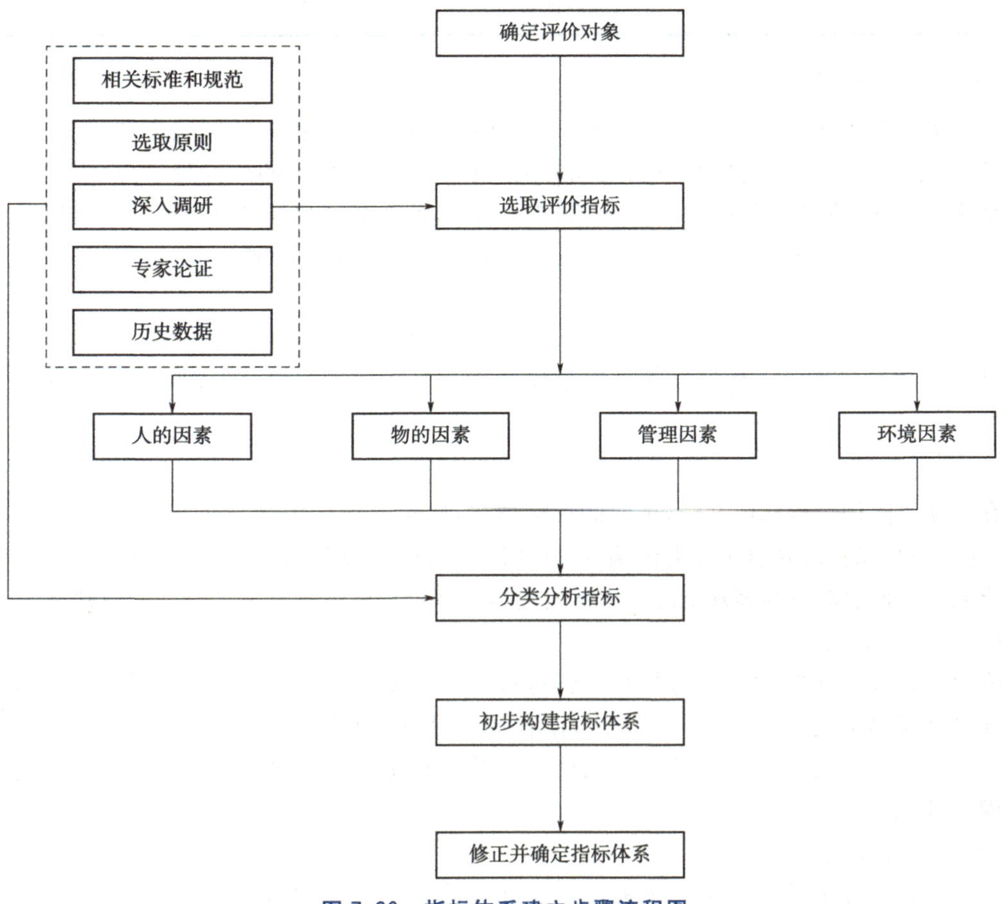

图 7.30 指标体系建立步骤流程图

7.4.2 运营风险控制与运营维护

1. 运营阶段风险控制

按照能够保证结构有足够的安全度，能够满足可能承受的外部荷载、作用，具有良好的工作性能与耐久性能，在偶然作用下能够保证结构必要的整体稳定性能等原则，结构在监测过程中，通过计算机分析对可能威胁到结构运营安全和正常使用状态的可变荷载及构件内力、变形、振动等监测数据进行预警，提醒管理人员关注结构的运营与安全状况，并设黄色、红色两级预警系统。其中当结构温度、位移支座侧向与沉降位移、结构位移和构件应力、应变、加速度等数据经过损伤评估后得出结构可能发生局部损伤结论时，给出黄色预警，提示客站管理与技术人员要组织人员分析监测数据，现场巡检，查找安全隐患，并制定维修或更换方案。其中当结构温度、位移支座侧向与沉降位移、结构位移和构件应力、应变、加速度等数据经过损伤评估后判断结构接近保证安全使用的极限值时，给出红色预警，提示客站管理者立即进行人员疏散，启动相应应急预案（应急预案：监测人员加强对车站结构安全事件信息的收集，分析判断和持续监测，按照“早发现、早报告、早处理”的原则，应急通报中心接到故障申报后，持续跟踪问题处置情况。应急通报中心通过监测系统数据变化状况，事故险情紧急程度和发展势态，对预警信息进行甄别，根据事件发展态势明确预警信息发布的程序），通过相关人员进行结构安全检查和评估。

2. 运营阶段巡检与维护

在高铁客站正常运营阶段，监测单位与运营单位应当根据当前形势和站房实际情况，建立科学的日常的巡检工作制度，巡检工作的内容是对站房设施进行日常的例行检查，掌握站房设施的动态信息并查出站房设施的安全隐患，巡检人员在设备维修工作中具有举足轻重的作用。在巡检工作须做到结果标准化和数字化，并为之后的设备整修提供依据。巡检方法具体为定人、定点、定时、定路线、定方法、定标准和定记录。其主要特点是专人巡检、记录详细、标准严格、巡检责任明确，将巡检工作与监测管理紧密相连。

依据《建筑与桥梁结构监测技术规范》(GB 50982—2014)，日常健康监测巡视检查内容应包括监测范围内的结构和构件变形、开裂、测点布设及监测设备或结合当地经验确定的其他巡视检查内容。巡视检查应符合下列规定：巡视检查以目测为主，可辅以锤、钎、量尺、放大镜等工器具以及摄像、摄影等设备进行；发出预警信号时，应加强巡视检查；当发现异常或危险情况，应及时通知相关单位；巡视检查的重点是确认基准点、测点的位置未改变及完好状况，确认监测设备运行正常及保护状态；巡视检查宜由熟悉本工程情况的人员参加，并相对固定；巡视检查应做好记录。对于监测系统的运营维护阶段专业监测人员需要进行监测、评估、预警工作以及针对结构可能出现风险点的防范，主要传感器及传输、分析设备的保护、维修、更换，特殊情况的应急处理。并且需要针对相关铁路工作及维护人员制定用户维修手册，其主要内容应包括工程概述、健康监测的技术概念、监测组织机构、人员和设备与零状态初检，日常监测与软件的操作指南、报警与特殊事件的管理与处置、数据的累积与深度分析等内容。

3. 运营阶段设施维修

站房设施维修是指站房设施在服役周期内，为了修复由于自然因素、人为因素造成的损坏，以保持其经常处于合格状态，而采取的一般性修缮活动。站房设施维修分为日常检修和综合维修。

(1)日常检修

结合站房设施检查和用户报修，对站房设施及时进行的简单修理。检修的目的是使房建设备保持正常的使用功能。检修的特点是项目简单、零星分散、点多面广、时间要求紧迫。检修时，对设备检查中发现和用户报修的零小破损应及时修理，对站房设施，铁路局公司应建立用户报修联系制度。对未能及时修理且影响安全的病害，修复前应采取临时安全防护措施。

(2)综合维修

对站房设施一般病害进行的修复活动。综合维修的基本任务是以整治病害、消除隐患为目的，对破损部分基本原样修好。综合维修的特点是修理规模介于检修、大修之间，工程地点相对集中，项目较复杂、工程量较大、周期性强、计划性强。

7.5 潍坊北高铁客站健康监测工程实例

7.5.1 监测背景

济青铁路位于山东半岛，线路西起济南市，经滨州、淄博、潍坊，东至青岛市，高速铁路长度为 307.9 km，设济南东客站、章丘北、邹平、淄博北、临淄北、青州北、潍坊北、高密北、青岛机场和红岛等 10 个车站，正线桥梁 22 座总长 253.792 km，隧道 2 座，总长 17.35 km，路基总长 36.758 km。济青高速铁路作为中国“八纵八横”高速铁路网中的重要组成部分，高效促进了山东半岛同北京、太原、上海等地的经济和文化交流；同时进一步优化山东半岛区域铁路网，极大地方便群众出行，促进山东半岛经济发展，助力山东新旧动能转化，成为推动经济平稳增长和转型升级的重要力量。青岛高速铁路的顺利建成和健康运营对山东半岛的发展意义深远。

潍坊北站位于山东省潍坊市北部，潍坊北站是规划中的济南至青岛高速铁路在潍坊市设立的一个地级市车站，是连接济青高铁的一个中间站。站房主体结构采用钢—钢筋混凝土框架结构，站房由下往上包括出站层、广场层、承轨层、站台层、高架候车层、商业夹层，潍坊北站效果如图 7.31 所示。潍坊北站的屋盖结构为大跨度钢结构，结构体系复杂，关键杆件受力较大，同时屋盖钢结构在运营期间受环境影响较大，轨道层长期受交变荷载影响。为确保结构在全寿命周期范围内安全可靠，对其健康监测以便有效地进行安全预警，确保结构在服役期的安全。

7.5.2 健康监测内容和监测方法

潍坊北站建设及运营阶段健康监测内容，包括关键杆件应力监测、变形监测、温度监测、振动加速度监测、结构的风速监测、站房结构沉降监测，主要从环境与荷载、结构整体性能及结构局部性能这三个部分考虑。潍坊北站站房工程健康监测项目及设备汇总见表 7.11。

图 7.31 潍坊北站

表 7.11 潍坊北站健康监测项目及测点

监测项目		监测仪器	安装区域
环境与荷载	风荷载	风速仪	钢结构屋盖
结构整体性能	结构变形	全站型电子测距仪	钢结构屋盖
	结构振动	加速度传感器	钢结构屋盖
		加速度传感器	轨道层
结构局部性能	结构应变	光纤光栅应变传感器	钢结构屋盖
		光纤光栅应变传感器	轨道层
	结构温度	光纤光栅温度传感器	钢结构屋盖
		光纤光栅温度传感器	轨道层

对于潍坊北站健康监测系统监测项目及监测点的确定，首先考虑结构形式特点、高铁站房结构力学计算分析结果、常见病害类型、运营环境等问题。另外，确定监测内容及监测点还考虑到测试手段的可行性、分析方法的可靠性等因素。监测内容和监测点的布置主要依据如下具体原则：

(1)根据结构危险性分析结果，确定结构构件易损部位、结构控制部位和损伤敏感部位，如变形控制点、应力集中的位置、动力响应敏感点等；

(2)根据监测的目的和功能要求，如监测信息类型，结构性能与行为，结构响应类型和数量等；

(3)充分利用结构对称性原则，并考虑一定的冗余度；

(4)应用有关优化理论进行测点优化分析的结果；

(5)综合考虑采集方案，尽量减少布线与数据传输距离；

(6)充分考虑结构的构造，尽量减少对结构的破坏，并不能改变结构的受力状态；

(7)考虑设备便于维护、更新，有利于设备的耐久性；

(8)考虑最大共享原则，能与施工监控与运营监测实现最大数据共享；

(9)结构专家的经验与建议；

(10)国内外结构健康监测系统传感器布设经验。

7.5.3 监测系统

潍坊北站健康监测主要包括监测外场、数据采集与传输系统，监控中心(内场)。其中，监测外场主要由各类型传感器组成，监测内场由通过服务器搭建的数据处理与分析系统、安全评定系统、数据管理系统和用户界面系统共同组成。

系统有5类实时自动在线监测项目，1类定期监测项目，涉及6种监测设备。根据传感器输出信号以及各类采集软件的开发需求，将其分为光栅光纤信号、模拟电压信号、串口数字信号3类信号源，分类进行数据采集传输设计，并针对各高速铁路站房自动化结构监测系统的监测项目及传感器类型，根据传感器输出信号以及各类采集软件的开发需求，将其划分为3类，分别进行相应的数据采集方案设计，见表7.12。

表7.12 数据采集方案

序 号	采集设备	传感器类型	通信接口和协议
1	光纤光栅应变分析仪	光纤光栅应变计、光纤光栅温度计	TCP/IP
2	GTJ 加速度计接线盒 NI PCIe-6323 采集板卡	单向加速度计	TCP/IP
3	串口服务器(数字)	风速仪	RS232/485/422,TCP/IP

系统数据的传输网络考虑到采集频率、数据类型及数据量的运行速率，采用工业以太网，可分为传感器线缆系统、主干网络系统和中心机房网络。网络拓扑结构为星形网络，用即插即用工业以太网交换机级联到主干管理型交换机上。图7.32为潍坊北站站房工程结构健康监测系统传输网络。

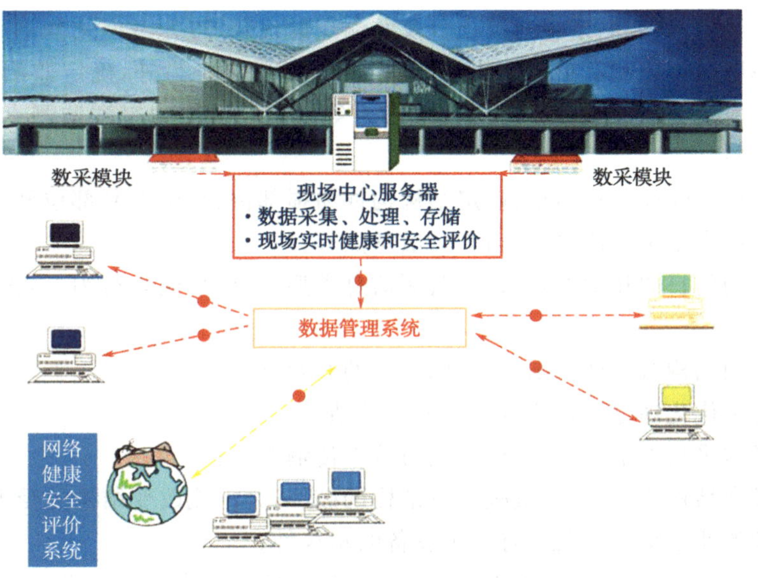

图7.32 潍坊北站健康监测系统传输网络

数据处理与分析系统主要在数据采集结构评估系统之间完成桥梁作用。此系统的主要目的在于分担整个系统的处理压力，它主要完成数据处理、整合与存储功能，完成现场设备的管理与控制，尽量减少结构评估系统的处理任务。潍坊北高铁站房数据处理总体流程如图 7.33 所示。

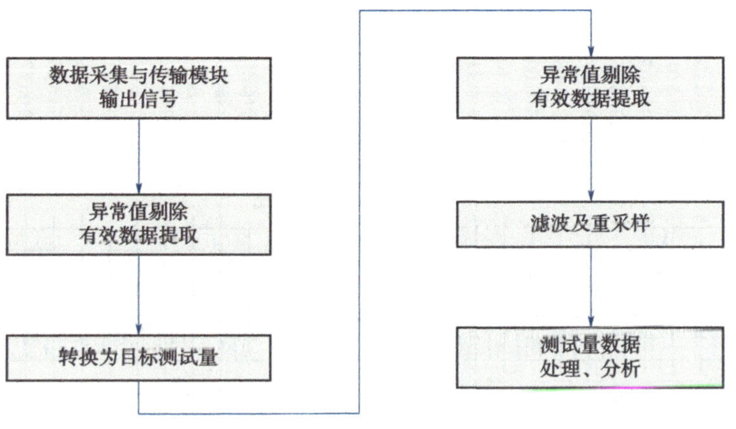

图 7.33 数据处理总体流程图

安全评定系统是指通过监测数据分析结构当前的工作状态，并与相应的临界失效状态进行比较分析，评价其安全等级。潍坊高铁站健康监测采用在线及时评定和离线评定的方案。在线评定利用监测数据评估结构安全状态，形成对结构安全状态的初步判断。离线评定需对采集的各种数据进行深入分析挖掘，给出完整的结构安全状态结论及未来的发展趋势等。

潍坊北高铁站房的数据管理控制系统和用户系统界面采用 WEB3D 等技术建立数字化三维可视化动态模型，离散化的构件可以与静态资料数据、实时监测数据进行关联和查看。其中包括对高铁站房 3D 模型及动态实时数据的交叉展示，对数据采集与传输系统的参数控制、数据分析处理控制、显示分析结果控制和数据库备份与归档的控制。

7.5.4 监测效果

潍坊北站健康监测系统如图 7.34 所示。

(a) 系统界面

图 7.34

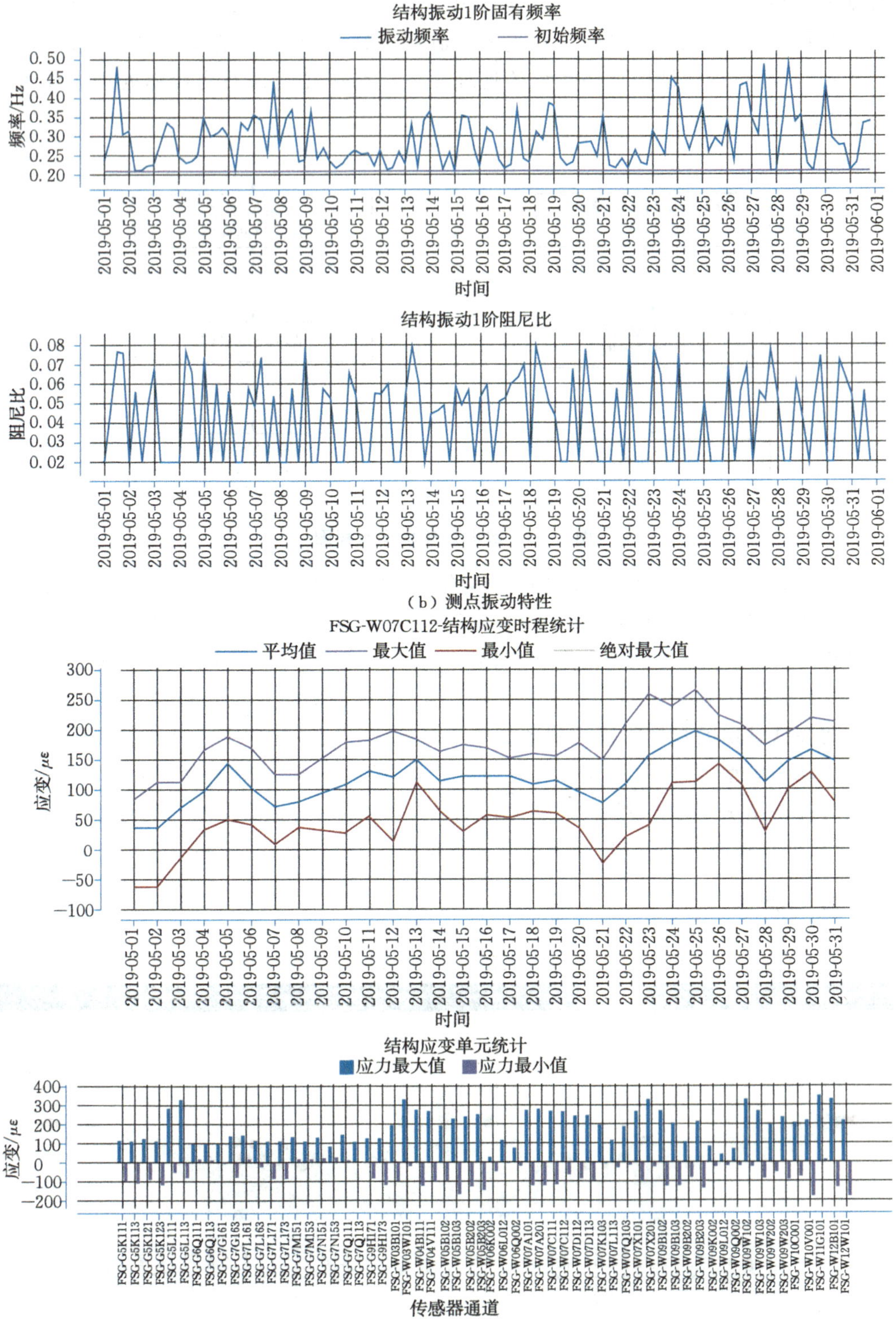

（b）测点振动特性

（c）测点应变信息

图 7.34

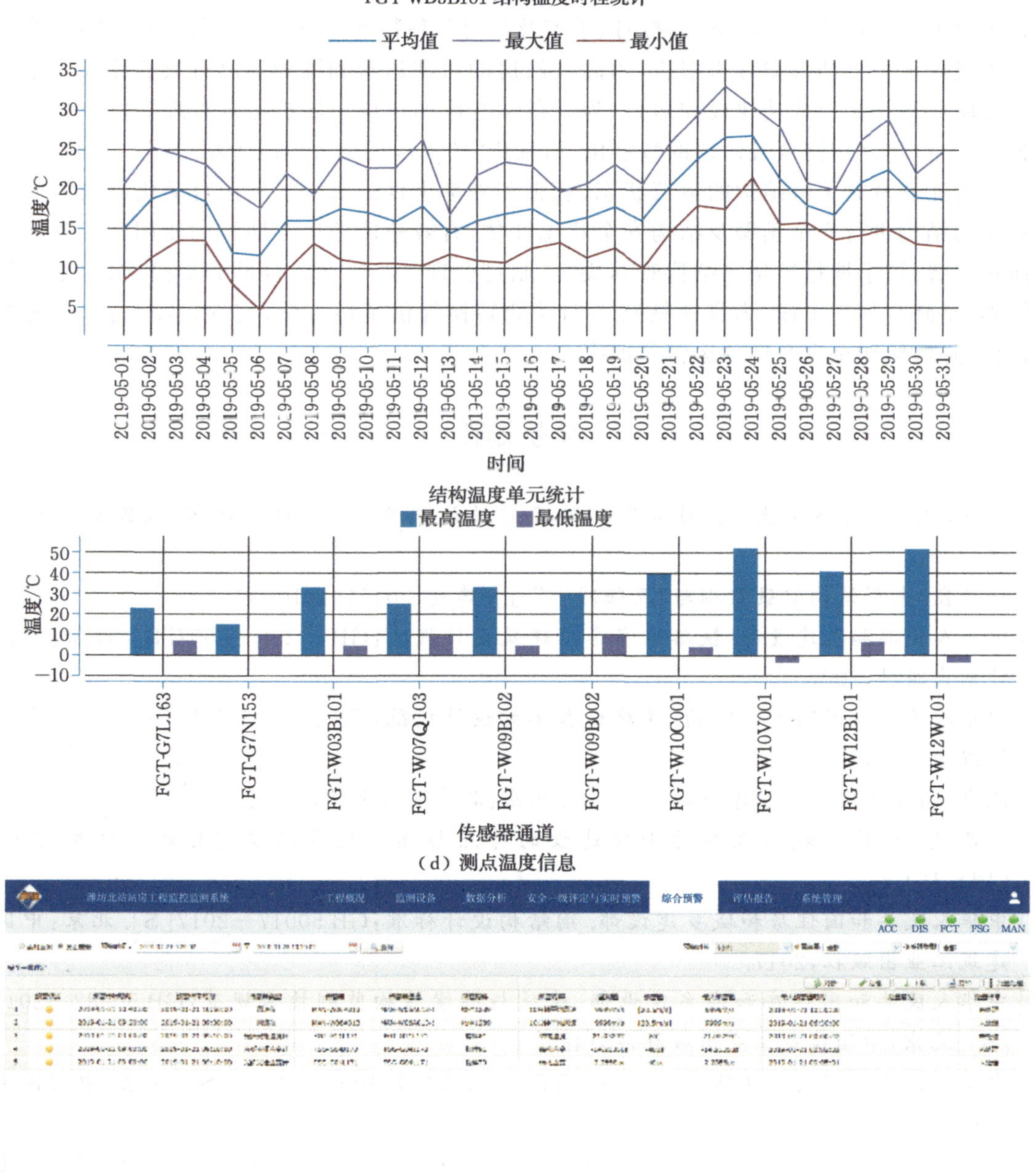

（d）测点温度信息

（e）安全预警信息

图 7.34　潍坊北站健康监测系统

潍坊北站健康监测系统正式运行后，实时监测站房整体性能和局部性能的安全状态，在线利用监测数据评估安全状态，并按月、季度及年对各种数据进行深入分析挖掘，按月、季度及年生成评定报告和数据分析报告，为高铁站房的后期运营和维护提出有效的建议。潍坊北站健康监测系统的成功建设和运行，为其科学有序的建设与养护运营管理提供一个高精尖智能平台，建立结构全寿命期的数字化、信息化“档案”，将极大地减少站房养护管理费用，使管理者能够及时了解结构的运营状态、病害和外部事件的影响。利用自动化监测数据及时对站房结构进行安全预警及结构安全状态评估，有效地监控运营期结构使用状态及其发展演化趋势，科学地指导站房结构管养决策，制订合理、主动、预防性的养护措施，实施有效的管养、维修与加固工作，为高速铁路新旧动能转换提供了新方法，实现按需维护、及时维护，有效降低结构全寿命期的运营养护成本。

参考文献

[1] 郑健，沈中伟，蔡申夫. 中国当代铁路客站设计理论探索[M]. 北京：人民交通出版社. 2009.

[2] 杜彦良. 大型结构健康监测与“互联网＋”[J]. 建筑，2017(4)：10-15.

[3] 中华人民共和国建设部. 铁路旅客车站建筑设计规范：GB 50226—2007[S]. 北京：中国计划出版社，2007.

[4] 中华人民共和国国家铁路局. 铁路旅客车站设计规范：TB 10100—2018[S]. 北京：中国铁道出版社，2018.

[5] 陈岚. 高速铁路客站总体布局研究[D]. 北京：北京交通大学，2010.

[6] 赵基达. 新时期我国火车站雨棚建设的特点与相关技术问题[J]. 建筑结构，2009(12)：151.

[7] 中华人民共和国住房和城乡建设部. 钢结构设计标准：GB 50017—2017[S]. 北京：中国建筑工业出版社，2017.

[8] 中华人民共和国住房和城乡建设部. 建筑与桥梁结构监测技术规范：GB 50982—2014[S]. 北京：中国建筑工业出版社，2014.

[9] 中华人民共和国国家铁路局. 铁路桥涵设计规范：TB 10002—2017[S]. 北京：中国铁道出版社，2017.

[10] 中华人民共和国国家铁路局. 铁路桥涵设计规范：TB 10623—2014[S]. 北京：中国铁道出版社，2014.

[11] 中华人民共和国国家铁路局. 高速铁路设计规范：TB 10621—2014[S]. 北京：中国铁道出版社，2014.

[12] 中华人民共和国住房和城乡建设部. 建筑工程容许振动标准：GB 50868—2013[S]. 北京：中国计划出版社，2013.

[13] 韩志伟. 铁路客站大型复杂结构健康监测研究与思考[J]. 客站建设管理，2011，104(6)：28-32.

[14] 冯读贝. 车致振动作用下站房结构的舒适度分析与减振措施[D]. 成都：西南交通大

学，2015.
[15] 贾哲明.上海虹桥站幕墙玻璃自爆问题分析及预防措施[J].上海铁道科技，2018(1)：159-160，150.
[16] 陈传尧.疲劳与断裂[M].武汉：华中科技大学出版社，2001.